WOHNMOBIL-TOURGUIDE

002to Abb.: gg

Gaby Gölz

DIE SCHÖNSTEN ROUTEN DURCH DIE TOSCANA

*„Viel zu spät begreifen viele die versäumten Lebensziele:
Freude, Schönheit der Natur, Gesundheit, Reisen und Kultur.
Darum, Mensch, sei zeitig weise!
Höchste Zeit ist's! Reise, reise!"*

Wilhelm Busch (1832–1908)

Reise Know-How im Internet

Aktuelle Reisetipps und Neuigkeiten
Ergänzungen nach Redaktionsschluss
Büchershop und Sonderangebote

www.reise-know-how.de
info@reise-know-how.de

Wir freuen uns über Anregung
und Kritik.

REISE KNOW-HOW

001to Abb.: gg

DIE SCHÖNSTEN ROUTEN DURCH

DIE TOSCANA

Gaby Gölz
Die schönsten Routen durch die Toscana

erschienen im Reise Know-How Verlag Peter Rump GmbH, Bielefeld
Osnabrücker Straße 79, 33649 Bielefeld

Herausgeber: Klaus Werner

Gestaltung: K. Werner
Fotos: die Autorin (gg)
Landkarten im Innenteil: Catherine Raisin, der Verlag
Kartenatlas: world mapping project
Druck und Bindung: Wilhelm & Adam, Heusenstamm

ISBN 978-3-8317-1798-9
Printed in Germany

Dieses Buch ist erhältlich in jeder Buchhandlung Deutschlands, Österreichs, der Schweiz, Belgiens und der Niederlande. Bitte informieren Sie Ihren Buchhändler über folgende Bezugsadressen:

Deutschland: Prolit GmbH, Postfach 9, D-35461 Fernwald (Annerod)
sowie alle Barsortimente
Schweiz: AVA-buch 2000, Postfach 27, CH-8910 Affoltern
Österreich: Mohr Morawa Buchvertrieb GmbH, Sulzengasse 2, A-1230 Wien
Niederlande, Belgien: Willems Adventure, www.willemsadventure.nl

Wer im Buchhandel trotzdem kein Glück hat, bekommt unsere Bücher auch über unseren Büchershop im Internet: www.reise-know-how.de

Wir freuen uns über Kritik, Kommentare und Verbesserungsvorschläge. Alle Informationen in diesem Buch sind von der Autorin mit größter Sorgfalt gesammelt und vom Lektorat des Verlages gewissenhaft bearbeitet und überprüft worden. Da inhaltliche und sachliche Fehler nicht ausgeschlossen werden können, erklärt der Verlag, dass alle Angaben im Sinne der Produkthaftung ohne Garantie erfolgen und dass Verlag wie Autorin keinerlei Verantwortung und Haftung für inhaltliche und sachliche Fehler übernehmen.
Die Nennung von Firmen und ihren Produkten und ihre Reihenfolge sind als Beispiel ohne Wertung gegenüber anderen anzusehen. Qualitäts- und Quantitätsangaben sind rein subjektive Einschätzungen der Autorin und dienen keinesfalls der Bewertung von Firmen oder Produkten.

INHALTSVERZEICHNIS

VORWORT

Die Toscana grenzt im Norden an die Regionen Ligurien und Emilia-Romagna, im Osten an Umbrien und die Marken und im Süden an Latium. Die in 10 Provinzen eingeteilte Region in der Mitte Italiens hat ungefähr 3,6 Mio. Einwohner, von denen rund 380.000 in der Hauptstadt Florenz leben.

Italiens beliebteste Urlaubsregion steht für traumhafte, abwechslungsreiche Landschaften, kulturelle und historische Stätten von Weltruf, kulinarische Genüsse und Spitzenweine von internationalem Rang – kurzum: Urlaubsfreuden pur. Viele berühmte Künstler wie Michelangelo, Leonardo da Vinci, Brunelleschi und Botticelli haben hier gewirkt und ihre Spuren hinterlassen.

Städte wie Siena und Lucca, San Gimignano oder Montepulciano und natürlich die Touristenzentren Pisa und Florenz gehören ebenso zu dieser Region wie schattige Kastanien- und Pinienwälder, Strand und Meer, Olivenbäume und weite Mohnfelder. Natürlich darf auch die Insel Elba, die zur Provinz von Livorno gehört, nicht vergessen werden. Darüber hinaus hat die Toscana aber noch eine Menge weiterer Reize zu bieten: Zahlreiche Burgen und Schlösser erzählen von längst vergangenen Zeiten und vielerorts sind jahrtausendealte Spuren der Besiedlung durch die Etrusker und die Römer erhalten geblieben. Der Geschichte der bis heute rätselhaften etruskischen Urbevölkerung begegnet man am berühmten *Tomba Ildebranda* (Hildebrandgrab) bei Savona oder an den Resten der alten Stadtmauer von Fiesole.

An den langen Sandstränden der etruskischen Riviera, auf Elba oder an den Küsten der Maremma kann man schwimmen gehen und wer es warm mag, der kann in den Thermalquellen in Bagni San Filippo oder in Satúrnia ein ungewöhnliches Bad im Freien nehmen. Bergwanderungen mit wundervoller Aussicht locken am Monte Amiata und in Chianciano Terme sowie Montecatini Terme findet man sich in mondänden Kurorten wieder.

Eingebettet zwischen dem Apenninengebirge und dem Mittelmeer liegen weite, mit den für die Toscana typischen Hügelketten durchzogene Beckenlandschaften. Das Herz der Region ist das Chianti-Gebiet, das sich zwischen Florenz und Siena erstreckt. Seine sanften, mit Weinreben und Olivenbäumen bestandenen Hügel, gekrönt von einsamen Gehöften, zu denen eine Zypressenallee führt, sind geradezu malerisch. In der Maremma findet der Reisende im Mündungsgebiet des Flusses Ombrone eine unter Naturschutz stehende ehemalige Sumpflandschaft mit flachen Binnenseen und kleinen Dünen.

Doch es gibt auch eine Toscana, die nur wenige kennen und die es zu entdecken gilt. Die Hügel der Garfagnana, deren höchste Gipfel beinahe alpinen Charakter aufweisen, oder das einsame, waldreiche Mugello sowie das Casentino entlang des Flusses Arno sind Regionen, die abseits der Touristenströme liegen und gerade deshalb den Wohnmobiltouristen mit besonders schönen und bestens ausgestatteten Stellplätzen umwerben.

Die zehn miteinander verbundenen Routen dieses Buches sind so gewählt, dass man einen umfassenden Eindruck von der Toscana erhält – von der einsamsten Bergregion in den Apenninen bis zum Badespaß auf Elba, vom kleinen, beschaulichen Dorf bis zu den Glanzpunkten der italienischen Renaissance in Florenz. Die Rundreise endet in Arezzo, wo sie nahtlos an die Routen des Wohnmobil-Tourguides „Die schönsten Routen durch Umbrien und die Marken", ebenfalls aus dem Reise Know-How Verlag, anschließt.

Ich bereise die Toscana seit annähernd 30 Jahren mit dem Wohnmobil und stelle dabei immer wieder fest, wie viel sich schon innerhalb eines Jahres ändert. Deshalb meine Bitte: Sollte Ihnen bei Ihrer Reise auffallen, dass Angaben im Buch nicht mehr aktuell sind, teilen Sie mir bitte die Änderungen mit (am besten per E-Mail an info@reise-know-how.de).

Ich wünsche Ihnen eine gute Reise und dass Sie mit einer Fülle von schönen Eindrücken und angenehmen Begegnungen wieder wohlbehalten nach Hause kommen.

Ihre

Gaby Gölz

GPS-Koordinaten in diesem Buch

*Alle GPS-Koordinaten in diesem Buch sind als **geografische Koordinaten** (Länge/Breite) in Dezimalgrad (hddd.ddddd°) also z. B. 47.79472°N 07.54722°E angegeben.*

Alle modernen GPS-Geräte akzeptieren dieses Format, gegebenenfalls müssen Sie das Eingabeformat aber erst in der Grundkonfiguration Ihres Geräts voreinstellen, sonst weicht der angesteuerte Punkt deutlich vom erwarteten ab.

***Kartendatum** ist grundsätzlich WGS84.*

***Nutzung der GPS-Koordinaten:** Wer ein GPS-Gerät oder ein Navigationssystem benutzt, das Wegpunkt-Eingaben akzeptiert, der kann sich von diesem Gerät direkt zu den jeweiligen Punkten führen lassen. Praktisch alle GPS-Handgeräte bieten diese Möglichkeit. Im Unterschied dazu akzeptieren die meisten Navigationssysteme leider oft nur Eingaben von Adressen, nur haben Park- oder Stellplätze nun einmal nicht immer eine Adresse.*

Sehr hilfreich kann es jedoch sein, wenn Sie bereits bei der Reisevorbereitung (oder sogar unterwegs per Notebook) mit einer digitalen Karte arbeiten. Dann brauchen Sie für einen gesuchten Punkt nur die Koordinaten einzugeben, damit das Programm Ihnen diesen Punkt (beispielsweise einen Stellplatz) genau auf der Karte anzeigt. Gegebenenfalls können Sie sich dann den entsprechenden Kartenausschnitt ausdrucken lassen und auf die Reise mitnehmen.

Einige Internet-Kartendienste oder Routenplaner wie beispielsweise googlemaps® (http://maps.google.de) zeigen nach Eingabe der geografischen Daten den gesuchten Punkt an, teilweise sogar mit Luftbildansicht. Das kann für die Beurteilung der Lage eines Camping- oder Stellplatzes natürlich sehr hilfreich sein.

Telefonnummern

Die Ländervorwahl nach Deutschland ist 0049, nach Österreich 0043 und in die Schweiz 0041. Die darauf folgende „0" der Ortsnummer entfällt bei Auslandsgesprächen, muss jedoch (in Deutschland und Österreich außer bei Ortsgesprächen) innerhalb des jeweiligen Landes mitgewählt werden. In der Schweiz wird auch bei Ortsgesprächen immer die komplette Telefonnummer mit der vollständigen Ortsvorwahl gewählt!

Die Ländervorwahl nach Italien lautet 0039. In Italien gibt es keine Ortskennziffern. Die ehemaligen Vorwahlen sind heute fester Bestandteil der Rufnummer, man muss sie also auch bei Ortsgesprächen und bei Gesprächen aus dem Ausland mitwählen. Handynummern beginnen dagegen nicht mit einer „0".

DVD zum Buch

Exakt auf das Buch abgestimmt, wurde von der Autorin eine Video-DVD produziert, auf der die zehn Routen des Buches in einem stimmungsvollen Film dargestellt werden. In eingehenden Aufnahmen, unterlegt mit Musik und erklärendem Text, kann man bereits zu Hause bei der Reiseplanung alle beschriebenen Orte und Landschaften sowie die meisten der im Buch erwähnten Stellplätze sehen. Die DVD mit einer Spielzeit von 100 Min. kann direkt bei der Autorin bezogen werden (s. S. 287).

004to Abb.: gg

005to Abb.: gg

006to Abb.: gg

003to Abb.: gg

PRAKTISCHE REISETIPPS VON A BIS Z

ANREISE

Die in diesem Band beschriebene Rundreise beginnt in Prato, circa 20 km nordwestlich von Florenz. Im Folgenden werden die fünf wichtigsten Anfahrtsrouten von West nach Ost detailliert und teilweise mit Routenvarianten beschrieben. Alle Routen laufen in Bologna zusammen. Sicher findet man weitere Möglichkeiten, nach Bologna zu kommen, in diesem Buch sollen jedoch nur die Routen aufgezeigt werden, die einigermaßen zügig und ohne Probleme wie schwierige Alpenpässe, kleine Bergstraßen in den Alpen etc. zu meistern sind. Ab Bologna geht es über die A1 weiter bis nach Prato.

DIE WESTLICHE ROUTE

Wer aus dem Westen Deutschlands, aus den Niederlanden oder Belgien kommt, den führt die Westroute am schnellsten ans Ziel. Sie führt über Karlsruhe (A5) – Basel – Egerkingen – Luzern (A2) – Airolo – St. Gotthard – Bellinzona (A2) – Mailand (A9/A8) – Bologna (A1) – Prato (A1). Die Gesamtlänge der Strecke von Karlsruhe bis Prato beträgt 830 km.Die Kraftstoffpreise liegen in der Schweiz bei Diesel auf ungefähr dem gleichen Niveau wie in Deutschland, Benzin und Superbenzin sind um einiges günstiger.

Folgende **Übernachtungsplätze** bieten sich bis Bologna an:

Camping

Camping International Lido, Luzern

47.05003°N 08.33821°E

Netter ruhiger Platz, das Seebad des Vierwaldstätter Sees ist in 2 Minuten zu Fuß zu erreichen. **Lage/Anfahrt:** Von der A2 (E35) in Richtung Luzern Zentrum abfahren, dann auf der Straße Richtung Gotthard um den nördlichen Teil des Vierwaldstätter Sees fahren. Die Anfahrt ist ausgeschildert; **Untergrund:** Wiese; **Ver-/Entsorgung:** Strom, Trinkwasser, Abwasser, Chemie-WC; **Sicherheit:** umzäunt, beleuchtet, bewacht; **Preise:** 6,70–16,70 € (CHF 10–25)/Fahrz., 6,70 € (CHF 10)/Pers.; **Geöffnet:** ganzjährig; **Kontakt:** CH-6006 Luzern, Lidostraße 19, Tel. +41 (0)413702146, Luzern@camping-international.ch, www.camping-international.ch.

Camping

Caravan Camping Miralago S. A., Tenero

46.17278°N 08.84778°E

Campingplatz mit beheiztem Schwimmbad, Laden und Restaurant direkt am Lago Maggiore. **Lage/Anfahrt:** Von der A2 (E35) an der Ausfahrt „Bellinzona Süd" abfahren, weiter Richtung Locarno; die Zufahrt ist ausgeschildert; **Untergrund:** Wiese; **Ver-/Entsorgung:** Strom, Trinkwasser, Abwasser, Chemie-WC; **Sicherheit:** umzäunt, beleuchtet, bewacht; **Preise:** 20–45,40 € (CHF 30–68)/Fahrz., 6,70–10 € (CHF 10–15)/Pers.; **Geöffnet:** ganzjährig; **Kontakt:** CH-6596 Tenero, Via Roncaccio, Tel. +41 (0)917451255, info@camping-miralago.ch, www.camping-miralago.ch.

Camping

International Camping Modena

44.65556°N 10.86583°E

Großzügiges, schattiges Gelände mit Schwimmbad und Tennisplätzen. **Lage/ Anfahrt:** Von der A1 an der Ausfahrt „Modena Nord“ abfahren, nach der Ausfahrt nach 500 m links. Der Platz ist ausgeschildert; **Untergrund:** Schotterrasen; **Ver-/Entsorgung:** Strom, Trinkwasser, Abwasser, Chemie-WC; **Sicherheit:** umzäunt, beleuchtet, bewacht; **Preise:** 12 €/Fahrz., 7,50 €/Pers.; **Geöffnet:** ganzjährig; **Kontakt:** I-41100 Bruciata, Modena, Via Cave di Ramo 111, Tel. +39 059332252, Fax 059823235, info@internationalcamping.org, www.internationalcamping.org.

DIE BODENSEE-ROUTE

Die Bodensee-Route ist eine Anfahrtsvariante für diejenigen, die über die A7 von Ulm in Richtung Allgäu fahren und lieber über die Schweiz als über Österreich nach Italien reisen möchten. Sie führt über Ulm (A7), Memmingen (beim AK Memmingen auf die A96 in Richtung Lindau) und Bregenz (A14). Bei der Ausfahrt „Hohenems“ fährt man von der A14 auf die L46 und bis zur Schweizer Grenze, hier der Beschilderung zur A13 folgen. Auf ihr geht es über Chur und durch den San-Bernadino-Tunnel weiter nach Bellinzona. Hier trifft die Bodenseeroute mit der vorab beschriebenen Westroute zusammen. Die Entfernung von Ulm bis Prato beträgt auf dieser Strecke 731 km.

Achtung: Für das kurze österreichische Autobahnstück bei Bregenz (von Hörbrans nach Hohenems) benötigt man für Fahrzeuge unter 3,5 t eine sogenannte „Korridorvignette“ zum Preis von 2 € je Strecke. Diese erhält man an Automaten am deutsch-österreichischen Grenzübergang. Die Automaten können vom Fahrzeug aus bedient werden. Für Fahrzeuge über 3,5 t wird mit der Go-Box abgerechnet (s. S. 20).

Camping

Camp Au, Chur

46.86195°N 09.50722°E

Sehr ansprechender Platz am Ufer des Vorderrheins. Hallen- und Freibad in unmittelbarer Nähe. **Lage/Anfahrt:** Von der A13 an der Ausfahrt 17 („Chur-Süd“) links auf die Waffenplatzstraße, dann rechts in die Sommeraustraße, kurz darauf links in die Roßbodenstraße, nach ca. 700 m rechts in die Pulvermühlstraße, dann links in die Industriestraße und nach 550 m links in die Felsenaustraße zum Platz. **Platzanzahl:** 100; **Untergrund:** Wiese; fest; **Ver-/Entsorgung:** Strom, Trinkwasser, Abwasser, Chemie-WC; **Sicherheit:** umzäunt, beleuchtet, bewacht; **Preise:** je nach Größe 8,27–12,75 € (CHF 12–18,50)/Fahrz., 4,82 € (CHF 7)/Pers.; **Max. Stand:** unbegrenzt; **Geöffnet:** ganzjährig; **Kontakt:** CH-7000 Chur, Felsenaustr. 61, Tel. +41 (0)812842283, info@camping-chur.ch, www.camping-chur.ch.

Tipp

Weitere Übernachtungsmöglichkeiten zwischen Bellinzona und Prato finden Sie in der Beschreibung der **westlichen Route.**

DIE BRENNER-ROUTE

Die Brenner-Route führt über München – München-Süd – Rosenheim (A8) – Kufstein (A93) – Innsbruck (A12) – Brenner (A13) – Brixen – Bozen – Trient – Verona – Mantua – Modena (A22) – Bologna (A1) – Prato (A1). Die Distanz zwischen München und Prato beträgt 642 km. Kraftstoff ist in Österreich billiger als in Deutschland, bei Diesel liegt der Preisunterschied bei ca. 10 Cent/Liter, bei Benzin und Superbenzin beträgt die Differenz 15–20 Cent. Natürlich gibt es auch im Verlauf der Brenner-Route genügend Übernachtungsmöglichkeiten. Unter anderem bieten sich die im Folgenden genannten Plätze an:

Camping

Camping Innsbruck-Kranebitten

47.26259°N 11.31333°E

Schön gelegener, zentrumsnaher Platz mit familiärer Atmosphäre. **Lage/Anfahrt:** An der Ausfahrt „Innsbruck-Kranebitten" die A12 verlassen und auf die B171, sehr gut ausgeschildert; **Platzanzahl:** 120; **Untergrund:** Wiese; **Ver-/Entsorgung:** Strom, Trinkwasser, Abwasser, Chemie-WC; **Sicherheit:** umzäunt, beleuchtet, bewacht; **Preise:** 6,50–6,95 €/Fahrz., 5,40–6,80 €/Pers.; **Geöffnet:** ganzjährig; **Kontakt:** A-6020 Innsbruck, Tel. +43 (0)512 284180, campinnsbruck@hotmail.com, www.campinginnsbruck.com.

Stellplatz

Gasthof Humler-Hof, Gries am Brenner

47.06639°N 11.47222°E

Privater, zu einem Hotel gehörender Stellplatz auf dem großen Parkplatz bei einem schönen Alpengasthof. Gutes Restaurant im Tiroler Stil, Produkte aus eigener Landwirtschaft. **Lage/Anfahrt:** Von der Brenner-Autobahn an der Ausfahrt 27 „Nößlach" abfahren und in Richtung Steinach. Der Gasthof ist nach 500 m das erste Haus auf der rechten Straßenseite; **Platzanzahl:** 50; **Untergrund:** Schotter, Wiese; fest; **Ver-/Entsorgung:** Trinkwasser; **Sicherheit:** beleuchtet; **Preise:** für Besucher des Gasthauses kostenlos; **Max. Stand:** unbegrenzt; **Geöffnet:** ganzjährig; **Kontakt:** A-6156 Gries am Brenner, Nößlach 483, Tel. +43 (0)5274 87500, Fax 8750022, info@humlerhof.com, www.humlerhof.com.

Camping

Camping Moosbauer, Bozen

46.50008°N 11.30000°E

Sehr gepflegter Platz, Stellplätze durch Hecken parzelliert, alle Plätze mit Strom-, TV-Sat-, Frisch- und Abwasseranschluss, beheiztes Schwimmbad. **Lage/Anfahrt:** Die A22 an der Ausfahrt „Bozen Süd" verlassen, dann der Beschilderung in Richtung Krankenhaus folgen; **Untergrund:** Wiese; **Ver-/Entsorgung:** Strom, Trinkwasser, Abwasser, Chemie-WC; **Sicherheit:** umzäunt, beleuchtet, bewacht; **Preise:** 13–16,50 €/Fahrz., 7,50–8,70 €/Pers.; **Geöffnet:** ganzjährig; **Kontakt:** I-39100 Bozen, Morizinger Weg 83, Tel. +39 0471918492, Fax 0471204894, info@moosbauer.com, www.moosbauer.com.

Ver-/Entsorgung

Wohnmobil-Ver-/Entsorgung Trento Centro in Trient, von der Ausfahrt „Trento Centro" der A22 (E45) ausgeschildert.

Camping

Camping du Parc, Lazise

45.49833°N 10.73750°E

Ein terrassierter Platz am Gardasee. In der Saison ist es hier leider sehr voll. **Lage/Anfahrt:** An der A22 Ausfahrt „Affi/Lago di Garda Süd" auf die SR450 wechseln, nach 8 km auf die SP5 nach Lazise; **Platzanzahl:** 1550; **Untergrund:** Wiese; **Ver-/Entsorgung:** Strom, Trinkwasser, Abwasser, Chemie-WC; **Sicherheit:** umzäunt, beleuchtet, bewacht; **Preise:** 10–17 €/Fahrz., 5,60–8,20 €/Pers.; **Geöffnet:** März bis Oktober; **Kontakt:** I-37017 Lazise, Localita Sentieri, Tel. +39 0457580127, Fax 0456470150, www.campingduparc.it.

Stellplatz

Parkplatz, Lazise

45.50017°N 10.73342°E

Freie Stellmöglichkeit auf einem großen Parkplatz, durch Fußgängerweg vom See getrennt, ortsnah, ruhig. **Lage/Anfahrt:** In Lazise am zweiten Kreisverkehr dem Hinweisschild „Parkplatz" folgen, am ersten Parkplatz vorbei und diesen links umfahren, danach noch einmal links abbiegen, nicht ausgeschildert; **Untergrund:** Asphalt; **Sicherheit:** beleuchtet; **Preise:** kostenlos.

Camping

International Camping Modena

44.65556°N 10.86583°E

Großzügiges, schattiges Gelände mit Schwimmbad und Tennisplätzen. **Lage/Anfahrt:** Von der A1 an der Ausfahrt „Modena Nord" abfahren, nach der Ausfahrt nach 500 m links, ausgeschildert; **Untergrund:** Schotterrasen; **Ver-/Entsorgung:** Strom, Trinkwasser, Abwasser, Chemie-WC; **Sicherheit:** umzäunt, beleuchtet, bewacht; **Preise:** 11 €/Fahrz., 7 €/Pers.; **Geöffnet:** ganzjährig; **Kontakt:** I-41100 Bruciata, Modena, Via Cave di Rame 111, Tel. +39 059332252, Fax 059823235, info@internationalcamping.org, www.internationalcamping.org.

DIE RESCHENPASS-ROUTE

Die Reschenpass-Route führt über Ulm – Memmingen – Kempten – Füssen (A7) – Reutte – Nassereith – Imst (B179) – Landeck – Pfunds (B 180) – Meran – Bozen (SS40/SS38) – Trient – Verona – Mantua – Modena (A22) – Bologna (A1) – Prato (A1). Die Fahrstrecke von Ulm bis Prato ist insgesamt 713 km lang.

Diese Route ist, sofern man die Bezeichnung in diesem Zusammenhang gebrauchen kann, die gemütlichste. Sie bietet vielfältige landschaftliche Reize wie das Allgäu, den Fernpass, das obere Inn-Tal und den Reschenpass mit der im Stausee „ertrunkenen" Kirche, deren Turm noch sichtbar ist. Die Route hat überdies noch den finanziellen Vorteil, dass sie in Österreich nicht mautpflichtig ist und man keine österreichische Vignette oder Go-Box (bei mehr als 3,5 t) benötigt. Sie ist sicher auch die langsamste Route, aber als Wohnmobilfahrer hat man Zeit und Muße, die vorbeiziehende Landschaft auf sich wirken zu lassen und dort einen Zwischenstopp einzulegen, wo es einem am besten gefällt. Zu Beginn der Route bietet sich in Ulm folgender Stellplatz an:

▲ *Bei einem Zwischenstopp im schönen Tirol*

Stellplatz

An der Friedrichsau/Donaustadion, Ulm

48.40667°N 10.00833°E

Ein offizieller Stellplatz auf dem Park-and-Ride-Parkplatz der Stadt Ulm, relativ ruhig und stadtnah und mit guter Anbindung an die öffentlichen Verkehrsmittel. **Lage/Anfahrt:** Von der A7 fährt man am Kreuz „Ulm-Elchingen" auf die A8 in Richtung Stuttgart; nächste Abfahrt („Ulm-Ost") abfahren und auf der B19 nach Ulm, ab hier ausgeschildert (D-89073 Ulm, Wielandstraße 74); **Platzanzahl:** 50; **Untergrund:** Aspalt; **Ver-/Entsorgung:** Trinkwasser, Abwasser, Chemie-WC; **Sicherheit:** beleuchtet; **Preise:** kostenlos; **Max. Stand:** 3 Nächte; **Geöffnet:** ganzjährig; **Kontakt:** Ulm/Neu Ulm Touristik GmbH, Tel. +49 (0)731 1612830, info@tourismus@ulm.de, www.tourismus.ulm.de.

Stellplatz

Wohnmobilstellplatz Sportstudio Füssen

47.56681°N 10.67556°E

Verkehrsgünstig und zentrumsnah gelegener offizieller Stellplatz. In der unmittelbaren Umgebung findet man einige Supermärkte. **Lage/Anfahrt:** Nördlich des Stadtzentrums, ab der B310 ausgeschildert; **Untergrund:** Schotter; **Ver-/Entsorgung:** Strom 2 €, Trinkwasser, Abwasser, Chemie-WC; **Sicherheit:** umzäunt, beleuchtet; **Preise:** 11 €/Fahrz.; **Geöffnet:** ganzjährig; **Kontakt:** D-87629 Füssen, Abt-Hafner-Str. 2, Tel. +49 (0) 8362921290, www.wohnmobilstellplatz-fuessen.de.

Camping

Aktiv-Camping Prutz

47.07667°N 10.66250°E

Eingerahmt von hohen Bergen liegt der Platz 5 Gehminuten vom Dorfzentrum entfernt. **Lage/Anfahrt:** Von der B180 ausgeschildert. In Sichtweite der Bundesstraße; **Platzanzahl:** 130; **Untergrund:** Schotterrasen; Wiese; **Ver-/Entsorgung:** Strom, Trinkwasser, Abwasser, Chemie-WC; **Sicherheit:** umzäunt, beleuchtet, bewacht; **Preise:** 19,50–28,50 €/Fahrz., Stellplatz inkl. 2 Personen, Strom und Wasser; **Geöffnet:** ganzjährig; **Kontakt:** A-6522 Prutz, Beim Sauerbrunn, Tel. +43 (0)5472 2648, Fax 26484, info@aktiv-camping.at, www.aktiv-camping.at.

Camping

Alpencamping Nauders

46.8922°N 10.50500°E

Österreichs höchstgelegener Campingplatz, sehr guter Sanitärbereich, Sauna, Dampfbad, Fitnessraum. **Lage/Anfahrt:** Von der B180 4 km nach dem Ortsausgangsschild rechts abfahren, liegt bei einer Tankstelle, ausgeschildert; **Untergrund:** Wiese; **Ver-/Entsorgung:** Strom, Trinkwasser, Abwasser, Chemie-WC; **Sicherheit:** umzäunt, beleuchtet, bewacht; **Preise:** 16–18 €/Fahrz., Stellplatz inkl. 2 Personen; **Geöffnet:** ganzjährig; **Kontakt:** A-6543 Nauders 247, Tel. +43 (0) 547387217, Fax 8721750, info@camping-nauders.at, www.camping-nauders.at.

Camping

Camping Glora Vallis, Glurns

46.66250°N 10.58222°E

Der Platz liegt abseits vom Verkehrslärm zwischen Glurns und Schluderns in Panoramalage. **Lage/Anfahrt:** Auf der SS40 bis Schluderns, dort abbiegen nach Glurns. Der Platz liegt rechter Hand vor dem Ort Glurns; **Platzanzahl:** 90; **Untergrund:** Wiese; **Ver-/Entsorgung:** Strom, Trinkwasser, Abwasser, Chemie-WC; **Sicherheit:** beleuchtet, bewacht; **Preise:** 13 €/Fahrz. inkl. Strom, 6,50–8,50 €/Pers.; **Geöffnet:** ganzjährig; **Kontakt:** I-39020 Glurns, Tel. +39 0473835160, Fax 0473845767, info@gloriavallis.it, www.gloriavallis.it.

Camping

Camping Moosbauer, Bozen

46.50008°N 11.30000°E

Sehr gepflegter Platz, Stellplätze durch Hecken parzelliert, alle Plätze mit Strom-, TV-Sat-, Frisch- und Abwasseranschluss, beheiztes Schwimmbad. **Lage/Anfahrt:** Die A22 an der Ausfahrt „Bozen Süd" verlassen, dann der Beschilderung in Richtung Krankenhaus folgen; **Untergrund:** Wiese; **Ver-/Entsorgung:** Strom, Trinkwasser, Abwasser, Chemie-WC; **Sicherheit:** umzäunt, beleuchtet, bewacht; **Preise:** 13–16,50 €/Fahrz., 7,50–8,70 €/Pers.; **Geöffnet:** ganzjährig **Kontakt:** I-39100 Bozen, Morizinger Weg 83, Tel. +39 0471918492, Fax 0471204894, info@moosbauer.com, www.moosbauer.com.

Ver-/Entsorgung

Wohnmobil-Ver-/Entsorgung Trento Centro in Trient, von der Ausfahrt „Trento Centro" der A22 (E45) ausgeschildert.

Camping

Camping du Parc, Lazise

45.49833°N 10.73750°E

Terrassierter Platz am Gardasee. In der Saison sehr voll. **Lage/Anfahrt:** An der A22 Ausfahrt „Affi/Lago di Garda Süd“ auf die SR450 wechseln, nach 8 km auf die SP5 nach Lazise; **Platzanzahl:** 1550; **Untergrund:** Wiese; **Ver-/Entsorgung:** Strom, Trinkwasser, Abwasser, Chemie-WC; **Sicherheit:** umzäunt, beleuchtet, bewacht; **Preise:** 10–17 €/Fahrz., 5,60–8,20 €/Pers.; **Geöffnet:** März bis Oktober; **Kontakt:** I-37017 Lazise, Localita Sentieri, Tel. +39 0457580127, Fax 0456470150, duparc@camping.it, www.campingduparc.it.

Stellplatz

Parkplatz, Lazise

45.50017°N 10.73342°E

Freie Stellmöglichkeit auf einem großen Parkplatz, durch Fußgängerweg vom See getrennt, ortsnah, ruhig. **Lage/Anfahrt:** In Lazise am zweiten Kreisverkehr dem Hinweisschild „Parkplatz“ folgen, am ersten Parkplatz vorbei und diesen links umfahren, danach noch einmal links abbiegen, nicht ausgeschildert; **Untergrund:** Asphalt; **Sicherheit:** beleuchtet; **Preise:** kostenlos.

Camping

International Camping Modena

44.65556°N 10.86583°E

Großzügiges, schattiges Gelände mit Schwimmbad und Tennisplätzen. **Lage/Anfahrt:** Von der A1 an der Ausfahrt „Modena Nord“ abfahren, nach der Ausfahrt nach 500 m links, ausgeschildert; **Untergrund:** Schotterrasen; **Ver-/Entsorgung:** Strom, Trinkwasser, Abwasser, Chemie-WC; **Sicherheit:** umzäunt, beleuchtet, bewacht; **Preise:** 11 €/Fahrz., 7 €/Pers.; **Geöffnet:** ganzjährig; **Kontakt:** I-41100 Bruciata, Modena, Via Cave di Rame 111, Tel. +39 059332252, Fax 059823235, info@internationalcamping.org, www.internationalcamping.org.

DIE OST-ROUTE

Die Ost-Route ist für all diejenigen geeignet, die aus dem östlichen Teil Österreichs anreisen. Sie führt über Klagenfurt – Villach (A2) – Tarvisio – Carnia – Udine (A23) – Mestre – Padua (A4) – Ferrara – Bologna (A13)– nach Prato (A1). Von Klagenfurt nach Prato beträgt die Entfernung 520 km.

Die österreichische Autobahn A2 geht an der Grenze zu Italien in die italienische A23 über, die über Udine zum Autobahnkreuz Palmanova führt. Hier wechselt man auf die A4 (E70) Richtung Mestre. Hinter Padova mündet die A4 in die A13. Auf ihr gelangt man nach Bologna.

Camping

Camping Alba d'Oro, Mestre

45.47111°N 12.21056°E

Großer Ferienplatz mit Animation. Der Platz liegt direkt an der Lagune von Venedig und verfügt über ein Schwimmbad. Busverbindung nach Venedig. **Lage/Anfahrt:** Von der A4 (E70) bei Marcon auf die SP40 abfahren, dann auf die SS14 wechseln. Der Platz liegt bei km 10; **Platzanzahl:** 300; **Untergrund:** Wiese; **Ver-/Entsorgung:** Strom, Trinkwasser, Abwasser, Chemie-WC; **Sicherheit:** umzäunt, beleuchtet, bewacht; **Preise:** 13–14,50 €/Fahrz., 7–8,50 €/Pers.; **Geöffnet:** ganzjährig; **Kontakt:** I-30173 Ca Noghera-Mestre, Via Triestina (SS14), Tel. +390415415102, Fax 0415415971, albadoro@camping.it, www.camping.it/veneto/albadoro.

Camping

Campeggio comunale Estense, Ferrara

44.85778°N 11.63000°E

Kleiner Platz beim Ort. **Lage/Anfahrt:** Von der A13 an der Ausfahrt Ferrara Nord abfahren auf die Via Eridano (SP19), dann links in die Via Modena, geradeaus in die Viale Po, halbrechts in den Corso Porta Mare, an seinem Ende links in die Via Gramicia, ausgeschildert; **Platzanzahl:** 50; **Untergrund:** fest; **Ver-/Entsorgung:** Strom, Trinkwasser, Abwasser, Chemie-WC; **Sicherheit:** umzäunt, beleuchtet, bewacht; **Preise:** 8 €/Fahrz., 5 €/Pers.; **Geöffnet:** ganzjährig; **Kontakt:** I-44100 Ferrara, Via Gramicia 76, Tel. +390532752396.

BOLOGNA BIS PRATO

Der größte Teil der Anfahrt ist geschafft. Auf der Autobahn A1 geht es südwärts in Richtung Florenz. An der Ausfahrt „Calenzano-Sesto Fiorentino" verlässt man die Autobahn in Richtung Prato. Die weitere Anfahrtsbeschreibung deckt sich mit der des Stellplatzes in Prato (s. S. 71). Die Entfernung von Bologna bis zum Stellplatz beträgt 102 km.

MAUT

Auf jeder schnellen Strecke (wie Autobahn und Alpentunnel), die man in den Süden wählt, wird eine Gebühr verlangt. Sieht man die enormen Finanz- und Abgasbelastungen, die z. B. in Österreich und in der Schweiz entstehen, mag man vielleicht ein gewisses Verständnis für diese Abgabe entwickeln.

Maut in Österreich

Autobahnen sind mautpflichtig. Wohnmobile bis zu einem zulässigen Gesamtgewicht von 3,5 t benötigen eine **Vignette** (von den Österreichern „Pickerl" genannt), die es im grenznahen Gebiet an allen Tankstellen oder in jeder ADAC-Geschäftsstelle zu kaufen gibt. Die Jahresvignette kostet 73,80 €, eine 2-Monats-Vignette 22,20 €, die 10-Tages-Vignette 7,70 € (Stand 2009). Anhänger benötigen keine Vignette! Am kostengünstigsten liegt man mit jeweils einer 10-Tages-Vignette für die Hin- und Rückreise. Befahren Sie auf keinen Fall eine österreichische Autobahn ohne gültige Vignette, es drohen drakonische Geldstrafen, die sofort vollstreckt werden!

Wohnmobile über 3,5 t zulässigem Gesamtgewicht werden elektronisch nach gefahrenen Kilometern (streckenabhängig) und nach Achsenanzahl abgerechnet. Bei Wohnmobilen werden die Achsen der Anhänger nicht mitgezählt. Voraussetzung für die elektronische Mauterhebung ist die **Go-Box,** die an Tankstellen an den Hauptzufahrtsstrecken nach Österreich und in den ÖAMTC-Grenzbüros gegen eine Gebühr von 5 € erhältlich ist. Das Gerät kann mit einem Guthaben zwischen 75 und 500 € aufgeladen werden, das man dann abfährt (gültig bis zwei Jahre nach der letzten Aufladung). Mittels der innen an der Windschutzscheibe befestigten Go-Box und den Mautportalen an den Autobahnen erfolgt während der Fahrt die elektronische Abbuchung der Gebühren. Auf den vignettenpflichtigen Strecken beträgt die Gebühr für zweiachsige Wohnmobile über 3,5 t 0,19 €/km und für dreiachsige Wohnmobile (Tandemachse) 0,26 €/km. Zur eigentlichen Autobahnmaut kommt noch die Maut für die Brenner-Autobahn hinzu. Sie beträgt für Wohnmobile unter 3,5 t 8 €, bei mehr als 3,5 t sind es 28,20 €, für dreiachsige Mobile über 3,5t 39,48 € je Strecke.

Maut in der Schweiz

Bei der Fahrt mit dem Wohnmobil durch die Schweiz ist Folgendes zu beachten:Für Fahrzeuge unter 3,5 t zulässigem Gesamtgewicht besteht nur für Autobahnen eine Vignettenpflicht. Die Jahresvignette kostet 27,50 € (CHF 40,72) (Stand 2009). Für Wohnmobile mit einem zulässigen Gesamtgewicht über 3,5 t wird eine Schwerverkehrsabgabe erhoben. Im Gegensatz zur Vignette, die nur für das Befahren der Autobahnen vorgeschrieben ist, muss die Schwerverkehrsabgabe für das gesamte Straßennetz der Schweiz entrichtet werden. Zu zahlen ist sie bei der Einreise am Schweizer Zollamt. Dort erhält man einen auf das Fahrzeug ausgestellten, nicht übertragbaren Zahlungsnachweis, den man sorgfältig aufbewahren sollte, da er bei Kontrollen vorzuweisen ist. Die Jahresgebühr für Wohnmobile über 3,5 t beträgt CHF 650 (ca. 435 €). Die Abgabe kann aber auch nach voraussichtlicher Aufenthaltsdauer entrichtet werden: Für einen bis dreißig aufeinanderfolgende Tage werden pro Tag CHF 3,25 (2,17 €) fällig, mindestens aber CHF 25 (16,71 €) und höchstens CHF 58,50 (39,11 €). Für aufeinanderfolgende Monate kostet die Schwerverkehrsabgabe pro Monat CHF 58,50 (39,11 €), für zehn frei wählbare Einzeltage innerhalb eines Jahres CHF 32,50 (21,73 €). Letzteres ist wohl die günstigste Alternative, wenn man die Schweiz nur im Transit durchfährt.

Maut in Italien

Das Mautsystem in Italien gliedert sich in zwei Systeme. Beim **geschlossen System** zieht man bei der Auffahrt auf die Autobahn ein Ticket, mit dem man bei der Abfahrt bei einem Kassierer oder einem Automaten abrechnet. Bitte das Ticket sorgfältig verwahren. Bei Verlust wird der Maximalbetrag verlangt! Sollte die automatische Ticketabgabe nicht funktionieren, findet sich an jedem Automaten ein Hilfeknopf.

Bei kürzeren Autobahnabschnitten wird oft das **offene System** angewandt. Hier muss kein Ticket gezogen werden, sondern an der Zahlstelle wird ein Pauschalbetrag abgerechnet.

Neben der Barzahlung kann die Maut auch mit gängigen Kreditkarten oder mit der beim ADAC erhältlichen **Viacard** beglichen werden. Die Viacard hat Scheckkartengröße und kann mit 25 € bzw. 50 € aufgeladen werden. Die Gebühren werden dann automatisch an der Mautstelle abgebucht. Die Karte ist zeitlich unbefristet und übertragbar. Für die Inhaber einer Viacard gibt es an größeren Mautstellen eigene Fahrspuren; damit ist eine schnellere Abfertigung gewährleistet. Eine Fahrt auf der Autobahn von Mailand nach Florenz kostet für ein Wohnmobil gängiger Größe zum Beispiel 17,40 €.

DIPLOMATISCHE VERTRETUNGEN

ITALIENISCHE BOTSCHAFTEN

- **Deutschland:** D-10785 Berlin, Hiroshimastr. 1, Tel. +49 (0) 30254400, Fax 25440116, segreteria.berlino@esteri.it, www.ambberlino.esteri.it/Ambasciata_Berlino
- **Österreich:** A-1030 Wien, Rennweg 27, Tel. +43 (0) 17125121, Fax 7139719, ambasciata.vienna@esteri.it, www.ambvienna.esteri.it/ambasciata_vienna
- **Schweiz:** CH-3000 Bern 16, Elfenstr. 14, Tel. +41 (0) 313500777, Fax (0) 313500711, ambasciata.berna@esteri.it, www.ambberna.esteri.it/Ambasciata_Berna

VERTRETUNGEN IN ITALIEN

Deutsche Vertretungen

- **Botschaft der Bundesrepublik Deutschland,** 00185 Rom, Via San Martino della Battáglia 4, Tel. +39 06492131, Fax 064452672, www.rom.diplo.de
- **Honorarkonsulat der Bundesrepublik Deutschland,** Corso die Tintori 3, 50122 Florenz, Tel. +39 0552343543 Fax 0552476208

Österreichische Vertretungen

- **Botschaft der Republik Österreich,** 00198 Rom, Via Pergolesi 3, Tel. +39 068440141, Fax 068543286, www.aussenministerium.at/rom
- **Honorarkonsulat der Republik Österreich,** Lungarno A. Vespucci 58, 50123 Florenz, Tel. +39 0552654222, Fax 055295457

Schweizer Vertretungen

- **Botschaft der Schweiz,** Via Barnaba Oriani 61, 00197 Rom, Tel. +39 06809571, Fax 068088510
- **Konsulat der Schweiz,** Piazzale Galileo 5, 50125 Florenz, Tel. +39 055222431, Fax 055220517

EINKAUFEN

Für Konsumenten gilt Italien schon viele Jahre als Vorbild für **liberale Geschäftsöffnungszeiten.** Doch auch hier gibt es Regeln, die man beachten sollte. So ist z. B. die Siesta den Italienern heilig. Sie beginnt um 13 Uhr und endet zwischen 16.30 und 17 Uhr. In dieser Zeit sind alle Läden, Banken und Behörden geschlossen. Einzelhandelsgeschäfte *(negozio)* haben in der Regel Montag bis Samstag von 9 Uhr bis 13 Uhr und von 15 bzw. 16 Uhr bis 19.30 Uhr geöffnet. Bäckereien *(panificio* bzw. *forno)* und Lebensmittelgeschäfte *(alimentari)* öffnen morgens deutlich früher. In den Touristengebieten sind in der Saison alle Geschäfte abends häufig länger offen und in kleineren Ortschaften haben Lebensmittelgeschäfte meist auch am Sonntagvormittag geöffnet. Einkaufszentren und große Supermärkte sind in der Regel durchgängig von 9 Uhr bis 20 Uhr, zum Teil bis 22 Uhr geöffnet.

In den kleineren *alimentari* kauft man gute **regionale Produkte,** allerdings sollte man ein paar Brocken Italienisch sprechen, damit man sich mit den freundlichen Verkäufern verständigen kann. Große internationale Supermärkte *(supermercato)* bieten alles, was zur Füllung des bordeigenen Kühl- und Vorratsschrankes benötigt wird. Sehr wichtig in Italien: Unbedingt den **Kassenbon mitnehmen!** Der *scontrino* (Kassenzettel) ist der Nachweis, dass die Ware bzw. die Dienstleistung in der Kasse verbucht wurde und dafür Steuern entrichtet werden. Gewissenhafte Geschäftsleute und Ladenbesitzer drängen Ihnen den Kaufbeleg richtiggehend auf. Nehmen Sie ihn mit, denn es

019to Abb.: gg

▶ *Die Italiener lieben ihre Wochenmärkte*

kann vorkommen, dass Beamte der *guardia di finanza* (Finanz- und Zollpolizei) den Beleg sehen wollen. Wird dieser nicht vorgelegt, werden zum Teil erhebliche Strafen ausgesprochen.

LEBENSMITTEL

In Italien gibt es ein reichhaltiges Angebot an frischem Obst und Gemüse. Auch die gängigen Lebensmittel wird man in jedem *alimentari* finden, aber natürlich stehen hier vor allem die vielen verschiedenen Pastasorten im Vordergrund. Hausgemachte Soßen *(sugo)* und Pestos bieten ebenfalls viele Läden an.

Aus seinem Heimatland Lebensmittel nach Italien mitzubringen, ist völlig unnötig. Nur wer **spezielle Nahrungsmittel** benötigt, sollte diese dabeihaben und auch Kaffeesahne, Vollkornprodukte und biologisch verarbeitete Lebensmittel sind eher selten zu finden.

In nahezu jeder Stadt und in jedem größeren Dorf findet einmal pro Woche ein **Markt** statt, auf dem zahlreiche Händler aus der Region ihre Waren anbieten. Die Termine dieser Markttage kann man in den örtlichen Tourismusinformationen erfragen und ein Besuch lohnt schon allein wegen der Atmosphäre.

In den **Küstenorten** findet man am frühen Morgen Fischer, die frischen **Fisch** *(il pesce)* direkt vom Boot verkaufen. In den **Tourismusgebieten** werben Läden mit *prodotti tipici,* regionaltypischen Lebensmitteln, die man auch als Mitbringsel verschenken kann. Besonders erwähnenswert sind hier grüne und schwarze Oliven bzw. das daraus gewonnene Olivenöl. In fast jeder Bäckerei kann man sich leckere *focaccia* (Fladenbrote) kaufen. Oft nur mit Olivenöl beträufelt und mit Salz und Rosmarin gewürzt, sind sie eine äußerst delikate Zwischenmahlzeit. Wer Süßes mag, sollte sich in Siena einen *panforte* gönnen, eine Delikatesse aus kandierten Früchten, Mandeln und Gewürzen. Jede Region hat ihre eigenen Spezialitäten, auf die in den einzelnen Routen verwiesen wird.

Weltberühmt ist die Toscana aber auch wegen ihrer **Weine.** Chianti classico, Brunello und Vino Nobile sind internationale Spitzenweine, die natürlich auch ihren Preis haben. Sehr gut sind aber auch die einfachen Landweine, die überall angeboten werden.

SOUVENIRS

Die Toscana ist in punkto Reiseandenken sehr verführerisch. Die Auswahl der Souvenirs bemisst sich dann meist an der noch freien Ladekapazität des Wohnmobils.

Terrakotta findet man in der Region fast überall, das Zentrum der Herstellung liegt aber in Impruneta, südlich von Florenz. Die Palette reicht von Vasen in allen Größen über Töpfe, Krüge, Schalen, Büsten

▲ *Eine riesige Auswahl an Terrakotta gibt es in San Piero à Sieve*

und Reliefs bis hin zu Pflanztrögen für den Balkon oder Garten. Eine besonders empfehlenswerte Adresse für Terrakotta ist darüber hinaus San Piero a Sieve (s. S. 260).

Volterra ist das Zentrum des **Alabaster,** schönes **Kristall** kommt vor allem aus Colle di Val d'Elsa und an jedem ersten Sonntag im Monat findet in Arezzo auf der Piazza Grande Italiens größter Markt für **Antiquitäten** statt. **Kleidung** kauft man in Prato, dem Zentrum der Textilindustrie. Die dortige Touristeninformation hält eine Auflistung von Adressen mit Fabrikverkäufen bereit. **Lederwaren** ersteht man in Siena und **Schmuck** kauft man stilgerecht auf der Ponte Vecchio in Florenz, wo sich seit dem Mittelalter die Goldschmiede angesiedelt haben.

PREISE

Gehen Sie von einem durchschnittlich etwas höheren Preisniveau als in Deutschland aus. Bei Lebensmitteln sind vor allem Milch und Milchprodukte teurer als hierzulande. Wein kauft man entweder in einem gut sortierten Supermarkt oder direkt bei einer der unzähligen Kellereien, die am Weg liegen. Am teuersten sind die *enotece* in den Touristenzentren. Eine *enoteca* ist eine Weinhandlung, in der man Weine verkosten kann und wo gelegentlich auch kleine Snacks gereicht werden. Auch *prodotti tipici* bekommt man in einem Supermarkt oder in einem „normalen" *alimentari* günstiger und in der gleichen Qualität wie in den Souvenirgeschäften.

In Städten mit viel Tourismus zahlt man in der Gastronomie oft überhöhte Preise. Man sollte besser die Restaurants besuchen, in denen auch die Einheimischen verkehren, denn hier stimmt zumeist das Preis-Leistungs-Verhältnis.

EINREISEBESTIMMUNGEN

Durch das Schengener Abkommen sind die Grenzen in Europa gefallen und seit dem 12. Dezember 2008 werden auch bei der Durchreise durch die **Schweiz** die Reisedokumente im Normalfall nicht mehr geprüft. Dennoch kann es zu **Zollkontrollen** kommen, da die Schweiz kein Mitglied der EU ist.

Ein **Personalausweis** ist für Deutsche, Österreicher und Schweizer als Ausweispapier ausreichend. Kinder unter 16 Jahren sollten im Reisepass der Eltern eingetragen sein oder müssen einen eigenen **Kinderausweis** mitführen. Für das Wohnmobil benötigt man neben Führerschein und Fahrzeugschein auch eine **grüne Versicherungskarte.** Es ist anzuraten, eine **Vollkaskoversicherung** abzuschließen, da der Schadensausgleich der italienischen Haftpflichtversicherungen oft nicht dem tatsächlichen Schaden entspricht. Ein **Euroschutzbrief** ist bei Reisen mit dem eigenen Fahrzeug empfehlenswert. Weiterhin sind eine private Auslandskrankenversicherung, eine Haftpflichtversicherung und eine Wohnmobilinhaltsversicherung empfehlenswert.

Innerhalb der EU können folgende **Warenmengen** zollfrei ein- und ausgeführt werden: 800 Zigaretten oder 200 Zigarren bzw. 1000 g Schnitttabak, 110 l Bier, 90 l Wein oder 20 l Spirituosen unter 22 Vol.-%, 10 l Spirituosen über 22 Vol.-% sowie 10 kg Kaffee.

Bei der Ausfuhr aus der **Schweiz** gelten folgende Höchstmengen: Geschenke und Waren zum persönlichen Gebrauch bis zu einem Wert von 300 €, zudem sind 200 Zigaretten oder 50 Zigarren bzw. 250 g Tabak, 2 l Wein oder 2 l Spirituosen unter 22 Vol.-% sowie 1 l Spirituosen über 22 Vol.-%, 4 l nicht schäumende Weine, 16 l Bier, Kaffee 500 g und 100 g Tee zollfrei.

Bei der Einfuhr in die Schweiz sind folgende Mengen zollfrei (bis zu einem Warenwert von CHF 300): 1 l Spirituosen über 15 Vol.-% und 2 l Wein oder andere alkoholische Getränke bis 15 Vol.-%, 200 Zigaretten oder 50 Zigarren oder 250g Schnitttabak und 200 Stück Zigarettenpapier sowie Reiseproviant für einen Tag.

FAHRRAD

Als sehr praktisch hat es sich erwiesen, Fahrräder mitzuführen. Da die Park- bzw. Stellplätze oft außerhalb der Städte liegen, kann man so die Distanz bequem überwinden. In diesem Buch sind auch Touren beschrieben, die sich mit dem Fahrrad unternehmen lassen.

GASVERSORGUNG

Im Allgemeinen sollte ein **Gasvorrat** von zwei 11-kg-Flaschen für einen Urlaub im Sommer ausreichen. Wer allerdings den Beginn des Frühlings oder den späten Herbst für seinen Urlaub aussucht, wird ab und zu die Heizung anstellen und somit mit seinen zwei Gasflaschen bei einem längeren Aufenthalt nicht über die Runden kommen.

Die **Anschlüsse** der italienischen Gasflaschen passen nicht an die in Deutschland und Österreich üblichen Druckregler. Ein Nachfüllen mitgebrachter Flaschen ist verboten, deshalb sollte man unbedingt ein Adapterset (Europa-Flaschenset, vierteilig, ca. 15 €) dabeihaben, mit dem sich italienische Gasflaschen problemlos anschließen lassen.

Da in Italien im Haushalt sehr viel Flaschengas genutzt wird, ist es kein Problem, Gasflaschen *(bombola del gas)* zu kaufen. Beinahe in jedem Dorf findet sich ein **Händler.** Es gibt 10-kg- und 20-kg-Flaschen. Die 10-kg-Flaschen sind vom Durchmesser und von der Höhe geringfügig kleiner als die deutschen 11-kg-Flaschen. Die 20-kg-Flaschen haben einen größeren Durchmesser und sind höher. Was letztendlich in den Flaschenkasten passt, lässt sich am besten vor Ort ausprobieren. Der Gesamtpreis enthält ein Flaschenpfand von zurzeit 7 €. Eine 10-kg-Flasche kostet inkl. Flaschenpfand um die 25 €.

GELD

Beim Urlaub im europäischen Ausland lernt man die Vorzüge des Euro kennen: kein lästiges Tauschen von Währungen!

Geldautomaten gibt es in Italien fast überall und die meisten sind auch mit einer deutschsprachigen Benutzerführung versehen. Pro Vorgang kann nur bis zu einem Höchstbetrag von 250 € abgehoben werden. Hierbei sollte man auch die üblichen Sicherheitsvorkehrungen nicht außer Acht lassen (beim Eintippen des Pincodes das Eingabefeld mit der Hand abdecken, möglichst immer zu zweit am Automaten stehen, das Geld direkt einstecken).

Die Bezahlung mit der **Kreditkarte** ist in Italien wesentlich gebräuchlicher als in Deutschland. Im Supermarkt, an der Tankstelle und im Restaurant ist das „Plastikgeld“ die normale Zahlungsweise.

Für den Fall, dass Ihnen eine Maestro- (EC-) oder Kreditkarte abhandenkommt, sollten Sie sich vorsichtshalber vorher die Kartennummer notieren. Für die **Sperrung** gilt dann die folgende deutsche Zentralnummer: +49 116116.

Für **österreichische** und **schweizerische Karten** gelten:

- Maestro-Karte: (A) Tel. +43 12048800, (CH) Tel. +41 442712230; UBS: +41 800888601; Credit Suisse: +41 800800488
- MasterCard/VISA: (A) Tel. +43 1717014500 (MasterCard) bzw. Tel. +43 171111770 (VISA); (CH) Tel. +41 589588383 für alle Banken außer Credit Suisse, Corner Bank Lugano und UBS

- American Express: (A) Tel. +49 6997971000, (CH) Tel. +41 446596333
- Diners Club: (A) Tel. +43 15013514; (CH) Tel. +41 448354545

GESUNDHEIT

Für die Reise nach Italien sind keine besonderen Vorsorgemaßnahmen nötig. Eine **normale Reiseapotheke** ist völlig ausreichend. Wer regelmäßig spezielle Medikamente einnehmen muss, sollte diese aber selbstverständlich mitnehmen. **Apotheken** *(farmacia)* gibt es fast überall und man erhält dort meist eine gute Beratung. In größeren Ortschaften findet sich die gleiche Auswahl an niedergelassenen **Ärzten** wie in Deutschland.

Seit dem 1. Juli 2004 ist die **europäische Krankenversicherungskarte** an die Stelle des Auslandskrankenscheins getreten. Mit ihr entfällt auch der Umweg über die ausländische Krankenkasse. Klären Sie jedoch bei einem Arztbesuch vor der Behandlung ab, ob die Krankenversicherungskarte anerkannt oder nur privat abgerechnet wird. Vor der Abreise sollten bei der Krankenkasse unbedingt genaue Erkundigungen eingeholt werden!

Ein **Krankenrücktransport** wird von den deutschen Krankenkassen nicht übernommen. Deshalb ist es ratsam, eine Auslandskrankenversicherung abzuschließen. Oft schließen auch Kfz-Schutzbriefe einen Krankenrücktransport ein.

Prüfen Sie auf jeden Fall rechtzeitig vor Ihrer Abreise, ob ein ausreichender Krankenversicherungsschutz vorhanden ist!

HAUSTIERE

Es stellt kein Problem dar, wenn man seinen treuen Begleiter auf eine Reise nach Italien mitnehmen möchte. Vor der Reise sollten Sie jedoch unbedingt daran denken, die **Tollwutimpfung** Ihres Vierbeiners auffrischen zu lassen. Zudem muss auf jeden Fall der **europäische Heimtierausweis** mitgeführt werden (innerhalb der EU ist dies Pflicht) und der Hund oder die Katze müssen mittels Chip oder Tätowierung **gekennzeichnet** sein.

Hunde- und Katzenfutter gibt es in Italien reichlich zu kaufen, allerdings nicht unbedingt dieselbe Marke, die Ihr Vierbeiner gewohnt ist.

Die meisten **Campingplätze** lassen Hunde uneingeschränkt zu. In öffentlichen Verkehrsmitteln (Bus, Bahn, Schiff) besteht generell Leinen- und Maulkorbzwang.

Auch Vierbeiner genießen einen Urlaub in der Toscana

022to Abb.: gg

INFORMATIONEN

ITALIENISCHE ZENTRALE FÜR TOURISMUS (ENIT)

In der heutigen Zeit ist das Internet sicher eine der bevorzugten Informationsquellen. Jedoch auch die „gute alte Broschüre" hat noch nicht ausgedient. Die italienische Zentrale für Tourismus (ENIT) verschickt Prospekte mit schönen Bildern, aber wenig detaillierter Information. Hier die Adressen der ENIT:

In Deutschland

- 10117 Berlin, Friedrichstr. 187, Tel. +49 (0)30 2478398, enit-berlin@t-online.de
- 60311 Frankfurt/Main, Neue Mainzer Strasse 26, Tel. +49 (0)69 259332, enit-ffm@t-online.de
- 80538 München, Prinzregentenstr. 22, Tel. +49 (0)89 531317, enit-muenchen@t-online.de

In Österreich

- 1010 Wien, Kärntner Ring 4, Tel. +43 (0)1 505163017 (Prospektversand), Tel. +43 (0)1 5051639 (allgemeine Informationen), info@enit.at

In der Schweiz

- 8001 Zürich, Uraniastr. 32, Tel. +41 (0)434664040, info@enit.ch

INTERNET

Aus der Vielzahl der im Internet zu findenden Adressen zum Thema Toscana hier eine interessante Auswahl:

- **www.enit.de:** Website des italienischen Fremdenverkehrsamtes
- **www.touringclub.it:** Englischsprachige Website des Touring Club Italiano
- **www.camping.it:** Hier finden sich Informationen zu Campingplätzen
- **www.toscanapromocamping.it:** Auflistung der Campingplätze in der Toscana
- **www.italien-inseln.de/italia/toskana-toscana.html:** Viel Wissenswertes über toskanische Städte
- **www.toscana.de:** Umfassende Informationen über die Toscana in deutscher Sprache, u. a. Infos zu Shopping, Restaurants und Sportangeboten

IN DER TOSCANA

In der Toscana gibt es insgesamt eine Vielzahl an Informationsbüros für Touristen. In allen großen Städten und auch in vielen Kleinstädten finden sich **Tourismusbüros** mit der Bezeichnung A.P.T. (Azienda di promozione turistica). Hin und wieder findet man auch die Bezeichnung I.A.T. (Uffizio Informazioni e di Accoglienza Touristica). Daneben gibt es noch kommunale Fremdenverkehrsbüros.

Eine spezielle Form der Touristeninformation ist **Pro Loco** (lateinisch: „für den Ort"). Dabei handelt es sich um eine Verbandsinitiative der lokalen Bevölkerung, die sich die Pflege örtlicher Traditionen zur Aufgabe gemacht hat. Daneben unterhält Pro Loco kleine Fremdenverkehrsbüros in Orten abseits der großen Touristenströme. Diese Büros werden von Ehrenamtlichen geleitet und haben häufig sehr unregelmäßige Öffnungszeiten.

Die Kontaktdaten von Informationsbüros sind in den jeweiligen Routenbeschreibungen angegeben.

KARTEN

STRASSENKARTEN

Empfehlenswert ist die im Reise Know-How Verlag erschienene Landkarte „Toscana" im Maßstab 1 : 200.000. Sie wurde auf Polyart (ein umweltfreundliches Material) gedruckt, ist wasser- und reißfest, GPS-tauglich und hat eingezeichnete Höhenlinien sowie ein Ortsregister.

Eine weitere empfehlenswerte Karte ist die Italien-Regionalkarte Nr. 8 „Toskana" von Hallwag Kümmerly+Frey, ebenfalls im Maßstab 1 : 200.000.

WANDERKARTEN

Vom österreichischen Kompass-Verlag (www.kompass.at) gibt es eine Vielzahl von Wanderkarten für die Toscana (Maßstab 1 : 50.000). Sie sind in jeder Buchhandlung erhältlich.

PANNE/UNFALL

Wer trotz aller Vorsicht in einen Unfall verwickelt wird, sollte auf keinen Fall irgendwelche Schuldanerkenntnisse unterschreiben. Bestehen Sie auf die Hinzuziehung der **Polizei** (Tel. 112). Wenn auch noch Personenschaden entstanden ist, bitte unbedingt unter Tel. 118 den **Notarzt** benachrichtigen. Notieren Sie Kfz-Nummer, die Versicherungsnummer und die Versicherungsgesellschaft des gegnerischen Fahrzeugs. Die Angaben stehen auf einen Aufkleber an der Windschutzscheibe und sind in Italien Pflicht. Formblätter für die Unfallaufnahme gibt es beim ADAC/ÖAMTC und beim Schweizer ACS.

Bei einer Panne gelten natürlich die gleichen **Vorsichtsmaßnahmen** wie in Deutschland: Warnweste anziehen, Warndreieck aufstellen, Insassen aussteigen lassen. Wenn eine Reparatur nicht mehr möglich ist und das Wohnmobil abgeschleppt werden muss (Pannenhilfe des italienischen Automobilklubs ACI), finden Sie im internationalen Kundendienstverzeichnis Ihres Fahrzeugherstellers die örtlichen Vertragswerkstätten. Grundsätzlich ist das Pannenfahrzeug aber auch bei einer freien Werkstatt gut untergebracht, denn gerade diese zeichnen sich durch Improvisationstalent aus. Bei der Beschaffung von Ersatzteilen, besonders wenn sie angeliefert werden müssen, hilft ein **Schutzbrief.** Dieser wird inzwischen nicht nur vom ADAC angeboten, auch größere Wohnmobilhersteller und Kraftfahrzeugversicherungen haben diesen Service in ihrem Programm.

Notrufnummern

- **Polizei** *(Carabinieri):* Tel. 112
- **Feuerwehr** *(Vigili del Fuoco):* Tel. 115
- **ACI** (italienischer Automobilclub): Tel. 803116 (aus dem ital. Festnetz), Tel. 800116800 (aus dem Mobilnetz)
- **Rettungs- bzw. Krankenwagen** *(Soccorso Pubblico di Emergenza):* Tel. 118 (in italienischer Sprache)
- **ADAC-Notruf Deutschland:** Tel. +49 (0)89 222222
- **ADAC-Notruf in Italien:** Tel. +39 02661591 (Handy)
- **ÖAMTC-Schutzbrief Nothilfe:** Tel. +43 (0)1 2512000
- **ACS-Notruf Schweiz:** Tel. +41 (0)446288899

REISEZEIT

Das Klima der Toscana ist mediterran geprägt, mit heißen und trockenen Sommern und milden, aber feuchten Wintermonaten.

FRÜHJAHR

Schon im April kann es sehr warm sein, doch Niederschläge sind nicht ausgeschlossen. Am Meer kann es durchaus schon angenehme Tage geben, in den Hochlagen der Apenninen hält der Winter Auszug. Ab Mai stabilisiert sich die Wetterlage und die Temperaturen gehen rasch nach oben. Das Frühjahr eignet sich für all diejenigen, die gerne wandern, besichtigen und weniger Wert auf tagelanges Aalen am Strand legen.

SOMMER

Die Sommermonate von Ende Juni bis Mitte September sind von großer und anhaltender Hitze geprägt, allenfalls unterbrochen durch einen kräftigen Gewitterschauer. Wandern ist jetzt nur noch in den Hochlagen oberhalb der 1000-m-Grenze angesagt und das Besichtigungsprogramm sollte in einer angenehmen Dosierung erfolgen. Jetzt ist es an der Zeit, die zahllosen Strände der Toscana aufzusu-

chen. Aber Vorsicht: Im August sind auch alle Italiener im eigenen Land unterwegs. Überall ist es sehr voll, sei es auf den Camping- und Wohnmobilstellplätzen, am Strand, in den Bars oder beim Abendessen im Restaurant.

▲ *Herbststimmung im Chianti*

HERBST

Mitte September bis Ende Oktober ist eine sehr angenehme Reisezeit. Oft ist es am Tag noch so warm, dass man ein Bad im Meer genießen kann. Am Abend kann man ab und zu einen leichten Pullover vertragen und die Nächte sind zum Schlafen angenehm kühl. Wanderungen, Besichtigungen, baden gehen – alles ist in dieser Zeit möglich.

WINTER

Von Anfang/Mitte November bis Ende Februar sind sehr viele Campingplätze geschlossen. Die Temperaturen sinken durchaus auf unter 10 °C, längere Frostperioden sind allerdings die Ausnahme. Es gibt häufig Niederschläge, in den Bergen oft als Schnee. Der Monte Amiata entwickelt sich zu einem kleinen Wintersportzentrum. Viele Kirchen und Schlösser hat man jetzt für sich allein, bei manchen Museen steht man allerdings vor verschlossenen Türen. Vielerorts ist man auf den Wohnmobilstellplätzen ein einsamer Gast. Wer die

Ruhe mehr liebt als die heiße Sommersonne, kann durchaus auch im Winter einen schönen Wohnmobilurlaub verbringen. Die Toscana ist aber kein Ziel für Wohnmobil-Überwinterer. Wer diese Ambitionen hat, sollte doch einige Hundert Kilometer weiter südlich nach Kalabrien oder Sizilien fahren.

SICHERHEIT

In den Touristenhochburgen der Toscana ist es wie überall auf der Welt: Man muss sich vor Diebstählen und Wohnmobileinbrüchen schützen. Zwar kann man die Gefahren nicht völlig verhindern, mit einigen wenigen Mitteln und Vorsichtsmaßnahmen aber doch weitgehend eingrenzen. Generell sollte man sein **Geld** nicht in der Hosentasche oder im Brustbeutel verwahren, sondern besser in Gürteln bzw. Waden- oder Bauchtaschen, die man unter der Kleidung verstecken kann. **Foto- und Videokameras** oder **Handtaschen** sollten nicht an der zur Straße gewandten Seite getragen werden – Rollerfahrer könnten sie im Vorbeifahren wegreißen. Und dass man Schmuck am besten gar nicht mitnimmt, ist sicher hinreichend bekannt.

Das **Wohnmobil** kann man mit einer Alarmanlage schützen, allerdings sind lärmende Alarmanlagen in Italien häufig und die Reaktion der Italiener ist dementsprechend gleichgültig. Hilfreich sind Maßnahmen, die schon von außen darauf hinweisen, dass das Wohnmobil nicht so einfach zu knacken ist. Bewährt sind z. B. Bügel über der Wohnteiltüre und Blockaden der Lenkung sowie der Türen im Fahrerhaus. Ein im Fahrerhaus wachender Hund trägt sicher ebenfalls dazu bei, dass sich niemand dem Wohnmobil in unehrlicher Absicht nähert.

Die beste Sicherheit ist aber, möglichst **wenig Wertvolles** mitzunehmen und seine Wertgegenstände immer bei sich zu haben. Wenn man einen Badestopp einlegt, sollte das Wohnmobil **in Sichtweite** geparkt sein. Wenn sich zwielichtige Personen an der Strandstraße befinden, sollte man am besten eine andere Bademöglichkeit suchen. Aber bitte keine Panik! Die meisten Italiener sind anständige, rechtschaffene Menschen, die Ihnen nichts Böses wollen.

Ein Problem scheinen immer mehr **Banden aus Osteuropa** zu werden. Sie reisen zur Sommerzeit an und verdienen mit Diebstählen und durch Betteln ihren Lebensunterhalt. Sollten Sie tatsächlich bestohlen werden oder einen Einbruch in Ihr Wohnmobil erleiden, verständigen Sie grundsätzlich die Polizei (Tel. 112). Bestehen Sie auf ein Polizeiprotokoll, das die gestohlenen Gegenstände auflistet (meist hat die Polizei mehrsprachige Formulare), sonst erhalten Sie von Ihrer Versicherung keinen Ersatz. Die meisten Polizisten sind übrigens Touristen gegenüber äußerst freundlich gesonnen und hilfsbereit.

Von Ihren Ausweisen und Fahrzeugpapieren sollten Fotokopien vorhanden sein, so ist es einfacher, sich im Ernstfall beim Konsulat Ersatz zu beschaffen.

STRASSEN

Generell ist das Straßennetz in einem guten Zustand, manche Bergstraßen sind jedoch schmal und kurvenreich. Ein schnelles Vorankommen ist mit einem großen Wohnmobil selten möglich, planen Sie deshalb für Ihre Fahrstrecken immer genug Zeit ein. Die wichtigsten **Autobahnen** *(autostrada)* sind die von Bologna über Florenz nach Rom führende A1 und die an der Küste verlaufende A12, die bei Rosignano Marittimo endet. **Staatsstraßen** *(strada statale,* Abkürzung: SS bzw. in manchen Karten auch S) sind meist gut ausgebaut. Ihre Bandbreite geht jedoch von autobahnähnlich bis zu schmalen, kurvigen Bergstraßen. **Provinz- oder Landesstraßen** *(strada provinciale)* tragen die Bezeichnung SP. **Kommunalstraßen** *(strada communale,* Abkürzung: SC) sind kleine enge Straßen, manchmal ohne Teerbelag. Mit dem Wohnmobil sind sie nur mit Vorsicht zu befahren, da sie manchmal ohne Wendemöglichkeit einfach enden.

Zu den Straßenbezeichungen SS und SP gibt es noch **Zusatzbezeichnungen.** Der Zusatz „bis“ bedeutet in der Übersetzung tatsächlich auch „zusätzlich“. Gemeint ist eine Alternativstrecke zur eigentlichen Straße mit derselben Straßennummer. Der Zusatz „dir“ bezeichnet eine Zubringerstraße. So führt die „SS75dir“ z. B. zur „SS75“. An den Straßenrändern findet man in regelmäßigen Abständen kleine weiße Tafeln mit der Bezeichnung der Straße und der Nummer (z. B. „SS75“).

Innerhalb der Routen wird in diesem Buch auf schmale und schwierig zu befahrende Straßen hingewiesen. Außerdem werden diese Strecken auf der zusätzlich zu diesem Buch erhältlichen DVD gezeigt (s. S. 287).

024to Abb.: gg

▲ *Unter schattigen Pinien lässt es sich angenehm reisen*

Tipps für den Wohnmobiltouristen

- Bei Ortsdurchfahrten muss unbedingt das Verbot für Lkws beachtet werden, sonst kann es passieren, dass man in einer engen Gasse mit hervorstehenden Balkonen landet und nicht mehr weiterfahren kann. Die Italiener nehmen gestrandete Wohnmobile relativ gelassen und sind zur Hilfe bereit, aber das Zurücksetzen ist für den Womo-Piloten kein Vergnügen. Wenn möglich sollte man ohnehin Bergdörfer und kleine Küstenstraßen ohne Umgehungsstraßen in den Stoßzeiten meiden.
- Parkplätze sind in in kleinen Ortschaften Mangelware. In engen Städten lässt sich oft keine geeignete Möglichkeit finden, sein Wohnmobil abzustellen. Innerhalb der jeweiligen Routenbeschreibung finden sich Tipps für geeignete Parkplätze. Manchmal sind diese allerdings mit mehr oder weniger langen Fußwegen verbunden.
- Wie bei Lkw-Fahrern sollte es auch für Wohnmobilfahrer selbstverständlich sein, dass man anhält, wenn sich hinter dem eigenen Fahrzeug eine Schlange gebildet hat. Die hinter Ihnen fahrenden Fahrer werden sich wild hupend bedanken.
- Die Hupe wird anders als in Deutschland eingesetzt. Reagieren Sie nicht unwirsch. Der Überholende will Sie nur auf sich aufmerksam machen und Sie nicht erziehen.

BESCHILDERUNG

Auf Staatsstraßen (SS), Landestraßen (SP) und Kommunalstraßen (SC) wird durch blaue Hinweisschilder mit weißer Aufschrift hingewiesen. Autobahnen haben grüne Schilder mit weißen Schriftzeichen. Braune Schilder mit weißer Aufschrift weisen den Weg zu Sehenswürdigkeiten und Naturparks. Kleine Täfelchen am Straßenrand dienen als **Kilometer-Markierungen.** Die arabische Zahl gibt die Kilometer-, die römische die 100-Meter-Abstände an. Bei den Anfahrtshinweisen zu Campingplätzen und Stellplätzen wird häufig auf diese Markierungen hingewiesen.

STROM

Die Netzspannung beträgt **230 Volt Wechselstrom.** Mit den flachen Eurosteckern hat man keine Probleme. Für die runden Stecker wird ein Adapter benötigt. Auf Campingplätzen und an Wohnmobilstellplätzen sind ausschließlich die dreipoligen CEE-Steckdosen angebracht. Es empfiehlt sich, ein Verlängerungskabel mitzuführen, um die manchmal langen Strecken zum Verteilerkasten zu überbrücken.

TANKEN

Das italienische Tankstellennetz ist dicht. Bei vielen Tankstellen ist der **Service** noch immer obligatorisch. Hin und wieder findet man auch Tankstellen, an denen man mit einem geringen Preisunterschied zwischen „Service“ und „Selfservice“ (auf italienisch: *Fai da te)* wählen kann. Zu beachten ist, dass während der **Siesta** und an Sonn- und Feiertagen die meisten Tankstellen geschlossen haben. Ganztägig geöffnete Tankstellen findet man nur in den großen Städten. Zwar ist es möglich, an vielen Zapfsäulen mit Kreditkarte oder per Bargeldautomat zu tanken, dies sollten Sie aber nur tun, wenn Sie der italienischen Sprache mächtig sind.

Die **Preise** für Kraftstoff sind in Italien den gleichen Schwankungen unterworfen wie bei uns. Es wird daher an dieser Stelle auf Preisangaben verzichtet, da diese schnell überholt sind. Grundsätzlich kann man sagen, dass die Preise für Superbenzin und Diesel ungefähr dem deutschen Preisniveau entsprechen. In Österreich sind Benzin und Diesel 5 bis 10 Cent günstiger als in Italien, in der Schweiz bekommt man Benzin ca. 10 Cent günstiger, Diesel ist dafür teurer.

TELEFONIEREN

VORWAHLNUMMERN

› Nach Italien

Man wählt die Landesvorwahl 0039 und dann die vollständige Teilnehmernummer inklusive der „0“. In Italien sind die ehemaligen Vorwahlen nämlich heute fester Bestandteil der Rufnummer, man muss sie also auch bei Ortsgesprächen mitwählen. Handynummern beginnen dagegen nicht mit einer „0“.

› Nach Deutschland

Man wählt die Landesvorwahl 0049, die Ortskennziffer ohne die „0" und die Teilnehmernummer.

› Nach Österreich

Telefongespräche nach Österreich funktionieren genauso wie Telefonate nach Deutschland. Lediglich die Landesvorwahl musst gegen die 0043 ausgetauscht werden.

› In die Schweiz

Für Telefongespräche in die Schweiz wählt man die Landesvorwahl 0041 und dann ebenfalls die Ortskennziffer ohne die „0" und die Teilnehmernummer. (Innerhalb der Schweiz wird wie in Italien auch bei Ortsgesprächen immer die komplette Telefonnummer mit der vollständigen Ortsvorwahl gewählt!)

HANDY

Zum schnurlosen Telefonieren reicht auch in Italien ein herkömmliches GSM- oder ein UMTS-Handy vollkommen aus. Es ist aber ratsam, sich bereits vor Antritt der Reise im Internet über die Tarife der verschiedenen italienischen Netzanbieter zu informieren und dann den günstigsten herauszusuchen. Ein „Loch" im Handynetz ist in Italien sehr unwahrscheinlich, scheint es doch beinahe so, als sei das Handy den Italienern bereits am Ohr angewachsen. Überall werden Sie unfreiwillig Zeuge von „wichtigen Telefonaten". Am Steuer darf aber auch in Italien nur mit Freisprecheinrichtung telefoniert werden.

ÖFFENTLICHE FERNSPRECHER

Günstiger als mit dem Handy ist nach wie vor das Telefonat von einer öffentlichen Telefonzelle aus. Es gibt jedoch nur wenige Telefonzellen, die mit Münzen funktionieren. Die meisten können ausschließlich mit Telefonkarten *(carta telefonica)* betrieben werden. Diese Telefonkarten gibt es in der *tabaccheria* (Tabakwarenladen) und manchmal auch in Bars zu kaufen.

Bei der Karte der Telecom *(carta telefonica)* muss, bevor sie in den Automaten gesteckt wird, eine vorgestanzte Ecke abgebrochen werden. Die kostengünstigste Alternative zu dieser Karte ist aber die *carta telefonica internazionale.* Sie erhält man zum Preis von 5 € in jeder *tabaccheria.* Diese Karte führt man nicht ins Telefon ein, sondern man wählt eine kostenlose Nummer, die auf der Karte vermerkt ist. Danach gibt man die Geheimnummer ein, die man vorher auf der Karte freirubbeln muss. Anschließend wird man mit englischer Benutzerführung weitergeleitet. Mit dieser Karte können sowohl ausländische Festnetz- als auch Handynummern angerufen werden.

INTERNET

In vielen Orten gibt es Internetcafés, meistens an eine Bar angegliedert. Auch einige Touristeninformationen bieten Internetzugang an. Wer ständig „online“ sein will oder muss, der kann bei den zahlreichen Telefon- und Internetanbietern ein Modem für sein Laptop erstehen – entweder mit oder ohne Vertragsbindung. Informieren Sie sich aber vorher genauestens, wie mobiles Surfen im Ausland abgerechnet wird, sonst könnte Ihnen eine unerwartet hohe Rechnung ins Haus flattern.

ÜBERNACHTEN

Alle im Buch aufgeführten Stell- und Campingplätze wurden persönlich getestet. Die angegebenen Öffnungszeiten entsprechen einer möglichst genauen Recherche, dennoch kann es passieren, dass ein Campingplatz, der als ganzjährig geöffnet gekennzeichnet ist, im November oder im Februar mangels Besuchern geschlossen wird.

CAMPINGPLÄTZE

In der Toscana gibt es weit mehr Campingplätze – besonders die Küste entlang –, als in diesem Tourguide aufgeführt sind. Die Auswahl wurde nach Lage, Öffnungszeit und Komfort getroffen. In Gegenden, in denen es keine oder nur mangelhafte Stellplätze gibt, finden Sie Hinweise auf einen oder mehrere Campingplätze, ansonsten wird den Stellplätzen Vorrang gegeben. In Meernähe wurden die Campingplätze ausgewählt, die die längsten Öffnungszeiten oder die beste Lage haben.

Der Standard reicht in der Toscana vom einfachen Ein-Stern-Platz bis zum Komfortplatz mit vier Sternen. Die Sauber- und die Funktionstüchtigkeit lassen allerdings manchmal auch auf Komfortplätzen zu wünschen übrig. Die meisten Campingplätze haben Wasserhähne mit Schlauch, die Möglichkeit zum Grauwasserauslass und zur Chemie-WC-Entsorgung – leider oft nicht einfach zugänglich, sondern in einem entlegenen Winkel des Platzes versteckt.

STELLPLÄTZE

Italien ist das Land der Wohnmobilfahrer. An Wochenenden fahren Familien mit ihren Mobilen an die Strände oder in die Berge, dementsprechend ist auch die Infrastruktur. Sehr viele Städte und Gemeinden weisen Stellplätze aus. Die Platzqualität reicht von einem separaten Platzteil auf einem Großparkplatz bis hin zu eigens für Wohnmobile eingerichteten Plätzen mit Tischen, Strom- und Wasserversorgung.

025to Abb.: gg

▲ *Hier handelt es sich wohl um einen Dauercamper*

So gut wie alle Touristenorte halten für ihre Besucher einen Wohnmobilstellplatz bereit. Die **kommunalen Stellplätze** sind, bis auf wenige Ausnahmen, einschließlich der Ver- und Entsorgung kostenlos. Ab und zu wird sogar Strom kostenfrei zur Verfügung gestellt.

Das Auffinden der Plätze ist nicht immer leicht, häufig ist die **Beschilderung** lückenhaft oder beginnt erst in der Innenstadt, manchmal ist sie im Schilderwald kaum auszumachen. Es gibt jedoch auch Orte, in denen man hervorragend zum Stellplatz geleitet wird. In aller Regel werden Schilder mit einem Wohnmobilpiktogramm verwendet. Auch Hinweistafeln mit der Aufschrift „aera di sosta camper“ (Wohnmobilstellplatz) sind gebräuchlich. Die von uns verwendeten Stellplatzbezeichnungen weisen meist auf die Lage des Platzes hin, z. B. bedeutet „Campo sportivo“, dass der Stellplatz beim Sportplatz liegt.

Am Meer und mitunter auch im Landesinneren findet man **privat betriebene Wohnmobilstellplätze,** die je nach Jahreszeit ihre Preise gestaffelt haben. In der Regel sind die Augustwochen zwei- bis dreimal so teuer wie die übrigen Zeiten.

Freie Stellplätze/Freies Stehen

Unter freien Stellplätzen verstehen sich **frei zugängliche Plätze** in der Natur, am Strand oder auch in Städten, die ein Übernachten für eine oder manchmal auch mehrere Nächte erlauben. Diese Plätze sind allesamt kostenlos, bieten aber auch, bis auf ein paar wenige, **keine Infrastruktur für Wohnmobile** wie Stromanschlüsse, Wasser und Entsorgungsstationen. Auf allen im Buch beschriebenen Plätzen habe ich selbst unbehelligt übernachtet, sei es allein oder in der Nachbarschaft anderer Wohnmobilfahrer.

0261o Abb.: gg

▲ *Ein Traumplatz an Elbas Küste*

Offizielle Stellplätze

Offizielle Plätze wurden von Kommunen oder Touristikorganisationen angelegt und sind als reine Womostellplätze ausgewiesen. Sie sind häufig kostenlos und besitzen überwiegend eine Ver- und Entsorgungsmöglichkeit, Stromanschlüsse sind aber eher die Ausnahme.

Private Stellplätze

Darunter verstehen sich Wohnmobilstellplätze privater Betreiber. Die Plätze sind durchweg gebührenpflichtig. Die Kosten für eine Übernachtung schwanken zwischen 10 € und 25 €, wobei die Preise oft kein Spiegel für Lage und Ausstattung sind. Die Plätze sind mit Ver- und Entsorgungsstationen ausgestattet, wobei man manchmal auf recht einfache, aber praktikable Lösungen trifft. Man findet auf diesen Plätzen Stromanschlüsse und oft auch Duschen und Toiletten.

VERHALTENSHINWEISE

FOTOGRAFIEREN UND FILMEN

Fotografieren und Filmen ist nicht in allen Sehenswürdigkeiten erlaubt. Auf die Einhaltung von Verboten wird streng geachtet.

RAUCHEN

Rauchen ist in allen öffentlichen Räumen verboten. Das Verbot wird auch in Restaurants und Bars eingehalten. Bitte die Verbotstafeln mit der Aufschrift „Vietato fumare!“ („Rauchen verboten!“) beachten!

TRINKGELD

Coperto, der Gedeckzuschlag ist in Italien obligatorisch und liegt in etwa zwischen 1 € und 4 € – je nach Exklusivität des Restaurants. Zudem ist es gebräuchlich, ein Trinkgeld in Höhe von 10 % des Rechnungsbetrages zu geben. Dies wird entweder auf dem Tisch liegengelassen oder in die Mappe gelegt, in der die Rechnung gereicht wird.

RELIGION

Italien ist ein katholisch geprägtes Land. Über 80 % der Bevölkerung gehören der römisch-katholischen Kirche an. Die Italiener praktizieren ihren Glauben bei Prozessionen, Heiligenfesten und Wallfahrten. Als Gast im Land versteht es sich natürlich von selbst, keine negativen Äußerungen zu tätigen, geschweige denn, sich über den Glauben lustig zu machen. Bei einem Besuch von Gotteshäusern sollte man angemessene Kleidung tragen, d. h. keine Shorts oder Badehosen. Die Damen sollten außerdem ihre weiblichen Reize nicht allzu offenherzig zeigen.

OFFENES FEUER

Besonders während der heißen Sommermonate besteht in Italien akute Waldbrandgefahr, deshalb darf man auf keinen Fall ein Lagerfeuer anzünden, um Campingromantik zu erzeugen, oder Zigarettenkippen wegwerfen.

VERKEHRSREGELN

Die italienische Fahrweise erscheint auf den ersten Blick lässig, temperamentvoll und oft etwas waghalsig. Der Verkehr in den Städten wirkt oftmals chaotisch. Es wird in Zweierreihen geparkt, gedrängelt und gehupt. Lassen Sie sich jedoch nicht täuschen: In Italien herrschen **strenge Verkehrsregeln,** auch wenn man sie hin und wieder nicht wahrnimmt. Lassen Sie sich nicht zu Verkehrssübertretungen verführen, die Strafen sind oft drakonisch. Im Januar 2009 wurde der Bußgeldkatalog noch einmal kräftig angehoben. Die für Anfang 2009 vorgesehene europaweite Vollstreckung von Geldsanktionen wurde aber auf unbestimmte Zeit verschoben.

▼ *Und wo geht es jetzt lang?*

027to Abb.: gg

Die **Höchstgeschwindigkeit** für Wohnmobile unter 3,5 t Gesamtgewicht beträgt innerorts 50 km/h, außerorts 90 km/h, auf Schnellstraßen 110 km/h und auf Autobahnen 130 km/h. Bei Regen besteht auf allen Autobahnen ein Tempolimit von 110 km/h und auf Schnellstraßen von 90 km/h.

Für Wohnmobile über 3,5 t gilt innerhalb geschlossener Ortschaften ebenfalls 50 km/h, außerorts und auf Schnellstraßen 80 km/h, auf Autobahnen 100 km/h. Radarkontrollen sind an der Tagesordnung. Der Fahrzeughalter wird dann gleich zur Kasse gebeten, aber auch die Zustellung eines Strafmandats nach Deutschland ist möglich. Die Promillegrenze liegt in Italien bei 0,5 Promille.

Von Deutschland abweichend gelten in Italien außerdem noch folgende **Bestimmungen:**

- Alle nach hinten über das Fahrzeug hinausragenden Dachlasten und Ladungen (vor allem Fahrradträger oder Träger für Motorroller) müssen mit einer 50 x 50 cm großen, rot-weiß gestreiften Warntafel (bei Ladungen, die die gesamte Fahrzeugbreite abdecken, zwei Tafeln) gekennzeichnet sein.
- Das Mitführen einer fluoreszierenden Warnweste ist vorgeschrieben. Aus Sicherheitsgründen und zur Vermeidung von Bußgeldern sollte sie stets griffbereit sein.
- Tagsüber muss auf Autobahnen und außerhalb geschlossener Ortschaften das Abblendlicht eingeschaltet sein.
- Privates Abschleppen auf Autobahnen ist verboten.
- Eine durchgehende Fahrbahnrandlinie darf nur in Notfällen überquert werden.
- An schwarz-gelb markierten Bordsteinen sowie an gelb gekennzeichneten – z. B. für Taxi und Busse reservierten – Parkflächen besteht Parkverbot. Parken in Landschaftsschutzgebieten ist untersagt.
- Wenden, Zurücksetzen und unerlaubte Spurwechsel im Mautstellenbereich sowie auf Autobahnauf- und abfahrten wird mit hohen Bußgeldern und oft auch mit Fahrverboten geahndet.
- Parkverstöße, Telefonieren mit dem Handy am Steuer, Fahren ohne Licht außerorts und Geschwindigkeitsüberschreitungen werden mit besonders hohen Geldbußen belegt.

Übersetzung einiger wichtiger Straßenschilder

Caduta (di) sassi	*Steinschlag*
Deviazone	*Umleitung*
Galleria	*Tunnel*
Inizio zona tutelata	*Beginn der Parkverbotszone*
Rallentare	*langsam fahren*
Parcheggio	*Parkplatz*
Passo	*Pass*
Senso unico	*Einbahnstraße*
Sbarrato	*gesperrt*
Tenere la destra	*rechts fahren*
Tornante	*Serpentine*
Tutte le direzioni	*alle Richtungen*
Uscita	*Ausfahrt*
Zona di silenzio	*Hupverbot*

PARKEN

Gelb oder schwarz-gelb markierte Bordsteine bedeuten Parkverbot, **blaue Bordsteinlinien** weisen darauf hin, dass hier das Parken gebührenpflichtig ist, an **weißen Markierungen** kann frei geparkt werden.

Es ist äußerst ratsam, in größeren Städten die an der **Peripherie** angelegten Parkplätze oder die ausgewiesenen Wohnmobilstellplätze aufzusuchen und zu Fuß, mit dem Fahrrad oder mit öffentlichen Verkehrsmitteln auf Besichtigungstour zu gehen. Beim Übernachten auf größeren Parkplätzen achten Sie bitte auf die Schilder, die die **Markttage** aufzeigen, damit Sie am nächsten Morgen nicht von Verkaufsständen eingebaut sind.

VER- UND ENTSORGUNG

Die Ver- und Entsorgung ist in der Toscana kein Problem. Überall gibt es in erreichbarer Nähe Ver- und Entsorgungstationen *(area attrezzata)*. Die Palette reicht dabei von sehr einfach bis luxuriös. *Aqua potabile* heißt Trinkwasser, *aqua non potabile* ist kein Trinkwasser und sollte nicht im Wassertank des Wohnmobils landen. Zur Grundausstattung des Wohnmobils sollten ein ungefähr 10 m langer Schlauch und eine Halbzoll- sowie eine Dreiviertelzollanschluss (z. B. von Gardena) gehören. Für Wasserzapfstellen ohne Schlauchanschluss bewährt sich eine Gießkanne, um den Wasservorrat aufzufüllen.

028to Abb.: gg

▲ *In der Toscana findet sich fast immer eine Entsorgungsmöglichkeit*

WANDERN

Die Toscana bietet abwechslungsreiche Wandermöglichkeiten: Von beinahe alpinen Touren in der Garfagnana im Norden, über ausgedehnte Spaziergänge in den Kastanienwäldern des Monte Amiata und des Mugello bis hin zu Wanderungen durch die Macchia (Buschwald) der Maremma im südlichen Küstenbereich.

Charakteristisch für die Region sind die lieblichen Hügellandschaften mit Olivenbäumen und Weingärten, aber ein Drittel der toscanischen Grundfläche besteht aus Wald. Flaum- und Steineichen, aber auch Korkeichen wechseln sich mit Pinien und Zypressen ab. Viele kleine abgeschiedene Dörfer, einsame Klöster und mächtige Burganlagen sind lohnende Wanderziele. Die Toscana besitzt ein weitläufiges Netz aus Wanderwegen, nur die Markierungen sind manchmal dünn gesät.

Das Mitführen eines Wanderführers und einer entsprechenden Wanderkarte ist ratsam. Innerhalb der einzelnen Routen finden Sie ebenfalls Vorschläge für lohnende kleine Wanderungen.

VON DEN TURBULENTEN STÄDTEN IN DIE ABGELEGENE GARFAGNANA UND DIE LUNIGIANA

Neben den berühmten toscanischen Städten wie Pisa und Florenz werden Prato, Pistóia und Lucca häufig vernachlässigt. Völlig zu Unrecht, denn alle drei haben herausragende Sehenswürdigkeiten zu bieten und jede Stadt hat ihren typischen Charme. Das mittelalterliche Prato ist Mittelpunkt florierender Textilindustrie, an Pistóias Piazza della Sala werden kulinarische Köstlichkeiten geboten und Lucca wird wegen seiner angeblich 99 Kirchen auch „der kleine Vatikan in der Toscana" genannt. Die Garfagnana und die Lunigiana sind Bergregionen, die absolut nicht dem typischen Landschaftsbild der Toscana entsprechen. Ihre bewaldeten Hügel und schroffen Berggipfel lassen eher an die Alpen denken. Hier, abseits der ausgetretenen Touristenpfade, kann man ausgezeichnet wandern und die Ruhe sowie die gute ländliche Küche genießen.

007to Abb.: gg

ROUTE 1

DIE NÖRDLICHE TOSCANA

› Routenübersicht hinterer Umschlag innen

030to Abb.: gg

▲ *Mit dem Wohnmobil durch die abgelegene Garfagnana*

STRECKENVERLAUF

Strecke: Prato - Pistóia (25 km) - Abstecher nach Vinci (hin und zurück 64 km) - Montecatini Terme (22 km) - Pescia (10 km) - Collodi (4 km) - Abstecher zur Villa Mansi und zur Villa Torrigani (Rundfahrt 12 km) - Lucca (15 km) - Bagni di Lucca (28 km) - Barga (18 km) - Abstecher zur Grotta del Vento (hin und zurück 23 km) - Castelnuovo di Garfagnana (13 km) - Abstecher nach Vagli (hin und zurück 14 km) - Fivizzano (50 km) - Equi Terme (16 km) - Fosdinovo (23 km) - Carrara (22 km)

Streckenlänge: ohne Abstecher ca. 246 km, mit Abstechern ca. 359 km

PRATO

Prato ist mit 185.000 Einwohnern die zweitgrößte Stadt der Toscana und seit 1992 Hauptstadt der gleichnamigen Provinz. Im 13./14. Jahrhundert wurde die Stadt durch Tuchhändler wie Francesco di Marco Datini in ganz Europa für seine qualitativ hochwertigen Textilwaren bekannt und noch heute gehört sie zu den bedeutendsten Textilzentren Europas. Bei zahlreichen Farbrikverkäufen werden Designerwaren zu günstigen Preisen angeboten. Auf der Internetseite der Touristeninformation A.P.T. findet man unter www.prato.turismo.toscana.it/comprare/ted/fabbrica.htm einen Einkaufsführer. Im **Museo del Tessuto** werden neben Stoffen aus der Zeit vom 5. Jahrhundert bis zur Neuzeit auch Webstühle aus verschieden Epochen gezeigt.

Der **Duomo Santo Stéfano** ist ein wunderschönes Beispiel einer romanisch-gotischen Kirche. Im 15. Jahrhundert verkleidete man die Fassade mit hellem Alberese-Stein und grünem Prateser Marmor. Zur gleichen Zeit wurde auch die Majolikagruppe von Andrea della Robbia über dem Hauptportal und die Außenkanzel von Donatello und Michelozzi angebracht. Die Hauptchorkapelle wurde von Filippo Lippi, die Assunta-Kapelle von Paolo Uccello mit farbenprächtigen Freskenzyklen geschmückt. In der **Cappella della Sacra Cintola** (Kapelle des heiligen Gürtels) wird der golddurchwobene Gürtel der Muttergottes (die Sacra Cintola) aufbewahrt. An hohen Feiertagen wird er dem staunenden Kirchenvolk von der Außenkanzel aus präsentiert.

Neben dem Dom im Bischofspalast ist das **Museo dell'Opera del Duomo** untergebracht, in dem sakrale Gegenstände und Gemälde, u. a. von Filippo Lippi, ausgestellt sind.

Der mittelalterliche **Palazzo Pretorio** an der Piazza del Comune stammt aus dem 13. Jh. Er beherbergt das Stadtmuseum (Museo

Information

U.I.T., 59100 Prato, Piazza Duomo 8, Tel. +39 057424112, Öffnungszeiten: Okt.-März Mo-Fr 9-13.30 Uhr und 14.30-18.30 Uhr, Sa bis 18 Uhr, So 10-13 Uhr, Apr.-Sept. Mo-Sa 9-13.30 Uhr und 14.30-19 Uhr, So 10-13 Uhr

Parken

Um sein Wohnmobil für eine Besichtigung Pratos abzustellen, nutzt man am besten den Stellplatz an der Piazza Mercato Nuovo (s. S. 71).

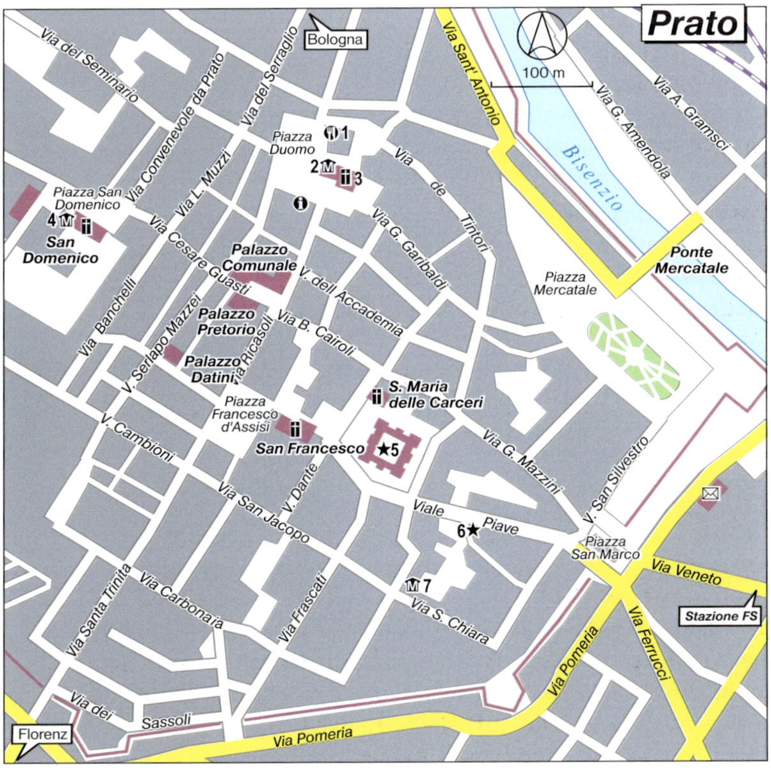

1 L' Altracalafuria
2 Museo dell'Opera del Duomo
3 Duomo Santo Stéfano
4 Museo di Pittura Murale
★5 Castello dell'Imperatore
★6 Cassero
7 Museo del Tessuto

031to Abb.: gg

▲ *Die weitläufige Piazza Duomo in Prato*

Civico). Der Palast wird noch bis Anfang 2010 restauriert. Seine wichtigsten Gemälde wurden in das **Museo di Pittura Murale** verbracht. Das im Kloster der Domenico-Kirche untergebrachte Museum zeigt außerdem unter anderem Fresken und Skizzen von Uccello und Gaddi.

Das **Castello dell'Imperatore** (die Kaiserburg), eine quadratische Burg mit wuchtigen Ecktürmen, ist das einzige Beispiel staufferischer Architektur in Mittelitalien. Im Auftrag von Friedrich II. wurde sie von Riccardo da Lentini als Wachposten für die Straße über den Montepiano-Pass erbaut. Eine Innenbesichtigung lohnt sich nur wegen der Sicht über die Stadt. Das **Cassero** (der Wehrgang) hat zwei Gänge: einen geschlossenen Gang, auf dem man von den Verteidigungsmauern ungesehen ins Innere der Kaiserburg gelangte, und einen offenen, auf dem die Wache patrouillierte. Die Besichtigung ist im Eintrittspreis der Kaiserburg enthalten.

Essen

L'Altracalafuria, 59100 Prato, Piazza Lippi 9/10, Tel. +39 057426697. Gute toscanische Küche, Terrasse auf der Piazza.

❶ ***Piazza Mercato Nuovo, Prato (s. S. 71)***

Sehenswertes

Museo del Tessuto, 59100 Prato, Via S. Chiara 24, Öffnungszeiten: Mi–Mo 10–18 Uhr, Eintritt: 4 €
Duomo Santo Stéfano (Hauptchorkapelle), 59100 Prato, Piazza Duomo, Öffnungszeiten: Mo–Sa 10–17 Uhr, So 13–17 Uhr, Eintritt: 3 €
Museo dell'Opera del Duomo, 59100 Prato, Piazza Duomo, Öffnungszeiten: Mo–Sa 9.30–12.30 Uhr und 15–18.30 Uhr, So 9.30–12.30 Uhr, Eintritt: 4 €
Museo di Pittura Murale, 59100 Prato, Piazza S. Domenico, Öffnungszeiten: Mi–Mo 9–13 Uhr, Fr, Sa auch 15–18 Uhr, Eintritt: 4 €
Castello dell'Imperatore, 59100 Prato, Piazza d. Carceri, Öffnungszeiten: Okt.–März 9–13 Uhr, Apr.–Sept. auch 16–19 Uhr, Di geschl., Eintritt: 2,50 € (inkl. Cassero)
Cassero, 59100 Prato, Viale Piave, Öffnungszeiten: siehe Castello

Zuerst auf der SP126 und dann auf der SP1 erreicht man nach 25 km Pistóia.

PISTÓIA (25 km – km 25)

Es ist nicht eindeutig geklärt, ob die Pistole ihren Namen von „Pistóia“ ableitet oder nicht, Tatsache ist jedoch, dass die Stadt vom 16. bis weit ins 20. Jh. hinein eine florierende Waffenproduktion besaß. Doch Pistóia präsentiert sich ihren Besuchern nicht kriegerisch. Ganz im Gegenteil: Egal, aus welcher Richtung man auf die Stadt zufährt, man wird von riesigen Baumschulen und Gartencentern empfangen. Durch ein wahres Meer von Grünpflanzen führen vorbildlich angebrachte Hinweistafeln (blaue Schilder mit Womopiktogramm) auf den Stellplatz beim Stadion. Wer hier sein Wohnmobil abgestellt hat, kann für 0,60 € einen Tag lang (24 Std.) die Busse der P&B-Linie *(parcheggio e bus)* benutzen, die vom Stadion aus (3 Gehminuten) ins nahe gelegene Zentrum fahren.

Pistóia ist eine wunderschöne Stadt, deren 90.000 Einwohner sich vor allem durch die Anpflanzung und den Verkauf von Grünpflanzen und Gemüse ernähren, aber auch durch die Herstellung medizinischer Präzisionsinstrumente.

Man beginnt die Besichtigung Pistóias am besten an der Piazza Duomo. Der **Duomo San Zeno e San Jacopo** mit seiner von drei übereinander angeordneten Säulenloggien geprägten Fassade stammt aus dem 12. Jh. Die Vorhalle des Doms wurde erst im 14. Jh. angefügt. Der Kampanile (frei stehender Glockenturm) aus dem 13. Jh. mit seiner Spitze aus dem 16. Jh. hat eine stolze Höhe von 67 Metern. Die herausragendste Sehenswürdigkeit des im romanisch-pisanischen Stil errichteten Sakralbaus ist der Silberaltar des heiligen Jakobus. Er befindet sich in einer Seitenkapelle auf der rechten Seite des Kirchenschiffs. Für ein Entgelt von 2 € öffnet die Küsterin eine Eisengittertür, damit man den Altar aus nächster Nähe bewundern kann.

Gegenüber dem Dom steht das achteckige **Baptisterium.** Die mit grünem und weißem Marmor verkleidete Taufkirche wurde in der 2. Hälfte des 14. Jh. erbaut. Der **Palazzo Comunale** ist durch einen Brückenbogen mit dem Dom baulich verbunden. Das prachtvolle Gebäude besitzt eine wappengeschmückte Sandsteinfassade. In seinem Inneren befindet sich das **Museo Civico,** das neben Malerei aus dem späten Mittelalter auch eine Ausstellung zu Ehren Giovanni Micheluccis präsentiert. Michelucci, ein italienischer Stararchitekt, wurde 1891 in Pistóia geboren und als er im Alter von 99 Jahren verstarb, hinterließ er so bedeutende Bauwerke wie den Bahnhof von Florenz. Rechts vom Dom und baulich mit ihm verbunden, steht der ehemalige **Bischofspalast,** in dem heute die Touristeninformation untergebracht ist. Der rote Ziegelsteinbau verblasst neben den Marmorfassaden des Doms und des **Baptisteriums.** Nur ein paar Quadratmeter sind ebenfalls mit grün-weißen Marmorstreifen verkleidet, zu mehr reichte das Geld nicht.

Rund um den Domplatz sind die meisten Straßen autofrei, sodass sich ein gemütlicher Bummel durch die gepflegte Stadt anbietet. Über die Via Roma sind es nur ein paar Minuten zu Fuß, bis man vor der Kirche **San Giovanni Fuorcivitas** in der Via Cavour steht.

Das Gotteshaus ist ebenfalls in grün-weißem Marmor gehalten. In seinem Inneren birgt es ein echtes Kleinod: eine auf zwei Löwen gestützte Marmorkanzel, deren figürlicher Detailreichtum ein wahres Wunderwerk der mittelalterlichen Steinmetzkunst darstellt. Neben der Kirche kann man im Caffè Valiani unter Fresken aus dem 14. Jh. einen Espresso trinken. Die kleinen Gässchen und Plätze zwischen der Piazza Sala, der Via Roma und der Piazza Duomo erinnern mit ih-

Information

Touristeninformation,
51100 Pistóia, Piazza del Duomo (im Palazzo dei Vescovi), Tel. +39 057334327, Öffnungszeiten: Mo–Sa 9–13 Uhr und 15–18 Uhr, So 10–13 Uhr und 15–18 Uhr

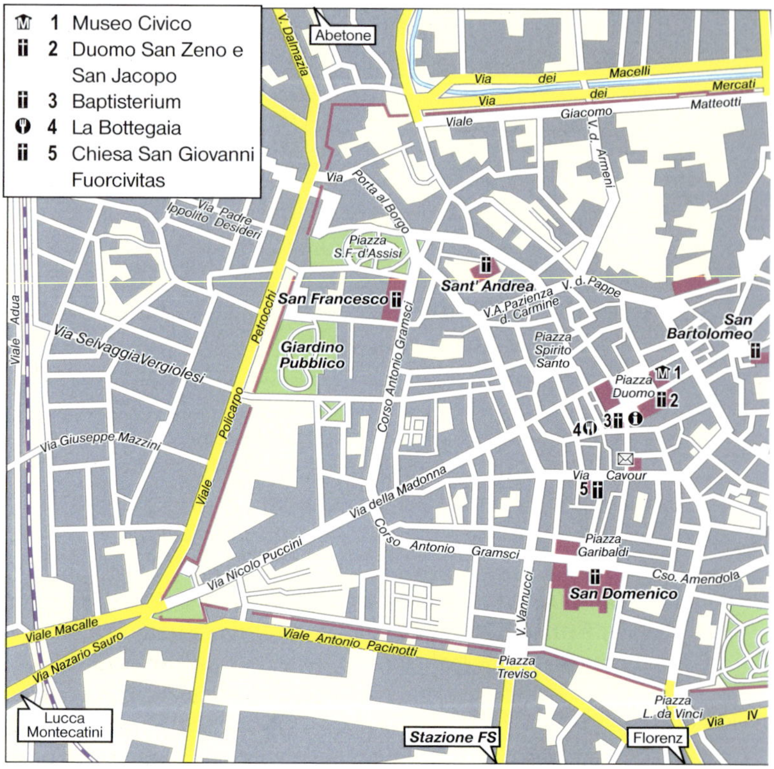

❷ *Stadio, Pistóia*
(s. S. 71)

Essen

La Bottegaia, 51100 Pistóia, Via del Lastrone 17, Tel. +39 0573365602, Mo und sonntagnachmittags geschlossen. Immer voll, da gut und günstig.

❸ *Camping Barco Reale, San Baronto*
(s. S. 71)

ren kleinen Kneipen und unzähligen Geschäften an den Montmartre in Paris. Hier kann man alles kaufen, was das Herz und vor allem der Gaumen begehrt.

Sehenswertes

Duomo San Zeno e San Jacopo, 51100 Pistóia, Piazza del Duomo, Öffnungszeiten: Mai–Sept. 8–19 Uhr, Okt.–Apr. 9.30–13 Uhr und 15–18 Uhr
Chiesa San Giovanni Fuorcivitas, 51100 Pistóia, Via Cavour, Öffnungszeiten: 9–18 Uhr

ABSTECHER NACH VINCI (hin und zurück 64 km)

Von Pistóia lohnt sich der Abstecher nach **Vinci,** dem Geburtsort von Leonardo da Vinci. Doch nicht nur das Ziel ist interessant, schon die Anfahrt macht den Abstecher lohnenswert. Hinter Pistóia fährt man nicht durch hässliche Vorstädte, sondern über viele Kilometer an Baumschulen vorbei, die vom kleinen kunstvoll geschnittenen Buchsbaum bis zur einige Meter hohen Palme alles anbieten. Die SP9 schlängelt sich durch schattige Wälder und silbern glänzende Olivenhaine die Hänge des Monte Albano hinauf bis nach San Baronto. Ab hier geht es auf der SP13 weiter bis **Porciano.** In dem kleinen

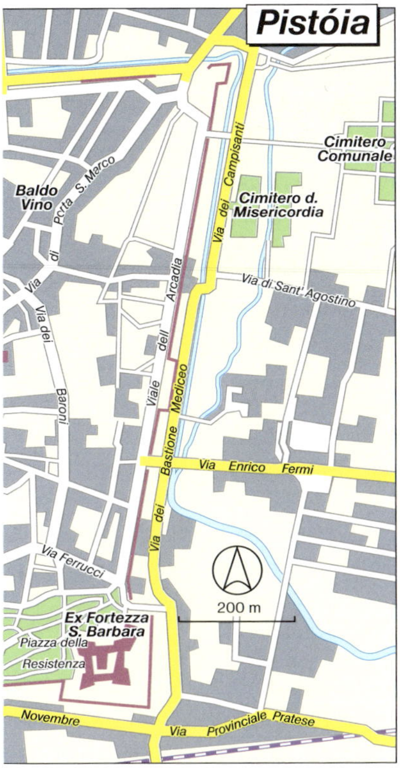

Ort kann man im *alimentari* bei Monica einen leckeren Cappuccino trinken und dazu einen kleinen Apfelkuchen essen. Am Ortsanfang und am Ortsende gibt es Parkmöglichkeiten am Straßenrand.

Von Porciano sind es auf der SP13 noch 7,5 km durch schöne hügelige Landschaft bis nach **Vinci.**

Leonardo wurde 1452 im Dorf Vinci (im Ortsteil Anchiano, wo man sein Geburtshaus besichtigen kann) als uneheliches Kind geboren. Er nannte sich nach seinem Geburtsort „da Vinci" (aus Vinci). Zu Ehren seines größten Sohnes hat das 14.000-Seelen-Dorf im Kastell Guidi 1953 das **Museo Leonardino** eingerichtet. Im Erdgeschoss und ersten Stock des Museums sind 60 mechanische Modelle ausgestellt, die nach Skizzen des Universalgenies hergestellt wurden. Am eindrucksvollsten sind die Zeichnungen und Modelle seiner Flugapparate, darunter ein Hubschrauber. Auch ein Fahrrad und der Entwurf eines selbstfahrenden Wagens sind zu bestaunen. Das Museum verdeutlicht, dass sich Leonardo mit den unterschiedlichsten Themen befasst hat. Neben seinem künstlerischen Schaffen entwarf er Baumaschinen, Kriegswerkzeug und Geräte zur maschinellen Herstellung von Textilien. Im zweiten Stock des Museums befindet sich ein Videosaal. Hier werden Filme über das Leben und Wirken Leonardos gezeigt.

Das zweite Museum, das Leonardos Schaffen präsentiert, ist das erst im Jahre 1993 gegründete **Museo ideale Leonardo da Vinci.** Es befindet sich im ehemaligen Weinkeller des Kastells. Multimediale Präsentationen sollen dem Besucher Leonardo und seine Zeit näherbringen.

Information

Touristeninformation, 50059 Vinci, gegenüber dem Eingang zum Museum in der Burg, Tel. +39 0571568012, www.terredelrinascimento.it, Öffnungszeiten: 10–19 Uhr

▼ *Erinnerung an das Universalgenie Leonardo da Vinci*

035to Abb.: gg

Von Michelangelo bis Gianna Nannini

Ein breites Spektrum von Künstlern aller Couleur kommt aus der Toscana.

***Michelangelo** di Lodovico Buonarroti Simoni wurde am 6. März 1475 in Caprese geboren. Als Bildhauer, Dichter, Architekt und Maler wurde er zum bedeutendsten Repräsentanten der italienischen Hochrenaissance.*

***Leonardo da Vinci,** geboren am 15. April 1452 in Vinci, war wohl das größte Universalgenie Italiens: Erfinder, Maler, Wissenschaftler, Ingenieur, Schriftsteller – in allen Bereichen erreichte er außergewöhnliche Leistungen.*

***Galileo Galilei** ist mit seinem ganzen Wirken als Physiker, Mathematiker und Astronom untrennbar mit der Toscana verbunden. Geboren 1564 in Pisa, konnte er sich unter den Medici in Florenz seinen Forschungen widmen.*

*Ebenfalls durch die Förderung der Medici konnte **Amerigo Vespucci** (1451–1512), Seereisender und Navigator, seine Forschungsreisen unternehmen.*

*Und auch der Schriftsteller **Carlo Collodi** (geboren 1826 in Florenz), der in seinem Roman „Die Abenteuer von Pinocchio" eine kleine hölzerne Marionette erfand, der, wenn sie schwindelt, eine lange Nase wächst, kommt aus der Toscana.*

*Freunde der italienischen Oper kennen **Giacomo Puccinis** Werke „La Boheme", „Tosca" und „Madame Butterfly". Geboren wurde der Komponist am 22. Dezember 1858 in Lucca.*

*In Pistóia erblickte am 27. Februar 1901 **Marino Marini** das Licht der Welt. Als Bildhauer und Maler drückte er dem letzten Jahrhundert seinen Stempel auf.*

*Und wer kennt nicht **Gianna Nannini,** die Rockröhre aus Siena? Geboren 1956 als Bäckerstochter, wurde sie mit ihren anspruchsvollen Liedtexten und ihrer rauen Stimme in ganz Europa bekannt.*

Das auf den Hügeln des Montalbano gelegene Städtchen hat noch eine weitere Künstlerpersönlichkeit hervorgebracht: Pierfrancesco da Vinci, ein Neffe Leonardos. Der als Pierino bekannte Künstler (1529–1553) hat in seinem kurzen Leben große Werke geschaffen, so „Der Flussgott", ausgestellt im Pariser Louvre.

❹ Sportplatz, Vinci **(s. S. 72)**

Wer ein breites bzw. sehr langes Wohnmobil hat oder wer sich gerne einmal zu Fuß bewegt, dem sei die unten genannte Wanderung nach Anchiano angeraten. Die Straße zum Geburtshaus von da Vinci ist schmal und bei Gegenverkehr kann es schon einmal eng werden. Man sollte deshalb das Wohnmobil auf dem Stellplatz stehenlassen und durch die schöne Landschaft spazieren.

Für die Rückfahrt nach Pistóia wählt man dieselbe Strecke wie bereits für den Hinweg. Die SP9 mündet südlich von Pistóia in die

Unterwegs zum Geburtshaus von Leonardo da Vinci

Der folgende Weg kann als Spaziergang oder als Radtour zurückgelegt werden. Zuerst geht es ganz durch den Ort hindurch in Richtung Baronto, nach ca. 300 m zweigt dann der mit rot-weißen Strichen gut gekennzeichnete Weg nach rechts ab – Beschilderung „Casa natale" („Geburtshaus"). Steil geht es auf einer geteerten Straße hinauf. Oben folgt man dem gut sichtbaren und ausgeschilderten Weg durch Olivenhaine, bis man vor Anchiano auf die Straße trifft. Nach weiteren 100 m steht rechts das steinerne schmucklose Bauernhaus, in dem Leonardo da Vinci 1452 geboren wurde. Die Besichtigung ist kostenlos, es gibt aber auch nicht besonders viel zu sehen: nur einige Skizzen mit Erläuterungen in italienischer Sprache. Geöffnet ist von März bis Oktober zwischen 9.30 und 19 Uhr, von November bis Februar bis 18 Uhr. Das Gebäude selbst ist ein typisches Haus dieser Gegend aus dem 15. Jh., das der Familie da Vinci bis 1629 gehörte. Zurück nimmt man denselben Weg wie auf dem Hinweg.

Die Dauer der Wanderung hin- und zurück nach Vinci beträgt ca. 1 Std.

Raccordo di Pistóia (Stadtumfahrung von Pistóia). Auf ihr geht es 1,7 km in westliche Richtung. Bei der Ausfahrt „Pistoia Centro" wechselt man auf die SS435 und erreicht auf ihr nach 13 km Montecatini Terme.

MONTECATINI TERME

(22 km – km 47)

„Mondän" ist sicherlich die richtige Wahl, wenn man Montecatini Terme ein Attribut zuordnen will. Elegant gekleidete Damen und Herren spazieren schon in den frühen Vormittagsstunden entlang der Viale Giovanni Verdi, die zu den prunkvollen Thermenanlagen von Montecatini führt. Links und rechts protzt ein Grand Hotel neben dem anderen, auch wenn das eine oder andere bei näherer Betrachtung zumindest äußerlich einen neuen Anstrich vertragen könnte. Der pompöse Kurort wartet mit Superlativen auf: 220 Hotels, 14.000 Gästebetten, sechs Kuranstalten, elegante und teure Geschäfte, ein Kongresszentrum mit 1500 Plätzen, eine Trabrennbahn sowie eines der letzten großen Konzertcafés Italiens, das Gambrinus. Nach seiner Blütezeit Anfang des 20. Jh. verblasste der Glanz Montecatini Termes zusehends. Heute profitiert die Stadt wieder von der Wellness-Welle und auch reiche Erholungssuchende aus Osteuropa bringen Geld in die Kassen.

▼ Die mondänen Badeanlagen in Montecatini Terme

036to Abb.: gg

▲ *Bequem mit der Standseilbahn zu erreichen: Montecatini Alto*

Vom einzigen, für Wohnmobile geeigneten Parkplatz am Stadion geht man über die Via Garibaldi zur Piazza del Popolo, von hier führt die Viale G. Verdi schnurgeradeaus ins Kurzentrum.

Zum alten, ursprünglichen Ort Montecatini Alto kann man entweder mit dem Wohnmobil oder mit der *funicolare* (Standseilbahn) hinauffahren. Die Straße ist zwar schmal und kurvig, aber gut zu befahren. Mit der *funicolare* schwebt man ab der Viale Diaz 22 in 10 Min. hinauf (von März bis Oktober halbstündlich zwischen 9 und 13 Uhr sowie 14.30 und 24 Uhr, Berg- und Talfahrt 6 €, einfache Fahrt 3,50 €).

Mit dem Wohnmobil geht es vom Stellplatz über die ansteigende Via Porta di Borgo nach **Montecatini Alto.**

Der Hauptplatz der Stadt ist die **Piazza Giusti.** Sie ist gut für die Touristenströme gerüstet: Hier reihen sich die Tische aneinander und alles wartet auf die hungrigen Touristen. Weiter den Berg hoch, steht man dann vor der Chiesa San Pietro aus dem 11. Jh. Daneben liegen die Reste der **Rocca** („Festung"). Gut erhalten ist ihr eckiger Turm, dem Ende des 17. Jh. eine Uhr verpasst wur-

Information

Agenzia per il Turismo, 51016 Montecatini Terme, Via G. Verdi 66–68, Tel. +39 0572772244, info@montecatini.turismo.toscana.it, Öffnungszeiten: 9–13 Uhr und 15–19 Uhr

Tipp: Wanderung von Montecatini Alto nach Montecatini Terme

Man fährt gemütlich mit der Seilbahn hinauf. Nach der Besichtigung geht es auf einem bequemen Weg in ca. 30 Min. wieder hinunter nach Montecatini Terme. Die Beschilderung – „A (Via Corta o Via Crucis)" – ist sehr gut, überall sieht man Tafeln mit dem Wegverlauf.

de. Entlang der Via Mura P. Grocco hat man eine schöne Aussicht auf Montecatini Terme.

Zunächst geht es nun wieder hinunter nach Montacatini Terme und anschließend weiter auf der SS435 in Richtung Lucca. Unterwegs sollte man aber auf jeden Fall noch einen Halt in der Stadt Pescia einplanen.

5 *Friedhof, Montecatini Alto (s. S. 72)*

6 *Camping Belsito, Montecatini Alto (s. S. 72)*

PESCIA (10 km – km 57)

Città dei Fiori („Stadt der Blumen"), so bezeichnet sich Pescia gern selbst. Sicher zu Recht, wenn man bedenkt, dass hier der größte Blumenmarkt Italiens beheimatet ist. Ungefähr 1200 Betriebe ernten tagtäglich 3 Mio. Blumen, die im **Centro di Commercializzazione dei Fiori dell'Italia** in den Handel kommen. Das moderne Gebäude befindet sich in der Nähe des Bahnhofes. Außerhalb des Blumenmarktes besitzt Pescia nicht mehr und nicht weniger Blütenschmuck als andere Städte auch.

Information

Ufficio Turismo del Comune di Pescia, 51017 Pescia, Via F. Rosselli 2, Tel. +39 0572490919, turismo@comune.pescia.pt.it, Öffnungszeiten: Mo–Sa 9–13 Uhr, Do und Fr 14–17 Uhr

Die Stadt wird durch den Fiume Pescia zweigeteilt. Mit seinen breiten, begrünten Uferstreifen gräbt er eine mächtige Schneise zwischen dem historischen Stadtkern rund um die **Piazza Mazzini** und dem anderen Stadtteil mit einigen Fabriken, einem Franziskanerkloster und dem Dom. Sehenswert ist vor allem die sehr lange Piazza Mazzini mit schönen alten Gebäuden und Geschäften aller Art. Oben, wo sich der Platz verengt, steht der **Palazzo Comunale,** der heute noch als Rathaus dient. Parallel zur Piazza Mazzini verläuft an der flussabgewandten Seite die Ruga degli Orlandi, ein mittelalterlicher Straßenzug mit stolzen Bürgerhäusern.

7 *Centro storico, Pescia (s. S. 72)*

Dem 1875 geborenen Bildhauer und berühmten Sohn Pescias, Libero Andreotti, ist das **Museum Gipsotega Libero Andreotti** gewidmet, das im **Palazzo della Podestà** aus dem 13. Jh. untergebracht ist. Über 200 Werke des 1933 in Paris verstorbenen Künstlers sind hier ausgestellt.

Sehenswertes

Palazzo della Podestà, 51017 Pescia, Piazza del Palagio 6, Tel. +39 0572490057, Öffnungszeiten: Apr.–Okt. Do–Sa 10–13 Uhr und 16–19 Uhr, Nov. bis Ende März Do–Sa 10–13 Uhr und 15–18 Uhr

Essen

Cecco, 51017 Pescia, Via Forti 84, Tel. +39 0572477955, Okt.–Apr. montags geschlossen. Hier wird gute regionale Küche serviert.

Weiter der SS435 folgend, ist das nächste Etappenziel der Route der Ort Collodi.

▼ *Das Flussbett des Fiume Pescia teilt die Stadt Pescia in zwei Hälften*

038to Abb.: gg

COLLODI (4 km – km 61)

Information

Ufficio Tursimo, 51014 Collodi, an der Piazza zwischen Pinocchio-Park und Giardino Garzoni, Öffnungszeiten: Juli–Sept. Di–Do 14–18 Uhr, Fr, Sa, So 10–13 Uhr und 14–18 Uhr

Collodi – das bedeutet Pinocchio! Aus jedem Andenkenladen schaut der freche Bengel mit seiner langen Nase gleich in tausendfacher Ausführung. Der Erfinder dieses hölzernen Lausbubs ist Carlo Lorenzini, der das Pseudonym Carlo Collodi im Gedenken an die Geburtsstadt seiner Mutter annahm. Um seine Spielschulden zu begleichen, schrieb er in den Jahren 1881 bis 1883 die Pinocchio-Episoden für eine italienische Kinderzeitschrift. Der Erfolg war groß und als „Zäpfchen Kerns Abenteuer" erschien das Buch Anfang des 20. Jh. in Deutschland. Wenn Sie Kinder an Bord haben, werden Sie nicht umhin können, den **Parco di Pinocchio** zu besuchen. Hier trifft man auf Freunde und Feinde von Pinocchio und kann an seinen Abenteuern teilnehmen. Entworfen wurde der Park von 84 internationalen Künstlern.

Die andere Sehenswürdigkeit ist der **Giardino Garzoni** mit seinem Schmetterlingshaus. Gut abgeschirmt vor neugierigen Blicken muss man zuerst die stattliche Summe von 13 € bezahlen, bevor sich dem Besucher der Barockgarten eröffnet. In Terrassen am steil ansteigenden Hang wurden ein Heckenlabyrinth, verschiedene Brunnen und Wasserläufe sowie, neben der Villa Garzoni, auch Skulpturen angelegt. Im Garten steht ein großzügiges Schmetterlingshaus, in dem sich hundert verschiedene Schmetterlingsarten tummeln.

Sehenswertes

Parco di Pinocchio, 51014 Collodi, Tel. +39 0572429342, www.pinocchio.it, Öffnungszeiten: März–Okt. 9 Uhr bis Sonnenuntergang, Eintritt: 11 €

Giardino Garzoni/Butterfly House, 51014 Collodi, Tel. +39 0572427314, Öffnungszeiten: März–Okt. 9 Uhr bis Sonnenuntergang, Eintritt: 13 €. Es gibt ein Sammelticket für beide Parks (20 €).

Von Collodi sind es noch 15 km auf der SS435 bis Lucca. Unterwegs sollte man vom Ort **Zone** (8 km hinter Collodi) aus einen Abstecher zur Villa Mansi in Segromigno und zur Villa Torrigani machen.

ABSTECHER ZUR VILLA MANSI UND ZUR VILLA TORRIGANI (Rundfahrt 12 km)

In Zone geht es rechts ab in die Viale Europa (SP29). Nach 2,5 km biegt man wieder rechts nach Segromigno Monte ab und folgt dort der Beschilderung.

Die toscanischen Villen zeigen mit ihren prächtigen Gärten und Zypressenreihen das typische Bild der Toscana. Ursprünglich waren sie die Verwaltungssitze der landwirtschaftlichen Betriebe, wurden dann jedoch zu prunkvollen Sommerresidenzen ausgebaut.

Die **Villa Mansi** ist ganz im barocken Stil gehalten. Dem ursprünglich einfachen, rechteckigen Bau wurde 1634 ein prachtvoller Portikus mit Treppenaufgängen hinzugefügt. Die Malereien im Inneren entstanden nach pompejischem Vorbild. Die **Villa Torrigani** (Villa Camigliano) liegt ganz in der Nähe. Man folgt der Via Selvette in Richtung Segromigno in Piano und biegt nach 1,8 km links zur Villa Torrigani ab. Majestätisch thront sie leicht erhöht am Ende einer prachtvollen Auffahrt. Hier ist besonders der üppige Barockgarten mit Grotten, Wasserspielen und dem Geheimgarten *(Giardino Segreto)* interessant.

Sehenswertes

Villa Mansi, Segromigno Monte, Via Selvette 242, Tel. +39 0583920234, Öffnungszeiten: Apr.-Sept. Di-So 10-13 Uhr und 15-18 Uhr, Okt.-März bis 17 Uhr, Eintritt: 7 €

Villa Torrigani, Camigliano Santa Gemma, Via del Gomberaio 3, Tel. +39 0583928041, Öffnungszeiten: März bis Anfang Nov. 10-13 Uhr und 15-19 Uhr, Eintritt: 9 € für Villa und Garten, nur Garten 7 €

Über die Straße Stradone di Camigliano kommt man von der Villa Torrigani zurück nach Zone (4 km). Hier stößt man wieder auf die SS 435 und fährt auf ihr 7 km bis Lucca.

LUCCA (15 km - km 76)

Lucca wird neben Florenz und Pisa oft übersehen, und das völlig zu Unrecht, denn die Stadt ist außergewöhnlich! Schon die **Stadtmauer** fällt aus dem Rahmen: Ein breiter Erdwall, nach außen mit einer 12 m hohen Ziegelmauer befestigt und mit zehn „ohrenförmigen" *(ad orecchione)* Bastionen versehen, führt der Verteidigungsring rund um die Stadt. Das Innere ist von Verbindungsgängen, Pulverkammern, Zisternen und versteckten Ausgängen durchwoben. Durch sie konnten Angreifer überrascht werden und die Verteidiger konnten sich blitzschnell durch einen anderen Ausgang wieder zurückziehen. Heute lässt sich auf dem vier Kilometer langen Festungswerk über eine schattige wunderschöne Platanenallee die ganze Stadt umrunden.

Vom Stellplatz Luporini (s. S. 73) betritt man durch die Porta S. Anna bei der Piazzale Verdi die Stadt. Hier kann man sich in der Touris-

039to Abb.: gg

▼ *Ein Denkmal für Luccas berühmtesten Sohn, den Komponist Giacomo Puccini*

Information

A.P.T., 55100 Lucca, Piazza S. Maria, Tel. +39 0583919931, info@lucca-turismo.it, Öffnungszeiten: Mai–Sept. 9–19 Uhr, Okt.–Apr. 9.30–17 Uhr

CLAP, 55100 Lucca, Piazzale Verdi, Tel. +39 0583587897, Öffnungszeiten: Juni–Sept. 9–19 Uhr, Okt. –Mai 9.30–17 Uhr

teninformation mit Material und einem Stadtplan versorgen und sich sogar ein Fahrrad mieten (5 €).

Durch die lebhafte Via S. Paolino schlendert man in Richtung Piazza Michele. Gleich bei der ersten Straße links liegt der **Palazzo Mansi.** In seinen prunkvollen Sälen ist heute die staatliche Gemäldesammlung untergebracht. Neben einigen Gegenständen aus dem Besitz von Napoleon kann man auch das beeindruckende Schlafzimmer von Luciala Mansi besichtigen. Diese Dame soll ein reges Liebesleben gehabt haben.

Weiter auf der Via S. Paolio sitzt an der **Piazza Cittadella** der Komponist **Giacomo Puccini** auf seinem Sockel. Dahinter steht sein Geburtshaus **(Casa natale Giacomo Puccini),** das gerade renoviert wird. Eigentlich war die Eröffnung für 2008 geplant, wurde aber auf 2010 verschoben. Mal sehen, ob es klappt! Nach der Wiedereröffnung gibt es persönliche Gegenstände, Noten, Briefe und Bilder des großen Meisters der italienischen Oper zu besichtigen. Das wertvollste Ausstellungsstück ist das Klavier, auf dem Puccini die Oper „Turandot" komponierte. Seine bekanntesten Werke sind außerdem „Madame Butterfly", „La Bohème" und „Tosca".

Als Nächstes weitet sich die Straße zur **Piazza S. Michele,** in deren Mitte die **Chiesa San Michele** steht. Auf dem Areal des antiken Foro Romano erbaut war hier schon immer das Zentrum der Stadt. Der

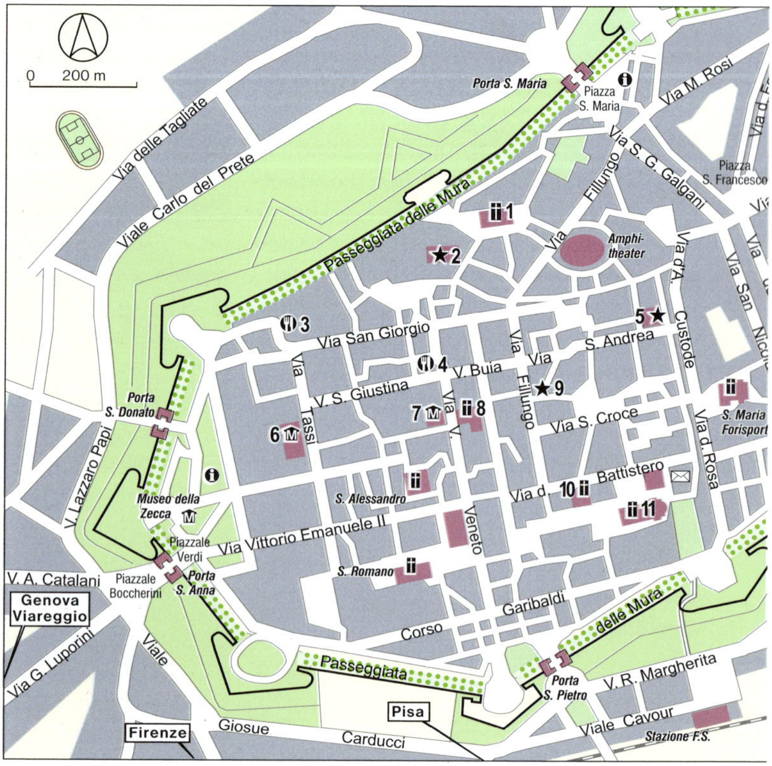

Bau der heutigen Kirche begann unter Papst Alexander II. im Jahre 1070. Die hohe Fassade ist mit Skulpturen und Intarsien reich verziert. Im Inneren kann man die „Madonna col Bambino“ von Luca della Robbia aus glasiertem Terrakotta und die Bildtafeln „Quattro Santi“ von Filippino Lippi bewundern.

Ein kurzes Stück geht man auf der Via Roma, um dann nach links in die elegante Einkaufstraße Via Fillungo abzubiegen. Sie lädt mit ihren schönen Geschäften zum Bummeln und Shoppen ein. Doch nicht nur den Auslagen, sondern auch den gut erhaltenen mittelalterlichen Gebäuden und dem **Torre delle Ore** (Uhrenturm) sollte man seine Aufmerksamkeit schenken. 1490 wurde der Turm der Familie Quartigiani von der Stadt gekauft und mit einer Uhr samt Glocke versehen. So wussten die Bewohner, „was es geschlagen hat“.

Ein kurzer Abstecher nach links in die Via degli Angeli führt zum prächtigen **Palazzo Pfanner.** Gebaut 1667, ist er besonders wegen seines Parks aus dem 18. Jh. mit den schönen Statuen und dem zentralen Springbrunnen berühmt.

Rechts von der Via Fillungo gibt es wieder etwas ganz Außergewöhnliches zu sehen: die **Piazza Anfiteatro.** Das Oval des ehemaligen antiken Amphitheaters mit 10.000 Zuschauerplätzen wurde im Mittelalter mit Häusern bebaut. In ihrer Mitte wurde Gemüse und Obst angepflanzt. Im Laufe der Zeit waren hier das Gefängnis und im 19. Jh. sogar der Schlachthof untergebracht. Heute ist es einer der schönsten Plätze der Region mit vielen Restaurants und Cafés.

Wenn man die Piazza Anfiteatro durch den östlichen Ausgang verlässt und nach Süden geht, kommt man rasch zum **Torre Guinigi,** dem Wahrzeichen von

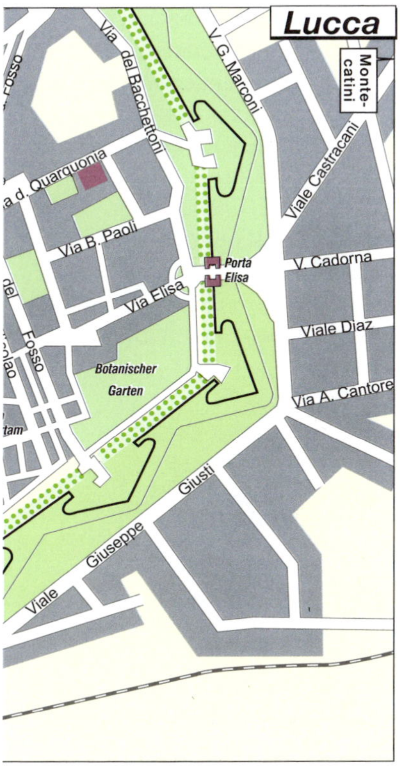

- ⛪ 1 Basilica S. Frediano
- ★ 2 Palzzo Pfanner
- 🍴 3 Vecchio Trattoria Buralli
- 🍴 4 Da Leo
- ★ 5 Torre Guinigi
- 🏛 6 Palazzo Mansi
- 🏛 7 Casa natale Puccini
- ⛪ 8 Chiesa di S. Michele
- ★ 9 Torre delle Ore
- ⛪ 10 Battistero Chiesa Santi Giovanni e Reparata
- ⛪ 11 Duomo di S. Martino

› Landkarte Seiten V und VIII

Lucca. Er ist einer der wenigen noch erhaltenen von ehemals 250 Geschlechtertürmen der Stadt. Über 230 Stufen geht es hinauf zur Aussichtsterrasse, auf der sieben große Steineichen wachsen. Als „Geschlechtertürme“ werden die kirchturmhohen, quadratischen Wohntürme der Patrizierfamilien aus dem Mittelalter bezeichnet. Sie dienten als Verteidigungsbastion (von einem zum anderen Stockwerk gelangte man nur über Leitern), aber auch zu Repräsentationszwecken, denn je höher der Turm, desto wohlhabender waren die Besitzer.

Auf der linken Seite der Via Fillungo liegt die Piazza S. Frediano mit der **Basilica S. Frediano.** Die Fassade wird von einem eindrucksvollen Mosaik aus dem 13. Jh. dominiert, das die Himmelfahrt zeigt. Im dreischiffigen Innenraum steht das wunderschöne, mit Reliefs verzierte Taufbecken aus dem 12. Jh.

Von hier bietet sich ein geruhsamer Spaziergang auf der Stadtmauer an, wo man immer wieder schattige Rastmöglichkeiten findet. Das nächste Ziel, der Dom, liegt genau gegenüber auf der anderen Seite der Stadt. Unterwegs kommt man am **Botanischen Garten** vorbei.

Der **Duomo di S. Martino** erhielt seine heutige Außenfassade zwischen dem 12. und 15. Jh. Besonders auffallend ist der Gegensatz zwischen der wuchtigen romanischen Vorhalle und den eher zierlichen Säulengalerien. Hier sind besonders die vielfältigen Muster der einzelnen Säulen sehenswert. Beim Betreten des Gotteshauses fällt sofort das marmorne Tempelchen auf der linken Seite auf. Es beherbergt das Volto Santo, ein Holzkreuz, das bei der Prozession am 13. September durch die Stadt getragen wird. Sogar mit einem Bild des Malers Tintoretto („Das Abendmahl“, beim dritten Seitenaltar rechts) kann der Dom aufwarten. In der Sakristei steht der Sarkophag von Ilaria del Carretto – ein Meisterwerk der italienischen Bildhauerei. Die schon in jungen Jahren Verstorbene wird auf ihrem Totenbett von ihrem Lieblingshund bewacht.

Archäologen haben im **Baptisterium Chiesa Santi Giovanni e Reparata** den Fußboden abgetragen und untersucht. Freigelegt wurden fünf übereinanderliegende Schichten – von der ersten frühchristlichen Kirchenmauer bis zu den Resten einer römischen Badeanstalt.

Essen

Vecchio Trattoria Buralli, 55100 Lucca, Piazza S. Agostino 10, Tel. +39 0583950611, mittwochs geschlossen. Preiswerte regionale Küche, auch vegetarisch.

Da Leo, 55100 Lucca, Via Tegrimi 1, Tel. +39 0583492236. Gut besuchtes, preiswertes Lokal.

Sehenswertes

Palazzo Mansi, 55100 Lucca, Via Galli Tassi 43, Öffnungszeiten: Di–Sa 8.30–19.30 Uhr, Eintritt: 4 €

Casa natale Puccini, 55100 Lucca, Via di Poggio, www.luccavirtuale.it/musei/museo-puccini/casanatale-puccini.htm. Zurzeit wegen Renovierung geschlossen, Wiedereröffnung für 2010 geplant.

Chiesa di S. Michele, 55100 Lucca, Piazza San Michele, Öffnungszeiten: 9–12 Uhr und 15–18 Uhr, Okt.–Apr. nachmittags nur bis 17 Uhr

Torre delle Ore, 55100 Lucca, Via Fillungo, Öffnungszeiten: März–Sept. 9–19 Uhr, sonst bis 17 Uhr, Eintritt: 3,50 €

Torre Guinigi, 55100 Lucca, Via S. Andrea 45, Öffnungszeiten: März–Okt. 9.30–19.30 Uhr, sonst 9–17 Uhr, Eintritt: 3,50 €, Sammelticket für beide Türme 5 €

Palazzo Pfanner, 55100 Lucca, Via degli Asili 33, www.palazzopfanner.it, Öffnungszeiten: März–Nov. Do–Di 10–18 Uhr, Eintritt: Villa 3 €, Garten 3 €, beides 4,50 €
Basilica S. Frediano, 55100 Lucca, Piazza S. Frediano, Öffnungszeiten: 9–12 Uhr und 15–18 Uhr, Okt.–Apr. bis 17 Uhr
Botanischer Garten, 55100 Lucca, Giardino botanico 14, Öffnungszeiten: Apr.–Okt. 10–17 Uhr, Eintritt: 3 €
Duomo di S. Martino, 55100 Lucca, Piazza S. Martino, Öffnungszeiten: 9.30–18.45 Uhr, Okt.–Apr. bis 16.45 Uhr, Eintritt Sakristei: 2 €
Battisterio Chiesa Santi Giovanni e Reparata, 55100 Lucca, Piazza S. Giovanni, Öffnungszeiten: 9.30–18.45 Uhr, Okt.–Apr. bis 16.45 Uhr, Eintritt: 2,50 €

Man verlässt Lucca auf der SS12 in Richtung Garfagnana und Barga. Für die Fahrt durch die Garfagnana und die Lunigiana sollte man allerdings mindestens zwei Tage einplanen. Die Straßen sind zwar gut zu befahren, jedoch auch kurvig und hin und wieder so schmal, dass man bei Gegenverkehr anhalten muss. Man kommt deshalb nur langsam vorwärts, wird aber mit einer reizvollen Landschaft belohnt.

Hinter Lucca folgt die Route dem Flusslauf des Serchio nach Norden in die **Garfagnana,** dem nördlichsten und unbekanntesten Teil der Toscana. Dieser Landstrich bezeichnet sich selbst als das „wilde Gesicht" der Region. Wer mit der Toscana nur zypressengesäumte Alleen auf sanften Hügeln verbindet, wird erstaunt sein, sich bald in einer fast alpenländisch anmutenden Gebirgslandschaft zu finden. Der Fluss Serchio und seine Nebenflüsse haben zwischen den Apuanischen Alpen (westlich) und den toscanischen Apenninen (im Osten) ein Tal gegraben. Riesige Wälder, hauptsächlich aus Kastanien, bilden vor allem im Herbst eine traumhafte Kulisse für Fahrten und Wanderungen.

Auf der Fahrt nach Bagni di Lucca verlässt man Lucca nordwärts auf der SS12. Ungefähr 25 km hinter der Stadt erreicht man das Dorf **Borgo a Mozzano.** Hier überspannt die **Ponte della Maddalena** den

8 *Viale Luporini, Lucca (s. S. 73)*

Wer in schöner ruhiger Umgebung übernachten will, ist auf dem privaten Stellplatz Il Serchi richtig:

9 *Il Serchi, Lucca (s. S. 73)*

0040to Abb.: gg

◄ *Die Ponte della Maddalena, auch „Teufelsbrücke" genannt, überspannt den Serchio*

aufgestauten Serchio. Die Brücke ist ein Meisterwerk mittelalterlicher Ingenieurskunst. Um das Alter des auch „Teufelsbrücke" genannten Bauwerks streiten sich die Gelehrten. Die einen schreiben es dem 13. Jh. zu, andere machen es etwas jünger und siedeln den Bau im 16. Jh. an. Allein der mittlere Bogen der fünfbogigen Brücke hat eine Spannweite von 40 m und eine Höhe von 18,5 m. Sie ist noch heute begehbar.

In Borgo a Mozzano verlässt man den Serchio und folgt nun dem Lima ins 3 km entfernte Bagni di Lucca.

BAGNI DI LUCCA (28 km - km 104)

Information

Ufficio Tursimo, 55021 Bagni di Lucca, Via del Casino 4 (im ehemaligen Casino), Tel. +39 0583805745, www.comunebagnidilucca.it, Öffnungszeiten: Mo-Sa 10-13 Uhr und 16-19 Uhr, So 10-13 Uhr

Das heutige Erscheinungsbild des einst berühmtesten **Badeorts** Europas kann man wohl am ehesten mit „morbidem Charme" umschreiben. Hochherrschaftliche Villen, Badeanstalten, das Spielcasino - alle haben sie bessere Zeiten gesehen.

Bagni di Lucca besitzt eisenhaltige Thermen mit Wassertemperaturen zwischen 37 und 54 °C. Ihre wohltuende Wirkung genossen auch Napoleons Mutter und Schwestern, mit der Folge, dass es den gesamten **europäischen Adel** nach Bagni di Lucca zog. Als auch noch Lord Byron von Bagni di Lucca schwärmte, gab es für den englischen Adel kein Halten mehr. Viele ließen sich hier nieder und errichteten sogar eine anglikanische Kirche und einen Friedhof. Im Jahre 1829 schwärmte Heinrich Heine in höchsten Tönen, als er schrieb: „Ich habe nie ein reizenderes Tal gesehen." Der Glanz des mondänsten

▼ *Der morbide Charme von Bagni di Lucca*

041to Abb.: gg

Fauna und Flora in der Toscana

Der besondere Reiz der toscanischen Landschaft ist ihre ***Vielseitigkeit.*** *Am Tyrrhenischen Meer ragen hinter den sandigen Badestränden die schroffen, bis zu 2000 m hohen Gipfel der Apuanischen Alpen empor. An die Etruskische Riviera mit ihren felsigen Buchten anschließend beginnt die Maremma. Früher eine sumpfige, malariaverseuchte Landschaft, heute eine fruchtbare Ebene.*

Die ***Vegetationsformen*** *unterscheiden sich nach Boden und nach Höhenlage. Palmen, Hochgebirgswälder, macchiabewachsene Hügel, die wilde und ursprüngliche Garfagnana, die beinahe wüstenhafte Crete und natürlich die „Bilderbuchkulisse" mit dunkelgrünen Zypressenalleen auf einem Berghügel – zusammen bilden sie eine der schönsten Urlaubsregionen Europas.*

Die ***Tierwelt*** *der Maremma, „dem wilden Westen" der Toscana, ist die artenreichste der Region. Frei laufende Pferde und Rinder werden von den berittenden „butteri", den Cowboys, bewacht. Die langhornigen Maremma-Rinder stammen ursprünglich aus Indien, die hochbeinigen Maremma-Pferde aus Libyen.*

In den sumpfigen Gebieten nisten Reiher und Kraniche. In den späten Abendstunden und in der Nacht begegnet man nicht selten einem Stachelschwein, tagsüber machen es sich die nachtaktiven Tiere in ihren Erdhöhlen bequem. Rehe und Hirsche sind weitestgehend der Jagdleidenschaft der toscanischen Bevölkerung zum Opfer gefallen. Wildschweine hingegen wird der Reisende bei Wanderungen und auf Speisekarten in Restaurants häufig antreffen.

Wölfe sind in den Apenninen inzwischen wieder heimisch geworden, lassen sich jedoch nur selten sehen. Bei Wanderungen kreuzen allerdings immer wieder Schlangen die Pfade, meist ist es jedoch die ungefährliche Äskulapnatter, die sich schnell im hohen Gras oder in Sträuchern versteckt.

aller Badeorte hielt allerdings nur das 19. Jh. über. Bereits Anfang des 20. Jh. ging es mit Bagni di Lucca steil bergab, als sich der europäische Adel anderweitig orientierte. Im Gegensatz zu Montecatini Terme hat sich die Stadt nie wieder erholt.

Die **Therme** ist zwar noch in Betrieb und wurde auch im Inneren den Erfordernissen unserer Zeit angepasst, von außen ähnelt sie jedoch eher einem alten Fabrikgebäude als einer Badeanstalt. Das **Casino** aus dem 19. Jh. gammelt geschlossen vor sich hin, in einem Teil ist heute die Touristeninformation untergebracht. 1837 wurde hier erstmals das horizontale Roulette, wie es heute überall im Gebrauch ist, der Weltöffentlichkeit präsentiert. Davor gab es nur vertikale Zahlenräder.

Auch wenn der Lack abgesprungen ist, lohnt sich dennoch ein Gang oder eine Radtour durch den Badeort. Sehenswert sind die Villa Ada, eine Fußgängerhängebrücke über den Lima und eine der Brooklyn Bridge in New York ähnliche Kettenbrücke im Ortsteil Fornoli. Ein außergewöhnliches Bauwerk ist der kleine Demidoff-Tempel. Sein Erbauer, der russische Prinz Anatoli Demidoff war durch Heirat mit Napoleon I. verwandt und lebte lange Zeit in der Toscana.

***10* Campo sportivo, Bagni di Lucca** *(s. S. 73)*

Es geht zurück bis zur SR445 und dann weiter durch das Valle del Serchio bis Fornaci di Barga. Hier fährt man rechts 3 km bis Barga und parkt dort auf dem Stellplatz Centro storico (s. S. 73).

042to Abb.: gg

BARGA (18 km - km 122)

Information

Touristeninforamtion, 55051 Barga, Via die Mezzo 47, Tel. +39 800028497, Öffnungszeiten: Mai-Sept. 9.30-13 Uhr und 15-19 Uhr, Okt.-Apr. nur Sa, So

Barga hat sich weitestgehend das Aussehen eines mittelalterlichen Dorfes bewahrt. Auf dem höchsten Punkt steht der **Dom,** der dem heiligen Jakob und dem heiligen Christopherus geweiht ist. Im Inneren befindet sich eine reich mit Reliefs verzierte, von Löwen und Atlanten getragene Marmorkanzel.

Vom Domplatz schweift der Blick weit über die Garfagnana. Der ganze Ort ist ein harmonisches Ganzes mit steilen Treppengängen, schmalen Plätzen und vielen Bars. Eine besonders schöne ist das historische Café Capretz an der Piazza del Comune. Es wurde 1870 von einem Schweizer eröffnet und man kann heute wie damals in der schönen Säulenhalle seinen Kaffee schlürfen.

11 ***Centro storico, Barga (s. S. 73)***

12 ***Piscina, Barga (s. S. 74)***

Sehenswertes

Duomo S. Cristofano, 55051 Barga Piazza Duomo, Öffnungszeiten: 9-13 Uhr und 15-18 Uhr

Wieder zurück auf der SR445 bietet sich in Gallicano ein Abstecher zur Grotta del Vento (Höhle des Windes) an. Man folgt dazu einfach der guten Beschilderung.

ABSTECHER ZUR GROTTA DEL VENTO

(hin und zurück 23 km)

Die Straße zum Eingang der Höhle ist schmal und hat teilweise sehr tiefe Felsüberhänge, deshalb ist sie für Fahrzeuge über 3,5 m Höhe und mehr als 11,60 m Länge gesperrt. Bei Gegenverkehr muss man damit rechnen, auch einmal zurücksetzen zu müssen. Auf der zusätzlich zum Buch erschienenen DVD kann man sich die Straße vorher anschauen (s. S. 287). Die Fahrt lohnt sich aber hier auf jeden Fall! Durch die schmale Schlucht ist die Straße in den Fels gehauen. Die atemberaubende Strecke führt 11,5 km direkt bis zur Grotta del Vento.

Zuvor durchfährt man noch das idyllisch in einem schmalen Taleinschnitt gelegene **Fornovolasco.** Hier gibt es viele unbewohnte, dem Zerfall preisgegebene Häuser und ein Bar mit Pizzeria. Hinter dem Dörfchen geht es 2,5 km bergan bis zum Eingang der Höhle.

Auf bequemen Wegen kann man die glänzenden Stalaktiten und Stalagmiten, die vielfarbigen Sinterkaskaden, die Alabastervorhänge sowie kleine Seen und Wasserläufe bestaunen. Die Temperatur in der Höhle beträgt konstant 11 °C, deshalb ist warme Kleidung ange-

▲ *Detail der sehenswerten Marmorkanzel im Dom von Barga*

raten. Es werden drei verschiedene geführte Routen angeboten (1, 2 und 3 Std. Dauer).

▲ *Hier in den Bergen der Garfagnana versteckt sich die Grotta del Vento*

Sehenswertes

Grotta del Vento, Tel. +39 0583722024, www.grottadelvento.com, Öffnungszeiten: Apr.–1. Nov. stündlich von 10–12 und 14–18 Uhr alle drei Routen, sonst Mo–Sa nur die einstündige Route, So alle drei Routen, Eintritt: 7,50 €, 12 € bzw. 17 €, Parkgebühr (9–19 Uhr) für Wohnmobile 4,50 € für 4 Std.

Zurück geht es auf derselben Strecke. Unterwegs kommt man nach 9 km an der Auffahrt zum **Eremo di Calomini** vorbei. Wohnmobile bis 6,50 m können gut hinauffahren, allerdings ist der Parkraum beschränkt und es werden Parkgebühren verlangt. Die Einsiedelei schmiegt sich über einem Abhang eng an die Felswand. Schon im 7. Jh. wurden an dieser Stelle Mönchszellen und eine Kirche in den Fels geschlagen. Ihr heutiges elegantes Aussehen erhielt die Kirche im 17. Jh. Heute lebt hier nur noch ein Mönch und hält regelmäßige Messen ab (Öffnungszeiten: 9.30–18 Uhr).

Die Route führt von Gallicano weiter auf der SR445 nach Castelnuovo di Garfagnana. Unterwegs besteht in Ponte di Campia unterhalb der Via di Ponte di Campia eine **Ver- und Entsorgungsmöglichkeit** (GPS: 44.09019° N 10.45201° E).

▶ *Raue Berge und liebliche Täler in der Garfagnana*

CASTELNUOVO DI GARFAGNANA (13 km - km 135)

Information

Pro Loco, 55032 Castelnuovo Garfagnana, Piazza delle Erbe, Tel. +39 0583641007, info@castelnuovogarfagnana.org, Öffnungszeiten: Mo-Sa 9.30-13 Uhr und 15.30-19 Uhr, So 10-13 Uhr und 16-19 Uhr, Okt.-Apr. nur bis 16.30 Uhr

Centro Visite Parco Alpi Apuane, 55032 Castelnuovo Garfagnana, Piazza delle Erbe 1, Tel. +39 058365169, www.turismo.garfagnana.eu, Öffnungszeiten: 9-13 Uhr und 15-18 Uhr

Castelnuovo ist das Zentrum der Garfagnana. Das Städtchen mit 6500 Einwohnern ist Ausgangspunkt zahlreicher **Wander- und Montainbiketouren.** Bestens beraten wird man hierzu im Centro Visite Parco Alpi Apuane. Im Zweiten Weltkrieg musste die Stadt große Zerstörungen hinnehmen. Heute ist davon aber nichts mehr zu sehen, das *centro storico* (historische Altstadt) wurde im mittelalterlichen Stil restauriert.

Dominiert werden die Altstadtgassen von der **Rocca Ariostesca,** einer Renaissancefestung, deren Ursprünge auf das 11. Jahrhundert zurückgehen. Im Inneren der Rocca ist ein kleines archäologisches Museum untergebracht. Castelnuovo besitzt ansonsten zwar keine besonders herausragenden Sehenswürdigkeiten, dennoch lohnt sich ein Aufenthalt in dem lebendigen und traditionsbewussten Städtchen mit seinen hübschen Gassen und den vielen, den Serchio überspannenden Brücken.

Am linken Ufer des Serchio entlang, fährt man auf der SR445 etwa 8 km weiter bis zur Stadt Póggio. Die Landschaft in der Gegend vermittelt einem ein wenig das Gefühl, als ob man sich mitten in einer Modelleisenbahnanlage befinden würde. Verschiedene Eisenbahnbrücken überspannen die Täler und kleine Dörfer liegen weit verstreut zwischen bewaldeten Bergen.

⑬ *Campo sportivo, Castelnuovo di Garfagnana* *(s. S. 74)*

⑭ *Camping La Piella, Castelnuovo di Garfagnana* *(s. S. 74)*

Die Küche der Garfagnana und der Lunigiana

„Farro" (Emmer), das älteste von Menschen kultivierte Getreide, ist ein Hauptbestandteil der ***garfagnanischen Küche.*** *Es wird zu Kuchen, Salaten und Suppen verarbeitet.*

Heidelbeeren, Himbeeren und Walderdbeeren werden frisch oder als Marmeladen und Säfte angeboten. „Pecorino" und „caciotta" (aus Kuhmilch) sind die Käse der Region. Eine außergewöhnliche Darreichungsform ist die mit Akazienhonig.

„Formenton otto file" (Polenta) wird aus einer lokalen Maissorte auf offener Flamme zubereitet und mit einer Soße aus Steinpilzen serviert. Aus einem Mehl aus gedörrten Kastanien („neccio") backt man dünne Fladen und bestreicht sie mit Ricotta und rollt sie ein. „Castagnaccio" ist eine weitere Spezialität aus Kastanienmehl mit Rosinen und Pinienkernen. Aus Schweinefleisch werden die „biroldo", eine würzige Blutwurst, und die „mondiola di Garfagnana", eine u-förmig gebogene Wurst mit Lorbeer, ebenso wie der „lardo", ein fetter geräucherter Speck, gewonnen. Die Kartoffel ist seit Napoleons Zeiten in der Garfagnana heimisch. Sie wird auch dem typischen Brot der Region beigefügt und macht es saftiger und weicher als die anderen Sorten in der Toscana.

Die Küche der ***Lunigiana*** *ist ebenfalls unverfälscht und besteht aus regionalen Zutaten. Die „testaroli", dünne, mit Pesto bestrichene Weizenmehlfladen, und „panigacci", ein im Terrakottatopf gebackenes Brot, sind die bekanntesten Spezialitäten.*

ABSTECHER NACH VAGLI SOTTO

(hin und zurück 14 km)

Von Póggio fährt man auf gut ausgebauter Straße (SP50) 9 km bis zur Staumauer des Lago di Vagli. Der See ist eingebettet in bewaldete Hügel und wird von den schroffen kahlen Bergen der Apuanischen Alpen überragt. Ursprünglich stand hier im Talgrund einmal das Dorf Fabbrica di Careggine. 1953 wurde es geflutet, um den Stausee anzulegen. Alle 10 Jahre wird das Wasser für Reinigungsarbeiten abgelassen. Dann wird das Dorf wieder sichtbar und man kann durch die gespenstisch anmutenden Gassen spazieren. In der anderen Zeit ist der See je nach Jahreszeit mehr oder weniger voll. Das Dörfchen **Vagli Sotto** liegt am nördlichen Seeufer in malerischer Lage. Hier gibt es einen Parkplatz und man sollte nicht versäumen, hier durch die Gassen zu schlendern.

Nach dem Abstecher zum See von Vagli erreicht man in Póggio wieder die SR445. Nach wenigen Kilometern sieht man die wehrhafte Felsenburg von **Camporgiano** aus dem 15. Jh. mit ihren gut erhaltenen Umfassungsmauern. Ganz in der Nähe liegt der Campingplatz Il Prato.

⑮ ***Camping Il Prato, Camporgiano (s. S. 74)***

Blick auf den Stausee von Vagli

046to Abb.: gg

Mittelpunkt des mittleren Serchio-Tals ist das Städtchen **Piazza al Serchio.** Für die Landschaft sind die *doglioni* kennzeichnend, gewaltige Kegel vulkanischen Ursprungs. Auf einem dieser Kegel thront die Ruine einer mittelalterlichen Burg. Vom Stellplatz aus kann man sie in 15 Min. auf bequemem Weg erreichen. Viel gibt es von ihr nicht mehr zu sehen, die Aussicht von oben reicht jedoch weit in alle vier Himmelsrichtungen. Auf dem Parkplatz kann man auch gut übernachten.

16 Dampflokomotive, Piazza al Serchio **(s. S. 75)**

Die SR445 führt nun zur höchstgelegenen Ortschaft der Garfagnana nach **Giuncugnano.** Wenn man von hier der Beschilderung zum Campingplatz folgt, kommt man auf schöner Strecke durch riesige Kastanien-, Eichen- und Buchenwälder. Man hat immer wieder die Möglichkeit, anzuhalten und die Aussicht zu genießen. Wer nicht auf den Campingplatz will, für den lohnt sich die Fahrt trotzdem, denn es gibt oben beim Restaurant Ostello Santuario Colle Argegna eine schöne Grillstelle mit Tischen und Bänken (kurz vor dem Campingplatz, GPS: 44.20747 ° N 10.23445 ° E).

17 Camping Argegna, Giuncugnano **(s. S. 75)**

Über den Passo Carpinelli verlässt man die Garfagnana und kommt in die **Lunigiana.** Sie hat ihren Namen von der antiken römischen Stadt Luni, deren Überreste sich an der apuanischen Riviera unweit von Marina di Carrara befinden. Diese Landschaft mit ihrem voralpenländischen Charakter zieht sich bis hinauf zur Region Emilia-Romagna und wird von riesigen Laubwäldern geprägt, in denen sich immer wieder kleine verträumte Ortschaften finden. Die Straße (SP16) nach Fivizzano ist ziemlich kurvig und schmal und führt meist durch dichte Wälder, in denen im Herbst 30.000 Zentner Kastanien geerntet werden. Das Kastanienmehl wird in der Küche der Lunigiana verwendet, vor allem für gehaltvolle Kuchen mit kandierten Früchten und Nüssen.

047to Abb.: gg

◀ *Die Piazza V. Emanuele – „gute Stube" von Fivizzano*

FIVIZZANO (50 km - km 185)

Das überschaubare und von Bergen umgebene Fivizzano ist Ausgangspunkt für Wanderungen. Mittelpunkt der Altstadt ist die schöne Piazza V. Emanuele, auf der munter ein figurengeschmückter Brunnen plätschert und in deren Bar man ein leckeres Eis schlecken kann.

An der anderen Seite der Piazza, in der Pizzeria Medicea, wird eine Pizza mit dünnem, knusprigem Boden serviert, im Sommer direkt auf der Piazza. Zur Verdauung macht man noch einen Spaziergang an der *mura,* der Stadtmauer, entlang, um den Ausblick auf die Lunigiana zu genießen. Schön wäre jetzt noch ein zentrumsnaher Stellplatz, doch den gibt es erst im 13 km entfernten Equi Terme.

In Fivizzano fährt man auf die SS63 in Richtung Aulla, biegt nach 5 km links auf die SR445 ab und fährt in Gragnola auf die SP10 in Richtung Equi Terme.

Information

Pro Loco, 54013 Fivizzano, Piazza Garibaldi 10, Tel. +39 0585948258, info@comune.fivizzano.ms.it, Öffnungszeiten: Apr.-Okt. 10-12.30 Uhr und 15.30-18 Uhr, sonst nur an Wochenenden

Essen

Pizzeria Medicea, 54013 Fivizzano, Piazza V. Emanuele 2, mittwochs geschlossen. Sehr gute Pizzen.

EQUI TERME (16 km - km 201)

Versteckt in einem schmalen Tal duckt sich das alte Equi Terme unter einem hohen Felsmassiv des Monte Pisanino (1946 m). Enge Gassen mit alten grauen Häusern gruppieren sich um die Kirche. Die neuerbauten Badeanlagen im Talgrund sind berühmt für ihr schwefelhaltiges Wasser. Hier kann man Arthrose und Hautleiden behandeln lassen. Ein kleiner Tipp: Wer nicht im Schwimmbad plantschen will, der kann bei der Ausfahrt des Stellplatzes hinunter zum Bach gehen. Dort vermischt sich das Wasser des Baches mit dem

Sehenswertes

Grotte di Equi Terme, Tel. +39 3487901036, Öffnungszeiten: Mai-Mitte Sept. 10.30-13 Uhr und 14.30-19 Uhr, März, Apr., Okt., Nov. Sa, So 14-18 Uhr, die Führung in italienischer Sprache dauert 50 Min., Eintritt: 5 €

0048to Abb.: gg

Thermalwasser und man kann gut in den mit Flusssteinen abgetrennten Becken im warmen Wasser baden.

Sehenswerts sind außerdem die Tropfsteinhöhlen **(Grotte di Equi Terme)** von Equi Terme. Sich in Richtung Ort und dann rechts haltend, gelangt man zum Eingang. Die Tropfsteinhöhlen gehören zu einem riesigen Höhlensystem und können besichtigt werden.

Essen

La Posta, 54013 Equi Terme, Via Provinciale 15, Tel. +39 058597937. Hier kann man gut und zu vernünftigen Preisen essen.

▲ *Kostenloses Badevergnügen in einem Bach mit Thermalwasser*

⑱ Parkplatz Therme, Equi Terme (s. S. 75)

Hinter Equi Terme wird es auf der Straße in Richtung Carrara bis Marciaso noch einmal so richtig eng und führt durch urwaldähnliche Wälder mit vielen Schlinggewächsen an den Bäumen. Dahinter wurde die Straße neu ausgebaut und man kommt bequem zur Abzweigung „Carrara/Fosdinovo“. Hier fährt man rechts in Richtung Fosdinovo. Kurz hinter der Abzweigung auf die SS446dir hat man links einen wunderschönen Ausblick auf die Apuanischen Alpen und die Marmorsteinbrüche bei Carrara.

049to Abb.: gg

FOSDINOVO (23 km - km 224)

Fosdinovo liegt imposant auf einem Bergrücken und wird von der **Burg der Malaspina** dominiert. Hier wohnt auch heute noch die Marchesa di Malaspina. Zu den Öffnungszeiten lässt sie das einfache Volk in ihre Burg.

In der **Chiesa di San Remigio** liegt in seinem prunkvollen Steinsarg der Ritter Galeotto Malaspina. Er lebte im 14. Jh. und ist ein Vorfahre der heutigen Marchese.

Schmale, hübsche Gassen, außerordentlich freundliche Bewohner, eine gute Trattoria und ein Stellplatz zum Übernachten – es ist alles da, was der Wohnmobilfahrer braucht, also warum sollte man nicht einfach für eine Nacht hierbleiben?

Information

Pro Loco, 54035 Fosdinovo, Via Papiriana 16, Tel. +39 0187680013, Öffnungszeiten: Apr.-Okt. Fr, Sa 16-18 Uhr, So 10.30-12.30 Uhr und 16-18 Uhr

⓳ Campo sportivo, Fosdinovo (s. S. 75)

Sehenswertes

Castello di Malaspina, 54035 Fosdinovo, Tel. +39 0187680013, www.castellodifosdinovo.it, Öffnungszeiten: Mai-Okt. Mi-Mo 11, 12, 15.30, 16.30, 17.30 und 18.30 Uhr geführte Besichtigungen ab 6 Personen, Nov.-Apr. nur Sa, So, Eintritt: 3 €

Essen

La Taverna di Panesi, 54035 Fosdinovo, Via Roma 23, Tel. +39 018768889. Gute regionale Küche mit hausgemachten Nudeln in uriger Gaststube, dienstags geschlossen.

Bar Cherubini, 54035 Fosdinovo, Via Mazzini 2, Tel. +39 018768241. Kleine Bar mit schöner Aussichtsterrasse.

Es geht geradeaus in Richtung Meer bis zur SS1, die man nach wenigen Kilometern bei der Ausfahrt „Luni" wieder verlässt.

Luni, eine römische Stadt der die Lunignana ihren Namen verdankt, war ehemals eine Hafenstadt. Heute liegt sie 2 km von der Küste entfernt. Zu sehen gibt es auf dem Ausgrabungsgelände die Ruinen eines einstmals 6000 Zuschauer fassenden Amphitheaters, Teile der Stadtmauer und anderer Gebäude aus dem Jahre 177 v. Chr.

◀ *Die Apuanischen Alpen*

▼ *Auf dem Ausgrabungsgelände der römischen Stadt Luni*

Sehenswertes

Area archeologica della Città antica di Luni, Tel. +39 018766811, Öffnungszeiten: Juni bis Ende Sept. Di-So 10.30-17.30 Uhr, Oktober bis März Di-So 10.30-15.30 Uhr, nur geführte Touren

Von Luni geht es nochmals in Richtung Landesinnere nach Carrara. Man folgt für 5 km der SS1/SP1 bis zu einem großen Kreisverkehr und fährt an der vierten Ausfahrt über die Via 20 Settembre ins Zentrum von Carrara.

CARRARA (22 km – km 246)

Information

Pro Loco, 54033 Carrara, Piazza Due Giugno (im Rathaus), Tel. +39 05857690, www.aptmassacarrara.it, Öffnungszeiten: Di–Sa 9.30–12.30 Uhr

Essen

Della Contrada, 54033 Carrara, Via Ulivi 2, Tel. +39 0585776961, montags geschlossen. Hübsche, nostalgische Trattoria mit ausgezeichneten Menüs.

Carrara, am Rande der Apuanischen Alpen gelegen, ist seit der Antike ein wichtiger Marmorlieferant. Schon die alten Römer bedienten sich des wertvollen Gesteins für die Tempel und Statuen Roms.

Michelangelo suchte sich in Carrara persönlich geeignete Marmorblöcke für seine Werke aus. Auch heute noch lebt Carrara von seinen Marmorbrüchen. Täglich fahren Hunderte mit dem wertvollen Stein beladene Lastkraftwagen durch die Stadt.

Städtebaulich ist Carrara nicht sonderlich interessant. Es finden sich aber einige neoklassizistische Bauten aus der Zeit der Großherzogin Elisa, eine Schwester Napoleons.

Der **Dom Sant'Andrea Apostolo** ist aus dem Mittelalter übrig geblieben. Die Ursprünge des Gotteshauses stammen aus dem 11. Jh., bis ins 14. Jh. wurden jedoch immer wieder Veränderungen vorgenommen. Bemerkenswert sind die gotischen Spitzbögen und die außergewöhnlich große, filigrane Rosette.

Auf dem Domplatz steht die **Fontana del Gigante.** Über den Wasser speienden Fischköpfen des Brunnens steht der Admiral Andrea Doria.

Alles Wissenswerte über Marmor präsentiert das **Museo Civico del Marmo di Carrara.** Auf über 300 Schautafeln werden dem Besucher die verschiedenen Muster und Farbgebungen des Marmors vorgestellt. Eine weitere Abteilung befasst sich mit der Geschichte des Mar-

Marmor aus den Apuanischen Alpen

Schon von der Küste her sieht man die leuchtend weißen Gipfel der Alpi Apuani. Doch was wie Schnee wirkt, ist der für die Toscana so wichtige feine weiße Marmor. Hierher reiste Michelangelo, um den Stein für seinen David auszusuchen, und selbst heute noch kommen Künstler, um passendes Material für ihre Kunstwerke zu finden. Auch der berühmte englische Bildhauer Henry Moore (1898–1986) verwendete den wertvollen Stein für seine Skulpturen. Der Marmor, das weiße Gold der Toscana, ist hier besonders fein und der ideale Grundstoff für schimmernde Fassaden und Skulpturen.

Kubikmetergroße, aus den Brüchen geschnittene Marmorblöcke lagern in den Hallen und warten auf ihren Versand in die ganze Welt. In der Gegend um Carrara leben 40.000 Menschen vom Abbau, Handel, Transport und der Bearbeitung dieses kostbaren Steins.

Der Abbau in den Steinbrüchen ist auch noch heute, trotz maschineller Hilfe, eine schwere und gefährliche Arbeit. In der Römerzeit bohrte man Löcher in den Stein und füllte diese mit trockenem Feigenholz. Durch tagelanges Wässern quoll das Holz auf und sprengte die Marmorblöcke aus dem Steinbruch. Später nutzte man Schießpulver, um die Marmorblöcke zu lösen. Anfang des 19. Jh. wurde in den Steinbrüchen die Sägetechnik eingeführt. Zuerst wurden die einfachen Gattersägen durch Wasserräder angetrieben, Ende des 19. Jh. übernahmen Drahtsägen mit Dieselmotoren diese Arbeit. Heute werden in den Marmorbrüchen von Carrara sogenannte „Diamantseile" mit Elektromotoren oder auch „Schrämen" (überdimensionale Kettensägen ohne Wasserkühlung) benutzt.

Im Museo Civico di Marmo in Carrara erfährt man viel Interessantes über die Geschichte des Marmors.

morabbaus. Am Eingang erhält man kostenlos einen Audioguide, der in italienischer und englischer Sprache durchs Museum führt.

Sehenswertes

Dom Sant'Andrea Apostolo, 54033 Carrara, Piazza del Duomo, Öffnungszeiten: 9–13 Uhr und 15.30–18 Uhr

Museo Civico del Marmo di Carrara, 54033 Carrara, Viale 20 Settembre, Tel. +39 0585845746, Öffnungszeiten: Mai, Juni, Sept. Mo–Sa 10–18 Uhr, Juli, Aug. 10–20 Uhr, Okt.–Apr. 10–17 Uhr

051to Abb.: gg

▲ *In Carrara und Umgebung wird Marmor in allen Farbschattierungen abgebaut*

STELLPLÄTZE ENTLANG DER ROUTE

Stellplatz

❶ *Piazza Mercato Nuovo, Prato*

43.88734°N 11.10123°E

Offizieller Stellplatz auf einem Parkplatz am Ufer des Flusses Bisenzio, wird auch von Pkws genutzt, montags ist hier Markt. **Lage/Anfahrt:** Die A1 an der Ausfahrt „Calenzano-Sesto/Fiorentino" verlassen und über SP6 immer geradeaus bis an den nördlichen Stadtrand, nach 7,7 km (ab Abfahrt A1) links über eine Brücke und wieder links zum Platz, ausgeschildert mit „P Mercato"; **Platzanzahl:** 20; **Ver-/Entsorgung:** Abwasser, Chemie-WC; **Sicherheit:** beleuchtet; **Preise:** 0,75 € für die 1. und 2. Std, dann 1 €/Std., Gebühren sind von 8 bis 20 Uhr fällig; **Geöffnet:** frei zugänglich; **Kontakt:** 59100 Prato, Viale Galilei.

Stellplatz

❷ *Stadio, Pistóia*

43.94398°N 10.91594°E

Offizieller Stellplatz auf einem Parkplatz am Stadion, Spielplatz und Grünfläche ca. 100 m entfernt. Hervorragend für eine Stadtbesichtigung geeignet. Der P&B-Bus fährt in kurzen Abständen von der Haltestelle gegenüber des Platzes ins Zentrum. Die Fahrkarte für den ganzen Tag kostet 0,60 €. **Lage/Anfahrt:** Mit Womopiktogramm oder mit „Stadio" sehr gut ausgeschildert; **Platzanzahl:** 30; **Untergrund:** Asphalt; **Sicherheit:** beleuchtet; **Preise:** kostenlos; **Geöffnet:** frei zugänglich; **Kontakt:** 51100 Pistóia, Via Marino Marini (beim Stadion).

Camping

❸ *Camping Barco Reale, San Baronto*

43.84278°N 10.91167°E

Platz mit guter Ausstattung in schöner, ruhiger Lage. **Lage/Anfahrt:** Ab der SP13 ausgeschildert; **Untergrund:** Wiese; **Ver-/Entsorgung:** Strom, Trinkwasser, Abwasser, Chemie-WC; **Sicherheit:** umzäunt, beleuchtet, bewacht; **Preise:** 10–15,50 €/Fahrz., 7,10–9,90 €/Pers.; **Geöffnet:** 1. April bis 30. September; **Kontakt:** 51030 San Baronto, Via Nardini 11, Tel. +39 057388332, www.barcoreale.com.

052to Abb.: gg

Stellplatz

❹ Sportplatz, Vinci

43.78085°N 10.92819°E

Offizieller Stellplatz auf einem Parkplatz für Wohnmobile, ca. 400 m von Ortszentrum entfernt an den Sportplätzen, wird auch von Lastwagen und Pkws genutzt. Im Sommer trifft sich hier die Dorfjugend. **Lage/Anfahrt:** Von Pistóia kommend den Ort auf der Einbahnstraße zur Hälfte umrunden, dann Richtung Vitolini abzweigen und nach ca. 100 m rechts; **Platzanzahl:** 50; **Untergrund:** Asphalt; **Ver-/Entsorgung:** Trinkwasser, Abwasser, Chemie-WC, ein Schlauchanschluss ist nicht möglich und der Wasserhahn muss bei der Wasserentnahme dauernd gedrückt werden; **Sicherheit:** beleuchtet; **Preise:** kostenlos; **Geöffnet:** frei zugänglich; **Kontakt:** 50059 Vinci, Via Girolamo Calvi.

▲ *Stellplatz für Wohnmobile in Sichtweite von Vinci*

Stellplatz

❺ Friedhof, Montecatini Alto

43.90081°N 10.78967°E

Freie Stellmöglichkeit auf einem Parkplatz gegenüber dem Friedhof, 500 m vom Zentrum entfernt. **Lage/Anfahrt:** Vor dem Ort beim Friedhof links in den Parkplatz, die Zufahrt ist etwas eng; **Platzanzahl:** 3; **Untergrund:** Asphalt; **Sicherheit:** beleuchtet; **Preise:** kostenlos; **Geöffnet:** frei zugänglich.

Camping

❻ Camping Belsito, Montecatini Alto

43.90518°N 10.78967°E

Schöner, ruhiger Platz mit guter Ausstattung auf dem Berg bei Montecatini Alto; unter holländischer Leitung. **Lage/Anfahrt:** Vor Montecatini Alto links abbiegen, ausgeschildert; **Untergrund:** Wiese; **Ver-/Entsorgung:** Strom, Trinkwasser, Abwasser, Chemie-WC; **Sicherheit:** umzäunt, beleuchtet, bewacht; **Preise:** 12–14 €/Fahrz., 6–8 €/Pers., Strom 1,50 €; **Geöffnet:** 1. April bis 30. September; **Kontakt:** Camping Belsito, 51016 Montecatini Terme, Via delle Vigne, Tel. +39 057267373, www.campingbelsito.com.

Stellplatz

❼ Centro storico, Pescia

43.90541°N 10.69196°E

Offizieller Stellplatz, aber eher Park- als Übernachtungsplatz (auch von Pkws frequentiert). Vorsicht! Am Abend kann es beinahe leer sein, am Morgen ab 7.30 Uhr füllt es sich und man wird völlig eingeparkt. **Lage/Anfahrt:** Von Pistóia auf der Hauptstraße in Richtung Lucca, nach der Brücke über den Fluss rechts, dann geradeaus und dann rechts über eine weitere Brücke, ausgeschildert mit „Area Attrezzata" (braunes Schild); **Platzanzahl:** 4; **Untergrund:** Asphalt; **Ver-/Entsorgung:** Trinkwasser, Abwasser, Chemie-WC; **Sicherheit:** beleuchtet; **Preise:** kostenlos; **Geöffnet:** frei zugänglich; **Kontakt:** 51017 Pescia, Piazza Guido Rossa.

Stellplatz

8 *Viale Luporini, Lucca*

43.84002°N 10.48828°E

Offizielle Stellmöglichkeit auf einem Parkplatz nur für Wohnmobile in einem Wohngebiet, mit Einfahrtsschranke, an einer Ausfallstraße, ca. 300 m vom Stadttor V. Emanuele entfernt, kleine Bar in der Nähe. Achtung! Die Tagespauschale von 10 € wird immer fällig, auch wenn man nur wenige Stunden parkt. **Lage/Anfahrt:** Bis zum Mauerwall der Altstadt fahren, hier links immer der Mauer entlang, dann ausgeschildert; **Platzanzahl:** 50; **Untergrund:** Asphalt; **Ver-/Entsorgung:** Trinkwasser, Abwasser, Chemie-WC; **Sicherheit:** beleuchtet; **Preise:** an Wochentagen 10 €/Fahrz., am Wochenende 14 €/Fahrz.; **Max. Stand:** 2 Nächte; **Geöffnet:** ganzjährig; **Kontakt:** 55100 Lucca, Viale Gaetano Luporini S. Anna.

Stellplatz

9 *Il Serchi, Lucca*

43.85015°N 10.48600°E

Schön angelegter, privater Platz in ruhiger Lage am Stadtrand. Durch Hecken abgeteilte Stellplätze, WC, Dusche, Aufenthaltsraum und Internetzugang. Das Zentrum ist 1,5 km entfernt, ein Bus in die Altstadt fährt in der Nähe ab. **Lage/Anfahrt:** Immer an der Stadtmauer entlang den braunen Schildern mit Womopiktogramm folgen; **Platzanzahl:** 50; **Untergrund:** Rasengitter, Wiese; **Ver-/Entsorgung:** Strom, Trinkwasser, Abwasser, Chemie-WC; **Sicherheit:** umzäunt, beleuchtet; **Preise:** 18 €/Fahrz., Fahrradverleih 5 €/Tag; **Geöffnet:** ganzjährig; **Kontakt:** 55100 Lucca, Via del Tiro A. Segno 704, Tel. +39 3286687940.

Stellplatz

10 *Campo sportivo, Bagni di Lucca*

44.00954°N 10.57006°E

Offizieller Stellplatz auf einem großen Parkplatzgelände zwischen dem Fluss und einer Kastanienallee, 1,5 km von Bagni di Lucca entfernt am Rand des Ortsteils Fornoli. **Lage/Anfahrt:** Von Lucca aus nicht (!) die erste Abzweigung nach Bagni di Lucca nehmen, sondern weiter auf der SS445 in Richtung Aulla und nach der Brücke im Ortsteil Fornoli rechts abbiegen. Nach 1,5 km von der Kastanienallee rechts in den Parkplatz einbiegen, keine Kennzeichnung. Bei der Ausfahrt ist die Straße wegen der Alleebäume schlecht einzusehen; **Platzanzahl:** 10; **Untergrund:** Schotter, Schotterrasen; **Ver-/Entsorgung:** Trinkwasser, Abwasser, Chemie-WC; **Sicherheit:** beleuchtet; **Preise:** kostenlos; **Geöffnet:** frei zugänglich.

Stellplatz

11 *Centro storico, Barga*

44.07232°N 10.48130°E

Offizieller Parkplatz für Wohnmobile, 200 m von der Stadtmauer entfernt. **Lage/Anfahrt:** Von Fornaci di Barga links an der Stadtmauer und dem großen Pkw-Parkplatz entlang, dann sofort links in Richtung Ospedale in die Via dei Frati abbiegen und dann rechts zum Platz; **Platzanzahl:** 40; **Ver-/Entsorgung:** Strom, Trinkwasser, Abwasser, Chemie-WC; **Sicherheit:** beleuchtet; **Preise:** 10 €/Fahrz.; **Geöffnet:** frei zugänglich; **Kontakt:** 55051 Barga, Via Hayande.

Stellplatz

⑫ Piscina, Barga

44.06985°N 10.47175°E

Etwas schräger offizieller Stellplatz in einem Wohngebiet beim Freibad, ca. 2 km vom Altstadtzentrum Bargas entfernt. Wer sparen möchte und ein Fahrrad dabei hat oder gut zu Fuß ist, parkt hier zur Stadtbesichtigung. **Lage/Anfahrt:** An der Altstadt vorbei zum im Talgrund liegenden Ortsteil Vicinanza, dort links der Beschilderung „Campo sportivo" und „Piscina" folgen; **Platzanzahl:** 5; **Untergrund:** Asphalt; **Sicherheit:** beleuchtet; **Preise:** kostenlos; **Geöffnet:** frei zugänglich.

Stellplatz

⑬ Campo sportivo, Castelnuovo di Garfagnana

44.11430°N 10.40313°E

Offizieller Stellplatz beim Sportplatz, ca. 600 m zum „centro storico", Einkaufsmarkt in der Nähe. Das Gelände wird auch für Jahrmärkte und Zirkuszelte genutzt, deshalb nicht immer frei. **Lage/Anfahrt:** Die Zufahrt durch den Ort über die Piazza Umberto und die Via Garibaldi (so führt das Navigationsgerät) ist schmal. Breitere Wohnmobile sollten deshalb besser am Orteingang auf die SP72 in Richtung Castiglione wechseln. Am Ortsrand von Castelnuovo nach links in die Via E. Fermi (Industriegebiet) abbiegen, nach 500 m links über das Bahngleis und über den Fluss und wieder links zum Stellplatz vor dem „Campo sportivi"; **Platzanzahl:** 50; **Untergrund:** Pflaster; **Ver-/Entsorgung:** Trinkwasser (bei der letzten Besichtigung war der Wasserhahn abmontiert), Abwasser, Chemie-WC; **Sicherheit:** beleuchtet; **Preise:** kostenlos; **Geöffnet:** frei zugänglich; **Kontakt:** 55032 Castelnuovo di Garfagnana, Via Valmaira (Campo Sportivi).

▼ Der Campingplatz La Piella liegt einsam mitten im Wald

053to Abb.: gg

Camping

⑭ Camping La Piella, Castelnuovo di Garfagnana

44.12008°N 10.42062°E

Schöner, terrassierter Platz mitten im Wald mit befriedigender Ausstattung. Ca. 1 km langer, schöner Fußweg nach Castelnuovo. **Lage/Anfahrt:** Auf die SP72 Richtung Castiglione fahren und in Pieve Fosciana der guten Beschilderung folgen. Das letzte Stück führt ca. 1 km auf unbefestigtem, holprigem und schmalem Weg durch den Wald; **Platzanzahl:** 100; **Untergrund:** Schotterrasen, Wiese; **Ver-/Entsorgung:** Strom, Trinkwasser, Abwasser, Chemie-WC; **Sicherheit:** umzäunt, beleuchtet, bewacht; **Preise:** 7 €/Fahrz., 6 €/Pers, für Hunde 4 €; **Geöffnet:** ganzjährig; **Kontakt:** 55032 Castelnuovo di Garfagnana, Loc. La Piella, Tel. +39 058362916.

Camping

⑮ Camping Il Prato, Camporgiano

44.15935°N 10.34087°E

Sehr schön gelegener, ruhiger Platz mit guter Ausstattung an einem kleinen See. Schönes und gutes Restaurant am Platz (nicht ganz billig). **Lage/Anfahrt:** Von der Umgehungsstraße in Camporgiano rechts abbiegen, nächste Abzweigung wieder rechts, 600 m holprige Zufahrt, ausgeschildert; **Platzanzahl:** 50; **Untergrund:** Wiese; **Ver-/Entsorgung:** Strom, Trinkwasser, Abwasser, Chemie-WC; **Sicherheit:** umzäunt, beleuchtet, bewacht; **Preise:** 10 €/Fahrz., 10 €/Pers.; **Geöffnet:** 1. April bis Anfang September; **Kontakt:** Camporgiano, Loc. Prato al Molino, Tel. +39 0583618161, Mobil +39 3298017531, www.ristoranteilprato.com.

0541o Abb.: gg

▲ *Der ruhige Stellplatz in Piazza al Serchio*

Stellplatz

⑯ *Dampflokomotive, Piazza al Serchio*

44.18293°N 10.30359°E

Freier, ruhiger Stellplatz am Ortsrand. Wer Kinder an Bord hat, muss hier halten, denn es kann eine ausrangierte Dampflokomotive erkundet werden. **Lage/Anfahrt:** Von der SR445 gleich hinter den mächtigen Vulkankegeln (und der Lokomotive) noch vor dem Ort links zum Castelvecchio abbiegen. Der Platz ist gleich unterhalb der Straße; **Platzanzahl:** 10; **Untergrund:** Asphalt; **Ver-/Entsorgung:** Trinkwasser bei der Lokomotive; **Sicherheit:** beleuchtet; **Preise:** kostenlos; **Geöffnet:** frei zugänglich.

Camping

⑰ *Camping Argegna, Giuncugnano*

44.20662°N 10.23509°E

In schöner, ruhiger Lage auf einer Hochebene im Wald. Zwei Restaurants in der Nähe. **Lage/Anfahrt:** Von der SR445 zwischen km 48 II und III nach Giuncugnano, ca. 3 km bis zum Platz, ausgeschildert; **Platzanzahl:** 60; **Untergrund:** Schotterrasen; **Ver-/Entsorgung:** Strom, Trinkwasser, Abwasser, Chemie-WC; **Sicherheit:** umzäunt, beleuchtet, bewacht; **Preise:** 8–11,50 €/Fahrz., 4,50–6,50 €/Pers., Strom 2,20 €; **Geöffnet:** 1. April bis 30. September; **Kontakt:** 55030 Giuncugnano, Loc. Argegna, Tel. +39 0583611182.

Stellplatz

⑱ *Parkplatz Therme, Equi Terme*

44.17009°N 10.15603°E

Großer offizieller Parkplatz für Wohnmobile oberhalb der Badeanlagen von Equi Terme, direkt neben den Bahngleisen (wenig Bahnverkehr). Achtung! Streichen Ihnen seltsame Gerüche in die Nase, stammen diese nicht aus Ihrem Abwassertank, sondern von den nahen Schwefelquellen. **Lage/Anfahrt:** In Fivizzano auf die SS63 in Richtung Aulla, nach 5 km links auf die SR445 abbiegen und in Gragnola auf die SP10 in Richtung Equi Terme; **Platzanzahl:** 100; **Untergrund:** Schotter; **Ver-/Entsorgung:** Trinkwasser, Abwasser, Chemie-WC; **Sicherheit:** beleuchtet; **Preise:** 10 €/Fahrz.; **Geöffnet:** frei zugänglich.

Stellplatz

⑲ *Campo sportivo, Fosdinovo*

44.13779°N 10.02303°E

Freie Stellmöglichkeit auf einem etwas unebenen Gelände bei den Sportanlagen. **Lage/Anfahrt:** Vor dem Ort an der Straßenkreuzung in Richtung Autobahn „Genua A12“ und sofort wieder rechts abbiegen; **Platzanzahl:** 10; **Untergrund:** Schotterrasen; **Preise:** kostenlos; **Geöffnet:** frei zugänglich; **Kontakt:** 54035 Fosdinovo, Via Gignola.

› Landkarte Seiten III und IV

ENDLOSE BADESTRÄNDE, EINSAME BERGDÖRFER UND DER SCHIEFE TURM

Entlang der Apuanischen Riviera gehen die Badeorte nahtlos ineinander über und alles ist auf den Sommertourismus ausgelegt. Viaréggio fällt hier mit seinen schönen, in den verschiedensten Stilen erbauten Gebäuden an der Uferpromenade aus dem Rahmen. Stazzema und S. Anna liegen versteckt in den Bergen der Versilia und sind nur auf schmalen Straßen zu erreichen, doch die Mühe lohnt sich! Giacomo Puccinis Jugendstilvilla mit seiner letzten Ruhestätte befindet sich am Ufer des lieblichen Lago di Massaciuccoli. Höhepunkt dieser Route ist aber sicherlich Pisa. Baptisterium, Dom und Schiefer Turm – ein Muss für alle Toscanareisenden. Man sollte sich bei seinem Besuch in Pisa jedoch nicht nur auf diese Sehenswürdigkeiten beschränken. Die lebhafte Stadt hat noch viel mehr zu bieten! Wer Livorno nur als Ausgangspunkt für eine Reise auf einer der vielen Fähren sieht, tut der lebhaften Hafenstadt unrecht. Kleine, mit Booten befahrbare Kanäle geben ihr den treffenden Beinamen „Neu-Venedig".

008to Abb.: gg

ROUTE 2

APUANISCHE RIVIERA, VERSILIA UND PISA

STRECKENVERLAUF

Strecke:
Carrara – Abstecher nach Seravezza und Stazzema (hin und zurück 35 km) – Abstecher nach S. Anna di Stazzema (hin und zurück 19 km) – Viaréggio (32 km) – Torre di Lago Puccini (7 km) – Pisa (17 km) – Livorno (25 km) – Abstecher zum Santuario Montenero (hin und zurück 12 km) – Rosignano Maríttimo (28 km)

Streckenlänge:
ohne Abstecher ca 109 km
mit Abstecher ca 175 km

Die Küstenregion von Marina di Carrara bis kurz vor Pisa bezeichnet sich als **Versilia.** Für sie typisch sind weitläufige, feine Sandstrände und ausgedehnte Pinienwälder. Im Osten der Versilia liegen die Ausläufer der Apuanischen Alpen. Sie bieten eine malerische Hintergrundkulisse für die Badeorte am Tyrrhenischen Meer.

Leider ist der gesamte Küstenabschnitt nicht gerade ein Eldorado für Wohnmobilisten. Überall sieht man Parkverbote, sämtliche strandnahen Parkplätze sind mit Schranken in 2 m Höhe gegen das „Eindringen" der rollenden Wohnzimmer abgeschottet. Es gibt Dutzende von Campingplätzen, die aber alle nicht direkt am Meer liegen und nur von April bis Mitte bzw. Ende September geöffnet haben. Einige empfehlenswerte Stellplätze werden aber im Laufe der Route vorgestellt.

▼ *Ausgedehnte feine Sandstrände bei Marina di Carrara*

055to Abb.: gg

Von Carrara geht es in 7 km nach Marina di Carrara. Schnurgerade zieht sich ab hier der breite *lungomare* (Strandstraße) den Strand entlang. Die Strandbäder sind sehr gepflegt, alles wirkt großzügig. Links des *lungomare* reihen sich Hotels und Appartementhäuser bis zurück an die Autobahn und in der ca. einen Kilometer langen Via F. T. Baracchini, die vom *lungomare* nach links landeinwärts führt, findet man hintereinander aufgereiht mehrere Campingplätze, die letzten liegen jedoch in deutlicher Nähe zur Autobahn.

Fährt man weiter den Strand entlang, erreicht man nach wenigen Kilometern **Marina di Massa.** Auch hier herrscht wieder überall Parkverbot für Wohnmobile. Nach weiteren 6 km ist **Forte dei Marmi** erreicht.

ABSTECHER NACH SERAVEZZA UND STAZZEMA (hin und zurück 35 km)

In Forte dei Marmi biegt man landeinwärts in Richtung **Seravezza** ab, einem Bergdorf mit 5000 Einwohnern am Fuße der Apuanischen Alpen. Seravezza ist nach Carrara das wichtigste Zentrum des Marmorabbaus. Seinen Namen hat der Ort übrigens von den Gebirgsbächen Sera und Vezza, die hier zusammenfließen.

Der hübsche Ort liegt malerisch zu beiden Seiten der Vezza, in seinem Zentrum findet man einen im Vergleich zu Dorfgröße nahezu überproportionierten mittelalterlichen Dom. Der mächtige, dreischiffige Sakralbau wirkt im Inneren etwas gedrungen.

An etlichen Marmor verarbeitenden Betrieben vorbei, schraubt sich die SP9 an den westlichen Ausläufern der Apuanischen Alpen nach oben. In Ponte Stazzemese zweigt rechts die SP42 nach **Stazzema** ab. Nach 7 km kurvenreicher Bergfahrt auf schmaler Straße fährt man am Ortseingang von Stazzema vor dem Friedhof links der Straße auf den einzigen Parkplatz des Dorfes. Von hier geht es nur noch zu Fuß weiter. Das malerische, von Kastanienwäldern eingerahmte Bergdorf lädt zu einem kleinen Bummel ein. Hinter dem Dorf ragt der mächtige Gipfel des 1370 m hohen Monte Procinto in den Himmel.

Wanderung zum Rifúgio Forte dei Marmi

Fährt man vom Parkplatz von Stazzema 800 m zurück, zweigt in einer Rechtskehre links eine Straße ab (Beschilderung: „Rifúgio Forte dei Marmi"). Die gut zu befahrende Straße mündet nach 1,8 km in einem Schotterweg. Hier kann man längs der Straße parken. Rechts der Straße befindet sich eine Wandertafel („Parco Alpe Apuane"). Genau hier zweigt ein weiß-rot markierter Wanderweg ab. Man folgt dem Weg Nr. 5, der zum Rifúgio Forte dei Marmi ansteigt. Die bewirtschaftete Hütte ist nach einer Stunde erreicht. Geöffnet ist das Rifúgio von Mitte Juni bis Mitte September täglich, danach nur noch an Wochenenden. Von hier geht es weiter auf dem Wanderweg 5b, der in den Weg Nr. 6 einmündet. Nach gut 30 Min. erreicht man die Casa Giorgini, die auch Bed-and-Breakfast-Übernachtungen anbietet. Hier kann man auf der Terrasse einen Kaffee schlürfen, bevor man dem Weg 6 folgend nach weiteren 30 Min. wieder sein Wohnmobil erreicht. Die Wanderung verläuft durch weite Kastanienwälder und bietet einen schönen Ausblick. Die reine Gehzeit beträgt etwa 2 bis 2:30 Std.

Parken

Parkplätze findet man an der Via Aurelia beim Bahnhof *(statione)*. GPS: 43.95533°N 10.22964°E

Auf der Rückfahrt fährt man bis zur SS1 und hält sich hier links in Richtung Pietrasanta.

Wer den Abstecher nach Seravezza und Stazzema nicht gemacht hat, fährt von Forte dei Marmi zuerst auf die SP9, bis man auf die SS1, die Via Aurelia, trifft. Ihr folgt man nach rechts und erreicht ebenfalls Pietrasanta.

Pietrasanta ist wie Seravezza eine Stadt des Marmors. Dies allerdings nicht wegen der Marmorgewinnung, sondern wegen seiner Verarbeitung. Über 100 Betriebe beliefern Auftraggeber in aller Welt mit dem edlen Stein. Daneben hat sich Pietrasanta zu einer Künstlerkolonie entwickelt. Bildhauer und Steinmetze aus aller Welt treffen sich hier, um sich in den zahlreichen Ateliers an den Marmorblöcken zu versuchen.

In der rechtwinkligen Altstadt sind vor allem der **Dom** und die Kirche **Sant'Agostino** sehenswert. In den Sommermonaten werden an der **Piazza Duomo** Werke verschiedener Bildhauer ausgestellt.

Die Geschichte der Toscana

Die ersten Funde in der Toscana stammen aus der jüngeren ***Bronzezeit*** *(1400 v. Chr.). Ein gutes Bild der Etruskerzeit (um 550 v. Chr.) kann man sich durch die vielen gut erhaltenen Grabbeigaben machen, die durch den ausgeprägten Totenkult der* ***Etrusker*** *bedingt sind. Grabhügel aus dieser Zeit sind in Populonia, Vetulonia und Chiusi und eine freigelegte Stadt in Roselle zu besichtigen. Die* ***Römer*** *hinterließen ihre Spuren in Form von Amphitheatern in Fiesole, Volterra und Arezzo. Sie bauten Straßen, Festungen und Brücken und erschlossen so die Toscana. Leider zog es die Einwohner, die sich nun auch Römer nennen durften, immer mehr nach Rom. Die Folge waren brachliegende Felder und Weinberge. Blühende römische Städte wie Pisae, Florentina und Luca verfielen zusehends.*

493 zogen die ***Ostgoten*** *unter Theoderich gen Süden, um das durch den Untergang des Weströmischen Reiches entstandene Machtvakuum zu füllen. 568 folgten die* ***Langobarden,*** *die die Toscana annektierten. 570 wurde Lucca Hauptstadt des langobardischen Herzogtums Toscana. 774 eroberte* ***Karl der Große*** *das Langobardenreich und unterstellte die Toscana dem deutschen Kaiser.*

Im 12. Jh. entstanden die sogenannten ***Stadtrepubliken.*** *Die Städte wuchsen rasant und ihr Einfluss stieg. Vom 12. bis zum 14. Jh. tobten zwischen den einzelnen Städten heftige Kämpfe.*

Im 15. Jh. wurde Florenz von den ***Medici*** *zum wichtigsten Kulturzentrum Europas gemacht. Die* ***Renaissance*** *erreichte unter Cosimo und seinem Enkel Lorenzo il Magnifico ihren Höhepunkt. 1530 übergab Karl V. die Toscana als Herzogtum an die Medici. Cosimo wurde Großherzog der Toscana.*

Im 17. Jh. begann der Niedergang der Medici. Mit dem Tod Gian Gastone (1737) fiel die Toscana an ***Herzog Franz von Lothringen,*** *den Gemahl von Kaiserin Maria Theresia von Österreich. Nach heftigen Volksaufständen verließen die Österreicher die Toscana und das Volk wählte den Anschluss an das Königreich* ***Sardinien-Piemont.***

1865 wurde Florenz die ***Hauptstadt*** *des neuen Königreiches Italien, diesen Status verlor es allerdings bereits 1871.*

Im ***Zweiten Weltkrieg*** *litt besonders die Bevölkerung im Norden unter der deutschen Besatzung. Tausende Menschen wurden von deutschen Wehrmachtsoldaten und der SS ermordet.*

Das kleine Seravezza am Fuße des Monte Altissimo

056to Abb.: gg

Den Hang hinauf ziehen sich die Mauern der **Rocca di Sala,** die schützend über der Altstadt thront. Von ihr hat man einen herrlichen Ausblick auf die versilianische Riviera.

ABSTECHER NACH S. ANNA DI STAZZEMA

(hin und zurück 19 km)

Man verlässt Pietrasanta auf der SS439 in südöstlicher Richtung. Nach 2,5 km biegt man links nach S. Anna di Stazzema ab (ausgeschildert).

Sehr schmal und manchmal recht steil geht es die 9,5 km hinauf bis nach S. Anna (auf 621 m Höhe). Bei Gegenverkehr ist das Vorbeifahren hier manchmal Zentimeterarbeit.

In **S. Anna di Stazzema** hat sich ein sehr dunkles Kapitel der deutschen Geschichte abgespielt. Am 12. August 1944 wurden hier 560 Männer, Frauen und Kinder von der Waffen-SS und deutschen Soldaten zusammengetrieben, in der Dorfkirche erschossen und dann verbrannt. Anlass zu dieser abscheulichen Tat war der Kampf der Partisanen, die mit einem Plakat die Bevölkerung des Ortes zum Widerstand aufgefordert hatten. Erschüttert steht man in der Kirche, in der sich an der rechten Wand Namen, Alter und Bilder der unter 16-Jährigen befinden, die bei dieser Greueltat ihr Leben verloren. Der Initiator dieses Verbrechens konnte seinen Lebensabend in aller Ruhe in Spanien verbringen.

Um ein Zeichen der Versöhnung zu setzen, gründeten die Musiker Maren und Horst Westermann die Initiative „Eine Orgel für Sant'Anna di Stazzema“. Die Orgel wurde 2007 feierlich eingeweiht.

Parkplatz S. Anna di Stazzema

GPS: 43.97465°N 10.27320°E

Sehenswertes

Museo storico della Resistenza S. Anna di Stazzema, S. Anna di Stazzema, Viale Coletti 22, Tel. +39 054877205, www.santannadistazzema.org, Öffnungszeiten: Juni–Sept. Di, Mi 9–14 Uhr, Do, Fr, Sa 9.30–18.30 Uhr, So 15–19 Uhr

058to Abb.: gg

▲ *Denkmal für die Opfer des Massakers von S. Anna di Stazzema*

⑳ Via D. Aligheri, Lido di Camaiore (s. S. 93)

Im Dorf kann man das interessante Museum besuchen, in dem – leider nur in italienischer Sprache – die Geschichte des Widerstands und des Ortes S. Anna thematisiert wird. Gegenüber der Kirche beginnt ein Weg, der in 10 Min. hinauf zur Gedenkstätte für die Opfer des Massakers führt, einem Turm mitten in der schönen Landschaft, der ein Zeichen der Mahnung sein soll. Unterwegs werden in Form eines Kreuzwegs die Leiden Jesu und der Bevölkerung von S. Anna dargestellt.

Im Sommer kommen auf Anregung des Ehepaares Westermann deutsche Jugendliche, um hier Versöhnungsarbeit zu leisten. 2008 reparierten z. B. 16 Jugendliche 14 Tage lang die Geländer am Kreuzweg und säuberten die Wiese oben am Monument.

Wieder auf der SS439 fährt man 2 km in Richtung Südosten und biegt dann rechts nach Lido di Camaiore ab. Hier gibt es einen kostenlosen freien Stellplatz und dies sogar in der Nähe des *lungomare.*

Auf der SS1 erreicht man schließlich in wenigen Minuten das Zentrum von Viaréggio.

VIARÉGGIO (32 km – km 32)

Früher war das Gebiet um Viaréggio Sumpfland. Bereits die Römer versuchten, es durch Kanäle trockenzulegen, doch erst im 18. Jh. gelang dies im großen Stil und führte zu beträchtlichem Landgewinn. 1828 wurde in Viaréggio die erste Badeanstalt eröffnet – streng

▼ *Die stilvolle Strandpromenade von Viaréggio*

059to Abb.: gg

getrennt nach Männlein und Weiblein. 1902 wurde die prachtvolle Strandpromenade fertiggestellt, die schönen Holzbauten mit kunstvollen Fassaden fielen im Oktober 1927 jedoch einem fürchterlichen Brand zum Opfer.

Daraufhin wurden die Architekten Chini und Belluomini nach Viaréggio geholt, um die Promenade wieder aufzubauen. Einige Bauten muten orientalisch an, andere sind ganz im Stil der 1920er-Jahre. Besonders interessant sind das **Grand Café Margherita,** das **Bagno Balena** (eine ehemalige öffentliche Badeanstalt) und das **Emporio Duilio** (früher eine Filiale eines Florentiner Kaufhauses, heute ein Musikgeschäft). Im Stadtzentrum fallen die vielen Grünanlagen mit hohen Pinien auf. Zum Glück wurde hier nicht alles zugebaut und die Schatten spendenden Bäume blieben erhalten.

Einen Blick sollte man auch auf den Friedhof von Viaréggio werfen. Kunstvolle Grabmäler mit Statuen aus schneeweißem Marmor wurden hier für die Verstorbenen errichtet. Außergewöhnlich ist auch, dass der Friedhof mitten in der Stadt liegt, nämlich an der Via Aurelia SS1/Ecke Via Marco Polo.

Zwischen Viaréggio und Marina di Torre di Lago erstreckt sich ein Naturschutzgebiet von 480 ha. Hier leben noch Füchse, Wiesel und viele verschiedene Schmetterlingsarten. Auf den Wegen kann man durch das Gebiet spazieren. Unbedingt versuchen sollte man den *miele de spiaggia* oder den *miele e pinoli* mit Pinienkernen, Honig-Spezialitäten aus dem Naturschutzgebiet.

Von Viarregio nimmt man für die Weiterfahrt die parallel zur Autobahn verlaufende Via Aurelia Sud nach Torre di Lago Puccini. Bitte folgen Sie nicht der Beschilderung „SS1“, denn diese führt auf die Autobahn.

Information

A.P.T., 55049 Viaréggio, Viale Carducci 10, Tel. +39 0584962233, www.aptversilia.it, Öffnungszeiten: Mo–Sa 9–14 Uhr und 15–19 Uhr, So 9–14 Uhr

21 Bixio, Viaréggio ***(s. S. 93)***

22 Camping Paradiso, Viaréggio ***(s. S. 93)***

TORRE DI LAGO PUCCINI (7 km – km 39)

Giacomo Puccini ist Ehrenbürger des Städtchens Torre di Lago, weshalb es seit seinem Tod offiziell Torre di Lago Puccini heißt. Der berühmte Komponist verbrachte hier in seiner herrlichen Villa am Lago di Massaciuccoli seine zweite Lebenshälfte. Seine bekanntesten Werke sind „La Bohème“, „Madame Butterfly“, „Tosca“ und „Tourandot“. Nachdem Puccini 1924 in Brüssel verstorben war, fand er – mit Sondergenehmigung – in einem Raum der Jugendstilvilla seine letzte Ruhestätte. Die Villa kann im Rahmen einer Führung besichtigt werden.

Der flache Lago di Massaciuccoli misst an seiner tiefsten Stelle nur 4 m. Leider ist die Wasserqualität nicht besonders gut und an heißen Sommertagen bilden sich schon mal breite Schaumteppiche. Die Lage allerdings ist sehr schön, in der Wasseroberfläche spiegeln sich die Apuanischen Alpen. Ein Schiffsbetrieb bietet für 6 € einstündige Rundfahrten mit einem Ausflugsdampfer an.

㉓ Campeggio Bosco Verde, Torre del Lago Pucchini (s. S. 94)

Sehenswertes

Villa Puccini, www.giacomopuccini.it, Öffnungszeiten: Di–So 10–12 Uhr und 15–17.40 Uhr (geführte Besichtigungen), im November geschlossen, Eintritt: 7 €

Von Torre di Lago Puccini fährt man auf der SS1 weiter bis nach Pisa. Bitte hier die Anfahrtsbeschreibung zum Wohnmobilstellplatz in der Via Pierasantina beachten (s. S. 94)!

PISA (17 km – km 56)

Information

I.A.T., 56124 Pisa, Piazza dei Miracoli (im Museo Opera del Duomo), Tel. +39 050560464, Öffnungszeiten: Apr.–Okt. 10–19 Uhr, Nov.–März bis 17.30 Uhr

Parken

Kostenlose Parkplätze für Wohnmobile gibt es in Pisa nicht, weshalb man am besten auf einem der genannten Stellplätze parkt (s. S. 94).

Wer Pisa hört, denkt sofort an den Torre pendente, den „Schiefen Turm“, doch die Stadt hat mehr zu bieten als nur ihr berühmtestes Wahrzeichen: Pisa ist eine junge, lebendige Stadt mit vielen Studenten.

Beginnen sollte man den Rundgang durch Pisa auf jeden Fall auf der **Piazza dei Miracoli.** Vom Stellplatz in der Via Pierasantina (s. S. 94) fährt man bequem mit dem Bus bis zur Stadtmauer und muss sich dann zuerst durch eine Gasse mit vielen Verkaufsständen kämpfen. Besonders viele Afrikaner bieten hier Massenware vom schwarzen Kontinent an, aber auch den Schiefen Turm gibt es in allen Größen. Viele fliegende Händler – bei Polizeikontrollen eher „fliehende Händ-

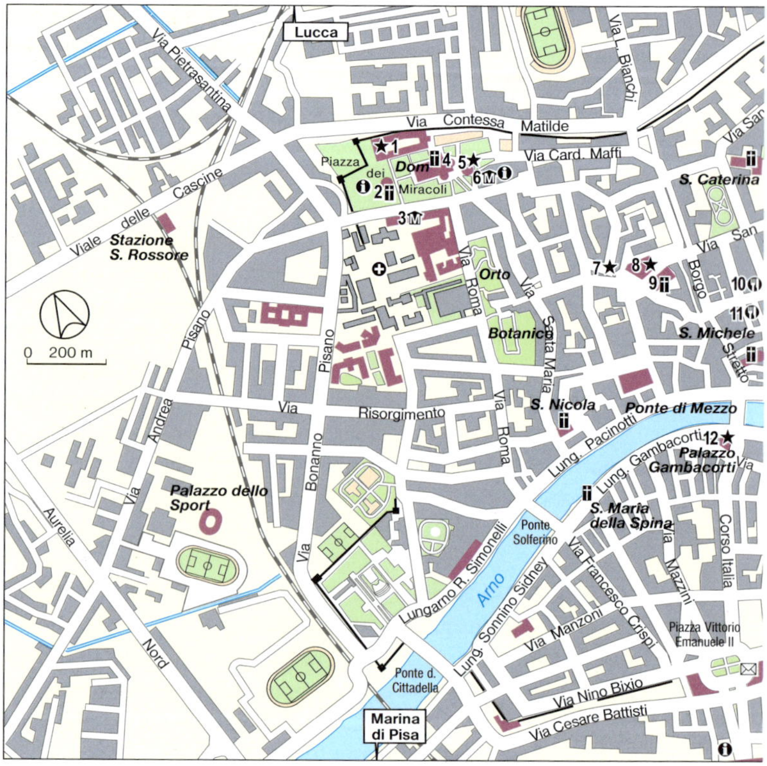

ler“ – öffnen dem Touristen ihre tragbaren Auslagen und bieten „echte“ Rolex-Uhren an. Vorsicht! In Italien bestraft die Guardia di Finanza (die Finanzpolizei) auch den Käufer von gefälschten Markenwaren.

Die Piazza dei Miracoli (Platz der Wunder) betritt man durch das Stadttor, die Porta S. Maria. Inmitten grüner Wiesen stehen hier das Baptisterium, der Dom und der Schiefe Turm.

Das **Battistero di Pisa** ist die größte Taufkirche der christlichen Welt. 1153 begann Diotisalvi den Bau im romanischen Stil, Nicola Pisano und später sein Sohn Giovanni bauten in der gotischen Phase die Säulenloggia und in der dritten Bauphase wurde im 14. Jh. die Kuppel aufgesetzt. Das Innere der Kirche wird vom achteckigen Taufbecken beherrscht. Das große Becken war für die Erwachsenentaufe, das kleine für die Kindertaufe bestimmt. 1260 fertigte Giovanni Pisano hier die erste freistehende Marmorkanzel – eines der bedeutendsten Kunstwerke der Romanik.

057to Abb.: gg

▲ *Das Baptisterium von Pisa ist die größte christliche Taufkirche der Welt*

Der **Duomo Santa Maria Assunta** wurde bereits 1063 begonnen und nach 50-jähriger Bauzeit 1118 eingeweiht. Vollendet wurde er im 12. Jh. durch Rainaldo, der die Hauptapsis anfügte und die Westfassade ergänzte, die aus drei Portalen besteht. Darüber reihen sich

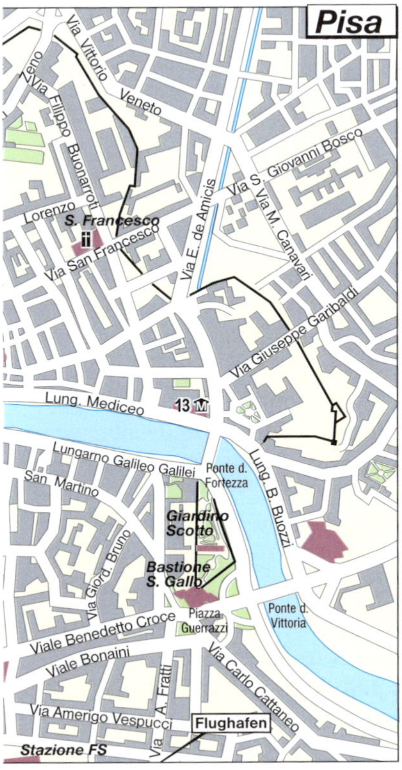

★	1	Camposanto
⛪	2	Battisterio di Pisa
🏛	3	Museo delle Sinopie
⛪	4	Duomo Santa Maria Assunta
★	5	Torre pendente
🏛	6	Museo dell’Opera del Duomo
★	7	Palazzo dell’Orologio
★	8	Palazzo dei Cavalieri
⛪	9	Chiesa S. Stéfano dei Cavalieri
🍴	10	La Grotta
🍴	11	La Bandierine
★	12	Loggia di Banchi
🏛	13	Museo di San Matteo

vier übereinanderliegende Galerien mit 56 schlanken Marmorsäulen. Hoch oben am Giebel stehen die Madonna und zwei Engelsfiguren von Pisano. Besonders die Säulen, die das Mittelportal flankieren, sind sehr fein ausgearbeitet. Am Mittelportal werden Szenen aus dem Leben Marias, an den Seitenportalen aus dem Leben Jesu dargestellt.

Die Kanzel im Inneren des Doms stammt von Giovanni Pisano und ist eines der großartigsten Werke der Bildhauerkunst. Ausdrucksstarke Reliefs zeigen Szenen aus dem Leben Christi, Marias und Johannes des Täufers. Die Kanzel steht auf sechs Säulen, die teils auf Löwen ruhen. Beim großen Brand 1595 war die Kanzel stark beschädigt worden, sodass sie entfernt werden musste. 1926 restaurierte man dieses einmalige Kunstwerk und baute es an gleicher Stelle wieder auf. Die Bronze-Kandelaber sollen der Legende nach Galileo Galilei durch ihr Nachschwingen nach dem Befüllen zur Erforschung der Pendelgesetze angeregt haben. Wahrheit oder Legende - wer weiß es schon?

Der Dom von Pisa galt lange Zeit als das monumentalste Bauwerk der christlichen Welt und beinahe alle Kathedralen in der Toscana nahmen ihn als Vorbild.

▼ *Wer kennt ihn nicht, den „Schiefen Turm" von Pisa*

Foto Abb.: gg

Zurück auf dem Domplatz befindet sich unmittelbar hinter der Chorapsis der frei stehende Kampanile, der **Torre pendente.** Das als **„Schiefer Turm von Pisa"** bekannte Gebäude wurde 1173 von Bonanno Pisano als Glockenturm begonnen, begann aber bereits kurz nach Baubeginn, sich zu neigen. 1272 wagte der Baumeister Giovanni di Simone den Weiterbau und korrigierte die Schieflage, indem er die höheren Stockwerke jeweils wieder ins Lot setzte. Trotzdem wurde der Turm immer schiefer, die Abweichung vom oberen Mittelpunkt nach unten betrugt im 20. Jh. 4,55 m. Seit 1990 läuft eine Rettungsaktion. Man legte dem Turm zeitweilig Stahlringe um, an denen zwei gespannte Stahlseile zogen, und befestigte Bleigewichte. Heute ist er wieder „nur" so schief wie vor 130 Jahren und man geht davon aus, dass dies die nächsten 300 Jahre so bleibt. Seit 2001 dürfen jeweils 30 Personen für 40 Minuten auf den Turm steigen.

An der Piazza dei Miracoli gleich neben dem Torre pendente, ist noch das Dommuseum **(Museo dell'Opera del Duomo)** sehenswert. Ausgestellt sind Skulpturen und Monumente, die einstmals den Domplatz zierten.

Außerdem zeigt das Museum den Domschatz, Messgewänder und eine Gemäldesammlung.

Im **Museo delle Sinopie,** ebenfalls am Platz der Wunder, kann man die Entstehung von Fresken begutachten. Sinopien sind die erdfarbigen Skizzen, die auf die Wand aufgezeichnet wurden, um anschließend die Farben aufzumalen. Der Name stammt von der türkischen Stadt Sinope, die für ihre Erdfarben berühmt war. Der **Camposanto** ist ein monumentaler Friedhofsbau an der Nordseite des Domplatzes. Das rechteckige Gebäude wurde 1278 begonnen und erst im 15. Jh. vollendet. Hier sollten hohe Würdenträger eine Begräbnisstätte in Erde aus dem Heiligen Land finden. Besonders sehenswert sind die Freskenzyklen „Triumph des Todes", „Jüngstes Gericht" und „Die Hölle".

Die Piazza dei Cavalieri westlich des Domplatzes hat ein ganz anderes Gesicht. Hier lag im Mittelalter das politische Zentrum der Stadt. **Die Chiesa S. Stéfano dei Cavalieri** war die Ordenskirche der Ritter des St.-Stephan-Ordens, der von Großherzog Cosimo I. 1561 gegründet wurde. Der reich bemalte **Palazzo dei Cavalieri** ist das Stammhaus dieses Ordens.

An der Nordseite der Piazza steht der **Palazzo dell'Orologio,** der Uhrenpalast. Seine abgewinkelte Straßenfront folgt der Form der Piazza dei Cavalieri.

Über die Via Dini kommt man zum eigentlichen Herzen Pisas, der Altstadt. Hier an der **Borgo Stretto** gibt es unter den Laubengängen elegante Geschäfte und Cafés. Westlich davon, im mittelalterlich geprägten Viertel um die Piazza delle Vettovaglie, treffen sich die Studenten. Hier gibt es preisgünstige kleine Snacks. Die Borgo Stretto mündet in die Piazza Garibaldi, von der aus man auf der Marmorbrücke **(Ponte di Mezzo)** aus dem 12. Jh. den Arno überquert. Auf der anderen Seite steht die Loggia di Banchi, in deren Bogenhalle früher der Wollmarkt stattfand.

Geradeaus zieht sich der Corso Italia bis zur Piazza V. Emanuele II. Eine Flaniermeile für die Jugend und die Junggebliebenen mit In-Kneipen in den links und rechts abgehenden Gassen.

Wer am Arno entlangspazieren möchte, folgt dem Lungarno Galilei nach links und hat immer wieder einen schönen Ausblick auf die Altstadt von Pisa. Zwischen der Ponte Fortezza und der Ponte d. Vittoria liegt in der ehemaligen Festungsbastion die Parkanlage **Giardino Scotto.** Hier im Grünen kann man eine kleine Ruhepause einlegen.

Über die Ponte d. Vittoria und dann rechts gehend, kommt man auf die schöne Viale Piagge. In der dort ansässigen Bar gibt es eine Erfrischung und anschließend spaziert man unter schattigen Alleebäumen oder am Arnoufer entlang weiter.

Für den Rückweg wählt man den Lungarno B. Buozzi und geht bis zum **Museo di S. Matteo.** Im ehemaligen Kloster S. Matteo sind sakrale Werke ausgestellt.

061to Abb.: gg

Im Straßengewirr um die Piazza S. Paolo all Orto gibt es viele Lokale, in denen der Besichtigungstag bei einem guten Essen und einem gemütlichen Glas Wein ausklingen kann.

Sehenswertes

Battistero di Pisa, 56100 Pisa, Piazza dei Miracoli, Öffnungszeiten: Okt.– März 9–17.30 Uhr, Apr.–Sept. 8–19 Uhr, Eintritt 7 €

Duomo Santa Maria Assunta, 56100 Pisa, Piazza dei Miracoli, Öffnungszeiten: Apr.–Sept. 10–20 Uhr, Okt. 10–19 Uhr, Nov.–Feb. 10–13 Uhr und 14–17 Uhr, März 10–18 Uhr, Eintritt 5 €

Torre pendente, 56100 Pisa, Piazza dei Miracoli, Öffnungszeiten: Apr.–Sept. 8.30–10.30 Uhr, sonst 9–18 Uhr, Eintritt 15 €

Museo dell'Opera del Duomo, 56100 Pisa, Piazza dei Miracoli, Öffnungszeiten: Okt.–März 9–17.30 Uhr, Apr.–Sept. 8–19 Uhr, Eintritt 7 €

Museo delle Sinopie, 56100 Pisa, Piazza dei Miracoli, Öffnungszeiten: Okt.–März 9–17.30 Uhr, Apr.–Sept. 8–19 Uhr, Eintritt 5 €

Camposanto, 56100 Pisa, Piazza dei Miracoli, Öffnungszeiten: Okt.–März 9–17.30 Uhr, Apr.–Sept. 8–19 Uhr, Eintritt 7 €

Museo di S. Matteo, 56100 Pisa, Lungarno B. Buozzi, Piazza S. Matteo, Öffnungszeiten: Di–Sa 8.30–19.30 Uhr, So 8.30–13.30 Uhr, Eintritt 5 €

Giardino Scotto, 56100 Pisa, Lungarno Leonardo Fibonacci, Öffnungszeiten: 8–20 Uhr

Von Pisa geht es zuerst 2 km zurück bis zur SS1 in Richtung Livorno. Dann der Beschilderung „Marina di Pisa“ auf die SS224 folgen.

Essen

La Grotta, 56100 Pisa, Via S. Francesco 103, Tel. +39 050578105, sonntags geschlossen. Sehr gutes Essen, die ehemals gemütliche Atmosphäre wurde leider durch hinzugestellte Plastiktische und -stühle etwas verunstaltet.

La Bandierine, 56100 Pisa, Via Mercanti 4, Tel. +39 050500000. Hier gibt es die typisch toscanische Küche. Viele Einheimische.

㉔ Via Pietrasantina, Pisa (s. S. 94)

㉕ Via Paparelli, Pisa (s. S. 95)

㉖ Camping Torre Pendente, Pisa (s. S. 95)

Der Küstenabschnitt von Marina di Pisa bis nach Livorno bietet für Wohnmobile außer auf Campingplätzen keine Stellmöglichkeit und der Strand ist nur an wenigen Stellen öffentlich zugänglich. Parkplätze sind bis auf wenige Ausnahmen mit einer 2 m Schranke gesichert.

27 *Camping International, Tirrenia (s. S. 95)*

28 *Camping Mare e Sole, Tirrenia (s. S. 95)*

LIVORNO (25 km – km 81)

Livorno kann man sehr entspannt mit dem Wohnmobil besuchen. Man folgt der SP224 in Richtung Livorno bis zur Arnomündung. Hier wendet sich die Straße links und führt über eine Zugbrücke (Hafenausfahrt). Hinter der Brücke fährt man auf die Hochstraße und folgt kurz darauf der Beschilderung „Centro". Nach 1,5 km gelangt man zu einem Kreisverkehr, hier rechts zum **Parkplatz** „SS. Trinita" beim Fährterminal in Sichtweite der Fortezza Vecchia. (Via della Cinta Esterna, GPS: 43.50087 °N 10.32160 °E, Parkgebühr 0,50 €/Std. bzw. 2,50 € für 6 Std.).

Vom Parkplatz aus verkehren kleine Omnibusse *(navetta)* ins Stadtzentrum. Der Fahrpreis ist in der Parkgebühr enthalten.

Livorno – das bedeutet pralles Leben, Hafenatmosphäre, mondäne Straßenzüge und ein klein wenig Venedig. Die drittgrößte Stadt der Toscana mit dem **wichtigsten Hafen** der Region ist unbedingt einen Besuch wert. Zwar sucht man vergebens nach so bedeutenden Baudenkmälern wie in der Nachbarstadt Pisa, dafür fühlt man hier das turbulente Leben einer Hafenstadt. Von hier fahren Fähren, die nach Sizilien und Sardinien ablegen, nach Korsika und nach Barcelona und auch so manches Kreuzfahrtschiff geht im Hafen von Livorno vor Anker.

Vom Parkplatz aus geht man hinauf auf die Hochstraße, die Via della Cinta Esterna. Von hier oben schweift der Blick über die **Fortezza Vecchia** bis hin zu den Fähren, die außen an der Hafenmole liegen. Die Fortezza Vecchia ist die älteste Festung der Stadt. Ihre Besichtigung ist kostenlos. Äußerlich zeigt sie bedenkliche Risse im Mauerwerk, im Inneren dagegen ist sie beinahe vollständig restauriert.

Geht man ein Stück weiter in Richtung Porto Mediceo, kommt man an den Ankerplätzen der Fischkutter vorbei. Hier kann man direkt vom *pescatore* (Fischer) fangfrische Fische kaufen. Es ist ein malerisches Bild, wie sich die Kutter vor dem Hintergrund der Fortezza Vecchia auf dem seichten Wasser der Kanäle sanft auf- und abwärts bewegen.

Bei der Abzweigung zum **Porto Mediceo** geht man links in die Via Grande und scheint urplötzlich in eine andere Welt geraten zu

Information

A.P.T., 57100 Livorno, Piazza del Municipio, Tel. +39 0586204611, www.livorno.turismo.toscana.it, Öffnungszeiten: Mo–Fr 9–13 Uhr und 15–17 Uhr, Sa 9–13 Uhr

◄ *Das Ufer des Arno wird nicht so häufig von Touristen besucht.*

▼ *In Livorno gibt es neben vielen Fähren auch eine große Fischfangflotte*

062to Abb.: gg

sein. Gerade hat man noch Seeluft geschnuppert und den Fischern beim Flicken ihrer Netze zugeschaut und schon findet man sich in einer großstädtischen Flaniermeile mit schier endlosen Arkadengängen wieder. Ein Modegeschäft reiht sich an das andere, hin und wieder unterbrochen von einem hübschen Straßencafé. Etwas störend sind dabei lediglich die zahllosen Roller, deren Motorenlärm durch die Straßen dröhnt.

Folgt man der Via Grande, so stößt man zwangsläufig auf die **Piazza Grande.** An ihrer rechten Seite steht die **Cattedrale San Francesco** aus dem Jahr 1596. Der recht schmucklose Bau wirkt bescheiden im Vergleich zu den hohen Geschäftshäusern, die ihm gegenüberstehen. Hinter der Kathedrale wendet man sich nach rechts in die Via San Francesco und erreicht zwei Straßenzüge weiter den **Mercato Centrale,** eine große ockerfarbene Markthalle. Der klassizistische Bau aus dem Jahre 1894 wartet mit zahlreichen Fisch-, Obst-, Gemüse- und Delikatessenständen auf. Ein Besuch lohnt sich! Kommt man zufällig an einem Donnerstag nach Livorno, findet rund um die Markthalle ein fast undurchdringlicher Wochenmarkt statt. Aus vollen Kehlen preisen die Händler ihre Ware an. Vollbepackte Hausfrauen drängen sich zwischen den Marktständen und eine Vielfalt von Düften umwehen die Nase. Man fühlt sich fast wie auf einem orientalischen Basar.

Wieder zurück an der Piazza Grande, führt die Via Grande nach rechts bis zur **Piazza della Repubblica.** An ihrer linken Schmalseite erkennt man bereits die Ziegelsteinmauern der **Fortezza Nuova.** Die Festung aus dem 16. Jh. ist von einem Wassergraben umgeben, dem Fosso Reale. Über die Scala Fortezza Nuova gelangt man in das Innere der Festung, heute die größte Grünanlage der Stadt (geöffnet 8–19.30 Uhr). Von hier führen Kanäle bis zum Hafen. Dieses Viertel nennt sich selbst **Venezia Nuovo** („Neu-Venedig“).

▶ *Venedig ohne Gondeln: das Viertel Venezia Nuovo in Livorno*

063to Abb.: gg

Wie in Venedig wurden entlang der Kanäle in der ersten Hälfte des 17. Jh. Häuser auf Pfählen errichtet. Viele Boote tuckern gemütlich durch das anheimelnde Viertel mit seinen in warmen Gelb- und Rottönen gestrichenen Fassaden. Nur einen Unterschied gibt es zu Venedig: die Gondeln fehlen.

An einem der Kanäle schlendert man in Richtung Hafen zurück zum Parkplatz.

Aus Livorno heraus fährt man immer an der Küstenstraße, der Viale Italia, entlang. Hier stehen schöne Jugendstilvillen mit verspielten Türmchen.

Sehenswertes

Fortezza Vecchia, 57100 Livorno, Via della Cinta Esterna, Tel. +39 32927535760, www.fortezzavecchia.it, Öffnungszeiten: 9.30–19 Uhr

㉙ *Viale di Antignano, Livorno* ***(s. S. 95)***

Essen

La Volpe e l'uva, 57100 Livorno, Viale Caprera 11, Tel. +39 0586885033, im Sommer nur abends geöffnet. Hervorragende Livoneser Küche zu erträglichen Preisen, Terrasse zum Kanal.

L'Ancora, 57100 Livorno, Scale delle Ancore (Nähe Fortezza Vecchia), Tel. +39 0586881401, dienstags geschlossen. Hübsch gelegen mit nettem Ambiente und sehr guten Fischspezialitäten.

ABSTECHER ZUM SANTUARIO DI MONTENERO (hin und zurück 12 km)

Hinter Livorno kann man in Ardenza einen kleinen Abstecher zum Santuario von Montenero machen. Man fährt 6 km den Berg hoch und parkt gleich am Ortseingang, weiter hinauf bis zum Heiligtum sollten nur schmale und kurze Wohnmobile fahren. Die Zufahrt ist eng und die Rückfahrt steil und schmal und zusätzlich noch häufig zugeparkt.

㉚ *Parkplatz, Montenero* ***(s. S. 96)***

Eine Besichtigung des **Klosters** ist aber dennoch möglich, denn von der Piazza della Carrozze fährt die *funicolare* (Standseilbahn) hinauf zum Heiligtum. Die Fahrt (zwischen 7.20 und 20.05 Uhr alle 15 Min.) kostet 2 €. Oben angekommen bietet sich dem Besucher erstens eine schöne Aussicht auf Livorno und die Küste – an klaren Tagen bis nach Korsika – und zweitens die Möglichkeit, den wichtigsten Wallfahrtsort der Toscana zu besuchen. Die bedeutende Klosteranlage stammt zu weiten Teilen aus dem 18. Jh. und wurde später durch einige Anbauten erweitert. Die Kirche ist der Schutzpatronin der Toscana, der Madonna delle Grazie, geweiht. Das Innere der Kirche besteht aus üppigstem Barock, ein krasser Gegensatz zu ihrem unscheinbaren Äußeren.

Die Route führt weiter an der Küstenstraße (SS1) entlang. Hinter Antignano wird die Küste felsig und steil. Entlang der Straße sind einige Parkbuchten angelegt, sodass sich immer wieder die Gelegenheit bietet, zu parken und in eine der Buchten hinabzusteigen. Übernachtungsplätze gibt es hier bis auf den 2,5 km landeinwärts liegenden Campingplatz Collina 1 keine.

㉛ *Camping Collina 1, Castellaccio Montenero* ***(s. S. 96)***

32 *Fortullino, Castiglioncello (s. S. 96)*

33 *Stellplatz, Rosignano Solvay (s. S. 96)*

34 *Strand, Spiagge Bianche (s. S. 96)*

35 *Tennisplatz, Vada (s. S. 97)*

36 *Camping Tripesce, Vada (s. S. 97)*

Quercianella gibt sich für Wohnmobilreisende verschlossen: Die Einfahrt in den Ort ist nicht erlaubt. Kurz hinter der Stadt verlässt man die stark befahrene SS1 und fährt auf der Via Aurelia bis kurz vor Castiglioncello, hier gibt es einen privaten Stellplatz.

Castiglioncello ist in der Nebensaison ein beschaulicher Ort, in der Hauptsaison droht hier meist der Verkehrskollaps. Im Zentrum steht das Castello Pasquini, umgeben von einem Park, in dem im Sommer viele Veranstaltungen stattfinden. Castiglioncello war in den 1950er- und 1960er-Jahren ein mondäner Badeort. Bis heute hat es sich etwas von dem Flair der vergangenen Jahre bewahrt.

Übergangslos folgt der nächste Ort: **Rosignano Solvay.** Er lebt von der Chemie und den strahlend weißen Strand, mit dem geworben wird, hat er ebenfalls der Chemie zu verdanken. Abwässer aus der Sodaherstellung sind für die Ausbleichung verantwortlich! Ob man hier baden will? Jeder soll es selbst entscheiden!

Gute Bademöglichkeiten, einen kostenlosen Stellplatz und einen Campingplatz direkt am Meer findet man in **Vada.** Vada ist ein kleiner Ferienort mit wunderschönen, feinsandigen Stränden, die sanft ins Meer abfallen, ideal für Familien mit Kindern. Nicht nur im Wasser ist sportliche Betätigung angesagt: Hinter dem Strand lädt die *pineta* (Pinienwald) zu schönen Spaziergängen ein.

Von Rosignano Solvay führt die Route landeinwärts nach Rosigano Maríttimo.

064to Abb.: gg

ROSIGNANO MARÍTTIMO (28 km – km 109)

Das hübsche, von seiner mächtigen Zitadelle dominierte Bergdorf klebt sozusagen am Berg. Von hier hat man einen schönen Blick auf die Etruskische Küste. Das Kastell stammt aus dem 13. und 14. Jh. und beherbergt heute ein archäologisches Museum, das etwas Besonderes zu bieten hat: ein nachgebautes, begehbares römisches Haus und etruskische, römische und mittelalterliche Funde aus der Umgebung.

Sehenswertes

Museo archeologico, 57012 Rosignano Maríttimo, Via del Castello, Öffnungszeiten: 9–13 Uhr, Juli, August auch 17–22 Uhr, Eintritt: 3 €

Information

Pro Loco, 57012 Rosignano Maríttimo, Via Gramsci 1, Tel. +39 0586792973, Öffnungszeiten: Juni bis Mitte September (nicht zuverlässig)

Essen

Il Pomidoro, 57012 Rosignano Maríttimo, Via Gramsci 52. Sehr gute Pizzen.

STELLPLÄTZE ENTLANG DER ROUTE

Stellplatz

20 Via D. Aligheri, Lido di Camaiore

43.90878°N 10.21819°E

Offizielle Wohnmobilstellplätze an einer Anwohnerstraße mit angrenzender Wiese, ca. 100 m vom Strand entfernt, keine Ver- und Entsorgungsmöglichkeiten. **Lage/Anfahrt:** In Lido di Camaiore vom *lungomare* in Richtung Autobahn und Lucca links in die Via F. Kennedy abbiegen, dann links in die Via Aligheri (ausgeschildert „bus turistici"); **Platzanzahl:** 10; **Untergrund:** Asphalt; **Sicherheit:** beleuchtet; **Preise:** kostenlos; **Geöffnet:** frei zugänglich; **Kontakt:** 55043 Lido di Camaiore, Via D. Aligheri.

Stellplatz

21 Bixio, Viaréggio

43.88321°N 10.24907°E

Großer, von Häusern umgebener, offizieller Parkplatz für Wohnmobile, ca. 1 km vom Strand entfernt und mit Fahrradverleih am Platz. Eine Bushaltestelle und ein Lebensmittelmarkt befinden sich in der Nähe. **Lage/Anfahrt:** Von der SS1 im Zentrum von Viaréggio direkt nach einem Penny-Markt links in die Via M. Bertini abbiegen, ab hier ausgeschildert; **Platzanzahl:** 200; **Untergrund:** Rasengitter; **Ver-/Entsorgung:** Trinkwasser, Abwasser, Chemie-WC; **Sicherheit:** beleuchtet; **Preise:** kostenlos; **Geöffnet:** frei zugänglich; **Kontakt:** 55049 Viaréggio, Via N. Bixio/Ecke Amatore Sciesa.

Camping

22 Camping Paradiso, Viaréggio

43.84985°N 10.26443°E

Schattiger Platz in einem Pinienwäldchen *(pineta)* mit guten Sanitäranlagen, großem Schwimmbad, Restaurant und Geschäft. Zum Strand sind es ca. 1 km Fußmarsch. **Lage/Anfahrt:** Auf der SS1 durch den Ort, braune Campingplatzbeschilderung; **Platzanzahl:** 374; **Untergrund:** Sand; fest; **Ver-/Entsorgung:** Strom, Trinkwasser, Abwasser, Chemie-WC; **Sicherheit:** umzäunt, beleuchtet, bewacht; **Preise:** 10–16 €/Fahrz., 5–7,50 €/Pers., Strom und Hund inkl.; **Geöffnet:** April bis Sept.; **Kontakt:** 55049 Viaréggio, Via dei Tigli CP 463, Tel. +39 0584392005, www.campingparadiso.com.

◀ *Der schöne Ausblick auf Livorno vom Santuario di Montenero*

065to Abb.: gg

▲ *Auf dem Stellplatz in Pisa übernachtet man stadtnah und relativ ruhig*

Camping

㉓ *Campeggio Bosco Verde, Torre del Lago Pucchini*

43.83075°N 10.30346°E

Schön mitten in der *pineta* gelegener Platz mit guter Ausstattung, Schwimmbad, Bar und Restaurant. Zum schönen breiten Strand sind es ca. 800 m. **Lage/Anfahrt:** Im Ort von der SS1 in Richtung Marina di Torre del Lago abbiegen (Durchfahrtshöhe 3,30 m); **Untergrund:** Wiese, Sand; **Ver-/Entsorgung:** Strom, Trinkwasser, Abwasser, Chemie-WC; **Sicherheit:** umzäunt, beleuchtet, bewacht; **Preise:** 10–16 €/Fahrz., 5–8,50 €/Pers.; **Geöffnet:** 1. April bis Anfang Oktober; **Kontakt:** 55048 Torre del Lago, Viale Kennedy interno, Tel. +39 0584359343, www.campeggioboscoverde.com.

Stellplatz

㉔ *Via Pietrasantina, Pisa*

43.72805°N 10.38528°E

Offizielle Stellplätze auf einem seperaten Teil eines großen Parkplatzes ca. 800 m von der Piazza dei Miracoli entfernt: Die Busfahrt dorthin ist im Preis enthalten. **Lage/Anfahrt:** Von der SS1 kurz vor Pisa links in Richtung Zentrum abbiegen. Das ist dann schon die Zielstraße Via Pietrasantina. 2 km nach der Abzweigung hinter einer Tamoil-Tankstelle sofort links zum Stellplatz fahren; **Platzanzahl:** 100; **Untergrund:** Asphalt; **Ver-/Entsorgung:** Trinkwasser, Abwasser, Chemie-WC; **Sicherheit:** beleuchtet, bewacht; **Preise:** 12 €/Fahrz.; **Geöffnet:** ganzjährig; **Kontakt:** 5600 Pisa, Via Pietrasantina.

Stellplatz

㉕ Via Paparelli, Pisa

43.72170°N 10.42030°E

Offizielle Stellpätze auf dem Busparkplatz im Dreieck von Via Paparelli, Via Mahatma Gandhi und SS12, ca. 1 km von Innenstadt entfernt. **Lage/ Anfahrt:** Aus Richtung Lucca auf der SS12 in Richtung Zentrum, kurz vor der Innenstadt im Kreisverkehr die fünfte Ausfahrt (Via A. Paparelli) zum Platz nehmen; **Platzanzahl:** 50; **Untergrund:** Asphalt; **Ver-/Entsorgung:** Trinkwasser, Abwasser, Chemie-WC; **Sicherheit:** beleuchtet; **Preise:** 15 €/Fahrz.; **Geöffnet:** ganzjährig; **Kontakt:** 5600 Pisa, Via Alberto Paparelli.

Camping

㉖ Camping Torre Pendente, Pisa

43.72417°N 10.38306°E

Am Stadtrand, ca. 1 km von der Piazza dei Miracoli entfernt. Zur Innenstadt fährt ein Bus. **Lage/Anfahrt:** Anfahrt von der SS1 ausgeschildert; **Untergrund:** Schotterrasen; **Ver-/Entsorgung:** Strom, Trinkwasser, Abwasser, Chemie-WC; **Sicherheit:** umzäunt, beleuchtet, bewacht; **Preise:** 10,50–15 €/Fahrz., 8–8,50 €/Pers.; **Geöffnet:** 18. März bis 15. Oktober; **Kontakt:** Viale delle Cascine 86, Tel. +39 050561704, www.campingtorrependente.it.

Camping

㉗ Camping International, Tirrenia

43.64950°N 10.28566°E

Schöner Platz in der *pineta* mit guter Ausstattung, eigenem Strand mit Sandbucht und Bar. Durch eine Straße vom Meer getrennt. **Lage/Anfahrt:** Der Platz liegt direkt an der SS224 kurz vor Tirrenia; **Platzanzahl:** 70; **Untergrund:** Wiese, Sand; **Ver-/Entsorgung:** Strom, Trinkwasser, Abwasser, Chemie-WC; **Sicherheit:** umzäunt, beleuchtet, bewacht; **Preise:** 10,50 €/Fahrz., 6,50 €/ Pers., von Juli bis August: Camper mit 1 Person 24 €, jede weitere Person 8 €, Strom inkl.; **Kontakt:** 56013 Marina di Pisa, Via Litoranea 7, Tel. +39 05035211, www.campeggiointernazionale.com.

Camping

㉘ Camping Mare e Sole, Tirrenia

43.58701°N 10.29944°E

Schöner Platz mit guter Ausstattung, der einzige in der Region direkt am Meer, viele Dauercamper. **Lage/Anfahrt:** Kurz vor Livorno auf der rechten Seite der SS224 (Hafen schon in Sichtweite); **Platzanzahl:** 100; **Untergrund:** Wiese, Sand; **Ver-/Entsorgung:** Strom, Trinkwasser, Abwasser, Chemie-WC; **Sicherheit:** umzäunt, beleuchtet, bewacht; **Preise:** 9–14 €/Fahrz., 6–8 €/Pers., Pauschale: Camper mit 1 Pers. 23 €, weitere Pers. 6–8 €, Strom inkl.; **Geöffnet:** April bis September; **Kontakt:** Camping Mare e Sole, Tirrenia, Loc. Calambrone, Tel. +39 05032757, www.campingmareesole.it.

Stellplatz

㉙ Viale di Antignano, Livorno

43.50087°N 10.32160°E

Freie Stellmöglichkeit auf einem Parkplatz am *lungomare* am südlichen Ortsrand von Livorno, allerdings nur in der Nebensaison. Durch eine Straße vom Strand getrennt. Man kann auch hinter dem Parkplatz auf der Wiese stehen (sehr uneben, viel Müll). Dazu von hinten auf die Wiese auffahren. **Lage/Anfahrt:** Vom Zentrum Livornos immer auf der Viale Italia 6 km die Küste entlang. Der Platz liegt an der Straße in Fahrtrichtung links; **Platzanzahl:** 10; **Untergrund:** Asphalt, Wiese; **Sicherheit:** beleuchtet; **Preise:** kostenlos; **Geöffnet:** frei zugänglich; **Kontakt:** 57100 Livorno, Viale di Antignano.

Stellplatz

30 *Parkplatz, Montenero*

43.49885°N 10.34254°E

Freie Stellmöglichkeit auf einem großen Parkplatz am Ortsrand ohne Ver- und Entsorgungsmöglichkeit. **Lage/Anfahrt:** Aus Richtung Ardenza bzw. Livorno am Ortsanfang rechts; **Platzanzahl:** 5; **Untergrund:** Rasengitter; **Sicherheit:** beleuchtet; **Preise:** kostenlos; **Geöffnet:** frei zugänglich.

Camping

31 *Camping Collina 1, Castellaccio Montenero*

43.47797°N 10.36384°E

Ruhiger, etwas unordentlicher Platz mit sehr einfacher Ausstattung, 2,5 km abseits der Küste in einem Wald. **Lage/Anfahrt:** Von der Küstenstraße auf die SP9 Richtung Montenero abbiegen und dann noch 2500 m weiter; **Platzanzahl:** 50; **Untergrund:** Wiese; fest; **Ver-/Entsorgung:** Strom, Trinkwasser, Abwasser, Chemie-WC; **Sicherheit:** umzäunt, beleuchtet, bewacht; **Preise:** 20 €/Fahrz.; **Geöffnet:** ganzjährig (nicht zuverlässig); **Kontakt:** Castellaccio Montenero, Via di Quercianella 377, Tel. +39 0586579573, www.collina1.it.

Stellplatz

32 *Fortullino, Castiglioncello*

43.42938°N 10.39751°E

Nett angelegter Privatplatz mit Sicht aufs Meer (zum Meer 5 Min. auf schmalem Weg, kein Strand). Zwischen Eisenbahn und SS1, daher etwas laut. **Lage/Anfahrt:** Von der Via Aurelia mit gelben Wohnmobilsymbolen ausgeschildert; **Platzanzahl:** 80; **Untergrund:** Schotterrasen; **Ver-/Entsorgung:** Strom, Trinkwasser, Abwasser, Chemie-WC; **Sicherheit:** umzäunt, beleuchtet, bewacht; **Preise:** 15 €/Fahrz., inkl. Strom; **Geöffnet:** 1. April bis 30. September; **Kontakt:** 57012 Castiglioncello, Loc. Fortullino, Tel. +39 3389631531.

Stellplatz

33 *Stellplatz, Rosignano Solvay*

43.39863°N 10.42828°E

Offizielle Stellplätze direkt neben der Durchgangsstraße. **Lage/Anfahrt:** Am Ortsanfang von Rosignano Solvay an der Via Aurelia auf der rechten Seite; **Platzanzahl:** 10; **Untergrund:** Schotter; **Sicherheit:** beleuchtet; **Preise:** 8 €/Fahrz., halber Tag 4 €, Ver- und Entsorgung 2,50 €; **Geöffnet:** ganzjährig.

Stellplatz

34 *Strand, Spiagge Bianche*

43.37570°N 10.44681°E

Offizieller Platz in weniger schöner Umgebung (Chemieanlagen in Sichtweite) und mit Lärmbelästigung durch Straße und Bahn, dafür 200 m zu den weißen Stränden von Rosignano Solvay. **Lage/Anfahrt:** Nach dem Ortsendeschild rechts an der Via Aurelia, ausgeschildert; **Platzanzahl:** 10; **Untergrund:** Schotter; **Preise:** 8 €/Fahrz., von Okt.–Apr. kostenlos; **Geöffnet:** ganzjährig.

Stellplatz

35 *Tennisplatz, Vada*

43.35212°N 10.45209°E

Kleiner, offizieller Stellplatz in einem Wohngebiet bei einem Tennisplatz, 50 m bis zum Strand, aber ohne Ver- und Entsorgungsmöglichkeit. **Lage/Anfahrt:** In Vada ausgeschildert; **Platzanzahl:** 5; **Untergrund:** Asphalt; **Sicherheit:** beleuchtet; **Preise:** kostenlos; **Geöffnet:** frei zugänglich.

Camping

36 *Camping Tripesce, Vada*

43.34310°N 10.45831°E

Schön gestalteter Platz mit guter Ausstattung und direkt am Strand. Keine Hunde erlaubt. **Lage/Anfahrt:** An der Küstenstraße in Vada, ausgeschildert; **Untergrund:** Wiese, Sand; **Ver-/Entsorgung:** Strom, Trinkwasser, Abwasser, Chemie-WC; **Sicherheit:** umzäunt, beleuchtet, bewacht; **Preise:** 10–18 €/Fahrz., 5–8 €/Pers.; **Geöffnet:** 15. März bis 18. Oktober; **Kontakt:** 57018 Vada, Via Cavallegeri 88, Tel. +39 0586788167, www.campingtripesce.it.

MITTELALTER PUR
UND DIE WEITEN STRÄNDE
DER ETRUSKISCHEN RIVIERA

San Gimignano mit seinen hohen Geschlechtertürmen und der intakten mittelalterlichen Altstadt ist über die Grenzen der Toscana hinaus bekannt. Busladungen von Touristen aus der ganzen Welt bevölkern vom Frühjahr bis in den Herbst hinein die Gassen und Plätze der Stadt. Trotzdem sollte niemand einen Besuch versäumen, denn besonders im späten Herbst oder im Winter, wenn die mächtigen Türme aus dem Nebel in den Himmel ragen, hat der Ort seinen ganz besonderen Reiz. Mittelalter und Renaissance in zwei getrennten Stadtteilen gibt es im wenig besuchten Colle di Val d'Elsa zu bewundern. Volterra dagegen ist eine rein mittelalterliche Stadt, eingebettet in eine ungewöhnliche, wellige Hügellandschaft. Die Etruskische Riviera ist auf Wohnmobiltouristen eingestellt. Mehrere schöne Stellplätze in Strandnähe, die in der Nebensaison meist kostenlos sind, erfreuen den Touristen. Die Ausgrabungen von Populónia bezeugen eindrucksvoll die Bedeutung der Stadt im etruskischen Zwölfstädtebund.

009to Abb.: gg

ROUTE 3

SAN GIMIGNANO, VOLTERRA UND DIE KÜSTE

› Routenübersicht hinterer Umschlag innen

STRECKENVERLAUF

Strecke:
Rosignano Maríttimo - Vicopisano (46 km) - San Miniato (29 km) - Certaldo (25 km) - San Gimignano (12 km) - Colle di Val d'Elsa (15 km) - Volterra (29 km) - Bólgheri (42 km) - Castagno Carducci (12 km) - Populónia (28 km) - Piombino (14 km)

Streckenlänge:
ca. 252 km

Auf der SR206 geht es zuerst von Rosignano Maríttimo in Richtung Pisa. Bei Vicarello fährt man auf die autobahnähnliche Schnellstraße Fi-Pi-Li in Richtung Florenz. Diese etwas außergewöhnliche Bezeichnung trägt die Straße, weil sie die Städte Florenz (Firenze), Pisa und Livorno miteinander verbindet. Nach ungefähr 10 km geht es bei Pontedera ab und über Fornacette nach Vicopisano.

VICOPISANO (46 km - km 46)

Information
Ufficio Tursimo, Vicopisano, Via Lante 1A, Tel. +39 050796117, Öffnungszeiten: Sa 16–19 Uhr, So 10–12.30 Uhr und 16–19 Uhr

Vicopisano, obwohl so nahe bei Pisa und Livorno, wird nicht gerade häufig von ausländischen Touristen besucht, doch gerade Wohnmobilfahrer sollten unbedingt das kleine befestigte Dorf aufsuchen: Zwei schöne Stellplätze und eine Entsorgungsstation sind Grund genug.

Schön ist es, durch die Gassen bis hinauf zur Burg aus dem 15. Jh. zu bummeln. Früher war sie eine komplexe Verteidigungsanlage mit Wehrtürmen und Verbindungsgängen. Heute gehört sie einer Schweizer Industriellenfamilie und es wird fleißig renoviert. Von oben hat man eine schöne Aussicht auf die Monti Pisani.

37 Centro storico, Vicopisano (s. S. 116)

38 Schule, Vicopisano (s. S. 117)

Sehenswertes
Borgo Medioevale di Vicopisano, Tel. +39 050796117, Öffnungszeiten: Sa 15.30–19.30 Uhr, So 10–12.20 Uhr und 15.30–19 Uhr. Eintritt: Rocca 5 €, Palazzo Pretoria 3 €, beides zusammen 7 €

Weiter geht die Reise über Pontedera auf die schon bekannte Fi-Pi-Li. Nach 15 km in Richtung Florenz verlässt man die Schnellstraße an der Ausfahrt „San Miniato".

SAN MINIATO (29 km - km 75)

Von San Miniato Bassa gibt es drei Zufahrten nach San Miniato Alto. Die erste, direkt beim Ortsschild, ist für alle Fahrzeuge gut befahrbar, allerdings sollte man oben gleich zum Stellplatz auf der linken Seite abbiegen und nicht weiter in den Ort fahren. Die Ortsdurchfahrt ist

sehr eng. Die beiden folgenden Auffahrten (für Lastwagen gesperrt) sind für mittelgroße Wohnmobile geeignet und führen zum stadtnah gelegenen Parkplatz (gebührenpflichtig).

San Miniato liegt unweit der Mündung des Flusses Elsa in den Arno auf einem Hügel. Aufgrund seiner exponierten Lage war es bereits im Altertum besiedelt. Fundstücke aus der Gegend belegen, dass der Ort zuerst von den Etruskern und später von den Römern bewohnt war. Bemerkenswerte Funde sind im archäologischen Museum von Florenz ausgestellt.

Seine Glanzzeit hatte San Miniato allerdings im Mittelalter. Bereits im 8. Jh. wurde hier von den Langobarden eine Kirche erbaut, die dem Märtyrer Miniatus geweiht wurde. Daher kommt auch der heutige Name San Miniato. Unter Otto I. von Sachsen wurde die Stadt Zentrum der kaiserlichen Verwaltung. Unter Friedrich II. wurde die imposante Burg erbaut, von der heute noch der Turm, der Torre Federico II erhalten ist. Im Zuge des Investiturstreits wurde San Miniato freie Stadt, bevor sie im 14. Jh. unter die Herrschaft von Florenz kam. 1622 wurde die Stadt Bischofssitz.

Das Gesamtstadtbild ist überaus sehenswert. Hervorzuheben sind der **Palazzo dei Vicari dell'Imperatore** (Palast der kaiserlichen Vikare), der **Palazzo Verscoville,** der **Dom** aus dem 13. Jh. mit seinem von Mathilde von Österreich gestifteten Glockenturm sowie, am höchsten Punkt der Stadt, der **Torre Federico II.**

San Miniato besitzt ein reges kulturelles Leben. Jeden ersten Sonntag im Monat findet ein Antiquitätenmarkt, jeden zweiten Sonntag ein

Information

Ufficio Tursimo, 56028 San Miniato, Piazza del Popolo 1, Tel. +39 057142745, www.cittadisanminiato.it, Öffnungszeiten Apr.-Sept. 9-13 Uhr und 15.30-19 Uhr

▲ *San Miniato liegt zu Füßen einer ehemaligen Kaiserburg*

067to Abb.: gg

㊴ ***Industriegebiet, S. Miniato Bassa (s. S. 117)***

㊵ ***Via delle Casine, S. Miniato Alto (s. S. 117)***

Handwerkermarkt statt. An den letzten drei Wochenenden im November wird hier die berühmte Weiße-Trüffel-Messe abgehalten.

Wieder unten in S. Miniato Bassa folgt man der SS67 bis Ponte a Elsa und fährt dort weiter auf der SR429 in Richtung Poggibonsi. Auf ihr erreicht man auch das nächste Ziel: Certaldo. Im Tal des Flusses Elsa führt die Straße durch typisch toscanische Landschaft mit sanften Hügeln und Zypressenalleen.

CERTALDO (25 km - km 100)

Information

Ufficio Tursimo, 50052 Certaldo, Viale Fabiani, Tel. +39 0571656721, www.comune.certaldo.fi.it., Öffnungszeiten: Apr.-Sept. 10-12 Uhr und 15-18 Uhr

▲ *Eine toscanische Landschaft wie aus dem Bilderbuch*

Ein Kleinod ganz besonderer Art ist das Städtchen Certaldo. Und zwar der Stadtteil Certaldo Alto an den Hängen des Val d'Elsa. Auf dem bestens ausgeschilderten Wohnmobilstellplatz an der Piazza di Macelli ist das Fahrzeug gut aufgehoben. Von hier geht man dem Seilbahnpiktogramm folgend ca. 10 Min. bis zur Station der *funicolare.* Sportlich Ambitionierte nehmen bereits vorher die rechts abzweigende Costa Vecchia, auf der man zu Fuß nach oben steigt.

Certaldo Alto ist ein in sich geschlossener Ort, der einem Freilichtmuseum gleicht. Die Häuser und sogar der Straßenbelag sind gänzlich aus rotbraunem Backstein. In der Via Boccaccio steht das Wohnhaus des berühmten „Dekameron"-Dichters Giovanni Boccaccio. Das „Dekameron" oder „il Decamerone" ist eines der bedeutendsten literarischen Werke des Humanismus. Basierend auf der Zahl 10 *(deka)* wird in 100 Novellen das Schicksal von 7 Frauen und 3 Männern während der Pest in Florenz im Jahr 1348 erzählt. Das Ideal der großen, reinen Liebe hat darin einen zentralen Stellenwert. Die **Casa Boccaccio** kann nach umfangreichen Restaurierungsarbeiten seit 2007 besichtigt werden. Es ist bis heute nicht geklärt, ob Boccaccio 1313 in Florenz oder in Certaldo geboren wurde. Gesichert ist allerdings, dass er hier am 21. Dezember 1375 verstarb. Am Ende der Via Boccaccio steht der mächtige **Palazzo Pretorio** aus dem 12. Jahrhundert. Abgeschieden vom hektischen Treiben und vom Lärm des Verkehrs scheint hier oben die Zeit stillzustehen. Genießen Sie es!

Sehenswertes

Casa Boccaccio, 50052 Certaldo Alto, Via Boccaccio 20, Öffnungszeiten: März 10.30–16 Uhr, Apr.–Sept. 9.30–14 Uhr und 15.30–19 Uhr, sonst 9.30–16.30 Uhr, Eintritt: Sammelticket 6 € (für Casa Boccaccio und Palazzo Pretorio), Einzelpreis 4,50 €

Palazzo Pretorio, Museo di Art sacra, 50052 Certaldo Alto, Alto Via Boccaccio, Öffnungszeiten: März 10.30–16 Uhr, Apr.–Sept. 9.30–14 Uhr und 15.30–19 Uhr, sonst 9.30–16.30 Uhr, Eintritt: siehe Casa Boccaccio

Funicolare, 50052 Certaldo, Piazza Boccaccio, Fahrzeiten: von 7.30–1 Uhr alle 15 Min., Fahrpreise: hin und zurück 1,20 €

Einkaufen

Bar Pasticceria Dolci Follie, 50052 Certaldo, Piazza Boccaccio 2, Tel. +39 0571668188. Hier gibt es die besten Nusskekse *(Cantuccini)* von Italien.

Essen

Bar Boccaccio, 50052 Certaldo Alto, Via Boccaccio 11, Tel. +39 0571664885. Guter Cappuccino und man sitzt wunderschön an der Via Boccaccio bei einem Brunnen.

Al Castello, 50052 Certaldo Alto, Via G. delle Rena 6 (gleich neben der *funicolare*), Tel. +39 0571668250. Hier speist man sehr gut und sitzt dabei im Sommer in einem idyllischen Garten.

Taverna L' Antica Fonte, 50052 Certaldo Alto, Via Valdracca 25, Tel. +39 0571652225. Sehr schöner Garten mit Aussicht und einem plätschernden Brunnen. Das Lokal sehr stilvoll eingerichtet, gute Carpaccios und große Salatauswahl.

41 ***Piazza Macelli, Certaldo Bassa*** ***(s. S. 118)***

In Certaldo verlässt man das Tal der Elsa und fährt auf der SP1 hinauf nach San Gimignano.

SAN GIMIGNANO (12 km – km 112)

San Gimignano hat sein Aussehen seit dem Mittelalter kaum verändert. Die UNESCO erhob die 7500-Einwohner-Stadt zum Weltkulturerbe und mit dem damit einhergehenden Geldfluss wurde sie vollständig restauriert. Die Altstadt ist vollkommen autofrei, bei den Massen an Touristen, die sich tagtäglich durch ihre Gassen schieben, wäre ein Durchkommen für Fahrzeuge auch nahezu unmöglich.

Information

Pro Loco, 53037 San Gimignano, Piazza del Duomo 1, Tel. +39 0577940008, www.sangimignano.com, Öffnungszeiten: März–Okt. 9–13 Uhr und 15–19 Uhr, sonst 9–13 Uhr und 14–18 Uhr

Einkaufen

Cantina Il Paradiso, 53037 San Gimignano, Via San Giovanni 6, Tel. +39 0577941500. Hier kann man die Weine des Weingutes Il Paradiso (in der Nähe von San Gimignano) probieren und kaufen (auch den berühmten Vernaccia, einen Weißwein, für den das Weingut berühmt ist).

Seinen Weltruf erlangte San Gimignano durch die zahlreichen Geschlechtertürme, die hier wie Wolkenkratzer in den Himmel ragen. Von den einst über 70 Türmen stehen heute noch 13. Die Türme waren im Mittelalter Symbol von Geld und Macht. Je höher der Turm, desto größer das Ansehen seines Besitzers. Sie waren jedoch nicht nur Statussymbol, sondern auch wehrhafter Rückzugsort bei Überfällen. In San Gimignano kam es im 13. Jh. häufig zu Scharmützeln zwischen den kaiserlichen Ghibellinen und den papstreuen Guelfen.

Wirklich jedes einzelne Haus und jede Gasse des gesamten Orts sind sehenswert, Highlights herauszugreifen fällt schwer. Mittelpunkt der Stadt ist die **Piazza Cisterna,** benannt nach dem im 13. Jh. hier erbauten Brunnen.

Der **Palazzo del Popolo,** der das Museo Civico beherbergt, besitzt den höchsten Turm der Stadt, der laut Gesetz nicht überragt werden durfte. Der **Torre Grossa** misst 50 m und kann heute bestiegen werden.

Der **Dom** nimmt sich inmitten der hohen Türme bescheiden aus. In seinem Inneren birgt er jedoch eine Fülle von Fresken.

Ein lauschiges Plätzchen ist der **Parco della Rocca** westlich vom Dom. Man hat hier eine sehr schöne Aussicht und häufig kann man einer Harfenistin beim Spielen zuhören.

Wer mag, kann noch einen Blick in die Abgründe menschlichen Ideenreichtums tun und sich die Ausstellung zur Entwicklung von Folter- und Hinrichtungsinstrumenten im **Museo di Criminologia Medioevale** ansehen. Aber Vorsicht: Das Museum hat es in sich! Ob sie es mit Kindern anschauen sollten, müssen Sie selbst entscheiden.

Ebenfalls abseits der gängigen Touristenroute ist die gekennzeichnete **Passeggiare del Mura** (Spaziergang an der Stadtmauer ent-

▶ *Der schöne Innenhof des Palazzo del Popolo*

068to Abb.: gg

lang). Hierher verirren sich die wenigsten Besucher von San Gimignano und man hat einen schönen Ausblick auf das Umland und die Stadt.

Sehenswertes

Palazzo del Popolo mit Torre Grossa und Museo Civico, 53037 San Gimignano, Piazza del Duomo, Öffnungszeiten: März–Okt. 9.30–19 Uhr, sonst 10–17.30 Uhr, Eintritt: Museo Civico und Torre Grossa 5 €

Museo di Criminologia Medioevale, 53037 San Gimignano, Via San Giovanni 123, Öffnungszeiten: 10–19 Uhr, Eintritt: 8 €

42 Area attrezza S. Chiara, San Gimignano (s. S. 118)

43 SP47, San Gimignano (s. S. 118)

Tourismus in der Toscana

Die Toscana und der Tourismus sind untrennbar miteinander verbunden. Jährlich gibt es hier knapp 38 Mio. Übernachtungen, davon 17,9 Mio. von ausländischen Touristen. Für die Bewohner der Toscana stellen Touristen zwar die Haupteinnahmequelle dar, an manchen Tagen sind sie aber auch eine enorme Belastung, wenn sie die Städte förmlich überschwemmen. Die Preise von Grundstücken und Häusern sind in den letzten 20 Jahren regelrecht explodiert, nachdem immer mehr ausländische Besucher „ein Haus in der Toscana" als Urlaubsdomizil gekauft haben. Besonders die sogenannte ***„Toscanafraktion",*** *linksliberale deutsche Intellektuelle, wie Otto Schily, Joschka Fischer, Claudia Roth und Oskar Lafontaine, haben in den 1980er-Jahren mit zum Bekanntheitsgrad der Toscana beigetragen.*

In den 1990er-Jahren quoll der Büchermarkt über von ***Büchern*** *wie „Das Paradies heißt Bramasole" von Frances Mayes oder „Ein Haus in der Toskana" von Wolfgang Schmidbauer. In ihnen wurde der meist schwierige, aber immer erfolgreiche Weg einer Ansiedlung in der Toscana beschrieben. Die Sehnsucht der Nordeuropäer nach der traumhaften Landschaft und dem warmen Klima stieg und mit ihr die Zahl der Häuser, die in ausländische Hände kamen. Heute werden sogar Ruinen noch zu horrenden Preisen an den Mann bzw. die Frau gebracht und so ist es verständlich, dass die Einwohner der Toscana eine ambivalente Einstellung bezüglich der Touristen haben. Auf der einen Seite bedeuten Touristen Einnahmen und Wohlstand, auf der anderen Seite bringt die hohe Zahl von Touristen auch so manche Reglementierung mit sich, die auch die einheimische Bevölkerung trifft. So wurden etliche, touristisch attraktive Orte für den Individualverkehr gesperrt und in Städten wie Montepulciano oder San Gimignano teure Parkplätze an der Peripherie angelegt. Nur Anwohner dürfen noch, streng kontrolliert, vor ihre Häuser fahren. In den touristischen Hochburgen leidet oft die Privatsphäre unter den Augen neugieriger Touristen und so mancher fühlt sich als Austellungsobjekt in einem Museumsdorf.*

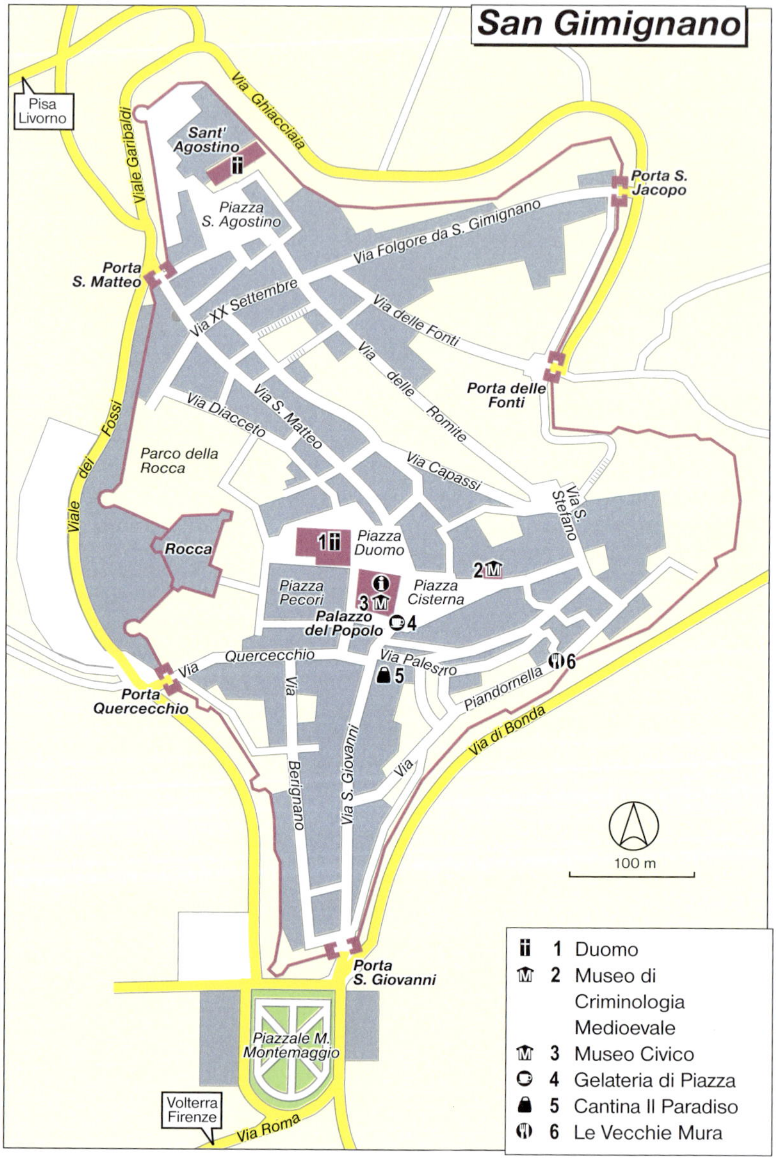

Essen

Gelateria di Piazza, 53037 San Gimignano, Piazza della Cisterna 4, Tel. +39 0577942244. Seniore Sergio Dondoli ist mehrfacher Weltmeister der Eiskonditoren. Lange Menschenschlangen bilden sich täglich vor seinem Laden, alle wollen seine exquisiten Eiskreationen versuchen.

Le Vecchie Mura, 53037 San Gimignano, Via Piandornella 15, Tel. +39 0577940270, www.vecchiemura.it, nur abends geöffnet. In einem wunderschönen Gewölbe oder auf der Terrasse mit Fernsicht gibt es gutes Essen. Gutes Preis-Leistungs-Verhältnis.

44 Salva della Torre, San Gimignano (s. S. 118)

45 Camping Boschetto di Piemma, San Gimignano (s. S. 118)

Bis zum nächsten Ort der Route, Colle di Val d'Elsa, sind es 15 km. Man fährt über die SP1 und SP36 bis zur Einmündung in die SS68. Ihr folgt man bis nach Colle di Val d'Elsa.

COLLE DI VAL D'ELSA (15 km - km 127)

Colle di Val d'Elsa führt eine Art Aschenputteldasein. Die meisten Touristen lassen es links liegen und fahren nach San Gimignano – eigentlich schade, denn das Städtchen hat einiges zu bieten.

Unten im Tal liegt die wenig interessante Neustadt. Die Altstadt oben auf dem Berg teilt sich in den mittelalterlichen und den Renaissanceteil. Über die Porta Nuova betritt der Besucher die Borgo, das **Renaissanceviertel.** Die durch Woll-, Seiden- und Papierherstellung zu Reichtum gekommenen Bürger bauten hier viele schöne Paläste. Über die Campana-Brücke – sie entstand an Stelle der ehemaligen Zugbrücke – kommt man in den **mittelalterlichen Teil** der Stadt.

Die **Cattedrale dei Santi Alberto e Marziale** ist weder innen noch außen besonders sehenswert, das **Museo archeologico** direkt daneben lohnt schon eher einen Besuch. Auf drei Stockwerken werden hier Funde aus verschiedenen etruskischen Nekropolen und einige

Information

Pro Loco, 53034 Colle di Val d'Elsa, Via dell Campana 43, Tel. +39 0577922791, Öffnungszeiten: Mo–Sa 10–13 Uhr und 15–18 Uhr, So 10–12.30 Uhr und 15–17.30 Uhr

▼ *In der Hügellandschaft bei Volterra*

069to Abb.: gg

Essen

Ristorante Il Frantoio, 53034 Colle di Val d'Elsa, Via dell Castello 40, Tel. +39 0577923652, nur abends, montags geschlossen, gehobene Preisklasse.

Einkaufen

Über die gesamte Stadt verteilt findet man Handwerksbetriebe und Läden, die Kristallwaren anbieten.

Fresken gezeigt. Überall in den Gassen werden Kristallwaren und Trinkgläser aus heimischer Produktion zum Verkauf angeboten. Die Herstellung von Glas und später von Kristall wurde im Laufe der Zeit zum Markenzeichen der Industrie dieser Stadt. Bereits im 19. Jh. wurde Colle als das „Böhmen Italiens" bezeichnet, während es heute die „Stadt des Kristalls" genannt wird. 95 % der italienischen und 15 % der Weltproduktion an Kristall werden in Colle di Val d'Elsa hergestellt. In der Via dei Vossi findet man das überaus interessante **Museo del Cristallo** (Kristallmuseum).

Sehenswertes

Museo archeologico, 53034 Colle di Val d'Elsa, Via dell Castello 42, Öffnungszeiten: Mo–So 10.30–12.30 Uhr und 16.30–19 Uhr, Eintritt: 3 €

Museo del Cristallo, 53034 Colle di Val d'Elsa, Via dei Fossi, Tel. +39 0577924135, Öffnungszeiten: Ostern–31. Oktober Di–So 10–12 und 16–19.30 Uhr, 1. November–Ostern: Di–Fr 15–19 Uhr, Eintritt: 3 €

46 Azienda Agraria Casale, Colle di Val d'Elsa (s. S. 119)

Von Colle di Val d'Elsa führt die SS68 durch eine Hügellandschaft nach Volterra.

VOLTERRA (29 km – km 156)

Information

Ufficio Tursimo, 56048 Volterra, Piazza dei Priori 19, Tel. +39 058887257, www.volterratur.it, Öffnungszeiten: 10–13 Uhr und 14–18 Uhr

Schon die Etrusker schätzten die zentrale Lage und die **Kupfervorkommen** von Volterra. Aus dieser Zeit, als die Stadt noch Velathri hieß, stammen die Porta all'Arco und die Porta Diana. Und auch die **Alabasterverarbeitung** war schon bei den Etruskern ein Haupterwerbszweig. Heute noch wird der weiche Stein für Vasen, Schmuck und Intarsienarbeiten verwendet. In vielen Läden und Werkstätten wird von Kitsch bis Kunst alles aus Alabaster angeboten.

Vom Stellplatz den Treppenweg hinauf beginnt der Rundgang beim **Palazzo Vitti,** einem luxuriös ausgestalteten Adelspalast der Familie Vitti, die durch die Alabastermanufaktur zu ihrem großen Vermögen kam. Ursprünglich im 16. Jh. gebaut, kaufte Giuseppe Vitti den Palast Mitte des 19. Jh. und stattete ihn mit eindrucksvollen Alabasterarbeiten aus. Die schönsten Stücke sind zwei Alabasterkandelaber, die für Kaiser Maximilian von Mexiko gefertigt wurden. Zur Auslieferung kam es allerdings nicht mehr, da der Kaiser 1867 hingerichtet wurde und so zieren sie heute den Palazzo Vitti. Der sehenswerte Palast gehört auch heute noch der Familie.

Weiter auf der Via dei Sarti spaziert man zum **Ecomuseo dell'Alabastro,** dem Alabastermuseum. Hier kann man viel über die Gewinnung und die Verarbeitung des wertvollen Steines lernen und auch kostbare Stücke aus alter und neuer Zeit bewundern.

Auf der Via dei Sarti ein Stück zurück und dann nach rechts abbiegend, kommt man zum mittelalterlichen Hauptplatz von Volterra, der

Piazza dei Priori, auf der sich der **Palazzo dei Priori** befindet. Die eher schmucklose Fassade des eckigen Baus wird durch drei Reihen schöner Doppelbogenfenster und die Wappen der Florentiner Stadthalter etwas aufgelockert. Der Ratssaal mit Fresken aus dem 14. Jh. kann besichtigt werden. Hier versammelte sich der aus Obermeister der Zünfte zusammengesetzte Rat der Stadt.

Neben dem Palazzo dei Priori, durch ein Tor in der eher unscheinbaren schwarz-grau gestreiften Wand, kommt man in die **Basilica di Santa Maria Assunta,** den Dom der Stadt. Sehenswert sind hier die Marmorkanzel aus dem 13. Jh., deren Säulen auf vier Tiergestalten ruhen, sowie die Kassettendecke des Gotteshauses.

Gegenüber dem Dom, an der Piazza San Giovanni, steht das achteckige Baptisterium mit einem schön gearbeiteten Marmortaufbecken aus dem 18. Jh. Die Figur in der Mitte des Beckens stellt Johannes den Täufer dar.

Am Ende der Piazza dei Priori biegt man links auf die Via G. Matteotti ab und folgt dieser für 200 m. Hier geht rechts die Via di Sotto ab, die nach weiteren 200 m in die Piazza XX Settembre mündet. Diese geradeaus überquerend, erreicht man die Via Don Minzoni, wo das etruskische Museum zu finden ist.

Im **Museo Etrusco Guarnacci** kann der Besucher eine außergewöhnlich reiche Sammlung etruskischer Graburnen betrachten. Die berühmte „Urne des Ehepaares" *(Urna degli Sposi)* zeigt, zu welcher Detailgenauigkeit die etruskischen Künstler fähig waren. Eine nicht minder berühmte, 60 cm hohe, bronzene Votivstatue trägt den romantischen Namen „Abendschatten".

▲ *Umgeben von einem schönen Park: die Fortezza von Volterra*

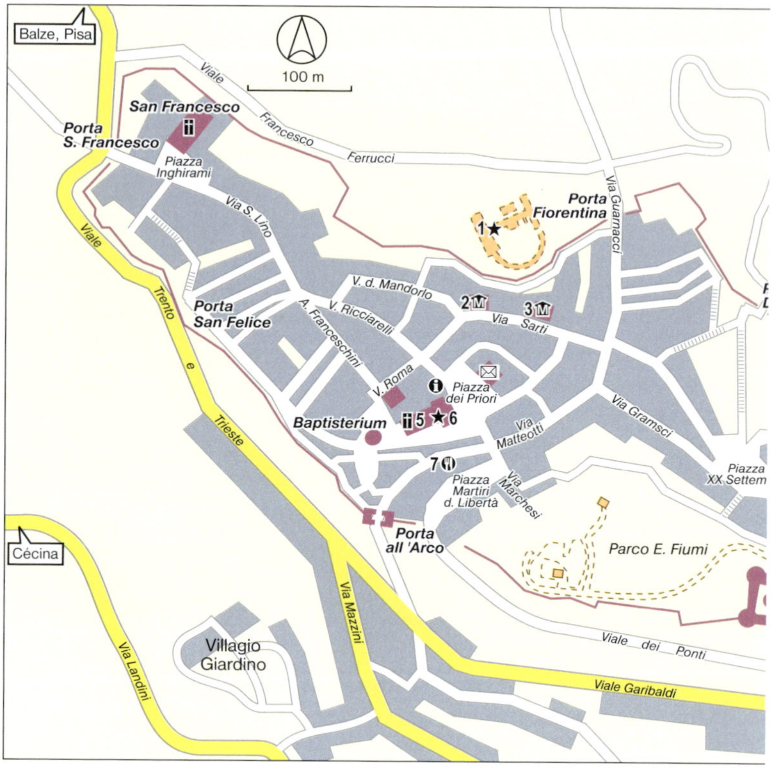

Wie wäre es nach dem Besuch des Museums mit einer Rast in grüner Umgebung? Der **Parco E. Fiumi** liegt im Schatten der mächtigen Fortezza Medicea, heute ein Gefängnis. Auf der grünen Rasenfläche befand sich einst die Akropolis und darunter gibt es heute noch eine riesige Zisterne aus der Antike, die aber nur nach Voranmeldung zu besichtigen ist. Genau gegenüber des Parco Fiumi, am nördlichen Stadtrand, lohnt sich ein Blick von der Stadtmauer auf die Reste eines **römischen Amphitheaters** aus der Zeit von Kaiser Augustus.

▼ *Die Reste des römischen Amphitheaters in Volterra*

0711o Abb.: gg

Ungefähr einen Kilometer außerhalb der Stadt, in Richtung Campingplatz (s. S. 119), findet man die sogenannte **Balze.** Spektakuläre Steilabbrüche und Faltenwürfe, die durch Erosion entstanden sind. Zum Parkplatz Balze fährt man am Campingplatz vorbei und kurz steil bergauf. Die beste Aussicht hat man am Ende des hohen Zaunes bei der Steinmauer.

Sehenswertes

Palazzo Vitti, 56048 Volterra, Via dei Sarti 41, Öffnungszeiten: 15. März–1. Nov. 10–13 Uhr und 14.30–18.30 Uhr, Eintritt: 5 €

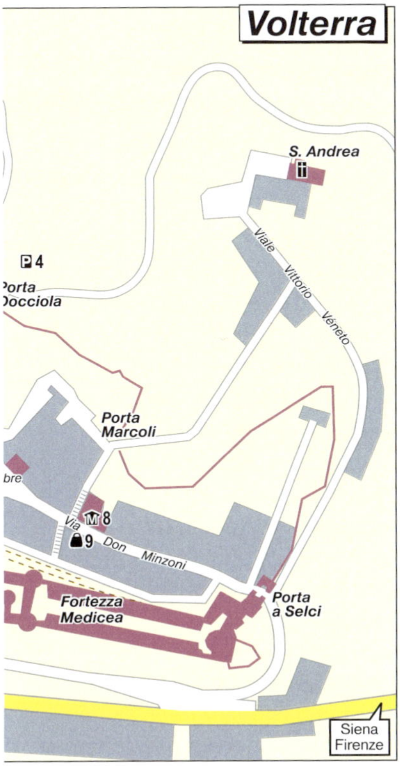

- ★ 1 Teatro Romano
- 2 Ecomuseo dell'Alabastro
- 3 Palazzo Vitti
- 4 P3/Fonti di Docciola
- 5 Basilica di Santa Maria Assunta
- ★ 6 Palazzo dei Priori
- 7 Il Poggio
- 8 Museo Etrusco Guarnacci
- 9 Alab'Arte

Essen

Il Poggio, 56048 Volterra, Via Porta all'Arco 7, Tel. +39 058885257. Gemütliches Lokal mit toscanischer Küche.

Einkaufen

Alab'Arte, 56048 Volterra, Via Don Minzoni 18, gegenüber dem Museo Etrusco Guarnacci, Tel. +39 058887968. Große Auswahl an Alabasterarbeiten. In der Werkstatt in der Via Orti S. Agostino 28 kann man bei der Herstellung der Kunstwerke zusehen.

Basilica di Santa Maria Assunta, 56048 Volterra, Piazza dei Priori, Öffnungszeiten: Mo-Do 8-12.30 Uhr und 15-18 Uhr, Fr 8-12.30 Uhr und 16-18 Uhr

Palazzo dei Priori, 56048 Volterra, Piazza dei Priori, Öffnungszeiten: Mai-Sept. 10.30-17.30 Uhr, Okt.-Apr. nur Sa, So, Eintritt: 1 €

Museo Etrusco Guarnacci, 56048 Volterra, Via Don Minzoni, Öffnungszeiten: 15. März-1. Nov. 9-19 Uhr, Eintritt: 8 € inkl. Pinakothek und Museo di Arte Sacra

47 P3 Fonti di Docciola, Volterra (s. S. 119)

48 Camping Le Balze, Volterra (s. S. 119)

Alabaster

Alabaster sieht ähnlich aus wie Marmor, ist aber viel weicher und lässt sich einfacher verarbeiten. Die Farbgebung reicht von beinahe reinem Weiß bis zu rötlichen, braunen und grauen Farbtönen. Die eiförmigen Rohblöcke von 1–3 m Durchmesser werden unter Tage in einem Umkreis von 30 km um Volterra abgebaut. Auch heute arbeiten noch mehr als 500 Menschen beim Abbau des wertvollen Steins.

Die zarte, beinahe durchsichtige Struktur bietet vielerlei Gestaltungsmöglichkeiten, allerdings ist der Stein nicht witterungsfest und deshalb nur in Innenräumen zu gebrauchen. So werden Lampenschirme, Dekorationsgegenstände und Vasen hergestellt. Einzelstücke haben natürlich ihren Preis, wesentlich günstiger sind Imitationen aus Kunstharz.

▼ *Der breite Dünenstrand von Marina di Bibbona*

Teatro Romano, 56048 Volterra, Viale F. Ferrucci, Öffnungszeiten: 15. März–1. Nov. 10.30–17.30 Uhr, Eintritt: 2 €
Ecomuseo dell'Alabastro, 56048 Volterra, Piazza Minucci, Via dei Sarti, Öffnungszeiten: 15. März–1. Nov. 11–17 Uhr, Eintritt: 3 €

Nach so viel Stadtbesichtigung wenden wir uns nun wieder der toscanischen Natur zu. Die Route führt von Volterra auf der SR68 nach Cécina. Die ersten Kilometer sind von faszinierenden baumlosen Hügeln geprägt, auf denen sich alleinstehende Bauernhäuser befinden.

Ca. 15 km vor Cécina ändert sich dann das Bild und dichte Laubwälder bestimmen jetzt die Landschaft bis zur Küste.

In **Cécina** kann man sehr gut einkaufen, Sehenswürdigkeiten sucht man jedoch vergebens. Der Ort hat allerdings zwei Stellplätze im Stadtgebiet und einen außerhalb der Stadt zu bieten.

49 Parkplatz, Mazzante (s. S. 119)

50 Area Via Tevere, Marina di Cécina (s. S. 120)

51 Area di Sosta Camper, Marina di Cécina (s. S. 120)

52 Piazza del Ginepro, Marina di Bibbona (s. S. 120)

An der ganzen **Küste** gibt es auch sehr viele Campingplätze, einige davon direkt am Meer, die jedoch meist nur zwischen Juni und Mitte September geöffnet haben. Da auch sehr viele Stellplätze vorhanden sind, werden Campingplätze hier nicht aufgeführt. Wer dennoch lieber einen Campingplatz ansteuern möchte, wird im Sommer ganz sicher keine Probleme haben, einen zu finden.

Eine kleine Stichstraße bringt einen von der Küstenstraße nach **Marina di Bibbona.** Der Ort selbst ist nichts Außergewöhnliches, sondern eine Feriensiedlung, die im Sommer aus allen Nähten platzt und in der Nebensaison verlassen wirkt. Der Strand von Marina di Bibbona jedoch ist erwähnenswert: Er ist breit, sandig, hat Dünen und ist nur an ganz wenigen Stellen in Privatbesitz. Der überwiegende Teil ist *libero* (frei) und dennoch sehr gepflegt und müllfrei! Einen in der Nebensaison sehr schönen, ruhigen Stellplatz gibt es auch.

073to Abb.: gg

074to Abb.: gg

Die schönste Zypressenallee der Toscana führt nach Bólgheri

BÓLGHERI (42 km – km 198)

Eine Fahrt nach Bólgheri lohnt sich schon allein wegen der Anfahrt. Eine über 4 km lange Zypressenallee, die wohl schönste der Toscana, führt zum Ort.

Der Ort selbst ist stark auf den Tourismus eingestellt. In beinahe jedem Haus gibt es etwas zu essen oder eine Weindegustation. Dies kommt nicht von ungefähr: Der Sassicaia, ein Rotwein, zählt zu den besten Weinen des Landes, hat allerdings auch seinen Preis! Der Wein besteht aus 85 % Cabernet Sauvignon und 15 % Cabernet Franc und wird im Barrique ausgebaut. Die geschützte Bezeichnung Sassicaia, was so viel bedeutet wie „steiniger Boden", gilt seit 1994.

An der Piazza in der Ortsmitte sitzt milde lächelnd Nonna Lucia, die geliebte Großmutter des Dichters Carducci. Er hat in dem Gedicht „Ode an die Zypressen" das kleine Dorf Bólgheri über die Grenzen der Toscana hinaus bekannt gemacht.

Von Bólgheri führt die Weinstraße direkt nach Castagneto Carducci.

Essen

Il Granaio, 57020 Bólgheri, Via del Poggio 2, Tel. +39 0565762013. Toscanische Küche, schöne Terrasse.

53 Parkplatz, Bólgheri (s. S. 120)

CASTAGNETO CARDUCCI (12 km – km 210)

Von der Küste aus fährt man 6 km auf der SP329 nach Castagneto Carducci. Hier auf 190 m Höhe verbrachte der berühmte Dichter **Giosué Carducci** – er erhielt 1906 den Literaturnobelpreis – seine Jugend, weshalb der Ort Castagento Marittima 1907 in Castagneto Carducci umbenannt wurde.

Das Dorf wird vom **Kastell** der Familie della Gherardesca gekrönt. Es ist heute noch bewohnt und deshalb nicht zugänglich. Über die Piazza del Popolo kommt man zum **Belvedere** mit schöner Aussicht auf die Küste.

Information

Ufficio Tursimo, 57022 Castagneto Carducci, Via V. Emanuele, Tel. +39 0565765042, Öffnungszeiten: Juni–Sept. 9–13 Uhr und 16–19.30 Uhr

075to Abb.: gg

Die einmaligen Liköre der Signora Anna Maria Costa

*In der traditionsreichen Likörfabrik von Emilio Borsi stellt dessen Enkelin Anna Maria Costa auch heute noch nach überlieferten Rezepten Liköre, Pralinen und Likörkuchen her. Die Likörherstellung ist hier noch reine **Handarbeit.***

*Es gibt zwei Sorten: das **Elixir di China Calisaja** und den **Gran Liquore del Pastore.** Das Elixier wird mit Chinin aus Equador zubereitet, dient der besseren Verdauung und hilft bei Magenbeschwerden. Früher, als das Gebiet um Castagneto noch mit Malaria verseucht war, wurde es sogar als Medizin gereicht. Sein Geschmack ist angenehm herb.*

Der Gran Liquore wird aus Milch, Zucker, Vanille und Zitronen kreiert. Er schmeckt pur, auf Eis und auch in den wunderbaren Kuchen, die Anna Maria selbst herstellt.

Die ganz reizende Besitzerin legt Wert auf reine Naturprodukte und schonende Verarbeitung. Sie zeigt Besuchern gern ihre kleine Likörfabrik und lässt sie ihre fantastischen Produkte kosten. Einen Besuch sollte man sich nicht entgehen lassen.

54 Parkplatz, Castagneto Carducci (s. S. 120)

55 Il Seggio, Marina di Castagneto (s. S. 120)

56 Coop, San Vincenzo (s. S. 121)

Einkaufen

Emilio Borsi Fabbrica di Liquori, 57022 Castagneto Carducci, Via Garibaldi 5a. Diesen Einkaufstipp sollte man nicht versäumen (s. oben).

Essen

Il Vecchio Frantoio, 57022 Castagneto Carducci, Via Gramsci 8, Tel. +39 0565763731. Freundlicher Service, gute toscanische Küche.

Weiter an der Küste entlang, ist man rasch in **San Vincenzo.** Auch hier bietet sich einem wieder ein ähnliches Bild wie in vielen anderen Küstenorten der Region: Es ist alles auf die kurze Saison im Juli und August ausgerichtet. Sehenswertes hat der Ort nicht zu bieten.

Von San Vincenzo wählt man die Küstenstraße und nicht die autobahnähnliche Schnellstraße in Richtung Piombino. Nach 8 km erreicht man den überaus reizvollen Golf von Baratti. Ein großer,

076to Abb.: gg

▶ *Der traumhaft schöne Golf von Baratti*

feinsandiger, von Wiesen mit Schirmpinien eingerahmter Strand lässt das Urlauberherz höher schlagen - doch leider nicht das der Wohnmobilfahrer, denn die Straße ist für Fahrzeuge ab 2 m Breite gesperrt. Vom Stellplatz L'Oasi kann man jedoch mit dem Fahrrad zum Golf von Baratti fahren.

57 ***L'Oasi, Populónia (s. S. 121)***

POPULÓNIA (28 km - km 238)

Die Straße zum archäologischen Park und nach Populónia Alta ist für Fahrzeuge über 2 m Breite gesperrt. Schmale Wohnmobile können bis Populónia Alta hochfahren, breitere Fahrzeuge sind am besten auf dem Stellplatz L'Oasi (s. S. 121) aufgehoben. Von hier verkehren an den gebührenpflichtigen Tagen Zubringerbusse, ansonsten können die Besichtigungen ideal mit dem Fahrrad unternommen werden.

Die etruskische Siedlung Pupluna - benannt nach Fufluns, dem Weingott der Etrusker - wurde 1908 unter einer hohen Schicht Metallschlacke entdeckt. Sie war eine der bedeutenden Städte des etruskischen Zwölfstädtebundes und die einzige, die am Meer lag. Erze von der Insel Elba wurden hier in mit Holzkohle betriebenen Brennöfen geschmolzen.

Der **Parco archeologico di Baratti e Populónia** gliedert sich in drei Teile. Die Nekropole, mit zum Teil enormen Hügelgräbern liegt gegenüber vom Strand. Die Handwerksstätten und die Akropolis sind vom ca. 3 km entfernten Populónia Alta aus zu besichtigen. Das riesige Areal umfasst ca. 80 ha.

58 ***Parkplatz, Populónia (s. S. 121)***

Populónia Alta liegt auf einem 180 m hohen Hügel. Schon von Weitem sieht man die restaurierten Mauern einer im 14. Jh. errichteten Burg. Hier, hoch über dem Golf von Baratti, findet der Fotograf fantastische Motive. Der winzige Ort selbst besteht aus nur einem Straßenzug. In jedem Haus ist ein Souvenirladen untergebracht und eine bunte Vielfalt an Kleidern, Modeschmuck und selbst Exotischem wartet auf Abnehmer unter den zahlreichen Touristen und Ausflüglern. Sogar eine indische Sitar kann man hier oben erstehen.

▼ *Das Festungsdorf von Populónia Alta*

077to Abb.: gg

Sehenswertes

Parco archeologico di Baratti e Populónia, 57020 Populónia, Tel. +39 0565226445, Öffnungszeiten: Nov.-Feb. Sa, So 10-16 Uhr, März-Mai, Sept. Di-So 10-18 Uhr, Juni Di-So 10-19 Uhr, Juli, Aug. täglich 10-19 Uhr, Eintritt: ein Sektor 9 €, zwei Sektoren 13 €, drei Sektoren15 €. Die Tickets für zwei bzw. drei Sektoren sind eine ganze Woche lang gültig.

PIOMBINO (14 km - km 252)

Information

A.P.T., 57025 Piombino, Via Stazione Marittima (am Fährhafen), Tel. +39 0565226627, Öffnungszeiten: Mo-Sa 10-13 Uhr und 16-18.30 Uhr, So 10-13 Uhr

A.P.T., 57025 Piombino, Via Ferruccio, Tel. +39 0565225639, geöffnet: Mo-Sa 10-13 Uhr und 16-18.30 Uhr, So geschlossen

Wer Piombino ansteuert, ist vermutlich auf dem Weg nach Elba. Die Stadt selbst wird nur selten von Touristen besucht. Wen wundert es, fährt man doch kilometerlang an Industrieanlagen vorbei, die zum Teil riesige Abgaswolken in den Himmel blasen. Hat man jedoch die ganzen Fabriken erst einmal hinter sich gelassen, stößt man ganz im Süden der hügeligen Halbinsel auf Piombinos **Altstadt.** Sie liegt malerisch auf einem zum Meer hin abfallenden Plateau. Über dem Fischerhafen befindet sich die Flaniermeile Piombinos, die Piazza Giovanni Burio. Hier steht **der Palazzo Comunale** aus dem 15. Jh. Vom Aussichtspunkt **Rocchetta** scheint die Insel Elba an klaren Tagen zum Greifen nah zu sein. Der Corso V. Emanuele II führt zum **Torrione,** einem mächtigen Festungsturm aus der Zeit, als die Pisaner die Herrschaft über Piombino hatten. Der Turm bildet die Grenze zwischen dem *centro storico* und der Neustadt.

Besuchern, die sich für Archäologie interessieren, ist das **Museo archeologico del territorio di Populónia** zu empfehlen. Hier werden zahlreiche Funde aus den etruskischen Ausgrabungsstätten Populónias gezeigt.

Sehenswertes

Museo archeologico del territorio di Populónia, 57025 Piombino, Piazza Cittadella, Tel. +39 0565221646, Öffnungszeiten: Okt.-März Sa, So 10-13 Uhr und 15-19 Uhr, Apr.-Juni, Sept. Sa, So 10-13 Uhr und 15-19 Uhr, Di-Do 9-13 Uhr, Juli, Aug. Di-So 17-23 Uhr

Essen

Enoteca di Via Mozza, 57025 Piombino, Via Mozza 6, Tel. +39 0565225322. Ein rustikales Lokal mit raffinierten, sehr fantasievollen Menüs im mittleren Preissegment.

STELLPLÄTZE ENTLANG DER ROUTE

13.3.15
linke Seite für Womos gesperrt, rechte Seite

Stellplatz

37 *Centro storico, Vicopisano*

43.70092°N 10.58796°E

Offizielle Stellplätze im hinteren Teil von zwei lang gezogenen Parkplätzen direkt am Dorf zwischen einer Straßenallee und Wiesen. Die Zufahrt zum Platz ist auf der rechten Seite etwas schmal. **Lage/Anfahrt:** Von der Fi-Pi-Li-Ausfahrt „Pontedera“ über Fornacette nach Vicopisano, über den Dorfplatz und dann geradeaus über eine Brücke, hier sind links und rechts Stellplätze. Nicht dem Womopiktogramm folgen, es führt nur zur Entsorgungsstation! **Platzanzahl:** 30; **Untergrund:** Schotter; **Ver-/Entsorgung:** Trinkwasser, Abwasser, Chemie-WC; ca. 300 m von Stellplatz entfernt, ausgeschildert (GPS: 43.69881°N 10.58795°E); **Sicherheit:** beleuchtet; **Preise:** kostenlos; **Geöffnet:** frei zugänglich.

kein Trinkwasser
13.3.15 V+E auf diesem Platz, sieht neu aus

Stellplatz

38 *Schule, Vicopisano*

43.69027°N 10.58352°E

Offizielle Stellplätze auf dem Parkplatz einer Schule, ca. 1 km bis zum Ort. **Lage/Anfahrt:** Von der SS67 auf die Zufahrtsstraße (Allee) nach Vicopisano, nach ca. 300 m links; **Platzanzahl:** 10; **Untergrund:** Asphalt; **Sicherheit:** beleuchtet; **Preise:** kostenlos; **Geöffnet:** frei zugänglich.

Stellplatz

39 *Industriegebiet, S. Miniato Bassa*

43.69427°N 10.83579°E

Weniger schön gelegener, offizieller Stellplatz an einer Straßenkreuzung im Industriegebiet, mit Ver- und Entsorgungsmöglichkeit. **Lage/Anfahrt:** 800 m von der Ausfahrt der Fi-Pi-Li. Anfahrt von der SS67: in Richtung Autobahn aus dem Kreisverkehr die erste Straße rechts und am Supermarkt Pam vorbei. Der Platz ist an der nächsten Straßenkreuzung; **Platzanzahl:** 5; **Untergrund:** Asphalt; **Ver-/Entsorgung:** Trinkwasser, Abwasser, Chemie-WC; **Sicherheit:** beleuchtet; **Preise:** kostenlos; **Geöffnet:** frei zugänglich; **Kontakt:** 56027 San Miniato Bassa, Ecke Via Pestalozzi/Via G. Pizzigoni, Piazza Impastato.

Stellplatz

40 *Via delle Casine, S. Miniato Alto*

43.67931°N 10.83862°E

Freie Stellplätze auf einem asphaltierten Parkplatz und darunter auf einem geschotterten Platzteil (etwas steile Zufahrt), der sich besser zum Übernachten eignet. Schöne Aussicht auf den Ort und ca. 1 km bis ins Zentrum. **Lage/Anfahrt:** Von der SS67 in Catena (100 m vor dem Ortsschild „S. Miniato Bassa") die erste Auffahrt nach S. Miniato Alto nehmen, Parkplatz oben links der Straße; **Platzanzahl:** 5; **Untergrund:** Asphalt, Schotter; **Sicherheit:** beleuchtet; **Preise:** kostenlos; **Geöffnet:** frei zugänglich; **Kontakt:** 56027 S. Miniato, Via delle Casine.

080to Abb.: gg

◀ *Etwas außerhalb des Städtchens: der Stellplatz von San Miniato*

Stellplatz

41 *Piazza Macelli, Certaldo Bassa*

43.54625°N 11.04571°E

Offizielle Stellplätze auf einem etwas lauten Parkplatz, der auch von Pkws benutzt wird, ca. 300 m von der Seilbahn entfernt. **Lage/Anfahrt:** Zuerst Richtung *funicolare* und dann mit Womopiktogramm sehr gut ausgeschildert; **Platzanzahl:** 10; **Untergrund:** Schotter; **Ver-/Entsorgung:** Trinkwasser, Abwasser, Chemie-WC; **Sicherheit:** beleuchtet; **Preise:** kostenlos; **Geöffnet:** frei zugänglich; **Kontakt:** 50052 Certaldo, Piazza Macelli.

Stellplatz

42 *Area attrezza S. Chiara, San Gimignano*

43.45572°N 11.03474°E

Schöner und terrassierter privater Platz ca. 1,5 km vom Ort entfernt. Bustransfer in den Ort. **Lage/Anfahrt:** Von San Gimignano auf der SP47 in Richtung Volterra; **Untergrund:** Schotterrasen; **Ver-/Entsorgung:** Strom, Trinkwasser, Abwasser, Chemie-WC; **Sicherheit:** umzäunt, beleuchtet, bewacht; **Preise:** 22 €/Fahrz., inkl. Strom und Busfahrt in den Ort; **Geöffnet:** ganzjährig; **Kontakt:** 53037 San Gimignano, Loc. Racciano, Tel. +39 0577940695.

Stellplatz

43 *SP47, San Gimignano*

43.45657°N 11.03552°E

Wer vor allem billig parken will, kann dies direkt neben der SP47 auf dem freien Stellplatz tun. Ca. 1,5 km bis zum Ort. **Lage/Anfahrt:** Im Ort beim Kreisverkehr in Richtung Busparkplatz, Volter ra und Stellplatz S. Chiara, dann folgt nach dem Busparkplatz auf der linken Straßenseite ein Parkplatz, vom Stellplatz Chiara (200 m entfernt) fährt ein Bus ins Zentrum; **Platzanzahl:** 5; **Untergrund:** Schotter; **Preise:** kostenlos; **Geöffnet:** frei zugänglich.

Stellplatz

44 *Salva della Torre, San Gimignano*

43.45174°N 11.05595°E

Offizieller Stellplatz ca. 2 km vom Ort an den Tennisplätzen, Bustransfer jede Stunde (1 €). Wer nur zur Besichtigung bleiben will, kommt billiger weg als auf dem anderen Stellplatz. **Lage/Anfahrt:** Im Kreisverkehr in Richtung Campingplatz, ausgeschildert; **Platzanzahl:** 30; **Untergrund:** Schotter; **Sicherheit:** beleuchtet; **Preise:** 1 € pro Stunde; **Geöffnet:** ganzjährig; **Kontakt:** 53037 San Gimignano, Loc. S. Lucia.

Camping

45 *Camping Boschetto di Piemma, San Gimignano*

43.45337°N 11.05360°E

Platz mit befriedigenden Sanitäranlagen, Schwimmbad, Restaurant, Mini-Markt und separatem Platzteil für Wohnmobile mit eigener Ausfahrt. Ca. 2 km vom Ort entfernt, Bustransfer. **Lage/Anfahrt:** Am Kreisverkehr Richtung S. Lucia, von allen Zufahrtsstraßen ausgeschildert. **Untergrund:** Schotterrasen; **Ver-/Entsorgung:** Strom, Trinkwasser, Abwasser, Chemie-WC; **Sicherheit:** umzäunt, beleuchtet, bewacht; **Preise:** 8,60–10,60 €/Fahrz., 6,50–9,40 €/Pers.; **Geöffnet:** Ende März bis Anfang Oktober; **Kontakt:** 53037 San Gimignano, Loc. Santa Lucia 38c, Tel. +39 0577940352, www.boschettodipiemma.it.

Stellplatz

46 *Azienda Agraria Casale, Colle di Val d'Elsa*

43.34501°N 11.11474°E

Ein naturbelassener, unebener und von Weinbergen umgebener privater Platz bei einem Weingut. Sehr ruhige und schöne Lage. Der gastfreundliche Besitzer spricht sehr gut deutsch, bietet Degustationen und Weinverkauf an und kocht außerdem sehr leckere Feigenmarmelade. **Lage/Anfahrt:** Durch Colle di Val d'Elsa in Richtung Grosseto bis zur SS54 fahren. Nach 16 km von der SS54 links abbiegen (Beschilderung „Az. Agr. Casale/Collalto"), nach 1 km sehr enge Durchfahrt durch Collalto (2,50 m), das Weingut ist nach einem weiteren Kilometer erreicht (Schotterstraße). Am Gut nicht die erste, sondern die zweite, breitere Zufahrt zum Stellplatz nehmen; **Untergrund:** Wiese; fest; **Ver-/Entsorgung:** Strom, Trinkwasser, Abwasser, Chemie-WC; **Sicherheit:** umzäunt, beleuchtet, bewacht; **Preise:** 7 €/Pers.; **Geöffnet:** ganzjährig; **Kontakt:** Giovanni Borella, 53034 Colle di Val d'Elsa, Loc. Collalto, Tel. +39 0577929718, www.casalewines.com.

081to Abb.: gg

▲ *Gut für einige Tage Ruhe und Erholung: der Stellplatz auf dem Weingut Casale*

Stellplatz

47 *P3 Fonti di Docciola, Volterra*

43.40331°N 10.86403°E

Offizielle Stellplätze auf einem großen, leicht geneigten und zentrumsnahen Parkplatz direkt an der Stadtmauer und der Porta Docciola. **Lage/Anfahrt:** Von der SR68 vor der Altstadt nach einer Esso-Tankstelle rechts, ausgeschildert; **Platzanzahl:** 100; **Untergrund:** Schotter; **Ver-/Entsorgung:** Trinkwasser, Abwasser, Chemie-WC; **Sicherheit:** beleuchtet; **Preise:** kostenlos; **Geöffnet:** frei zugänglich; **Kontakt:** 56048 Volterra, Viale G. d'Annunziata.

Camping

48 *Camping Le Balze, Volterra*

43.41167°N 10.85000°E

Kleiner Platz mit einfachen Sanitäranlagen, Schwimmbad und Bar, ca. 1 km vom Ort entfernt. Oberhalb der Steilabfälle mit schöner Aussicht. **Lage/Anfahrt:** Westlich vom Zentrum, ausgeschildert; **Platzanzahl:** 60; **Untergrund:** Wiese; fest; **Ver-/Entsorgung:** Strom, Trinkwasser, Abwasser, Chemie-WC; **Sicherheit:** umzäunt, beleuchtet, bewacht; **Preise:** 9–10 €/Fahrz., 7–8 €/Pers.; **Geöffnet:** Ostern bis 10. Oktober; **Kontakt:** 56048 Volterra, Via di Mandringa 15, Tel. +39 058887880, www.campinglebalze.com.

Stellplatz

49 *Parkplatz, Mazzante*

43.32828°N 10.46006°E

Offizielle Stellplätze auf einem separaten Parkplatz für Wohnmobile, etwa 300 m vom Strand, ruhige Lage, an Wiesen angrenzend. **Lage/Anfahrt:** Nördlich von Cécina, über die Via Carlo Ginori in Richtung Meer fahren und dann nach rechts in die Via Volterra (Beschilderung „Mazzante") abbiegen, durch den Ort und am Ortsendeschild links fahren, ab hier ausgeschildert; **Platzanzahl:** 30; **Untergrund:** Schotter; **Ver-/Entsorgung:** Trinkwasser, Abwasser, Chemie-WC, rechts der Straße; **Preise:** 8 €/Fahrz.; **Geöffnet:** ganzjährig.

12.3.15 da übernachtet, keine V+E möglich, ab 15.3. geöffnet? ab da mit Parkgebühr 8€

Stellplatz

⑤⓪ Area Via Tevere, Marina di Cécina

43.30011°N 10.50088°E

Offizielle Stellplätze auf dem abgegrenzten Teil eines großen Parkplatzes an einem Wasserrutschenpark. **Lage/Anfahrt:** Von Cécina in Richtung Marina di Cécina, dann links, ausgeschildert; **Platzanzahl:** 15; **Untergrund:** Asphalt; **Ver-/Entsorgung:** Strom, Trinkwasser, Abwasser, Chemie-WC; **Sicherheit:** umzäunt, beleuchtet; **Preise:** 8 €/Fahrz.; **Geöffnet:** 1. März bis 15. November; **Kontakt:** 57023 Cécina, Via Tevere.

12.3.15 geschlossen, V+E abgesperrt

Stellplatz

⑤① Area di Sosta Camper, Marina di Cécina

43.29278°N 10.50861°E

Offizielle Stellplätze auf einem Platz neben der Straße, 300 m bis zum Meer. **Lage/Anfahrt:** Von Cécina Richtung Marina di Cécina, an der Abzweigung zum Stellplatz Via Tevere vorbei geradeaus, dann links, ausgeschildert; **Platzanzahl:** 15; **Untergrund:** Asphalt; **Ver-/Entsorgung:** Trinkwasser, Abwasser, Chemie-WC; **Sicherheit:** umzäunt, beleuchtet; **Preise:** 8 €/Fahrz.; **Geöffnet:** 1. März bis 15. November.

Stellplatz

⑤② Piazza del Gineprino, Marina di Bibbona

43.23318°N 10.53430°E

Offizielle Stellplätze auf einem Parkplatz neben einem Campingplatz, am Ende einer Straße mit Zugang zum schönen Dünenstrand. **Lage/Anfahrt:** In Marina di Bibbone ausgeschildert; **Platzanzahl:** 30; **Untergrund:** Asphalt; **Sicherheit:** beleuchtet; **Preise:** 15 €/Fahrz., vom 3. September bis 19. Juni kostenlos; **Geöffnet:** frei zugänglich; **Kontakt:** 57020 Marina di Bibbona, Piazza del Gieprino.

nur PKW erlaubt 12.3.15

Stellplatz

⑤③ Parkplatz, Bólgheri

43.23336°N 10.61272°E

Freie Stellplätze auf einem Parkplatz, der tagsüber auch von Bussen benutzt wird, ca. 250 m vom Stadttor entfernt. **Lage/Anfahrt:** Über die schöne Zypressenallee und kurz vor dem Ort rechts, ausgeschildert mit „P"; **Platzanzahl:** 4; **Untergrund:** Schotter; **Sicherheit:** beleuchtet; **Preise:** kostenlos; **Geöffnet:** frei zugänglich.

sehr einsam, Bushaltestelle (12.3.15) viele Lokale, sehr touristisch (der Ort) 12.3.15

11.3.15 kein Lokal geöffnet, [P] an der Straße

Stellplatz

⑤④ Parkplatz, Castagneto Carducci

43.16088°N 10.61247°E

Freie Stellmöglichkeit auf dem hinteren Teil eines Parkplatzes, ca. 100 m zum Ort und mit schöner Aussicht. **Lage/Anfahrt:** Von der Küste am Ort entlang bis zum anderen Ende und dort links, ausgeschildert mit „P"; **Platzanzahl:** 5; **Untergrund:** Schotter; **Sicherheit:** beleuchtet; **Preise:** kostenlos; **Geöffnet:** frei zugänglich; **Kontakt:** 57022 Castagneto Carducci, Viale Giovanni Pascoli.

12.3.15 nicht zugänglich, Stämme + Äste vom Sturm liegen rum, Mann winkt ab

Stellplatz

⑤⑤ Il Seggio, Marina di Castagneto

43.19333°N 10.54177°E

Offizieller, separater Platz für Wohnmobile in der *pineta* (Pinienwald), 300 m bis zum Strand, sehr beliebt bei deutschen Rentnern. **Lage/Anfahrt:** Am Ortsrand von Marina di Castagneto, sofort nach der Pinienallee (SP17) im ersten Kreisverkehr in die Via Po abbiegen, dann geradeaus über die Via Seggio 1,6 km zum Platz; **Platzanzahl:** 30; **Untergrund:** Schotter; **Ver-/Entsorgung:** Trinkwasser, Abwasser, Chemie-WC; **Sicherheit:** beleuchtet; **Preise:** 10 €/Fahrz. (1. Juni bis 31. August täglich, April, Mai, September nur an den Wochenenden, übrige Zeit kostenlos); **Geöffnet:** frei zugänglich; **Kontakt:** 57024 Marina di Castagneto, Viale della Palme.

Abb.: gg

◀ *Freier Stellplatz in Castagneto Carducci*

Stellplatz

56 Coop, San Vincenzo

43.08789°N 10.54128°E

Offizieller Stellplatz hinter Hochhäusern, 150 m bis zum Strand (man muss durch die Unterführung der Eisenbahn), Lärmbelästigung durch die Eisenbahnlinie. **Lage/Anfahrt:** Aus Richtung Cécina auf der Via Aurelia am Ort vorbeifahren, bei den letzten Häusern rechts in die Via 8 Marzo einbiegen, auch mit „Coop Centro Commerzial" ausgeschildert; **Platzanzahl:** 50; **Untergrund:** Schotter; **Ver-/Entsorgung:** Trinkwasser, Abwasser, Chemie-WC; **Sicherheit:** beleuchtet; **Preise:** 10 €/Fahrz. (außerhalb der Saison nur an den Wochenenden); **Geöffnet:** frei zugänglich; **Kontakt:** 57027 San Vincenzo, Via Biserno.

Stellplatz

57 L'Oasi, Populónia

43.01437°N 10.52244°E

Sehr schöner, gepflegter Platz, ruhige Lage bei einem Bauernhof, ca. 5 km von den Ausgrabungen von Populónia entfernt. **Lage/Anfahrt:** Aus Richtung San Vincenzo bei km 9 l von der SP23 abbiegen; **Platzanzahl:** 20; **Untergrund:** Schotterrasen; **Ver-/Entsorgung:** Strom, Trinkwasser, Abwasser, Chemie-WC; **Sicherheit:** beleuchtet; **Preise:** 8–10 €/Fahrz., 6–8 €/Pers.; **Geöffnet:** 1. April bis 30. September.

Stellplatz

58 Parkplatz, Populónia

43.00202°N 10.52836°E

Offizielle Stellplätze auf einem schönen und großzügigen Wiesenplatz an einer Straßenkreuzung. Zu den Nekropolen sind es etwa 2,5 km, zum Golf von Baratti ca. 1,5 km. **Lage/Anfahrt:** Von San Vincenzo 10 km in Richtung Populónia (SP23) fahren und kurz vor der Abzweigung zur Ausgrabungsstätte links abbiegen, ausgeschildert; **Platzanzahl:** 100; **Untergrund:** Wiese; **Ver-/Entsorgung:** Trinkwasser, Abwasser, Chemie-WC; Trinkwasser kann nur von Juni bis Sept. entnommen werden, in der übrigen Zeit wird der Waserhahn abgeschraubt; **Sicherheit:** beleuchtet; **Preise:** gebührenpflichtig von 8–20 Uhr, 15 €/12 Std. Die Gebühren sind von Juni bis Mitte September täglich, in den Monaten April und Mai sowie von Mitte bis Ende September nur an Wochenenden zu entrichten, in der übrigen Zeit kostenlos; **Geöffnet:** frei zugänglich.

EINE RUNDREISE UM NAPOLEONS EHEMALIGES EXIL

Genießer kommen auf der Insel Elba in jeder Hinsicht voll auf ihre Kosten. In den herrlichen, oft einsamen Badebuchten lässt es sich wunderbar faulenzen und das kristallklare, angenehm warme Meerwasser genießen. Die Küche der Insel ist reich an den verschiedensten Fischkreationen und mit einem Elba Rosso oder Elba Bianco im Glas kann man den Abend stilvoll ausklingen lassen. Beim kulturellen Genuss steht natürlich Napoleon I. im Vordergrund. Obwohl er nur elf Monate auf Elba war, hinterließ er bleibende Spuren auf der Insel. Schöne Besichtigungen und Wanderungen mit grandioser Aussicht garantieren die kleinen Bergdörfer abseits der Küste. Um alles in Ruhe auf sich wirken zu lassen, sollte man sich mindestens drei bis vier Tage Zeit nehmen und einmal rund um das felsige Eiland fahren. Wer nicht gerade im Juli und August kommt, wird die Insel lieben lernen.

010to Abb.: gg

ROUTE 4

ISOLA D'ELBA

› Routenübersicht hinterer Umschlag innen

083to Abb.: gg

STRECKENVERLAUF

Strecke: Westliche Elbarundfahrt: Portoferraio, Villa San Martino, Prócchio, Marciana Marina, Poggio, Marciana, Marina di Campo (59 km) – Östliche Elbarundfahrt: Marina di Campo, Capoliveri, Porto Azzurro, Rio Marina, Cavo, Villa Romana delle Grotte/Portoferraio (70 km)

Streckenlänge: ca. 129 km

Wird der Name Elba genannt, fällt jedem natürlich sofort **Napoleon I.** ein, der hier von 1814 bis 1815 im Exil lebte. Die 27 km lange und max. 18 km breite Insel hat jedoch noch mehr an Historischem zu bieten als „nur" Frankreichs selbst gekrönten Kaiser.

Fundstücke und Gräber aus der Kupferzeit belegen, dass Elba bereits im 3. Jahrtausend vor Christus besiedelt war. Ab dem 7. Jahrhundert vor Christus ließen sich die **Etrusker** auf der Insel nieder und bauten hier **Eisenerz** ab, das sie von Portoferraio – dessen Name nichts anders bedeutet als „Eisenhafen" – hinüber ans Festland brachten, wo sie es in Populonia verhütteten. Den Etruskern folgten vornehme **römische Patrizier,** die sich an den schönsten Plätzen der Insel ihre Villen bauten.

▲ *Einsame Bucht auf der Insel Elba*

Im Mittelalter stritten sich Pisa, Genua und Lucca um die Vorherrschaft auf Elba. Türken plünderten die Insel und Spanier, Franzosen und Engländer besetzten sie. Heute ist es nicht mehr das Erz, von dem die Inselbewohner leben, sondern hauptsächlich der Tourismus. In Cavo, unweit von Portoferraio, wird aber auch heute noch Eisenerz abgebaut.

Elba ist eine bezaubernde Insel mit einer fast 150 km langen Küstenlinie. Steile **felsige Abschnitte** wechseln sich mit lieblichen **Badebuchten** ab.

Lange Sandstrände wie in Marina di Campo oder bei Lacone verführen zu einem Bad im kristallklaren Wasser des toscanischen Archipels. Obwohl die knapp 30.000 Einwohner zählende Insel hauptsächlich vom Tourismus lebt, findet man auf Elba keine Hotelburgen. Meist liegen die zwei- oder dreigeschossigen **Hotels** und **Pensionen** versteckt in den dichten Wäldern, die sich von der Küste die Hänge hinaufziehen. Überhaupt ist die Insel **sehr waldreich:** Alte Kastanienwälder bedecken die Berge, deren höchste Erhebung, der Monte Capanna, immerhin 1019 m hoch ist. An den Küsten dominieren dichte Pinienwälder, die in der Hitze des Sommers manchem Campingplatz den wohltuenden Schatten spenden.

Das offizielle Unterkunftsverzeichnis der Insel weist insgesamt 29 **Campingplätze** aus. Sie sind in der Saison sehr teuer und ihre Sanitärausstattung reicht von ausreichend bis gut. Die in dieser Route empfohlenen Plätze wurden nach Lage, Ausstattung und Öffnungszeiten ausgewählt. **Freie Stellplätze** gibt es bis auf eine Ausnahme nicht und die offiziellen und privaten Stellplätze sind überwiegend nicht gerade in Traumlagen zu finden und außerdem nicht billig. Ein guter Tipp ist, das Wohnmobil an einem zentralen Platz abzustellen und von dort Fahrten mit dem Fahrrad zu unternehmen. So kommt man auch ohne Probleme zu den kleinen, versteckten Badebuchten, denn diese sind nur zu Fuß zu erreichen und Parkplätze entlang der Straße sind Mangelware.

Meiden sollte man Elba in der Zeit von Mitte Juli bis Ende August. In diesen Wochen ist alles überfüllt, angefangen bei den Fähren bis hin zu den Campingplätzen. Dazu sind alle Preise doppelt bis dreifach so hoch wie in der übrigen Jahreszeit. Außerhalb der Hochsaison ist Elba eine Insel für Genießer. Gut ausgebaute Straßen machen das Herumfahren einfach und hübsche kleine Dörfer laden zum Verweilen ein. Doch der Urlaubsgenuss hört beim Landschaftsbild noch lange nicht auf. Elbas Küchen und Keller tragen das Ihre dazu bei, den Gast zu verwöhnen. Als **Spezialität** steht *cacciucco,* ein reichhaltiger Fischeintopf mit Tomatensoße, an erster Stelle. Leckere Fischsuppen nennen sich *sburritta* und *aqua pazza. Gurguglione* ist ein schmackhafter Gemüseeintopf, der gerne in inseltypischen Restaurants serviert wird. Als Nachspeise empfiehlt sich die *schiaccia briaca,* ein rötlicher, mit Dessertwein getränkter Kuchen. Natürlich findet man auch überall die bekannte italienische Küche und viel frischen Fisch.

Die Überfahrt nach Elba dauert nur eine Stunde

084to Abb.: gg

Hervorragende Speisebegleiter sind die Weine Elbas. Der **Elba Bianco** ist ein trockener Weißwein aus der Procanicotraube. Der **Elba Rosso,** ein kräftiger trockener Roter, passt gut zu gegrillten Steaks. Den Nachtisch versüßt ein **Aleatico,** ein schwerer süßer Dessertwein. Rund 30 Weingüter gibt es auf Elba. Beim Weinkauf sollt man darauf achten, dass die Etiketten das DOC-Siegel tragen. Viele Weine werden auch nach Elba eingeführt und hier abgefüllt. Diese Flaschen tragen den Hinweis „imbottigliato all'Elba". Ihr Inhalt hat mit der Insel allerdings nichts zu tun.

Von Piombino verkehren zwei **Fährlinien** nach Elba: die Moby Lines und die Toremar. Beide benötigen für die Überfahrt nach Portoferraio ca. eine Stunde Fahrzeit und verkehren in der Hauptsaison von 5 bis 22 Uhr sowie in der Nebensaison von 6 bis 20 Uhr in ungefähr stündlichem Abstand. In der Hauptreisezeit von Mitte Juni bis Anfang August empfiehlt sich auf jeden Fall eine Reservierung, will man nicht Gefahr laufen, lange Wartezeiten im Hafen hinnehmen zu müssen. Außerhalb der Hauptreisezeit kann man sich das Fährticket an den jeweiligen Schaltern in den Abfahrtshäfen kaufen. Die staatliche **Toremar** ist preislich um einiges günstiger als ihre private Konkurrentin **Moby Lines.** So kostet 2009 bei Toremar die einfache Überfahrt mit einem sieben Meter langen Wohnmobil und zwei Passagieren 59,66 € (Tiefpreis) und bei Moby Lines 94,50 €. Bei beiden Fährlinien kommen noch Gebühren und Hafengebühren von 27,40 € hinzu. Toremar hat Tief-, Mittel- und Höchstpreise. Tiefpreise gelten von Oktober bis April täglich, aber auch in den übrigen Monaten kann man unter der Woche zum Teil zu Tiefpreisen fahren, Mittel- und Höchstpreise zahlt man nur an Wochenenden. Moby bietet für Wohnmobile bis sechs Meter Länge Spezialtarife an. Es ist ratsam, die Preise im Internet zu vergleichen, da die beiden Konkurrenten immer wieder mit Sonderangeboten aufwarten.

Anschriften der Fährlinien:

Moby Lines, 57025 Piombino, Nuova Stazione Marittima, Tel. +39 0565221212, www.moby.it

Toremar, 57025 Piombino, Nuova Stazione Marittima, Tel. +39 0565226590, www.toremar.it

WESTLICHE ELBARUNDFAHRT

Strecke: Portoferraio - Villa San Martino (5 km) - Marciana Marina (16 km) - Poggio (5 km) - Marciana (3 km) - Marina di Campo (30 km)

Streckenlänge: 59 km

PORTOFERRAIO

Die meisten Besucher Elbas kommen mit der Fähre in Portoferraio an und befinden sich damit gleich in einer der schönsten Städte der Insel. Die Altstadt von Portoferraio ist bunt und lebhaft, um das alte Hafenbecken reihen sich die in warmen Farben gestrichenen Häuser und bewacht wird das Städtchen von zwei wehrhaften Festungsanlagen. Durch das alte Stadttor betritt man vom Hafen her die Stadt und kommt auf die lebhafte **Piazza Cavour.**

Über einen breiten Treppenweg steigt man hinauf zur Forte Stella. Sie wurde im 16. Jh. unter Cosimo de'Medici erbaut, der Portoferraio unter dem Namen Cosmopolis völlig neu erschaffen wollte. Die Festungsanlagen **Forte Stella** und **Forte Falcone,** für die der Militärarchitekt Camerini verantwortlich zeichnet, sind erhalten geblieben und können besichtigt werden. Allerdings ist bei beiden vor allem die wunderbare Aussicht den Eintritt wert.

Zwischen den beiden Festungen in der Oberstadt steht die **Villa dei Mulini,** in der Napoleon I. während seines zehnmonatigen Aufenthaltes auf Elba residierte. Zu sehen sind einige persönliche Gegenstände und das Schlafzimmer Napoleons. Besonders schön ist die Aussichtsterrasse über der steil abfallenden Küste.

Unten, am alten Hafen, im **Museo della Linguella** werden die etruskischen und römischen Funde übersichtlich und gut erläutert präsentiert, allerdings nur in italienischer Sprache.

Nach der Besichtigung muss man unbedingt eine Verschnaufpause im eleganten **Caffè Roma** einlegen oder am Parkplatz in der **Gelateria Zero Gradi** eine der leckeren Eissorten probieren.

Sehenswertes

Forte Stella, 57037 Portoferraio, Via delle Stella 1, Öffnungszeiten: 9.30–18.30 Uhr, Eintritt: 1,50 €

Forte Falcone, 57037 Portoferraio, Via delle Stella, Öffnungszeiten: Apr.–Sept. 10–13 Uhr und 15.30–19.10 Uhr, Mi geschlossen, übrige Zeit bis 17 Uhr, Eintritt: 3 €

Villa dei Mulini, 57037 Portoferraio, Piazzale Napoleone 1, Tel. +39 0565915846, Öffnungszeiten: 9–18 Uhr, So 9–13 Uhr, Mo geschlossen, Eintritt: 3 €, Kombiticket mit Villa di San Martino (s. S. 128) 5 €

Museo della Linguella, 57037 Portoferraio, Calata Matteotti, Tel. +39 0565917338, Öffnungszeiten: Apr.–Sept. 10–13 Uhr und 15.30–19.10 Uhr, übrige Zeit bis 17 Uhr, Eintritt: 3 €

Information

A.P.T., 57037 Portoferraio, Calata Italia 43 (gegenüber der Moby-Line-Anlegestelle), Tel. +39 0565914671, www.aptelba.it, Öffnungszeiten: Juni–Sept. Mo–Sa 8–18.30 Uhr, So 9.30–12.30 Uhr, übrige Zeit 10–13 Uhr und 15–17 Uhr, So geschlossen

Parken

Am Busparkplatz bei der Anlegestelle der Toremar-Fähre kann man von 9 bis 20 Uhr gebührenpflichtig (0,50 €/Std.) sein Wohnmobil parken (GPS: 42.81388°N 10.32578°E). Der Platz ist auch für eine Übernachtung geeignet, allerdings nicht ruhig.

Essen

Caffè Roma, 57037 Portoferraio, Piazza Cavour 5, Tel. +39 0565963283. Gediegenes Traditionscafé mit etwas höheren Preisen.
Osteria Libertaria, 57037 Portoferraio, Calata Matteotti 12, Tel. +39 0565914978. Einfaches, gemütliches Lokal an der Hafenpromenade mit zwei langen Tischen, ausgezeichnete Fischgerichte, sehr freundliches Personal.
Enoteca della Fortezza, 57037 Portoferraio, Via Scoscesa, Tel. +39 3358393722, montags geschlossen. Im außergewöhnlichen Ambiente der Gewölbe der Fortezza Falcone kann man Weine probieren und eine Kleinigkeit essen.

In Portoferraio beginnt die westliche Elbarundfahrt. Dazu fährt man auf der SP24 5 km in Richtung Prócchio bis zur Abzweigung nach San Martino. Hierher zog sich Napoleon zurück, wenn es ihm in seinem Domizil in Portoferraio zu heiß wurde.

VILLA SAN MARTINO (5 km - km 5)

Wenn man vom Parkplatz auf die Villa Napoleone, **Napoleons Landsitz,** zugeht, steht man zunächst vor der Galerie Demidoff, die ein Cousin des Kaisers im 19. Jh. im dorischen Stil erbauen ließ. Das Gebäude mit seinem pompösen Vorbau war also zu Napoleons Zeit noch gar nicht vorhanden. Im Innern der Galerie finden ab und zu klassische Konzerte und Ausstellungen über Napoleon statt.

Dahinter steht der schlichte Bau der einfachen Landvilla des ehemaligen Kaisers von Frankreich. Das Innere ist enttäuschend dürftig: Von kaiserlichem Luxus ist nichts mehr vorhanden, die Erben haben das ganze Mobiliar verkauft. An der Decke des Sala delle Colombe fliegt ein Taubenpärchen mit einem Band im Schnabel - ein Symbol für die Treue der Ehefrau Marie Louise von Österreich zu Napoleon. Gemalt wurden diese Fresken von Pietro Ravelli. Von der Gartenterrasse hat man einen schönen Blick auf die Bucht von Portoferraio.

Nach der Besichtigung der Villa San Martino fährt man das kurze Stück auf die SP24 zurück und folgt ihr 9 km bis Prócchio.

Prócchio hat zwar einen sehr schönen Sandstrand, schließt aber mit Verbotsschildern Wohnmobilfahrer aus. Der dortige Stellplatz liegt abseits im Landesinnern und ist nicht schön und nur im Notfall zu empfehlen.

Verirren kann man sich ab Prócchio kaum, man bleibt während der gesamten Rundtour auf der SP25, die gegen den Uhrzeigersinn an der Küste entlang und ins Innere der Insel führt. Der Westen ist der ruhigere, vom Tourimus noch nicht so „heimgesuchte" Teil Elbas. Hier findet man noch authentische Orte, besonders die Bergdörfer Poggio und Marciana, aber auch an Chiessi sind die großen Touristenströme noch vorbeigezogen. Die Straße an der Küste entlang und auch in die Berge ist sehr gut zu befahren. Nur an wenigen Stellen muss man bei Gegenverkehr langsam fahren.

Sehenswertes

Villa Napoleone di San Martino, Öffnungszeiten: Di-Sa 9-19 Uhr, So 9-13 Uhr, Eintritt 3 €, Parkplatz von 9-19 Uhr 2 €

59 Camping La Sorgente, Portoferraio ***(s. S. 137)***

60 Camping Scaglieri, Portoferraio ***(s. S. 138)***

61 Literno, Prócchio ***(s. S. 138)***

0853to Abb.: gg

◀ *Sandige Buchten und Steilküste wechseln sich ab*

Napoleon auf Elba und die Herrschaft der hundert Tage

*Nach seiner Niederlage beim **Russlandfeldzug** unterschrieb Napoleon am 12. April 1814 seine Absetzungsurkunde. Ihm wurde die Insel **Elba** als Wohnsitz zugewiesen und einzig der Kaisertitel belassen.*

Am 4. Mai 1814 landete er mit dem Segler „Undaunted" im Hafen von Portoferraio und wurde von der Bevölkerung jubelnd begrüßt. Frankreichs selbst ernannter Kaiser war nun der Herrscher über eine Insel mit 10.000 Einwohnern und einer Armee von gerade mal 1000 Mann. Seine Residenz war die Villa dei Mulini in Portoferraio, in deren Garten den Besuchern heute die Steinbank gezeigt wird, auf der der Kaiser angeblich stundenlang gesessen und über sein trauriges Schicksal gebrütet hat. Da es ihm in der Stadt im Sommer zu heiß wurde, ließ er sich im Tal von San Martino ein Bauernhaus in eine Landvilla umbauen. Er begann weitreichende Reformen in der Verwaltung der Insel und setzte sich für eine Verbesserung der Verkehrswege ein.

*Obwohl Elba eigens für ihn zum Fürstentum erhoben wurde, haderte er jedoch weiter mit seinem Schicksal. Durch seine Spione wusste er bereits, dass in Frankreich in der Bevölkerung eine weitverbreitete Unzufriedenheit mit der Regentschaft Ludwigs XVIII. herrschte. Darin sah Napoleon eine Chance zur Rückkehr. Ende Februar 1815 verließ er Elba und kam nach **Frankreich** zurück. Die französischen Soldaten liefen scharenweise zu ihm über. Sein Weg nach Paris wurde zu einem wahren Triumphzug. Am 19. März 1815 floh König Ludwig XVIII. aus der französischen Hauptstadt. Nachdem er die Macht wieder an sich gerissen hatte, gelang es Napoleon rasch, eine gut ausgerüstete Armee aus 125.000 erfahrenen Soldaten aufzustellen.*

*Am 18. Juni 1815 griff er nahe dem belgischen Ort **Waterloo** die alliierte Armee von Wellington an. Wellington gelang es mit seinen britischen, niederländischen und deutschen Truppen, seine günstige Stellung gegen alle französischen Angriffe zu halten. Aus dieser Lage ist sein Ausspruch überliefert: „Ich wünschte, es wäre Nacht und die Preußen kämen." Tatsächlich kamen die preußischen Truppen unter Marschall Blücher Wellington zu Hilfe und Napoleon wurde geschlagen.*

*„Die Herrschaft der hundert Tage", wie die Zeit zwischen Napoleons Flucht von Elba und seinem Rücktritt am 22. Juni 1815 genannt wird, fand damit eine jähes Ende und Ludwig XVIII. bestieg erneut den französischen Thron. Napoleon wurde auf Beschluss der Alliierten nach **St. Helena** im Südatlantik verbannt, wo er am 5. Mai 1821 verstarb.*

086to Abb.: gg

MARCIANA MARINA (16 km – km 21)

▲ *Marciana Marina – ein beliebter Ferienort*

Schon von der SP25 sieht man **Marciana Marina** wunderschön in einer Bucht liegen. Haltebuchten bieten die Gelegenheit, ein Foto oder eine Filmaufnahme von oben zu machen. Das **Hafenstädtchen** ist ein viel besuchter, bei italienischen Touristen sehr beliebter Badeort. Trotzdem wirkt die Piazza V. Emanuele mit Bäcker-, Metzger- und Frisörladen nicht touristisch. Außerdem gibt es zwei gute Lokale an der Piazza. Die lange Hafenpromenade führt zum **Torre Pisana,** einem ehemaligen Wachturm aus dem 12. Jh. Am danebenliegenden Strand mit großen Kieselsteinen wird in mehreren Sprachen darauf hingewiesen, dass keine Steine mitgenommen werden dürfen!

Bootsfahrten

Nautilus. Das Boot, das Fenster unter der Wasseroberfläche hat, sodass man die Unterwasserwelt trocken betrachten kann, startet vom Hafen von Marciana Marina. Abfahrt ist vom 7. Juli bis zum 4. September um 14.30 Uhr und 17 Uhr, vom 20. März bis zum 6. Juli und vom 5. September bis zum 11. Oktober um 15.30 Uhr, Fahrpreis: 15 €.

Essen

La Vecchia Marina, 57033 Marciana Marina, Piazza Emanuele 18, Tel. +39 056599405. Rustikales Lokal mit Tischen an der Piazza. Spezialität: schwarzes Risotto mit Drachenkopffisch. Hervorragend!

La Secca, 57033 Marciana Marina, Piazza Emanuele 2, Tel. +39 0565904277. Elegantes Feinschmeckerlokal mit gehobenem Preisniveau.

Einkaufen

Cantina Le Due Valli, 57033 Marciana Marina, Viale R. Margherita 7, Tel. +39 056599529. Erlesene Weine von Elba (teilweise aus eigener Kellerei) und aus dem ganzen Italien.

POGGIO (5 km – km 26)

Kurvig und mit schöner Sicht schraubt sich die SP25 hinauf zum kleinen Bergdörfchen **Poggio** in 350 m Höhe. Die Aussicht von der Piazza Castagneto ist einmalig: Kastanienwälder bedecken die Hänge und unten leuchtet das tiefblaue bis türkisfarbene Meer. Das hier an der Piazza ansässige Ristorante Publius ist ein toller Tipp für Genießer des guten Essens und der herrlichen Aussicht.

An der höchsten Stelle des Ortes steht die **Dorfkirche** aus dem 13. Jh. Von den Gläubigen ausgetretene Stufen führen steil hinauf zum Portal des schlichten Gotteshauses. Von hier hat man schon einen schönen Blick auf das nächste Ziel: Marciana.

Essen

Publius, Poggio, Piazza del Castagneto, Tel. +39 056599208, Mai–Sept. montags nur abends, Okt.–Apr. montags geschlossen. Ein vorzügliches Lokal der gehobenen Preisklasse. Spezialität: Gnocchi aus Kastanienmehl. Die Sicht auf die Küste ist wunderschön.

MARCIANA (3 km – km 29)

Marciana liegt am Fuße des höchsten Bergs von Elba, dem Monte Capanne (1019 m). Schlendert man durch die Gassen, gibt es viel zu entdecken: eine Bar mit einer großen Bierauswahl, ein Restaurant mit ausgezeichneter Küche und eine ideenreiche Marmeladenköchin.

An interessanten Bauwerken gibt es die **Cappella di San Liborio** und die **Fortezza.** Wann die Cappella erbaut wurde, darüber streiten sich die Experten. Die einem meinen zwischen dem 11. und dem 12. Jh., die anderen im 17. Jh. Egal! Mit ihrem Steinaltar ist sie auf jeden Fall nett anzusehen. Wer hinauf bis zur Fortezza steigt, wird wieder mit einem herrlichen Blick auf die Küste belohnt.

Einkaufen

Il Capepe, 57030 Marciana, Via del Pretorio 2, Tel. +39 3491447305, Öffnungszeiten: März–Dez. Mo–Sa 9.30–13 Uhr und 14.30–18.30 Uhr. Bei Doriana Mangini gibt es die beste Marmelade Italiens. Sie kreiert so wohlschmeckende Sorten wie Kürbis-Muskat, Kirsche-Zimt und Feigen-Zitrone. Alles handgemacht und aus heimischem Obst hergestellt. Doriana will demnächst auch Liköre herstellen.

Essen

Bar la Porta, 57030 Marciana, Piazza di For di Porta 3. Wer gern ein Bier hätte, kann hier sogar Erdinger bekommen, viele verschiedene belegte Brote gibt es ebenfalls. Spezialitäten: Wildschweinlasagne und Carpaccio vom Schwertfisch.

Osteria del Noce, 57030 Marciana, Via della Madonna 19, Tel. +39 0565901284. Keine große Auswahl, dafür alles gut zubereitet.

Wanderung auf den Monte Capanne

Die Wanderung zum Monte Capanne beginnt an der Piazza V. Emanuele in Marciana, ausgeschildert ist der Weg mit der rot-weißen Markierung Nummer 1. Über die Via Agabito verlässt man, immer der Markierung folgend, den Ort und trifft nach ca. einer Stunde auf den Weg Nummer 2, der von Poggio kommt. Der Weg ist gut ausgeschildert und nach insgesamt zwei bis zweieinhalb Stunden Gehzeit steht man auf dem Gipfel des höchsten Bergs von Elba. Nur das letzte Stück ist steil und erfordert etwas Trittsicherheit. Wer es bequemer haben möchte, nimmt die Seilbahn (Apr.–Sept. täglich 10–12.15 Uhr und 14.15–17.30 Uhr, Berg- und Talfahrt 17 €).

62 Seilbahn, Marciana (s. S. 138)

Wanderung zur Madonna del Monte

Vom Ort Marciana den Hinweisschildern zur Osteria del Noce folgen. Ab dort ist der Weg zur Madonna del Monte ausgeschildert. Zuerst geht es auf holprigem Weg bis zur Straße. Diese überquert man und geht 1,1 km im Wald auf dem Kreuzweg zur Madonna del Monte (auf 627 m Höhe) unterhalb des Gipfels des Monte Giove (einem Gipfel des Monte Capanne). Oben gibt es ***Picknickplätze*** *und man hat einen sehr schönen umfassenden Blick, an schönen Tagen bis nach Korsika. Diese Aussicht soll auch schon Napoleon sehr genossen haben und er schrieb an seine Gemahlin wie wunderschön es hier sei.*

Das ***Santuario della Madonna del Monte*** *ist das älteste und bedeutendste Kloster Elbas. Im Inneren ist „Mariä Himmelfahrt", ein auf einen Granitblock gemaltes Bild, zu bestaunen.*

Zurück geht man auf demselben Weg. Die einfache Wanderung dauert ca. 50 Min., die Höhendifferenz beträgt 150 m.

088to Abb.: gg

Wieder auf der Küstenstraße, fährt man immer an der Steilküste entlang und kann den wunderschönen Ausblick auf kleine versteckte Buchten genießen.

Die Orte Zanca, Patresi und Colle d'Orano sind für Wohnmobile zu eng, bieten aber auch keine Sehenswürdigkeiten. Wer Badeplätze sucht, tut sich schwer, denn zu den kleinen Buchten kommt man nur zu Fuß und Parkplätze sind für Wohnmobile absolute Mangelware. Lediglich auf den an der Straße angelegten Aussichtspunkten mit Tischen und Bänken kann man halten und den Blick genießen.

Picknickplatz

Großer Picknickplatz ca. 500 m hinter Chiessi mit schöner Aussicht, Tischen und Bänken. GPS: 42.75334°N 10.11564°E

63 *Parcheggio del Sole, Cavoli* ***(s. S. 138)***

Chiessi ist ein richtig verschlafenes Dorf und gerade deshalb einen Stopp wert. Hier hat der Tourismus noch nicht so stark Fuß gefasst, wahrscheinlich auch wegen des nicht so attraktiven Strandes.

Weiter auf der Straße mit ihrer schönen Aussicht, kommt man über Pomonte und Fetovaia nach **Cavoli** mit seiner schönen Bucht mit feinem Sandstrand. Für Wohnmobilfahrer ist sie nur zu erreichen, wenn man auf den unten genannten Stellplatz fährt, denn die Zufahrt nach Cavoli ist für Wohnmobile gesperrt.

089to Abb.: gg

◀ *Die lange Sandbucht von Marina di Campo*

MARINA DI CAMPO (30 km – km 59)

Zu Campo nell'Elba, wie die Gesamtgemeinde heißt, gehört auch das hübsche **Marina di Campo.** Es liegt an einer wunderschönen, sichelförmigen Bucht mit einem herrlichen, etwa 1,5 km langen Sandstrand. Auch den größten Fischereihafen der Insel findet man hier. Ein Großteil der Straßen im Ortskern ist Fußgängerzone. Hier spazieren die Menschen bei der traditionellen *passeggiata,* einem abendlichen Spaziergang zwischen Strandbesuch und Abendessen *(cena).* Sehen und gesehen werden lautet das Motto.

Bootsfahrten

Gite in Barca „Desideria". Vom Hafen von Marina di Campo kann man mit der „Desideria" eine Bootsfahrt entlang der Südküste der Insel Elba machen. Eine fünfstündige Fahrt (ab 10 Uhr) einschließlich Mittagessen und Badeaufenthalt kostet 25 €, am Nachmittag (ab 16 Uhr) gibt es noch eine zweistündige Tour mit Bademöglichkeit. Informationen unter Tel. +39 3287821455 (Silvio), Mindestteilnehmerzahl: 10 Personen.

Rückfahrt nach Portoferraio

Wer keine Lust auf die östliche Elbarundfahrt hat oder wieder zurück auf die Fähre muss, fährt von Marina di Campo auf der SP25 durch das Inselinnere 5 km nach Prócchio und von dort auf der schon bekannten Strecke (SP24) nach Portoferraio (10 km).

Essen

L'Approdo, 57034 Marina di Campo, Via G. Marconi 30, Tel. +39 0565977459, www.ristorantelapprodo.net. In modernem hellem Ambiente wird eine große Auswahl von sehr guten Gerichten serviert.

64 Camping La Foce, Marina di Campo (s. S. 138)

65 Camping Ville degli Ulivi, Marina di Campo (s. S. 139)

66 Campo sportivo, Marina di Campo (s. S. 139)

090to Abb.: gg

ÖSTLICHE ELBARUNDFAHRT

67 Camping Laconella, Lacona (s. S. 139)

68 Camping Valle Santa Maria, Lacona (s. S. 139)

69 Agritursmo Orti di Mare, Lacona (s. S. 140)

70 Steilküste, Lacona (s. S. 140)

▲ *Die traumhafte Bucht von Lacona*

Strecke:
Marina di Campo - Capoliveri (22 km) - Porto Azzurro (6 km) - Rio Marina (12 km) - Cavo (8 km) - Villa Romana delle Grotte/Portoferraio (22 km)

Streckenlänge:
70 km

Anfahrt nach Marina di Campo

Wer von der Fähre in Portoferraio aus nur die östliche Elbarundfahrt fahren möchte, begibt sich über die SP24 nach Prócchio und dann auf der SP25 nach Marina di Campo.

Von Marina di Campo/La Foce windet sich die SP30 in vielen Kurven zuerst hinauf und danach hinunter nach **Lacona.** Die wunderschöne Bucht von Lacona mit ihrem kristallklaren Wasser lockt viele Touristen an. Stellmöglichkeiten an der Bucht gibt es nur auf den vielen Campingplätzen, die meisten haben direkten Zugang zum Strand.

CAPOLIVERI (22 km – km 22)

Capoliveri wird viel besucht, hat aber trotzdem nichts von seinem Charme verloren. Die Piazza Matteotti ist der Treffpunkt von Alt und Jung: Die Buben spielen hier Fußball und die ältere Signora geht in Spitzen gehüllt und mit Schmuck behangen spazieren. Auf der Piazza kann man auch gut sitzen und dem lebhaften Treiben zuschauen.

71 Parkplatz, Capoliveri (s. S. 140)

72 Camping Europa, Lido di Capoliveri (s. S. 140)

73 Bioelba, Straccoligno (s. S. 140)

Essen

Il Gavinello, 57031 Capoliveri, Via G. Galilei 10, Tel. +39 0565935547. Etwas abseits, dafür gute typisch elbanische Küche.

PORTO AZZURRO (6 km – km 28)

Wenn man auf **Porto Azzurro** zufährt, ist man begeistert von seiner schönen Lage, der Fortezza und dem hübschen Hafen. Die alles überragende Festung stammt aus dem Jahre 1603 und dient heute als Strafvollzugsanstalt. Von oben führt ein Weg mit sehr schöner Aussicht in 30 Min. die Küste entlang bis zur Barbarossabucht mit feinem Kiesstrand.

74 P4, Porto Azzurro (s. S. 141)

75 Camping Da Mario, Porto Azzurro (s. S. 141)

76 Camping Arrighi, Porto Azzurro (s. S. 141)

Essen

Gelateria Corinto, 57036 Porto Azzurro, Piazza G. Matteotti 9. Viele außergewöhnliche Eissorten.

Bar El Curander, 57036 Porto Azzurro, Piazza dei Mercato. Eine riesige Auswahl an Cocktails und Aperitifs, serviert mit kleinen Happen.

Osteria dei quatro Gatti, 57036 Porto Azzurro, Piazza dei Mercato 4, Tel. +39 056595240. Sehr fantasievolle „primi"- und „secondi"-Kreationen (erste Gänge und Hauptgerichte), große internationale Weinkarte, gemütliche Terrasse zur Piazza.

Bootsfahrten

Motorboot Cristincardo, im Hafen von Porto Azzurro,Tel. +39 360454083, vom 1. April bis 30. September, Abfahrt 9.30 und 15.30 Uhr, So nur vormittags, Dauer 3 Std., Preis: 15 €

Auf der SP26 geht es landeinwärts nach **Rio nell'Elba,** einem der wenigen wirklich charakteristischen Bergdörfer, die sich ihre Ursprünglichkeit bewahren konnten. Durch die Schließung der Eisenerzminen in der Umgebung haben viele Bewohner den Ort verlassen, heute ist er aber wieder als Feriendomizil gefragt.

▼ *Porto Azzurro – hier herrscht perfekte Urlaubsidylle*

091to Abb.: gg

RIO MARINA (12 km – km 40)

Nach 3 km ist man wieder an der Küste in **Rio Marina.** In dem 2000-Einwohner-Städtchen wurde Eisenerz abgebaut und auf Schiffe verladen. Wer sich für das Thema interessiert, dem seien die angebotenen geführten Touren durch den Erzbau empfohlen. Nach telefonischer Anmeldung bei Parco minerario (Rio Marina Via Magenta 26, Tel. +39 0565962088, Eintritt: 5 €) wird man durch die stillgelegten Erzbauanlagen geführt.

Aber auch kulinarisch hat Rio Marina zwei Highlights vorzuweisen: das Lokal La Canacchia und die Bäckerei Muti & Lupi.

77 Erzverladestation, Rio Marina (s. S. 141)

Einkaufen

Panicifio Muti & Lupi, 57038 Rio Marina, Via Palestro 14. Die Kekse mit kandierten Orangenstückchen sind ein Gedicht.

Essen

Jolly Bar, 57038 Rio Marina, Lungomare Marconi 4. Gutes Eis, leckere Apertifs.

La Canocchia, 57038 Rio Marina, Via Palestro 3, Tel. +39 0565962432. Kleine, sehr feine Karte, gemütliches Lokal, obere Preisklasse.

CAVO (8 km – km 48)

Cavo liegt abseits der Touristenströme am nördlichsten Punkt der Insel Elba. Einige prächtige Villen aus dem 19. Jh. blicken hier auf einen langen, aber schmalen Kiesstrand. Entlang der Straße nach

▼ *Erzhaltiges Gestein bei Rio Marina*

092to Abb.: gg

Cavo standen übrigens bei meinem letzten Besuch Fitnessgeräte am Straßenrand. Ob es so gesund ist, hier seine Übungen zu machen?

Zur Weiterfahrt gibt es zwei Möglichkeiten, beide sind gleich lang:

Wohnmobile bis 2 m Breite können von Cavo aus direkt über die SP33 nach Rio nell'Elba fahren. Unterwegs sollte man eine kleine Pause am **Kloster Santa Caterina** machen. Es steht nahe der SP33, 2 km vor Rio nell'Elba. Das schon vor vielen Jahren aufgegebene Convento liegt schön am Hang des Monte Serra.

Hinter Rio nell'Elba gibt es eine direkte Straße nach Portoferraio, diese ist aber für Fahrzeuge über 2 m Breite gesperrt. Sie führt unterhalb des **Castello Volterraio** vorbei. Wer will, kann in einer dreiviertelstündigen, anstrengenden Tour zu den Resten der Burg hinaufsteigen (Parkplatz an der Straße nach Magazzini, ca. 1,5 km nach der Kuppe).

78 Area di Sosta Camper, Cavo ***(s. S. 141)***

Breite und lange Fahrzeuge fahren auf derselben Strecke wie bei der Hinfahrt zurück bis nach Porto Azzurro und dann bei der Bivio Mola, einer Gabelung, in Richtung Portoferraio. An der Villa Romana delle Grotte treffen beide Routenvarianten zusammen.

VILLA ROMANA DELLE GROTTE/PORTOFERRAIO
(22 km – km 70)

Die **Villa Romana delle Grotte** war die Sommervilla einer reichen römischen Familie aus dem 1. Jh. v. Chr. Die Besichtigung des Ausgrabungsgeländes ist sehr interessant, da die Erklärungen auch in deutscher Sprache vorhanden sind. Der Blick auf Portoferraio ist von hier atemberaubend und schon deshalb ist die Villa einen Besuch wert (Ostern bis 30. September 8–20 Uhr, Eintritt: frei).

Von hier fährt man schließlich nochmal 5 km bis zum **Hafen von Portoferraio.** Hier endet die östliche Rundtour und somit auch der Besuch dieser traumhaften Insel.

STELLPLÄTZE ENTLANG DER ROUTE

Camping

59 Camping La Sorgente, Portoferraio

42.82145°N 10.28012°E

Gepflegter Platz mit befriedigender Sanitärausstattung in wunderschöner Lage oberhalb zweier traumhafter Buchten. **Lage/Anfahrt:** Von Portoferraio in Richtung Capo Enfola, kurz vor der Abzweigung nach Viticcio, ausgeschildert, 200 m etwas holprige Zufahrt; **Untergrund:** Schotter; **Ver-/Entsorgung:** Strom, Trinkwasser, Abwasser, Chemie-WC; **Sicherheit:** umzäunt, beleuchtet, bewacht; **Preise:** 9,50–16 €/Fahrz., 7,50–13,50 €/Pers., Strom 3 €; **Geöffnet:** 1. April bis 30. Oktober; **Kontakt:** 57037 Portoferraio, Capo Enfola, Tel. +39 0565917139, www.campinglasorgente.it.

Camping

60 Camping Scaglieri, Portoferraio

42.80361°N 10.27083°E

Terrassierter Platz mit schöner Ausssicht, direkt am Meer. **Lage/Anfahrt:** Man fährt auf der SP24 in Richtung Prócchio bis zur Abzweigung nach Scaglieri (rechts), ab hier ausgeschildert; **Platzanzahl:** 100; **Untergrund:** Schotterrasen; **Ver-/Entsorgung:** Strom, Trinkwasser, Abwasser, Chemie-WC; **Sicherheit:** umzäunt, beleuchtet, bewacht; **Preise:** 11,50–23,50 €/Fahrz., 7,80–14 €/Pers. (Stellplätze in zwei Kategorien: mit Meerblick und ohne); **Geöffnet:** Mitte April bis Ende Oktober; **Kontakt:** 57037 Portoferraio, Loc. Biodola, Tel. +39 0565969940, www.campingscaglieri.it.

Stellplatz

61 Literno, Prócchio

42.77565°N 10.25110°E

Offizieller Stellplatz neben einem Sportplatz, einem Umspannwerk und Sperrmüll. Eine wahre Notlösung, und das noch zu einem stattlichen Preis. **Lage/Anfahrt:** Ab Prócchio ausgeschildert (4 km), Zufahrt an einer Stelle sehr schmal (2,30 m); **Platzanzahl:** 5; **Untergrund:** Schotter; **Ver-/Entsorgung:** unbrauchbar; **Preise:** 12 €/Fahrz.; **Geöffnet:** frei zugänglich.

Stellplatz

62 Seilbahn, Marciana

42.78606°N 10.16768°E

Freie Stellmöglichkeit auf dem Parkplatz der Seilbahn zum Monte Capanne am Ortsrand von Marciana, ca. 250 m vom Zentrum entfernt. Etwas uneben und nur in der Nebensaison zu nutzen. **Lage/Anfahrt:** Von Poggio kommend kurz vor dem Ort Marciana auf der linken Seite; **Platzanzahl:** 3; **Untergrund:** Asphalt; **Preise:** kostenlos; **Geöffnet:** frei zugänglich.

Stellplatz

63 Parcheggio del Sole, Cavoli

42.73778°N 10.18415°E

Terrassierter Privatplatz für Wohnmobile und Pkws oberhalb der Badebucht von Cavoli, für große Wohnmobile nur 1–2 Plätze. Gemessen an der Stellplatzsituation einer der schönsten Plätze. **Lage/Anfahrt:** Von der SP25 bei km 10 VIII auf die Via Cavoli abbiegen. Verbotsschilder gelten nicht für Platzbesucher. In einer Linkskurve mit Ampelregelung sofort nach der Ampel rechts abbiegen; **Platzanzahl:** 7; **Preise:** 10–20 €/Fahrz.; **Geöffnet:** April bis Oktober; **Kontakt:** 57030 Cavoli, Via Cavoli, Tel. +39 3807045718.

Camping

64 Camping La Foce, Marina di Campo

42.74959°N 10.24550°E

Platz mit befriedigender Ausstattung am Ende einer schönen Sandbucht. Zum Strand geht es über die Zufahrtsstraße. Einer der wenigen Plätze, die das ganze Jahr geöffnet haben. **Lage/Anfahrt:** An Marina di Campo vorbei in Richtung Portoferraio fahren, am Ortsende von Marina di Campo ausgeschildert; **Platzanzahl:** 100; **Untergrund:** Schotter; **Ver-/Entsorgung:** Strom, Trinkwasser, Abwasser, Chemie-WC; **Sicherheit:** umzäunt, beleuchtet, bewacht; **Preise:** 8–13 €/Fahrz., 6–8 €/Pers.; **Geöffnet:** ganzjährig; **Kontakt:** 57034 Marina di Campo, Loc. Foce, Tel. +39 0565976456, www.campinglaface.com.

Camping

65 Camping Ville degli Ulivi, Marina di Campo

42.75179°N 10.24522°E

Schöner großzügiger Platz mit guter Sanitäraustattung und großem Schwimmbad (in der Saison nicht inkl.), am Anfang einer Stichstraße zur Sandbucht, zum Meer sind es 150 m. **Lage/Anfahrt:** An Marina di Campo vorbei in Richtung Portoferraio, im Kreisverkehr nach Marina di Campo in Richtung Lacona und Campingplatz, ausgeschildert; **Platzanzahl:** 280; **Untergrund:** Schotter; **Ver-/Entsorgung:** Strom, Trinkwasser, Abwasser, Chemie-WC; **Sicherheit:** umzäunt, beleuchtet, bewacht; **Preise:** 8,50–18 €/Fahrz., 6,50–13,50 €/Pers., Strom 2–2,50 €, Schwimmbad 3 €; **Geöffnet:** April bis Oktober; **Kontakt:** 57034 Marina di Campo, Via della Foce 89, Tel. +39 0565976098, www.villedegliulivi.it.

094to Abb.: gg

▲ *Vom Campingplatz Ville degli Ulivi sind es nur wenige Schritte bis zum Strand*

Stellplatz

66 Campo sportivo, Marina di Campo

42.75871°N 10.23652°E

Offizielle Stellplätze neben den Sportanlagen, ruhige, aber nicht besonders ansprechende Lage. **Lage/Anfahrt:** Am Ort Marina di Campo vorbei in Richtung Portoferraio, ab Kreisverkehr in Marina di Campo ausgeschildert, steile Zufahrt zum Platz; **Platzanzahl:** 30; **Untergrund:** Schotter; **Ver-/Entsorgung:** Abwasser, Chemie-WC; kein Trinkwasser(!); **Sicherheit:** beleuchtet; **Preise:** 10–15 €/Fahrz., Strom 3 €; **Geöffnet:** frei zugänglich.

Camping

67 Camping Laconella, Lacona

42.76099°N 10.29748°E

Platz mit befriedigender Ausstattung in ruhiger Panoramalage am westlichen Rand der Bucht von Lacona, kostenloser Fahrradverleih, zum Strand sind es 2 Min. **Lage/Anfahrt:** Von der SP30 ab Ortsanfang ausgeschildert; **Untergrund:** Schotterrasen; **Ver-/Entsorgung:** Strom, Trinkwasser, Abwasser, Chemie-WC; **Sicherheit:** umzäunt, beleuchtet; **Preise:** 10–16,50 €/Fahrz., 6–12 €/Pers., Strom 1,60, 3–4 €/Hund; **Geöffnet:** Mitte März bis Ende Oktober; **Kontakt:** 57031 Lacona, Capoliveri, Tel. +39 0565964228, www.campinglaconella.it.

Camping

68 Camping Valle Santa Maria, Lacona

42.76099°N 10.30211°E

Platz mit guter Ausstattung, direkt an der Bucht von Lacona, sehr bemühte Platzleitung. **Lage/Anfahrt:** Von der SP30 in Richtung Marina di Campo aus am Ortsanfang von Lacona, ausgeschildert; **Platzanzahl:** 100; **Untergrund:** Schotterrasen; **Ver-/Entsorgung:** Strom, Trinkwasser, Abwasser, Chemie-WC; **Sicherheit:** umzäunt, beleuchtet, bewacht; **Preise:** 13–19 €/Fahrz., 7–13 €/Pers., Strom 1,50 €; **Geöffnet:** Ostern bis Oktober; **Kontakt:** 57031 Lacona, Via del Mare 91, Tel. +39 0565964188, www.vsmaria.it.

Stellplatz

69 *Agritursmo Orti di Mare, Lacona*

42.76493°N 10.30923°E

Privater Stellplatz auf einem naturbelassenen Platz bei einem Bauernhof, 400 m vom Strand, neue Sanitäranlagen. Am Platz werden Weine, Obst, Gemüse und Marmeladen aus biologischem Anbau verkauft. **Lage/Anfahrt:** Von der SP30 aus in Richtung Marino di Campo am Ort Lacona vorbeifahren und am nächsten Kreisverkehr in Richtung Portoferraio halten, im zweiten Kreisverkehr die zweite Straße rechts, ab hier ausgeschildert; **Platzanzahl:** 40; **Untergrund:** Schotterrasen; **Ver-/Entsorgung:** Strom, Trinkwasser, Abwasser, Chemie-WC; **Sicherheit:** umzäunt, beleuchtet, bewacht; **Preise:** 20–35 €/Fahrz., inkl. 2 Personen und Strom; **Geöffnet:** ganzjährig; **Kontakt:** 57031 Lacona, Capoliveri, Via dei Vigneti 522, Tel. +39 0565964436, www.ortidimare.it.

Stellplatz

70 *Steilküste, Lacona*

42.76460°N 10.33759°E

Freie Stellmöglichkeit auf einem Parkplatz neben der Straße, in traumhafter Lage oberhalb der Steilküste, in der Nebensaison wird hier auch eine Übernachtung toleriert. **Lage/Anfahrt:** Von der SP30 zwischen Lacona und Norsi rechts zum Platz abbiegen; **Platzanzahl:** 3; **Untergrund:** Schotter; **Preise:** kostenlos; **Geöffnet:** frei zugänglich.

Stellplatz

71 *Parkplatz, Capoliveri*

42.74849°N 10.38144°E

Freie Stellmöglichkeit auf dem zentrumsnahen Parkplatz direkt neben der Straße, Übernachtung nur in der Nebensaison möglich, da der Platz in der Saison überfüllt ist. **Lage/Anfahrt:** Liegt an der Ortsumfahrung von Capoliveri; **Platzanzahl:** 10; **Untergrund:** Schotter; **Preise:** kostenlos; **Geöffnet:** frei zugänglich.

Camping

72 *Camping Europa, Lido di Capoliveri*

42.76194°N 10.35805°E

Großer Platz mit Pizzeria, nur ein Teil direkt am Strand (etwas schmale Zufahrt). **Lage/Anfahrt:** Von der SP26 bei km 9 zum Platz abbiegen, ausgeschildert; **Platzanzahl:** 150; **Untergrund:** Schotter, Schotterrasen; **Ver-/Entsorgung:** Strom, Trinkwasser, Abwasser, Chemie-WC; **Sicherheit:** umzäunt, beleuchtet, bewacht; **Preise:** 1–18 €/Fahrz., 8–13,50 €/Pers., Strom 2,20 €, 5 €/Hund; **Geöffnet:** Ostern bis Oktober; **Kontakt:** 57031 Lido di Capoliveri, Tel. +39 0565940121, www.elbacampingeuropa.it.

Stellplatz

73 *Bioelba, Straccoligno*

42.74405°N 10.40827°E

Privater Stellplatz bei einem Biobauernhof, Platz in herrlicher Lage, etwas schmale, steile Zufahrt. Je nach Saison Verkauf von Agrarprodukten. **Lage/Anfahrt:** Von der Ortsumfahrung von Capoliveri (Via Australia) abbiegen und 3,9 km in Richtung Ferrato („Agricampeggio Bioelba"), die letzten 500 m auf einer unbefestigten holprigen und schmalen Straße, steile und sehr unebene Abfahrt zum Platz. Vorsicht: Die erste Zufahrt zum Agricampeggio Bioelba ist nicht für Wohnmobile, sondern Camper mit Zelt; **Platzanzahl:** 15;

Untergrund: Schotterrasen; **Ver-/Entsorgung:** Strom, Trinkwasser, Abwasser, Chemie-WC; **Sicherheit:** beleuchtet. **Preise:** 9–15 €/Fahrz., 7–12 €/Pers.; **Geöffnet:** ganzjährig; **Kontakt:** 57031 Capoliveri, Loc. Straccoligno.

Stellplatz

74 *P4, Porto Azzurro*

42.77107°N 10.39991°E

Offizieller Stellplatz für Wohnmobile auf einem reservierten Parkplatz. **Lage/ Anfahrt:** Hinter Porto Azzurro in Richtung Rio Marina, der Platz liegt neben der SP26; **Platzanzahl:** 40; **Ver-/Entsorgung:** Abwasser, Chemie-WC; **Sicherheit:** beleuchtet; **Preise:** 10 €/Fahrz.; **Geöffnet:** frei zugänglich; **Kontakt:** 57036 Porto Azzurro, Loc. Bocchetto P4.

Camping

75 *Camping Da Mario, Porto Azzurro*

42.77065°N 10.40615°E

Kleiner Platz mit guter Sanitärausstattung an der Barbarossabucht (Feinkiesstrand), schöner Weg die Küste entlang nach Porto Azzurro (30 Min.). **Lage/ Anfahrt:** In östlicher Richtung nach Porto Azzurro, ausgeschildert; **Platzanzahl:** 30; **Untergrund:** Schotter; **Ver-/Entsorgung:** Strom, Trinkwasser, Abwasser, Chemie-WC; **Sicherheit:** umzäunt, beleuchtet, bewacht; **Preise:** 8–18 €/Fahrz., 6–12,50 €/Pers.; **Kontakt:** 57036 Porto Azzurro, Loc. Barbarossa, Tel. +39 0565958032, www.damario.it.

Camping

76 *Camping Arrighi, Porto Azzurro*

42.77059°N 10.40753°E

Gepflegter Platz mit zwei Teilen, einer direkt an der Barbarossabucht. **Lage/ Anfahrt:** siehe Camping da Mario; **Platzanzahl:** 80; **Untergrund:** Schotter; **Ver-/Entsorgung:** Strom, Trinkwasser, Abwasser, Chemie-WC; **Sicherheit:** umzäunt, beleuchtet, bewacht; **Preise:** 8–18 €/Fahrz., 6–13 €/Pers.; **Geöffnet:** April bis Oktober; **Kontakt:** 57036 Porto Azzurro, Loc. Barbarossa, Tel. +39 056595568, www.campingarrighi.it.

Stellplatz

77 *Erzverladestation, Rio Marina*

42.81967°N 10.42906°E

Freie Stellmöglichkeit auf dem großen Parkplatz bei der ehemaligen Erzverladestation, ca. 300 m bis ins Zentrum, schöner Blick aufs Meer. **Lage/Anfahrt:** Hinter Rio Marina an der SP26 in Richtung Cavo; **Untergrund:** Schotter; **Preise:** kostenlos; **Geöffnet:** frei zugänglich.

Stellplatz

78 *Area di Sosta Camper, Cavo*

42.85452°N 10.42287°E

Private Stellplätze auf einem etwas improvisiert wirkenden Areal im Grünen, ca. 400 m bis zum Strand. **Lage/Anfahrt:** Von der SP26 aus Richung Rio Marina kommend vor dem Ort links, am Friedhof vorbei und dann rechts, ausgeschildert; **Platzanzahl:** 25; **Untergrund:** Schotterrasen; **Ver-/Entsorgung:** Strom, Trinkwasser, Abwasser, Chemie-WC; **Sicherheit:** umzäunt, beleuchtet; **Preise:** 10–20 €/Fahrz.; **Geöffnet:** ganzjährig; **Kontakt:** Fulvi Acinelli, Tel. +39 0565949724, Mobil +39 3334708729.

› Landkarte Seite II

AUF DEN SPUREN DER ETRUSKER DURCH DIE MAREMMA

Die Etrusker machten sich den Erzreichtum in der Maremma zunutze und so entstanden große Städte mit starken Befestigungsmauern. Von der ehemals mächtigen Stadt Roselle sind heute große Ruinenfelder zu sehen. In Vetulónia findet man charakteristische Steinkreisgräber von teils monumentaler Größe. Bei Stollenführungen in San Silvestro und Massa Maríttima kann man mehr über den Bergbau der Etrusker erfahren, die auch bereits den Plan entwickelten, die sumpfige Maremma trockenzulegen. 1975 wurde ein großer Teil der Maremmaküste zum Naturpark erklärt. Auf markierten Wegen kann man die unberührte Natur durchwandern. Nicht etruskisch, sondern aus dem 13. Jh. ist die einsam gelegene Zisterzienserabtei San Galgano. Der stimmungsvollen Atmosphäre dort kann sich niemand entziehen.

011to Abb.: gg

ROUTE 5

DIE SÜDLICHE TOSCANA

Abendstimmung an der Küste der Maremma

095to Abb.: gg

STRECKENVERLAUF

Strecke:
Piombino – Abstecher zum Parco Archeomineraio di San Silvestro (hin und zurück 3 km) – Massa Maríttima (48 km) – Abstecher nach Montieri (hin und zurück 13 km) – San Galgano (33 km) – Abstecher nach Vetulónia (hin und zurück 25 km) – Castiglione della Pescaia (67 km) – Grosseto (23 km) – Abstecher nach Roselle (hin und zurück 24 km) – Alberese/Parco Regionale della Maremma (15 km) – Porto Ércole/Monte Argentario (46 km)

Streckenlänge:
ohne Abstecher ca. 232 km
mit Abstecher ca. 297 km

Von Piombino führt die Route auf der SR398 über Venturina (SP 20) in das malerisch an einem Hügel gelegene Städtchen **Campíglia Maríttima,** das den Besucher schon von Weitem grüßt. Durch die Porta a Mare gelangt man in die Altstadt. Es erwartet einen hier eigentlich nichts Spektakuläres, sondern lediglich ein hübscher, mittelalterlich gebliebener Ort, der von der zu besichtigenden Ruine einer einst stolzen Burg gekrönt wird.

79 Centro storico, Campíglia Maríttima **(s. S. 160)**

500 m vom Ort entfernt liegt in schöner ruhiger Umgebung der **Campingplatz Blu Camp** (Tel. +39 0565838553, GPS: 43.05684 °N 10.60799 °E). Er ist leider nur von Mitte Mai bis Anfang September geöffnet.

ABSTECHER ZUM PARCO ARCHEOMINERAIO DI SAN SILVESTRO

(hin und zurück 3 km)

Von Campíglia Maríttima geht es auf der SP20 in Richtung San Vincenzo. 1100 m nach dem Ortsendeschild von Campíglia Maríttima zweigt rechts die Zufahrt zum Parkplatz des Parco Archeomineraio ab (GPS: 43.07339 ° N 10.61434 ° E).

Besonders wenn Kinder an Bord sind, sollte man einen halben Tag für diesen Abstecher in den **Museumspark** San Silvestro einplanen. Mit einem Grubenzug fährt man durch einen Bergwerksstollen, ein Bergbaumuseum zeigt die Geschichte des örtlichen Bergbaus von der Etruskerzeit bis zu seinem Ende im Jahr 1976. Maschinen, Loren, Fördertürme, alles darf angefasst werden.

Auf einem Hügel des weitläufigen Museumsparks liegt rund um die Rocca San Silvestro ein im 10. und 11. Jh. entstandenes Dorf von Bergleuten und Metallgießern. Ein Rundgang erzählt vom täglichen Leben im Mittelalter.

Mit dem Grubenzug in den Berg

096to Abb.: gg

Sehenswertes

Parco Archeomineraio di San Silvestro, Tel. +39 0565226445, www.parchivaldicornia.it. Öffnungszeiten: März–Mai Sa, So 10–18 Uhr, Juni–Sept. Di–So 10–18 Uhr, Juli und Aug. auch montags geöffnet, Dauer der Besichtigung 2 Std., Eintritt: 9 €

Zurück in Campíglia Maríttima führt die Route über Cafággio zum nächsten mittelalterlichen Dorf, nach **Suvereto.** Bei der Anfahrt stören zwei hohe Neubauten die mittelalterliche Silhouette, in seinem Inneren entpuppt sich Suvereto aber als harmonisches, sympathisches Dörfchen, in dem man gerne durch die Gassen schlendert. Die imposantesten Gebäude sind der Palazzo Comunale und das ehemalige Franziskanerkloster.

Abendlicher Bummel durch die Gassen von Suvereto

097to Abb.: gg

Einkaufen

Frantoio Giovanni, 57028 Suvereto, Loc. S. Lorenzo, Tel. +39 0565845135, www.giovaniolio.it. In der Ölmühle kann man direkt vom Erzeuger sehr gutes Olivenöl kaufen.

Gualdo del Re, 57028 Suvereto, Loc. Notri 77, Tel. +39 0565829888, www.gualdodelre.it. Auf dem Weingut findet man exquisite Weine und ein Ristorante, das seinesgleichen sucht.

80 **Centro storico, Suvereto (s. S. 160)**

Essen

Eno-Oliteca Ombrone, 57028 Suvereto, Piazza dei Giudice 1, Tel. +39 0565829336, Mo geschlossen, Di nur abends. Sehr ansprechendes Lokal mit einer hübschen Terrasse, ausgewählt gute Fisch- und Wildgerichte, leckere Desserts, gehobene Preisklasse.

Wanderung zur Chiesa di Santa Croce

Von der SR439 biegt man bei km 146 VII zum Parkplatz ab (GPS: 43.12641°N 10.92301°E). Von hier geht die sehr gut ausgeschilderte Wanderung in 45 Min. zur ***Chiesa di Santa Croce*** *aus dem 13. Jh. Das kleine romanische Kirchlein liegt wunderschön umgeben von Kastanienwäldern. In der Ruhe und Abgeschiedenheit kann man die Zeit vergessen. Zurück geht es auf demselben Weg. Die Dauer der leichten Wanderung beträgt ca. 1:15 Std. Wem es nicht zu einsam ist, der kann auf dem Parkplatz auch sehr gut übernachten.*

Auf der SR398 geht die Fahrt durch das **Val di Cornia.** Hier gedeiht ein guter Wein und viele Weingüter laden zur Verkostung ein. Im Herbst blühen entlang der Straße zahllose wilde lila-rosa Alpenveilchen. Kurz vor Monterotondo ändert sich das Bild: Silberne Röhren winden sich durch die Landschaft und stoßen immer wieder weißen Dampf aus. Die ENEL (Italiens größter Stromversorger) betreibt in dieser Gegend eine Geothermieanlage.

2 km hinter **Monterotondo** biegt man auf die SR439 in Richtung Massa Maríttima ab. Die Fahrt geht durch üppige **Kastanienwälder,** bei km 146 VII kann man eine kleine Wanderung unternehmen.

Die Maremma

Die Maremma ist der flache, von den Hügeln der Monti dell'Uccelina unterbrochene Küstenstreifen, der sich zwischen dem Golf von Follonica und der Lagune von Orbetello hinzieht. Eingeschlossen sind die Flussläufe der Bruna und des Ombrone.

Ihren Namen leitet die Maremma vom Begriff „marisma" ab, was so viel wie „sumpfige Küste" bedeutet. Bereits die Etrusker, die in Vetulónia, in Roselle und Populónia siedelten, konnten mit einem ausgeklügelten Kanalsystem Teile der Maremma entwässern. Auch die Römer unternahmen immer wieder Versuche, diesen malariaverseuchten Küstenabschnitt trockenzulegen, doch erst im 18. und 19. Jh. wurde unter den habsburg-lothringischen Großherzögen der Toscana ein flächendeckendes Entwässerungsprogramm realisiert. Mit über 5000 Arbeitern wurden Anfang des 19. Jh. Kanäle gezogen und Pinienwälder angelegt, dennoch konnte keine endgültige Trockenlegung der Sümpfe erzielt werden. Dies gelang erst in den 1930er-Jahren, seitdem gibt es auch keine Malaria mehr in der Maremma.

Heutzutage ist die Gegend ein Agrargebiet und vor allem der Weinbau expandiert. Ein von der Provinzregierung in Grosetto gelenkter, sanfter Tourismus verhinderte große Hotelanlagen. Im Vordergrund stehen Agriturismo (Urlaub auf dem Bauernhof) und Camping. Auf den Besucher warten hier vielfältige landschaftliche und kulturelle Reize. Die Küstenregion mit sandigen Dünen, Pinienwäldern und salzigen Sümpfen geht in Richtung Osten in eine bewaldete Hügellandschaft über. Zahlreiche befestigte Dörfer „laden ins Mittelalter ein" und man findet hier die bedeutendsten Funde aus etruskischer Zeit. Massa Maríttima und Grosseto sind die beiden wichtigsten Zentren, beide lohnen einen Besuch. Am Küstenabschnitt zwischen der Mündung des Ombrone und dem Badeort Talamone wurde 1975 der Parco Naturale della Maremma (Naturpark Maremma) eingerichtet.

099to Abb.: gg

MASSA MARÍTTIMA (48 km – km 48)

„Ein großes, fantastisches Schiff, bereit den Anker zu lichten und aufs weite Meer zu fahren", mit diesen Worten beschreibt der italienische Dichter Pietro Citali den **Dom San Cerbone** an der **Piazza Garibaldi.** Ob er tatsächlich einem Schiff ähnelt, sei der Fantasie eines jeden einzelnen überlassen, auf jeden Fall dominiert er aber die schräg abfallende Piazza Garibaldi, eine der interessantesten Plätze der Toscana.

Die Anordnung der Gebäude unterliegt keinerlei Symmetrie und gerade darin liegt der Reiz des Platzes. Eingerahmt wird er vom romanischen **Palazzo Pretorio** und dem schlanken, hoch aufragenden **Palazzo Comunale.** Etwas kleiner ist der **Palazzo del Podestà,** in dem das **Museo archeologico** untergebracht ist. Seine Hauptsehenswürdigkeit ist eine etruskische Grabstele aus der Bronzezeit.

Man kann schon einige Zeit auf der Piazza Garibaldi verweilen, die zahlreichen Bars und Trattorien lassen einem die Zeit nicht lang werden.

Unweit der Piazza Garibaldi befindet sich im ehemaligen Getreidespeicher der Brunnen **Fonte dell'Abbondanza.** Vor wenigen Jahren wurde hier ein Fresko aus dem 13. Jh. freigelegt, das den Baum der Fruchtbarkeit darstellt. Das Fresko war mit einer dicken Kalkschicht bedeckt, die sich durch austretendes Brunnenwasser gebildet hatte. Nach der Entfernung der Kalkschicht verwitterte das Fresko schnell. Es wird zurzeit restauriert.

Information

U.T.A., 58024 Massa Maríttima, Via Todini 3/5, Tel. +39 0566902756, www.altamaremmaturismo.it, Öffnungszeiten: Jan.–März, Nov.–Dez. Mo–Sa 9.30–12.30 Uhr und 15–18 Uhr, Apr., Mai, Okt. Mo–Sa 9.30–12.30 Uhr und 15.30–18.30 Uhr, Juni–Sept. Mo–Sa 9.30–12.30 Uhr und 15.30–19.30 Uhr, So 10–13 Uhr und 16–19 Uhr

▲ *Der Dom von Massa Maríttima soll einem vor Anker liegenden Schiff ähneln*

› Landkarte Seite XXI

100to Abb.: gg

Nachdem die unabhängige und reiche Bergbaustadt Massa Maríttima aufgrund von Zuwanderung zu eng wurde, begann man im 13. Jh. die Stadt bergwärts zu erweitern. Die schachbrettartig angelegte Città Nuova erreicht man über steile Treppenwege. Sie wird von der Fortezza dei Senesi bewacht. Ein wuchtiger Brückenbogen, der Arco dei Senesi, verbindet die Burgmauer mit dem 74 m hohen Uhrenturm, dem **Torre del Candeliere.** Der Turm kann über steile, enge Treppen bestiegen werden.

▲ *Eine ehemalige Mine wurde zur Besichtigung freigegeben*

Einen Besuch wert ist auf jeden Fall das **Museo della Miniera** (Bergwerksmuseum). In einer ehemaligen Mine wird dem Besucher hier entlang eines 700 m langen Stollens die Geschichte des Bergbaus im Hügelland der Colline Metallifere nahegebracht. Das Ganze geschieht allerdings bei nur 12 °C. Man sollte also an eine Jacke denken.

81 *Via Risorgimento, Massa Maríttima* ***(s. S. 160)***

Sehenswertes

Duomo San Cerbone, 58024 Massa Maríttima, Piazza Garibaldi, Öffnungszeiten: 8–12.30 Uhr und 15.30–18 Uhr

Palazzo del Podestà/Museo archeologico, 58024 Massa Maríttima, Piazza Garibaldi, Öffnungszeiten: Apr.–Okt. 10–12.30 Uhr und 15.30–19 Uhr, Nov.–März 10–12.30 Uhr und 15–17 Uhr, Mo geschlossen, Eintritt: 3 €

Torre del Candeliere, 58024 Massa Maríttima, Piazza Matteotti, Öffnungszeiten: Apr.–Okt. 10–13 Uhr und 15–18 Uhr, Nov.–März 11–13 Uhr und 14.30–16.30 Uhr, Mo geschlossen, Eintritt: 2,50 €

Museo della Miniera, 58024 Massa Maríttima, Via Corridoni, geführte Touren (jeweils stündlich bzw. halbstündlich): Apr.–Sept. 10–12.30 Uhr und 15–17.30 Uhr, Okt.–März 10–12 Uhr und 15–16.30 Uhr, Mo geschlossen, Dauer 45 Min., Eintritt: 5 €

Essen

L'Antica Osteria, 58024 Massa Maríttima, Via N. Parenti 19, Tel. +39 0566902644, Mi geschlossen. Typische maremmische Küche, Wildschwein- und Pilzgerichte, Pizzen, erlesene Weinkarte.

Osteria San Cerbone, 58024 Massa Maríttima, Via Butigni 6, Tel. +39 0566902335. Reichhaltiges Angebot an Bruschettas, Weinverkostung.

Bar Gelateria Le Logge, 58024 Massa Maríttima, Piazza Garibaldi. Unter den Arkaden gibt es gutes Eis und echte Schweizer Schokolade.

Picknickplatz

Platz mit Tischen und Bänken. Von der SP162 zwischen km 22 und km 21 vor der Brücke rechts. GPS: 43.08267°N 10.97441°E

Von Massa Maríttima fährt man zurück auf die SP439 und biegt nach 10 km auf die SP162/SS441 ab. Nach 7 km, kurz vor Prata, findet sich ein schöner Picknickplatz.

Nach weiteren 14 km auf der SP162/SS441 kann man einen Abstecher nach Montieri machen.

ABSTECHER NACH MONTIERI (hin und zurück 13 km)

Von der SP162/SS441 biegt man bei Campiano links auf die SP5 nach Montieri ab. Auf 700 m Höhe, von endlosen Kastanien-, Eichen- und Buchenwäldern umgeben, liegt das idyllische Bergdorf Montieri. Der Name ist aus dem lateinischen *mons aeris* (Kupferberg) entstanden und weist auf den Bergbau bereits in antiker Zeit hin. Seit 1970 sind die letzten Minen stillgelegt, die Jugend ist abgewandert und geblieben sind die Alten, die sich gerne zum Diskutieren auf der Piazza treffen. Von hier aus kann man schöne Wanderungen in die Colline Metallifere, z. B. auf den Poggio di Montieri (1050 m), machen. Informationen hierzu gibt es in der Touristeninformation.

Information

Ufficio Tursimo, Montieri, Piazza A. Gramsci 5, Tel. +39 0566997024, www.montieriproloco.it, Öffnungszeiten: Apr.–Okt. Do, Fr 16–18 Uhr, Sa, So auch 10–12 Uhr

Essen

Il Baccanale, Montieri, Via della Chiesa 1, Tel. +39 0566997558, Di geschlossen. Sehr rustikales Ambiente, kleine Karte mit guten Gerichten.

82 Parkplatz, Montieri (s. S. 160)

83 Rifugio Prategliano, Montieri (s. S. 161)

Wieder zurück auf der SS441 ist bald das nächste Etappenziel erreicht.

SAN GALGANO (33 km – km 81)

Nach einer Fahrt durch abgeschiedene Natur, erhebt sich nun inmitten von Feldern die **Abtei San Galgano.** Noch besser als mit dem Wohnmobil nähert man sich dem Kloster auf einer Wanderung von Monticiano aus (s. S. 151).

Errichtet wurde die Abtei im 13. Jh. von **Zisterziensermönchen.** Der sehr arbeitsame Orden kam zu Reichtum, indem er die umliegen-

101to Abb.: gg

◀ *Vollkommene Ruhe und Erhabenheit: San Galgano bei Nacht*

Abb.: gg

▲ *San Galgano liegt ruhig und abgelegen, ist aber gut mit dem Wohnmobil erreichbar*

den Sümpfe trockenlegte und Walkereien errichtete, um Wollstoffe zu verarbeiten. So wurde die Abtei bald zu der blühendsten in der Toscana. Durch eine **Pestepedemie** im 14. Jh. starben viele Mönche und der wirtschaftliche Abstieg der Abtei war besiegelt. Der Abt Vitelli soll sogar aus Geldnot das Bleidach der Kirche verschachert und das Gemäuer somit dem Verfall preisgegeben haben. Bauern nutzten die Abtei als Steinbruch.

1961 wurden die fehlenden Mauern mit alten und neuen Steinen wiederaufgebaut, allerdings ohne das Dach zu ersetzen. Genauso präsentiert sich die Klosterkirche noch heute: Nur die Außenmauern ohne Dach und Fenster sind vorhanden, doch gerade dadurch hat die Abtei ihren besonderen Reiz.

Wer auf dem Parkplatz übernachtet, sollte unbedingt bei Dunkelheit die bis 23 Uhr angestrahlte Ruine besuchen. Ein fantastisches Erlebnis! Die Besichtigung ist kostenlos, die Ruine frei zugänglich.

Oberhalb der Kirche San Galgano steht die **Cappella di Monte Siepi** (geöffnet von 9 Uhr

Die Legende von San Galgano

Dem Soldaten Galgano soll der Erzengel Michael erschienen sein. Daraufhin schwor Galgano dem Soldatendasein ab und weihte sein Leben Gott. Sein Schwert soll er in einen Felsen des Monte Siepi geschleudert haben. Seitdem ragt nur noch der Griff, einem Kreuz gleich, aus dem Stein und es soll sich – wie das Schwert von König Artus – nicht mehr herausziehen lassen. Wer es trotzdem versucht, der ist dem Tod geweiht. Wahrscheinlich wurde deshalb eine Glaskuppel darüber errichtet.

bis Sonnenuntergang). Sie wurde über dem Schwert des heiligen Galgano errichtet. Interessant sind einige Fresken von Lorenzetti in der Seitenkapelle. Sie zeigen Szenen aus dem Leben des Heiligen.

Von der Zufahrtsstraße zur Kirche von San Galgano geht es nach 300 m rechts ab auf die SS441. Auf ihr fährt man 2,2 km bis zur Einmündung in die SP73bis. Hier fährt man rechts ab und erreicht nach 4 km Monticiano.

Monticiano hat leider einige Bausünden, die das Ortsbild stören. Einzig die Piazza Garibaldi macht einen netten Eindruck. Wer Lust verspürt, ein wenig auf Schusters Rappen zu reisen, kann dies ab hier tun. Nur dem Wanderer erschließt sich die wunderschöne Lage von San Galgano in vollem Maße.

Von Monticiano erreicht man auf der SP73bis **Roccastrada.** Bereits in etruskischer Zeit wurde hier Kupfer und Silber abgebaut. Einzig die Chiesa San Niccolò lohnt einen Besuch. Sehenswert sind hier das Taufbecken und ein Fresko, das die Auferstehung Christi zeigt.

84 Parkplatz, San Galgano **(s. S. 161)**

Picknickplatz

Von der SP73bis bei km 46 IV kurz vor Monticiano rechts abbiegen. Schöner, großzügiger Picknickplatz mit Pavillons, Tischen und Bänken. GPS: 43.15953°N 11.17059°E

85 Wanderparkplatz, Monticiano **(s. S. 161)**

Wanderung von Monticiano nach San Galgano

Vom Wanderparkplatz (s. S. 161) geht man ein Stück die Straße zurück und dann rechts auf ein kleines Teersträßchen (Hinweisschild „San Galgano"). Die Straße ist nun unbefestigt und kurz darauf, vor einem Lagerplatz, geht es links am Zaun entlang über eine Wiese. Kurz bevor die Wiese endet, biegt man rechts ab in Richtung eines Hauses. Kurz vor dem Haus geht es links auf dem breiten Weg in den Wald (ausgewiesen mit rot-weißen Schildern). Bei einer Weggabelung geht man links in Richtung ***Aussichtspunkt,*** *den man nach ca. 10 Min. erreicht. Von hier kann man durch die Bäume schon die Abtei von San Galgano sehen. Immer weiter auf dem schmalen, etwas verwilderten Weg trifft man auf einen Wegweiser nach San Galgano. Diesem folgend geht es bergab und man trifft bei einem Rastplatz auf einen breiten Weg, der hinauf nach* ***San Galgano*** *führt.*

Nach der Besichtigung geht es auf demselben Weg zurück bis zum Rastplatz und dann auf dem breiten, im Sommer recht staubigen Sträßchen bis zu einem weiteren Rastplatz mit Tisch und Bank. Hier geht man links und an der nächsten Kreuzung rechts. Weiter geradeaus gehend trifft man unterwegs immer wieder auf Hinweisschilder in Pfeilform, die aber in die entgegengesetzte Richtung weisen. Man kommt zu einem großen Picknickplatz, den man links liegen lässt, und folgt dem breiten Weg in einem Rechtsbogen. An der nächsten Gabelung geht man wieder rechts und dann weiter, bis man auf die schon bekannten Schilder trifft. Jetzt links bergan und man ist bald wieder am Ausgangspunkt der Wanderung.

Es handelt sich um eine leichte Wanderung mit geringen Steigungen, Dauer ca. 2 Std.

86 Parkplatz, Sticciano Scalo (s. S. 161)

Weiter auf der SS73 fährt man durch eine wunderschöne Pinienallee nach **Sticciano Scalo.** Hier kann man auf dem Parkplatz übernachten.

Von Braccagni lohnt sch ein Abstecher zu den etruskischen Ausgrabungen von **Vetulónia.** Die Straße ist zwar schmal und kurvig, aber gut zu befahren. Bei den Ausgrabungen sind nur wenige Parkplätze entlang der Straße vorhanden.

ABSTECHER NACH VETULÓNIA (hin und zurück 25 km)

▼ *Reste der ehemals bedeutenden etruskischen Stadt Vetulónia*

103to Abb.: gg

Am Rande des malerisch auf einem Hügel liegenden Ortes wurden einige **etruskische Gräber** und **Wohnviertel** freigelegt. Am Ortseingang stößt man auf die im Jahre 1893 entdeckten Grundmauern von Atriumhäusern und auf der anderen Straßenseite auf Reste der sogenannten „Zyklopenmauer". Ob es sich tatsächlich um die Stadtmauer oder um eine Stützmauer gegen Erdrutsche handelt, ist wissenschaftlich nicht geklärt. Öffnungszeiten der antiken Stadt sind täglich von 10.10 bis 18.50 Uhr, der Eintritt ist frei.

Die Etrusker

__Namensgeber__ für die Toscana war das Volk der Etrusker, deren lateinischer Name Etrusci oder Tusci lautet. Von ihrem griechischen Namen, Tyrrhenoi, wurde auch die Bezeichnung für das Thyrrhenische Meer abgeleitet, das zwischen der Südwestküste Italiens, Sardinien und Sizilien liegt. Über die __Herkunft__ des Volkes gibt es verschiedene Theorien: Laut Herodot, einem antiken griechischen Völkerkundler, stammen die Etrusker aus Lydien in Kleinasien, einem Teil der heutigen Türkei. Daneben besteht die autochthone Theorie („autochthon" ist altgriechisch und bedeutet „einheimisch" oder „eingeboren"), derzufolge die Etrusker von der eiszeitlichen Urbevölkerung des Apennins abstammen. Auch eine Mischtheorie wird diskutiert.

Zwischen dem 8. und dem 1. Jh. v. Chr. bevölkerten die Etrusker die heutigen Regionen Toscana, Umbrien und Latium und entwickelten sich schon bald zu einem beherrschenden __Seefahrervolk,__ dessen Blütezeit im 6. Jh. v. Chr. war. Angeblich gründeten sie um 650 v. Chr. __Rom,__ das bis 510 v. Chr. von etruskischen Königen regiert wurde. Politisch waren die Etrusker in mehrere __Stadtstaaten__ gegliedert, ihr Einflussbereich weitete sich im Norden bis in die Poebene, im Süden bis nach Kampagnien aus. Zentren etruskischer __Kultur__ waren vor allem Vetulónia, Roselle, Populónia, Cortona, Arezzo, Perugia und Chiusi. Mit der __Niederlage__ gegen Syrakus in der Seeschlacht von Kyme 476 v. Chr. wurde der Untergang Etruriens eingeläutet. Immer mehr etruskische Stadtstaaten wurden von den Römern unterworfen, im 1.Jh. v. Chr. war ganz Etrurien romanisiert. Die bedeutendsten Sammlungen etruskischer Kultur findet man im Museo Nazionale Etrusco di Villa Giulia in Rom und im archäologischen Museum in Florenz.

Auf der Weiterfahrt nach Grosseto findet man entlang der Straße Hinweisschilder zu den hier in der Landschaft versteckten **etruskischen Gräbern.** Leider gibt es für Wohnmobile keine Parkmöglichkeit.

Im Tomba di Belvedere sind Reste einer quadratischen Grabkammer zu sehen und das Tomba del Diavolino 2 ist ein großer Tumulus (Hügelgrab), auf dem ein Olivenhain wächst. Beide Gräber sind frei und uneingeschränkt zugänglich.

CASTIGLIONE DELLA PESCAIA (67 km – km 148)

Castiglione della Pescaia ist der bekannteste und schönste **Badeort** an der Maremmaküste. Hier findet der Toscanareisende große Sandstrände, einen malerischen Fischer- und Bootshafen und einen von der **Rocca Aragonese** gekrönten mittelalterlichen Stadtkern. Hinzu kommt, dass das Meer bei Castiglione eine ausgezeichnete Wasserqualität aufweist.

Beiderseits der Mündung des Flusses Bruna erstrecken sich weitläufige **Sandstrände,** die sich im Nordwesten bis nach La Rocchette und im Süden bis hinunter nach Marina di Grosseto ausdehnen. In der Hauptferienzeit von Ende Juli bis Ende August verbringen Tausende Italiener hier ihren Urlaub, in der Vor- und Nachsaison ist es hier wesentlich ruhiger. Man sollte seinen Aufenthalt in Castiglione aber nicht nur auf das Strandleben beschränken. Die kleine pittoreske

Information

A.P.T., 58043 Castiglione della Pescaia, Piazza Garibaldi 6, Tel. +39 0564933678, www.lamaremma.info, Öffnungszeiten: Mo–Sa 9–13 Uhr und 15–19 Uhr, So 9–12.30 Uhr

▼ *Stellplatz mit Blick auf Castiglione della Pescaia*

104to Abb.: gg

Hinweis zu den Stellplätzen

Die Küste entlang (SP158) und in La Rocchette gibt es diverse Campingplätze. An dieser Stelle soll jedoch bis auf eine Ausnahme auf die empfehlenswerten Stellplätze hingewiesen werden:

87 Campo Sportivi, Castiglione della Pescaia (s. S. 161)

88 Hafen, Castiglione della Pescaia (s. S. 162)

89 Camping Stella del Mare, Castiglione della Pescaia (s. S. 162)

90 La Rocchette, Castiglione della Pescaia (s. S. 162)

91 Ristorante Magnificate, Marina di Grosseto (s. S. 162)

92 L'Oasi di Fantoni, Marina di Grosseto (s. S. 162)

93 Edilgarden e Oasi di Maremma, Marina di Grosseto (s. S. 163)

Altstadt bietet in ihren **autofreien Gassen** zahlreiche hübsche Trattorien und Bars. Von den Mauern der Rocca Aragonese streift der Blick über den Kanalhafen, in dem heute noch um die 50 Fischkutter jeden Abend ihre Fänge heimbringen.

Ursprünglich dehnte sich östlich des Ortes der Prile-See aus, an dessen Ufern sich in vorchristlicher Zeit die Etrusker niedergelassen hatten. Im Laufe der Jahrhunderte trocknete der See immer mehr aus, zurück blieb ein **Sumpfgebiet,** in dem die Malaria wütete. Unter Großherzog Leopoldo wurden große Teile der Sümpfe entwässert und urbar gemacht. Gleich hinter der Brücke über die Bruna kommt man links auf einen Damm, der zu den Sumpfgebieten der Flussmündung führt. Hier steht die **Casa Rossa Ximenes.** In dem Gebäude aus dem 18. Jh. ist ein Museum untergebracht, das die Arbeiten der Sumpftrockenlegung darstellt. Auch Erklärungen zur Flora und Fauna der Maremma werden mit multimedialer Technik (leider nur in italienischer Sprache) dargeboten. Vom Museum aus kann man nach telefonischer Voranmeldung Bootsexkursionen unternehmen.

Sehenswertes

Museo multimediale della Casa Rossa Ximenes, 58043 Castiglione della Pescaia, Casa Rossa SS322, Ponte Giorgini, Tel. +39 3472290051, www.museidimaremma.it, Öffnungszeiten: Sept.-Mai Do-So 13-19 Uhr, Juni-Aug. täglich 16-22 Uhr

Auf der Küstenstraße SP158 fährt man durch die schöne *pineta* bis nach **Marina di Grosseto.** Leider ist die *pineta* eingezäunt und der Strand nur über Privatgelände zu erreichen. In Marina di Grosseto ist wirklich nur der Strand schön. Der Ort selbst besteht aus lieblosen Neubauten ohne Charme.

11 km sind es von Marina di Grosseto (SP158) nach Grosseto. In der Stadt herrscht eigentlich immer viel Verkehr und ein Wohnmobilstellplatz ist nicht ausgewiesen. Entlang der Stadtmauer gibt es zwar Parkplätze, doch diese sind häufig überfüllt. Einzige Möglichkeit ist der 1,5 km vom Zentrum entfernte Stellplatz in der Via India (s. S. 163). Glücklich ist, wer ein Fahrrad oder einen Motorroller dabei hat.

Ver- und Entsorgung

An der SP158 in Richtung Principina a Mare kurz hinter der Abzweigung nach Grosseto, ausgeschildert. GPS: 42.72111°N 10.99836°E

GROSSETO (23 km - km 171)

Um die schöne Seite von Grosseto zu erreichen, muss man sich erst durch die unschöne Peripherie und den dichten Verkehr kämpfen. Wenn man bei der alles umschließenden Stadtmauer angekommen ist, hat man aber das Schlimmste hinter sich, die Altstadt ist vekehrsberuhigt.

105to Abb.: gg

◀ *Im Palazzo degli Aldobrandeschi residiert heute die Provinzregierung*

Die Stadtmauer wurde Ende des 16. Jh. im Auftrag der Medici erbaut. *Piccola Lucca,* „das kleine Lucca", wird Grosseto wegen der sehr ähnlichen Befestigungsanlage beider Städte genannt. Besonders imposant ist die **Fortezza Medicea** im Nordosten der Stadt. Das Wappen der Familie Medici hängt über dem Eingangsportal. Die Medicis förderten den wirtschafltichen Aufschwung von Grosseto und ließen die umliegenden Sümpfe trockenlegen.

Am Hauptplatz der **Piazza Dante** erhebt sich die **Kathedrale** aus dem 13. Jh., die dem Schutzpatron **S. Lorenzo geweiht** ist. Die Figuren der vier Evangelisten, die die Fassade schmücken, stammen von einer Vorgängerkirche. Im Inneren ist besonders das Altarbild aus dem 16. Jh. von Matteo di Giovanni erwähnenswert. Es zeigt die von Engeln umgebene Muttergottes auf dem Thron.

Die Gegend um Grosseto verfügte über große Salzvorkommen. Salz war im Mittelalter sehr wertvoll und wurde auch weißes Gold genannt. Eines der großen Lagerhäuser ist das gut erhaltene **Cassero del Sale** an der Piazza Mercato.

Für archäologisch Interessierte sei noch das **Museo archeologico** erwähnt. Hier werden die bedeutendsten Funde aus etruskischer und römischer Zeit der Region ausgestellt.

Information

A.P.T., 58100 Grosseto, Via Monterosa, Tel. +39 0564454606, Öffnungszeiten: Mo–Fr 8.30–13 Uhr und 15–18 Uhr, Sa 8.30–12.30 Uhr

94 ***Via India, Grosseto (s. S. 163)***

Sehenswertes

Duomo S. Lorenzo, 58100 Grosseto, Piazza Dante Alighieri, Öffnungszeiten: 8–12.30 Uhr und 14.30–17.30 Uhr

Museo archeologico e d'Arte della Maremma, 58100 Grosseto, Piazza Baccarini, Öffnungszeiten: Di–Sa 9.30–13 Uhr und 16.30–19 Uhr, So 9.30–13 Uhr, Eintrit: 5 €

ABSTECHER ZU DEN AUSGRABUNGEN VON ROSELLE (hin und zurück 24 km)

Man verlässt Grosseto auf der SS223 (Via Senese) in Richtung Siena. Auf dieser erreicht man nach ca. 9 km die Ausfahrt „Roselle". Ab hier ist die weitere Anfahrt zum Ausgrabungsgelände gut ausgschildert.

Roselle – für die Etrusker die bedeutendste Stadt der Region – gehörte wie Vetulónia und Populónia zu den zwölf etruskischen Bundesstädten. 294 v. Chr. eroberten die Römer die Stadt und bauten sie weiter aus. Die Ausgrabungen von Roselle liegen idyllisch zwischen Olivenbäumen auf einer Hügelkuppe. Gepflasterte Straßen, Reste etruskischer Häuser und Werkstätten und eine ca. 3 km lange Stadtmauer kann man bei einer Wanderung durch das weitläufige Gelände besichtigen. Das Forum und auf der Anhöhe die Reste eines Amphitheaters geben einen Eindruck vom Leben in der Antike. Fundstücke aus Roselle kann man im archäologischen Museum von Grosseto bewundern.

95 ***Parkplatz, Roselle (s. S. 163)***

Das Ausgrabungsgelände ist von November bis Februar zwischen 8.30 und 18.30 Uhr und März bis August von 8.30 bis 19.30 Uhr geöffnet. Der Eintritt kostet 4 € (inkl. Audioguide auf Deutsch).

ALBERESE/PARCO NATURALE DELLA MAREMMA (15 km – km 186)

Der 70 km² große **Parco Naturale della Maremma** wird im Norden vom Flusslauf des Ombrone, im Süden von der Küste zwischen Fonteblanda und Talamone und im Osten von der SS1 begrenzt. Sumpfige

106to Abb.: gg

▶ *Im Naturschutzgebiet der Maremma*

Unterwegs im Parco Naturale della Maremma

Im Folgenden soll eine landschaftlich außerordentlich schöne Tour beschrieben werden, die sowohl mit dem Fahrrad als auch zu Fuß unternommen werden kann.

Wer ***Fahrräder*** *an Bord hat, fährt vom Stellplatz in Alberese auf einem schönen Radweg 8 km bis nach Marina di Alberese. Ungefähr 500 m vor dem Strand biegt rechts eine kleine geteerte Straße ab. Auf ihr kann man den Naturpark durchfahren. Auf dem 5,6 km langen Hin- und Rückweg zur Flussmündung des Ombrone hat man immer wieder einen sehr schönen Blick auf die sumpfige Landschaft der Maremmaküste. Am Ombrone kann man noch ein kurzes Stück auf Holzstegen entlanggehen. Zurück geht es auf demselben Weg (Dauer: ca. 1:30 Std.).*

Wer ***wandern*** *möchte, sollte mit dem Wohnmobil die 8 km bis Marina di Alberese (in Alberese ausgeschildert) fahren (Parkgebühr 9 €, Übernachtung nicht möglich). Vom dortigen Parkplatz geht man ca. 300 m die Straße entlang zurück und dann wie bei der Fahrradtour beschrieben. Wanderer können beim Rückweg am Strand entlanggehen (Dauer: ca. 2 Std.).*

Küstenabschnitte und die bewaldeten Hügel der Monti dell'Uccellina sind Heimat vieler Tierarten, selbst wild lebende Rinder und Pferde gibt es hier.

In dem kleinen Ort **Alberese** befindet sich am Ortseingang gegenüber vom Wohnmobilstellplatz (s. S. 163) das **Besucherzentrum.** Von hier verkehren stündlich Busse in den Park. Auf mehreren bezeichneten, thematisch geordneten **Wanderwegen** lässt sich der Naturpark zu Fuß erkunden. Länge, Schwierigkeitsgrad und Sehenswürdigkeiten der Wanderungen werden im Besucherzentrum auch auf Deutsch beschrieben. Daneben besteht die Möglichkeit, die Flussmündung des Ombrone auf einem Radweg zu erkunden und geführte Kanutouren auf dem Ombrone werden ebenfalls angeboten. Im Park besteht absolutes Hundeverbot.

Sehenswertes

Besucherzentrum, 58010 Alberese, Via del Bersagliere 7/9, Tel. +39 0564407098, www.parco-maremma.it, Öffnungszeiten: 8–17 Uhr, Eintritt: gestaffelt von 3–9 €

Auf der Küstenstraße SS1 umfährt man den Parco Naturale di Maremma. Man verlässt die SS1 bei der Ausfahrt „Talamone" und fährt auf der SP1 bis in den Ort. **Talamone** liegt auf einer Halbinsel an den südlichen Ausläufern der Monti dell'Uccellina und ist ein nettes Fischerdorf mit einer alles überragenden **Burg.** Von dort oben hat man eine schöne Rundumsicht bis zur Halbinsel Monte Argentario.

Essen

La Scafarda, 58010 Alberese, Via del Fante, Tel. +39 0564412587, im Okt.–Apr. nur abends. Sehr gute Pizzen aus dem Holzbackofen.

96 Parkplatz, Alberese (s. S. 163)

107to Abb.: gg

▲ *Der Hafen von Talamone*

Als Talamone noch Telamon hieß, stand hier ein großer Tempel. Gefunden wurde der **Giebelfries** des etruskischen Heiligtums mit plastischen Szenen aus dem Mythos „Sieben gegen Theben". Zu besichtigen ist er im Museo Civico in Orbetello.

Im **Aquarium,** etwas abseits in einem Neubaugebiet, tummelt sich alles, was hier in der Umgebung im Meer lebt. Eine Krankenstation für Schildkröten ist angegliedert.

In Talamone lebt Paolo Fanciulli, genannt **il Pescatore,** ein inzwischen über die Grenzen hinaus bekannter Fischer. Es wirbt für einen sanften Tourismus und bietet Angelausflüge an. Anschließend wird der Fang gegrillt und gemeinsam verspeist. Weitere Informationen bekommt man unter Tel. +39 3357069603 (deutsch). Dort kann man sich auch anmelden.

97 Camping Village Talamone, Talamone (s. S. 163)

98 Fonteblanda, Talamone (s. S. 164)

Sehenswertes

Acquarico, 58010 Talamone, Via Nizza 22, Öffnungszeiten: 9–13 Uhr, Eintritt: 3 €

Essen

La Scesa, 58010 Talamone, Via Garibaldi 15, Tel. +39 0564887067. Gute Holzofenpizza.

PORTO ÉRCOLE/ MONTE ARGENTARIO (46 km - km 232)

Monte Argentario war einst eine Insel, im Laufe der Zeit wurde sie durch angeschwemmte Sandablagerungen zur Halbinsel. Drei sandige Landbrücken verbinden sie mit dem Festland. Zwei dienen als Straßenverbindungen, eine ist Naturschutzgebiet und kann erwandert werden. Die höchste Erhebung von Monte Argentario ist der Monte Telegrafo mit 635 m Höhe.

Eine Rundfahrt mit dem Wohnmobil auf der Halbinsel ist nicht möglich, die Straßen sind schmal, kurvig und im südlichen Teil nicht befestigt. Die Route beschränkt sich deshalb auf den Besuch von Porto S. Stéfano und Porto Ércole.

Von Talamone zweigt man in Albinia auf die nördlichste Landbrücke ab. An dieser liegen unzählige Campingplätze, die aber beinahe alle schon Mitte September schließen. Der Stellplatz Ai Delfini hat bis Ende Oktober geöffnet, ist allerdings recht teuer. Am Ende der Landbrücke befindet sich der ganzjährig geöffnete Stellplatz Lanini, auch er ist nicht gerade billig.

Wenn man die Halbinsel Monte Argentario erreicht hat, geht es rechts nach **Porto San Stéfano.** Vom Hafen gibt es Fährverbindungen zur **Isola del Giglio** und zur **Isola di Giannutri,** beides Inseln des toscanischen Archipels.

Porto San Stéfano ist der Hauptort vom Monte Argentario und liegt an einem schönen Naturhafen. Hier haben sich einige „Reiche und Schöne“ niedergelasssen und dementsprechend ist auch das Preisniveau. Über den an der Uferpromenade flanierenden Menschen thront die spanische Festung aus dem 16. Jh.

99 Ai Delfini, Albinia ***(s. S. 164)***

100 Lanini Parco Sosta, Orbetello ***(s. S. 164)***

Parken in Porto Ércole

Hier kann man in der Nebensaison auch mal eine Nacht stehen. GPS: 42.39760°N 11.20116°E

108to Abb.: gg

◀ *Die Halbinsel Monte Argentario*

101 ***Parcheggio Idealviaggi, Porto Ércole (s. S. 165)***

102 ***Parcheggio da Renzo, Porto Ércole (s. S. 165)***

103 ***Area Sosta Camper Le Miniere, Porto Ércole (s. S. 165)***

Auf der SS440 geht es zurück und dann weiter bis **Porto Ércole** an der Ostküste. Hier überragen zwei spanische Festungen das Treiben im Jachthafen. Sie können nicht besichtigt werden.

Auf der Rückfahrt sollte man die südlichste der drei Landverbindungen, das **Riserva Naturale Duna Feniglia,** besuchen. Auf dieser schmalen Sanddüne kann man wunderbar spazieren gehen oder mit dem Rad fahren. Hier ist es im Sommer angenehm schattig und immer wieder gibt es Möglichkeiten für eine Badepause. Das Wohnmobil stellt man am besten auf einem der Stellplätze ab (s. S. 165).

STELLPLÄTZE ENTLANG DER ROUTE

Stellplatz

79 *Centro storico, Campíglia Maríttima*

43.05668°N 10.61466°E

Offizielle Stellplätze auf einem großen Platz mit starkem Gefälle, ca. 300 m bis zur Altstadt. **Lage/Anfahrt:** Von der SS398 auf die SP20 in Richtung Campíglia Maríttima, dann vor dem Ort links, ausgeschildert; **Platzanzahl:** 5; **Untergrund:** Asphalt; **Ver-/Entsorgung:** Trinkwasser, Abwasser, Chemie-WC; **Sicherheit:** beleuchtet; **Preise:** kostenlos; **Geöffnet:** frei zugänglich.

von Westen kommend rechts vor dem Zentrum (11.3.15) Straße führt direkt am Platz vorbei, Hundezwinger im Garten nebenan, Bellen + Heulen dauert länger an

Stellplatz

80 *Centro storico, Suvereto*

43.07572°N 10.67802°E

Offizielle Stellplätze auf einem separaten Parkplatz am Ortsrand zwischen Straße und Gärten, der leider auch von Pkws zugeparkt wird, 330 m zum Stadttor. **Lage/Anfahrt:** Aus Richtung SS398 vor dem Ort in Richtung „Campo sportivo" fahren, ausgeschildert; **Platzanzahl:** 8; **Untergrund:** Schotter, eingezäunt; **Ver-/Entsorgung:** Trinkwasser, Abwasser, Chemie-WC, Spülbecken; **Sicherheit:** beleuchtet; **Preise:** kostenlos; **Geöffnet:** frei zugänglich; **Kontakt:** 57028 Suvereto, Via Forni.

Stellplatz

81 *Via Risorgimento, Massa Maríttima*

43.04554°N 10.89030°E

Offizielle Stellplätze auf einem großen Parkplatz, der auch von Linienbussen als Wendeplatz benutzt wird, montags Markt, ca. 600 m zum *centro storico.* **Lage/Anfahrt:** Der Platz ist sehr gut ausgeschildert; **Platzanzahl:** 30; **Untergrund:** Asphalt; **Ver-/Entsorgung:** Trinkwasser, Abwasser; **Sicherheit:** beleuchtet; **Preise:** kostenlos; **Geöffnet:** frei zugänglich; **Kontakt:** Massa Maríttima, Via Risorgimento.

Stellplatz

82 *Parkplatz, Montieri*

43.13261°N 11.01635°E

Freie Stellmöglichkeit auf einem großen Parkplatz am Ortsrand. **Lage/Anfahrt:** Durch den Ort hindurch am Ortsrand rechts auf den großen Parkplatz unterhalb der Straße; **Platzanzahl:** 4; **Untergrund:** Asphalt; **Ver-/Entsorgung:** Trinkwasser; **Sicherheit:** beleuchtet; **Preise:** kostenlos; **Geöffnet:** frei zugänglich; **Kontakt:** Montieri, Piazza 25 Aprile.

Stellplatz

83 *Rifugio Prategliano, Montieri*

43.13331°N 11.01261°E

Freie Stellmöglichkeit auf einem Parkplatz außerhalb des Ortes mit schöner Sicht, ca. 500 m bis zum Zentrum. **Lage/Anfahrt:** Im Ort links in die Via G. Verdi, ausgeschildert mit „Rifugio Prategliano", nach ca. 600 m befindet sich rechts bei einem Kreuz der Parkplatz; **Untergrund:** Schotter; **Preise:** kostenlos; **Geöffnet:** frei zugänglich; **Kontakt:** Montieri, Via G. Verdi.

Stellplatz

84 *Parkplatz, San Galgano*

43.15303°N 11.15090°E

Offizielle Stellplätze auf einem gekennzeichneten Teil eines großen Parkplatzes, ca. 250 m bis zur Abtei San Galgano. **Lage/Anfahrt:** Von Massa Maríttima nimmt man zunächst die SP162/SS441 und fährt später auf der SP441 bis zur Abzweigung nach San Galgano, ab hier sind es noch 300 m zum Parkplatz; **Platzanzahl:** 10; **Untergrund:** Asphalt; **Ver-/Entsorgung:** nicht funktionstüchtig, Stromanschluss ist zwar vorhanden, der Strom ist aber abgestellt; **Sicherheit:** beleuchtet; **Preise:** 10 €/Fahrz. Wer nur zur Besichtigung parkt (Gebühr von 8–20 Uhr), bezahlt 1,50 €/Std. oder 5 €/5 Std.; **Geöffnet:** frei zugänglich.

Stellplatz

85 *Wanderparkplatz, Monticiano*

43.14106°N 11.17531°E

Freie Stellmöglichkeit auf einem ruhigen Wanderparkplatz am Ortsrand. **Lage/Anfahrt:** Den Ort in Richtung Grosseto durchfahren und nach dem Ortsendeschild rechts in die Via Borgianni abbiegen, ausgeschildert mit einem Wanderersymbol und der Aufschrift „S. Galgano"; **Platzanzahl:** 3; **Untergrund:** Schotter; **Preise:** kostenlos; **Geöffnet:** frei zugänglich.

Stellplatz

86 *Parkplatz, Sticciano Scalo*

42.92855°N 11.11832°E

Freie Stellmöglichkeit auf einem großen Parkplatz am Ortsrand von Sticciano Scala. **Lage/Anfahrt:** Von der SP157 am Ende der langen Pinienallee rechts; **Untergrund:** Asphalt; **Sicherheit:** beleuchtet; **Preise:** kostenlos; **Geöffnet:** frei zugänglich.

Stellplatz

87 *Campo Sportivi, Castiglione della Pescaia*

42.77495°N 10.84298°E

Offizielle Stellplätze auf einem Parkplatz am Sportgelände der Stadt, auch für Pkws geöffnet. **Lage/Anfahrt:** Ca. 2 km außerhalb von Castiglione zwischen Küstenstraße und Sportplatz, ab Castiglione ausgeschildert; **Untergrund:** Asphalt; **Ver-/Entsorgung:** Entsorgungsstation verschlossen, Wasserhahn abgeschraubt; **Sicherheit:** beleuchtet; **Preise:** kostenlos; **Geöffnet:** frei zugänglich.

Stellplatz

88 *Hafen, Castiglione della Pescaia*

42.76405°N 10.88905°E

Freie Stellplätze auf einem Parkplatz in schöner Lage mit Blick auf den Ort und den Hafen, ca. 300 m bis ins Zentrum. Für Wohnmobile nur in der Nebensaison als Stellplatz nutzbar. **Lage/Anfahrt:** Durch den Ort in Richtung Marina di Grosseto, im Hafen über die Brücke, dahinter links abbiegen und ca. 200 m bis zum Stellplatz; **Platzanzahl:** 40; **Untergrund:** Schotterrasen; **Preise:** kostenlos; **Geöffnet:** frei zugänglich.

Camping

89 *Camping Stella del Mare, Castiglione della Pescaia*

42.77945°N 10.82583°E

Schön gelegener Platz mit guter Ausstattung, großem Schwimmbad, Restaurant und Geschäft. In der *pineta* im ruhigen La Rocchette. **Lage/Anfahrt:** Von der Küstenstraße nach La Rocchette abbiegen, ausgeschildert; **Platzanzahl:** 150; **Untergrund:** Wiese, Sand; **Ver-/Entsorgung:** Strom, Trinkwasser, Abwasser, Chemie-WC; **Sicherheit:** umzäunt, beleuchtet, bewacht; **Preise:** 10–16 €/Fahrz., 6,50–12 €/Pers.; **Geöffnet:** April bis Oktober; **Kontakt:** 58043 Castiglione della Pescaia, Via delle Rocchette, Tel. +39 0564947100, www.stelladelmarecamping.it.

Stellplatz

90 *La Rocchette, Castiglione della Pescaia*

42.77970°N 10.79955°E

Privater Stellplatz an der *pineta,* auch für Pkws. **Lage/Anfahrt:** Von der Küstenstraße nach La Rocchette abbiegen, ausgeschildert; **Platzanzahl:** 20; **Untergrund:** Schotter; **Ver-/Entsorgung:** Strom, Trinkwasser, Abwasser, Chemie-WC; **Sicherheit:** umzäunt, beleuchtet, bewacht; **Preise:** 14 €/Fahrz.; **Geöffnet:** Mai bis 10. September.

ca. 4 km nördlich von Marina di Grosseto Lokal am 8.3.15 nicht geöffnet

Stellplatz

91 *Ristorante Magnificate, Marina di Grosseto*

42.73706°N 10.96440°E

Offizieller Parkplatz für Wohnmobile und Pkws, in der Hauptsaison meist voll. In der *pineta* in Sichtweite der Küstenstraße und in der Nähe des Restaurants Magnificate. Hier werden hervorragende Pizzen aus dem Holzofen angeboten. **Lage/Anfahrt:** Von der SP158 bei km 31 IV in die Strada della Canova abbiegen, dann sofort rechts am Ristorante vorbei ca. 300 m zum Stellplatz; **Platzanzahl:** 10; **Untergrund:** Schotter; **Preise:** kostenlos; **Geöffnet:** frei zugänglich.

Stellplatz

92 *L'Oasi di Fantoni, Marina di Grosseto*

42.73481°N 10.97509°E

Privater Stellplatz auf einem schön angelegten Gelände hinter der *pineta,* zum Strand 1 km. **Lage/Anfahrt:** Ab der SP158 ausgeschildert; **Untergrund:** Schotterrasen; **Ver-/Entsorgung:** Strom, Trinkwasser, Abwasser, Chemie-WC, Duschen, WC; **Sicherheit:** umzäunt, beleuchtet, bewacht; **Preise:** 15 €/Fahrz., Juli, August 20 €/Fahrz.; **Geöffnet:** 1. Mai bis 30. September.

Stellplatz

93 *Edilgarden e Oasi di Maremma, Marina di Grosseto*

42.72670°N 10.99149°E

Privater Stellplatz auf einem schön angelegten neuen Platz hinter der *pineta,* zum Strand 1 km. **Lage/Anfahrt:** Bei km 24 IV von der SP158 abbiegen, etwas holprige Zufahrt; **Platzanzahl:** 40; **Untergrund:** Schotterrasen; **Ver-/Entsorgung:** Strom, Trinkwasser, Abwasser, Chemie-WC, Dusche, WC, Waschmaschine, Grill; **Sicherheit:** umzäunt, beleuchtet, bewacht; **Preise:** 15 €/Fahrz., 15. Juli bis 31. August 18 €/Fahrz.; **Geöffnet:** ganzjährig; **Kontakt:** 58046 Marina di Grosseto, SP158 Collacchie, Loc. Pingrossino, Tel. +39 3389508714, www.oasidimaremma.it.

Stellplatz

94 *Via India, Grosseto*

42.77910°N 11.10753°E

Offizieller Stellplatz in der Nähe der *questura* (Polizeipräsidium) und der Feuerwehr, ca. 1,5 km vom Zentrum entfernt. Der Platz wird häufig von Schaustellern belegt. **Lage/Anfahrt:** In Grosseto fährt man zuerst auf der SP152 in Richtung Follonica, dann nach 4 km über die Via Nepal in die Via India. **Platzanzahl:** 10; **Untergrund:** Asphalt; **Ver-/Entsorgung:** Trinkwasser, Abwasser, Chemie-WC; **Sicherheit:** beleuchtet; **Preise:** kostenlos; **Geöffnet:** frei zugänglich; **Kontakt:** 58100 Grosseto, Via India/Via Marocco.

8.3.15: Platz an viel befahrener Straße, nur zum Übernachten E+V möglich

Stellplatz

95 *Parkplatz, Roselle*

42.82734°N 11.16337°E

Freie Stellmöglichkeit auf dem Parkplatz des archäologischen Parks. **Lage/Anfahrt:** Von Grossetto auf die SS223 bis zur Abfahrt „Roselle“, dann der Beschilderung „Ruderi Roselle“ folgen; **Platzanzahl:** 5; **Untergrund:** Schotter; **Preise:** kostenlos; **Geöffnet:** frei zugänglich.

Stellplatz

96 *Parkplatz, Alberese*

42.66974°N 11.10458°E

Offizielle Stellplätze auf dem Parkplatz des Naturparks Maremma, von hier gibt es einen Bustransfer in den Park. **Lage/Anfahrt:** Von der SS1 in Richtung Alberese am Ortseingang links, ausgeschildert mit „P“; **Ver-/Entsorgung:** Abwasser, Chemie-WC, Wasser gibt es nur an der Piazza, ein Schlauchanschluss ist nicht möglich, der Wasserhahn muss während der Entnahme gedrückt werden; **Untergrund:** Schotter; **Sicherheit:** beleuchtet; **Preise:** kostenlos; **Geöffnet:** frei zugänglich.

Camping

97 *Camping Village Talamone, Talamone*

42.56472°N 11.13917°E

Großer Platz mit guter Ausstattung, Pizzeria und Mini-Markt. Am Hang mit schönem Blick auf die Bucht und Talamone. **Lage/Anfahrt:** Von der SS1 in Richtung Talamone, ca. 1 km vor dem Ort; **Platzanzahl:** 300; **Untergrund:** Wiese, Sand; **Ver-/Entsorgung:** Strom, Trinkwasser, Abwasser, Chemie-WC; **Sicherheit:** umzäunt, beleuchtet, bewacht; **Preise:** 10–18 €/Fahrz., 6–10 €/Pers.; **Geöffnet:** 1. April bis 30. September; **Kontakt:** 58015 Orbetello, Via Talamone km 13, Tel. +39 0564887026, www.talamonecampingvillage.com.

109to Abb.: gg

9.3.15
Sieht irgendwie anders aus, kl. Damm zum Meer aufgeschüttet, aber frei zugänglich

Stellplatz

98 *Fonteblanda, Talamone*

42.56337°N 11.15703°E

Traumhafter Privatplatz direkt am Strand, absolute Seltenheit an der Küste! Schöne Sicht auf Talamone und Orbetello, in der Hauptsaison inkl. Bustransfer nach Talamone. **Lage/Anfahrt:** Von der SS1 in Richtung Talamone, an der Abzweigung nach Fonteblanda ca. 1,5 km vorbeifahren und nach einer Brücke sofort links in Richtung Strand abbiegen; **Platzanzahl:** 15; **Untergrund:** Schotter; **Preise:** 12 €/Fahrz., Nebensaison kostenlos; **Geöffnet:** frei zugänglich.

Stellplatz

99 *Ai Delfini, Albinia*

42.50861°N 11.19389°E

Privater Platz mit Restaurant direkt an der Bucht. **Lage/Anfahrt:** Von der SS1 in Richtung Campeggio abfahren; **Platzanzahl:** 100; **Untergrund:** Schotterrasen; **Ver-/Entsorgung:** Strom, Trinkwasser, Abwasser, Chemie-WC; **Sicherheit:** umzäunt, beleuchtet, bewacht; **Preise:** 30 €/Fahrz.; **Geöffnet:** 1. April bis 30. Oktober; **Kontakt:** Andrea Mencattini, 58010 Albinia, Loc. Saline Breschi, Via Aurelia km 153, Tel. +39 0564870351.

Stellplatz

100 *Lanini Parco Sosta, Orbetello*

42.43354°N 11.15957°E

Gepflegter Privatplatz an der Abzweigung nach Porto San Stéfano, teilweise mit Hecken unterteilt, Bar, Laden, Duschen und WC. **Lage/Anfahrt:** Von der SS440 am Ende des nördlichen Zufahrtsdamms (SP36) zur Halbinsel Monte Argentario fahren; **Untergrund:** Schotterrasen; **Ver-/Entsorgung:** Strom, Trinkwasser, Abwasser, Chemie-WC; **Sicherheit:** umzäunt, beleuchtet, bewacht; **Preise:** 10 €/Fahrz., 8 €/Pers., inkl. Strom; **Max. Stand:** 3 Nächte; **Geöffnet:** ganzjährig; **Kontakt:** 58015 Orbetello, Loc. Santa Liberata, Tel. +39 0564820102, Mobil 360709528, www.lanini.it.

▲ *Der Stellplatz von Talamone liegt direkt am Strand*

Stellplatz

(101) *Parcheggio Idealviaggi, Porto Ércole*

42.41566°N 11.20685°E

Privater Parkplatz mit Stellmöglichkeit für Wohnmobile, nicht sehr ansprechend, Bus nach Porto Ércole. **Lage/Anfahrt:** Von der SS440 nach 5 km in Richtung Feniglia abiegen, dann sofort auf den Platz an der rechten Seite fahren; **Platzanzahl:** 20; **Untergrund:** Schotter; **Sicherheit:** umzäunt, beleuchtet; **Preise:** 10 €/Fahrz.; **Geöffnet:** 1. Mai bis 30. September; **Kontakt:** Tel. +39 0564635424.

Stellplatz

(102) *Parcheggio da Renzo, Porto Ércole*

42.41501°N 11.20765°E

Privater Park- und Stellplatz mit sehr einfachen Einrichtungen wie WC und Spülbecken, direkt neben Parcheggio Idealviaggi. **Lage/Anfahrt:** Anfahrt wie Parcheggio Idealviaggi; **Platzanzahl:** 20; **Ver-/Entsorgung:** Strom, kein Trinkwasser; **Sicherheit:** beleuchtet; **Preise:** 13 €/Fahrz.; **Geöffnet:** 1. April bis 30. September.

Stellplatz

(103) *Area Sosta Camper Le Miniere, Porto Ércole*

42.41752°N 11.20401°E

Nett gestalteter Privatplatz an der Lagune. **Lage/Anfahrt:** Direkt vor der Abzweigung nach Feniglia links; **Platzanzahl:** 40; **Untergrund:** Schotter; **Ver-/Entsorgung:** Strom, Trinkwasser, Abwasser, Chemie-WC; **Sicherheit:** beleuchtet; **Geöffnet:** Ostern bis 30. September; **Kontakt:** Tel. +39 3357719337.

PITTORESKE STÄDTE, ETRUSKISCHE HOHLWEGE UND WARME QUELLEN

Das grüne Hügelland der Maremma liegt etwas abseits der üblichen Touristenrouten, doch hier kann man mittelalterliche Perlen wie Magliano und Semproniano entdecken. Satúrnia mit seinen heilkräftigen Thermalquellen ist hingegen inzwischen weithin bekannt. Es ist schon ein außergewöhnliches Erlebnis, in den natürlichen Sinterterrassen im warmen Thermalwasser zu baden. Spuren der Etrusker entdeckt man bei Sovana und Pitigliano: Die in den Tuffstein geschlagenen etruskischen Hohlwege sind ideal für einen schattigen Spaziergang an heißen Tagen. Spektakulär ist das Tomba Ildebranda bei Sovana, ein etruskisches Tempelgrab, und allein die Lage von Pitigliano auf einem Tuffsteinfelsen ist atemberaubend: Bis an den Abgrund gebaut drängeln sich die hohen Häuser der Stadt. Am Ende der Route steht ein Ausflug in die Region Latium zum Bolsenasee an. Auf schönen Stell- und Campingplätzen kann man hier einige Tage relaxen.

012to Abb.: gg

ROUTE 6

IM HÜGELLAND DER SÜDLICHEN MAREMMA

› Routenübersicht hinterer Umschlag innen

▲ *Pitigliano – wie aus dem Fels gewachsen*

STRECKENVERLAUF

Strecke:
Porto Ércole/Monte Argentario – Magliano in Toscana (30 km) – Satúrnia (50 km) – Abstecher nach Semproniano (hin und zurück 12 km) – Sovana (24 km) – Pitigliano (8 km) – Sorano (10 km) – Bolsena-See (30 km)

Streckenlänge:
ohne Abstecher ca. 152 km
mit Abstecher ca. 164 km

Für die Rückfahrt von Porto Ércole auf das Festland nimmt man die mittlere Landverbindung und kommt nach **Orbetello.** Im Ort besteht leider Parkverbot für Wohnmobile und auch der weithin bekannte Stellplatz am Mercato wird inzwischen von der Polizei geräumt. Ein Besuch des Ortes ist also nur per Fahrrad oder Motorroller von einem der umliegenden Stellplätze (siehe Stellplätze in Porto Ércole, S. 165) aus möglich. Sehenswert ist der Tempelfries aus Talamone im Stadtmuseum beim Dom.

Die Weiterfahrt geht zuerst auf der SS1 in Richtung Grosseto. Nach 7,5 km fährt man auf die SS74 ab, wechselt nach 4 km auf die SS323 und folgt dieser 11 km bis nach Magliano in Toscana.

MAGLIANO IN TOSCANA (30 km - km 30)

Abseits der großen Touristenströme liegt auf einem sanften Hügel das kleine Städtchen Magliano. Schon bei der Anfahrt sieht man die imposante **Stadtmauer,** die im 14. Jh. errichtet wurde, als Magliano unter der Herrschaft Sienas stand. Die Stadtbefestigung ist zu einem großen Teil restauriert. Bei einem Gang auf der Mauerkrone blickt man auf ein Gewirr von Dächern und Kaminen. Der Zugang ist mit „Accesso al Camminamento" ausgeschildert.

Zwischen den beiden Stadttoren, der Porta S. Giovanni und der Porta S. Martino, verläuft die Hauptachse Maglianos, der **Corso Garibaldi.** Hier hat man sich schon auf deutsche Urlauber eingestellt. In der *tabaccheria* gibt es verschiedene deutsche Tageszeitungen und Illustrierte. Ein paar wenige *enotece* und ein Tante-Emma-Laden freuen sich auf Kundschaft, ansonsten wird man hier noch von touristischen Beigaben wie Souvenirshops verschont.

Information

Pro Loco, 58051 Magliano in Toscana, Via dei Frantoi 2, Tel. +39 0564593056, Öffnungszeiten: Sa, So 15–18 Uhr

104 Parkplatz, Magliano in Toscana (s. S. 179)

Essen

Da Sandra, 58051 Magliano in Toscana, Via Garibaldi 20, Tel. +39 0564592196, montags und mittwochmittags geschlossen. Sehr gute Küche mit besonders leckeren *primi piatti* (s. S. 205).

Die SP160 führt durch das Hügelland der südlichen Maremma mit ihren Weinreben, Olivenbäumen und Zypressen vorbei an dem winzigen Dorf Pereta nach Scansano.

Picknickplatz

Schöner Platz mit herrlicher Aussicht zwischen Magliano und Pereta. GPS: 42.63960°N 11.31130°E

Oliven

Der Olivenbaum wurde von den Griechen eingeführt und ist heute im gesamten mediterranen Raum heimisch. Er wächst auf mageren Böden, verträgt aber keine Temperaturen unter 8 Grad. Wasser holt er sich durch meterlange Pfahlwurzeln aus tiefen Erdschichten. Bis zu 20 Jahre dauert es, bis ein Baum ausreichend Ertrag bringt. Geerntet werden die Oliven, indem man mit einer Art Rechen – heute gibt es ihn auch schon elektrisch – an den Ästen entlangfährt. Die Früchte fallen auf große, auf dem Boden ausgelegte Planen. Der größte Teil der Ernte wird zu Olivenöl verarbeitet. Bei der traditionellen Methode der Ölgewinnung werden die Früchte mitsamt ihren Kernen in Steinmühlen zu einem Brei verarbeitet. In einer rotierenden Mühle wird dieser zu einer feinen Paste gerieben, auf Matten gestrichen und in mehreren Lagen übereinander gelegt, bevor schließlich Schraubenpressen das köstliche Olivenöl herauspressen. Aus dieser ersten, kalten Pressung kommt ein goldfarbenes, hochwertiges Öl. Für die zweite Pressung wird die Paste erhitzt und noch einmal gepresst. Dieses minderwertigere Öl ist leicht grünlich. Der übrig gebliebene Trester wird als Futtermittel oder auch industriell (z. B. zur Seifenherstellung) verwendet.

111to Abb.: gg

Weinliebhabern ist **Scansano** durch seinen Morellini bekannt, einen kräftigen rubinroten Wein, der oft gemeinsam mit dem berühmten Brunello genannt wird. Im *centro storico* gibt es einladende Weinhandlungen, in denen der edle Tropfen zur Verkostung gereicht wird. Scansano wirbt auch mit vielen *prodotti tipici* wie delikaten Käsesorten und Salami, um die Gourmets unter den Touristen anzulocken.

Einkaufen

Salumiere Simone, 58054 Scansano, Via V. Emanuele II 14, Tel. +39 0564507400. Eine ausgezeichnete Käse- und Salamiauswahl, die man auch kosten darf.
Enoteca Scansanese, 58054 Scansano, Via XX Settembre 15/17, Tel. +39 0564507263. Große Weinauswahl und *prodotti tipici,* allerdings etwas überteuert.

Parken in Scansano

Parkplätze findet man in Fahrtrichtung Manciano hinter dem Ort (enge Ortsdurchfahrt).

Die Weiterfahrt auf der SP169 in Richtung Montemerano ist landschaftlich sehr schön. In **Montemerano** selbst wurde in den letzten Jahren vieles liebevoll renoviert und einige Großstädter haben sich hier ihr Feriendomizil geschaffen. In der Nebensaison begegnen einem fast nur ältere Menschen und sehr viele Katzen. Durch die hübsch dekorierten und mit vielen Blumen geschmückten Gassen schlendert man zur Bar Il Glicine am Ausgang der Altstadt.

Essen

Bar Il Glicine, 58014 Montemerano, Piazza Canzanelli. Sehr guter Capuccino.

SATÚRNIA (50 km – km 80)

Ein Geheimtipp sind die **Thermalquellen** von Satúrnia schon lange nicht mehr. In der Saison und an den Wochenenden tummeln sich viele italienische Gäste im warmen Wasser und auch deutsche Urlauber haben inzwischen die Heilquellen für sich entdeckt. Der Stellplatz Lé Alveare dei Pinzi ist daher immer gut besucht.

Es ist schon etwas Besonderes in den natürlichen Becken bei der alten Mühle im 37 Grad warmen Wasser zu baden. Gelegenheit dazu hat man, wenn man von Montemerano aus in einer Linkskurve (dort beginnt gut sichtbar ein Fahrradweg) links abbiegt. Hier gibt es einige Parkplätze und eine Bar. Dahinter – am besten man folgt seiner Nase, denn Schwefelgeruch liegt in der Luft – befindet sich das wunderbare natürliche Freibad. Das warme Thermalwasser stürzt in einem Wasserfall herab und sammelt sich in terrassenförmigen Sinterbecken. Diese sind frei und uneingeschränkt zugänglich und so ist der Badespaß sogar nachts im Mondschein möglich. Duschen und WCs gibt es allerdings nicht und so soll die Wasserqualität manchmal zu wünschen übrig lassen.

Wer es ganz hygienisch haben will, geht ins Thermalbad des 4-Sterne-Kurhotels Terme di Satúrnia, ein billiges Vergnügen ist dies allerdings nicht (Öffnungszeiten: 9.30–19 Uhr, Eintritt: 22 €).

▲ *Leider verschlossen: das alte Wirtshaus der Jäger*

112to Abb.: gg

◄ *Jedem sein eigenes Badebecken*

Das Thermalwasser soll gegen Arthrose, Rheuma und Bronchitis helfen und so mancher schwört auf die Linderung, die ihm die Bäder gebracht haben.

Wer noch Lust auf eine weitere Zeitreise ins Mittelalter hat, der sollte unbedingt zwischen Satúrnia und Sovana noch einen Abstecher nach Semproniano unternehmen! Auf der SP10 ist das hübsche Städtchen bald erreicht.

105 ***Lé Alveare dei Pinzi, Satúrnia*** ***(s. S. 179)***

106 ***La Quercia, Satúrnia*** ***(s. S. 179)***

ABSTECHER NACH SEMPRONIANO

(hin und zurück 12 km)

In Seproniano scheint das Mittelalter noch lebendig zu sein. Das sehr gut erhaltene mittelalterliche Ortsbild mit kleinen verwinkelten Gassen wird durch keinerlei Bausünden gestört. Ausgetretene gepflasterte Treppenwege führen alle irgendwann zum höchsten Punkt, auf dem sich die **Rocca Aldobrandesca** aus dem 12. Jh. befindet. Viel ist von der Burg der adeligen Familie Aldobrandesca nicht mehr übrig, aber der Blick ist einfach wunderschön. Ebenfalls hier oben steht die kleine romanische **Chiesa di Santa Croce** mit ihrem bemerkenswerten mittelalterlichen Holzkreuz.

▼ *Ein lauschiges Plätzchen in Semproniano*

113to Abb.: gg

Leider gibt es in Semproniano keinen offiziellen Stellplatz, Parkmöglichkeiten findet man entlang der Zufahrtsstraße.

Zurück auf der eigentlichen Route befindet sich ca. einen Kilometer vor Sovana links der Straße das **Tomba Ildebranda** (GPS: 42.65812°N 11.63546°E, Öffnungszeiten: Apr.–Juli, Sept., Okt. 10–19 Uhr, Nov.–

März 10–17 Uhr, Aug. 10–20 Uhr, Eintritt: 5 €). Der Parkplatz liegt ca. 100 m weiter. Wenn man nicht aufpasst, ist man ganz schnell vorbeigefahren, denn vorher gibt es keine Ankündigung des Hildebrandgrabs.

Benannt wurde das Grab nach Ildebranda oder Hildebrand, dem späteren Papst Gregor VII., der in Sovana 1021 geboren wurde. Er war es, der 1076 Heinrich IV. mit dem Bann belegte und den legendären Gang nach Canossa erzwang. Das tempelartige Grab stammt allerdings schon aus dem 3. Jh. v. Chr. Von den ehemals 12 Säulen ist nur noch eine vollständig erhalten. Eindrucksvoll ist auch der *cavone,* ein langer Hohlweg mit bis zu 15 m hohen Tuffsteinwänden.

Essen

Novecento, 58055 Semproniano, Via Toscana 4, Tel. +39 0564986334, Mi geschlossen. Kleine, aber feine Karte.

SOVANA (24 km – km 104)

Sovana ist ein herausgeputztes kleines „Bilderbuchdorf“ aus grünlich-braunem und rotem Tuffstein. Gerade mal 130 Menschen wohnen hier, aber viele – vor allem deutschsprachige – Touristen, machen hier gern Station.

Bereits im 4. Jh. n. Chr. wurde Sovana zum Bischofssitz, dadurch erlangte es während der **Christianisierung** in der südlichen Toscana große Bedeutung. Zudem wurde das Gebiet bevorzugtes Ziel von Einsiedlern, die wesentlich zur Verbreitung des Christentums beitrugen.

An der Piazza del Pretorio steht die Hauptsehenswürdigkeit des Ortes, die **Chiesa Santa Maria.** Sie wurde im 13. Jh. erbaut und besitzt einige bemerkenswerte Fresken aus dem 16. Jh. Über dem Hauptaltar erhebt sich ein in der gesamten Toscana einzigartiges, vorromanisches **Ziborium** aus dem 8. Jh. – eine Art Baldachin aus weißem Marmor. Es besteht aus vier Säulen mit Kapitellen im korinthischen Stil, die eine achteckige Pyramide tragen.

Ebenfalls an der **Piazza del Pretorio** stehen der **Palazzo Pretorio** und der **Palazzetto dell'Archivio** aus dem 13. Jh. mit seinem schlanken Glockenturm. Hier befinden sich der Sitz der Gemeinde und das Stadtarchiv.

Eingerahmt wird das schmucke Dorf auf der einen Seite von der Rocca Aldobrandeschi (nicht zugänglich) und auf der anderen Seite vom **Duomo Pietro e Paolo.** Besonders imposant ist sein Seitenportal mit schön gearbeiteten Ornamentverzierungen. An der Stelle, wo heute der Dom steht, befand sich vermutlich auch die etruskische Akropolis.

In Sovana sind es aber eigentlich nicht einzelne Bauwerke, die es hervorzuheben gilt, sondern die Stadt ist ein harmonisches Ganzes.

Sehenswertes

Chiesa Santa Maria, 58010 Sovana, Piazza del Pretorio, Öffnungszeiten: 9–19 Uhr

Duomo Pietro e Paolo, 58010 Sovana, Via del Duomo, Öffnungszeiten: Mai–Sept. 10–13 Uhr und 14.30–19 Uhr, Okt.–Apr. 10–13 Uhr und 14.30–17 Uhr. Eintritt wird nicht verlangt, es wird aber erwartet, dass man im Buchladen etwas kauft. Es gibt einiges auch in deutscher Sprache, unter anderem Kochbücher.

Essen

Taverna Etrusca, 58010 Sovana, Piazza del Pretorio 16, Tel. +39 0564616183. Gute Gerichte der Region, etwas teuer.

107 Parkplatz, Sovana ***(s. S. 179)***

Wanderung zu den etruskischen Gräbern

Von der Piazza del Pretorio in Sovana geht es immer der Via del Duomo nach bis kurz vor den Dom, der außerhalb der Stadt auf einem Bergrücken thront. Hier steigt man rechts die Treppenstufen hinab bis zur Straße, wo einem schon einige in den Tuffstein geschlagene ***Keller*** *auffallen, die wahrscheinlich auf die Etrusker zurückgehen. Man folgt der Straße durch einen 120 m langen Tunnel und noch weitere 300 m, bis es links zu einem Picknickplatz geht. Über die Brücke kommt man zu einem Haus, in dem es in der Hauptsaison Eintrittskarten zur Besichtigung der Gräber gibt. In der Nebensaison wird kein Eintritt verlangt. Man geht die Treppen in den Wald empor, immer der Beschilderung „Tomba della Sirena" folgend. An einigen älteren Grabkammern vorbei kommt man zur großen* ***Nekropole.*** *Das* ***Tomba della Sirena*** *mit seinem großen Portal ist das eindrucksvollste Grab. Die Vorderseite zieren geheimnisvolle Inschriften und eine Figur, die an eine Sirene, ein Fabelwesen aus der griechischen Mythologie, erinnern soll. Das Grab stammt aus dem 3. Jh. v. Chr. und wurde 1843 vom Engländer S. J. Ainsley entdeckt.*

Nach der Besichtigung der Nekropole geht man auf demselben Weg zurück und an der nächsten Gabelung des Wanderweges weiter geradeaus in Richtung Via Cava di San Sebastiano. Dabei handelt es sich um eine etruskische Straße zwischen bis zu 30 m hohen Felswänden. Leider kann man sie nicht durchwandern, deshalb läuft man zurück bis zum Picknickplatz und zur Straße. Hier muss man sich entscheiden, ob man zurück nach Sovana geht oder noch 200 m die Straße entlang bis zum Kartenschalter des Tomba Ildebranda (s. S. 171).

Für diese leichte Wanderung braucht man etwa 1:30 Std.

114to Abb.: gg

◀ *Das Tomba della Sirena*

Kleine Wanderung auf der Via Cave d. S. Giuseppe

In der näheren Umgebung von Pitigliano gibt es viele sogenannte „Vie Cave", Wegsysteme, die die Etrusker in den Tuffstein gegraben haben. Diese ***Etruskerstraßen*** *sind zum Teil mit ausgeklügelten Entwässerungssystemen versehen.*

Die Wanderung beginnt genau vor der Brücke über den Lente (GPS: 42.63503°N 11.65932°E). Man folgt der Ausschilderung „Vie Cave di S. Giuseppe" zunächst vorbei an Gärten und dann durch den engen, von Tuffsteinwänden gesäumten Hohlweg. Kurz danach, bei einem Picknickplatz, passiert man eine ***etruskische Nekropole*** *und schon bald folgen die nächsten imposanten Hohlwege aus etruskischer Zeit. Man folgt immer dem mit einem Holzgeländer eingefassten Weg und der Ausschilderung „Fontana dell'Olmo". Am Steinbrunnen der Fontana dell'Olmo kann man die Ruhe und die friedliche Atmosphäre dieses schönen Plätzchens so richtig genießen. Zurück geht es auf gleichem Weg.*

Die Wegstrecke verläuft ohne erhebliche Steigungen, ist aber etwas uneben und bei Nässe rutschig. Dauer der Wanderung: ca. 1 Std.

115to Abb.: gg

Nur wenige Kilometer sind es von Sovana über die SP22 und die SP46 nach Pitigliano. Bevor man, kurz vor Pitigliano, in einer Rechtskurve den Fluss Lente überquert, sollte man eine kleine, aber feine Wanderung über die beeindruckende Via Cave d. S. Giuseppe machen. Am linken Straßenrand der SP46 ist gerade so viel Platz, um ein Wohnmobil zu parken, eine Übernachtung ist hier nicht möglich.

PITIGLIANO (8 km - km 112)

Information

Touristeninformation, 58017 Pitigliano Piazza Garibaldi 51, Tel. +39 0564617111, www.comune.pitigliano.gr.it, Öffnungszeiten: Di-So 9.30-13 Uhr und 16-19 Uhr

Wer Pitigliano sieht, hat das Gefühl, die Stadt wächst gleichsam aus dem großen Tuffsteinplateau heraus. Dicht gedrängt stehen die hohen Häuser direkt am Abgrund. Die beste Sicht hat man von der Straße nach Manciano (SS74) bei der Chiesa Madonna dell Grazie. Am besten kommt man am Abend hierher, dann erstrahlt die Stadt in ihrer ganzen Schönheit.

Der Palast der Adelsfamilie Orsini **(Palzzo Orsini)** an der Piazza della Repubblica ist das imposanteste Gebäude im *centro storico.* Innen befinden sich gleich zwei Museen, eines mit sakralen Kunstgegenständen und Folterinstrumenten und eines mit etruskischen Fundstücken.

Über die links von der Piazza della Repubblica abgehende Via Zuccarelli kommt man ins ehemalige **jüdische Getto.** Die Geschichte Pitiglianos ist stärker als die aller anderen Orte der Maremma von den Juden geprägt, die im 16. Jh. hier Zuflucht vor Verfolgung und Vertreibung fanden. Die Stadt wurde sogar *Piccola Gerusalemme* (das kleine Jerusalem) genannt. Im **Jüdischen Museum** wird die Lebensweise der jüdischen Bevölkerung anschaulich dargestellt. Gezeigt werden eine Bäckerei für koschere Backwaren, ein Schlachthaus, eine Färberei, ein Weinkeller und das rituelle Bad. Die Synagoge kann ebenfalls besichtigt werden, für Männer ist es allerdings Pflicht, eine Kippa (traditionelle jüdische Kopfbedeckung) zu tragen. Sie liegen am Eingang aus. Nach dem Museumsbesuch sollte man in die **Panificio del Ghetto** gehen. Hier gibt es *pane azzimo,* ungesäuertes Brot, und *lo sfratto,* ein stabförmiges Gebäck mit Nüssen und Honig.

Beim Bummel durch die engen, teilweise sogar im Sommer recht dunklen Gassen wird man immer wieder auf bröckelnde Fassaden stoßen. Nur langsam beginnt die Stadt, vom großen Kuchen des Tourismus zu profitieren. Einige Läden mit exquisten Marmeladen und *sugos* (Pastasoßen) wurden in den letzten Jahren eröffnet. Antike Möbel suchen neue Besitzer und Weinliebhaber sollten den Bianco di Pitigliano, einen feinen, herben Weißwein, oder vielleicht den koscheren Piccola Gerusalemme versuchen. Gelagert werden die Weine vielfach in den Tuffsteinkellern unterhalb der Stadt. Hier, wo früher Menschen lebten, reifen heute edle Tropfen heran.

Parken

Parkplätze in Pitigliano sind absolute Mangelware, deshalb sollte man auf dem beschriebenen Stellplatz an der Piazza P. Nenni parken (s. S. 179).

▼ *Die Stadtansicht von Pitigliano wirkt beinahe gespenstisch*

116to Abb.: gg

Außerhalb der Stadt befindet sich das **Museo Archeologico all'Aperto „Alberto Manzi"**. Hier im weitläufigen Freiluftmuseum können etruskische Nekropolen und die Via Cava del Grandone, ein von den Etruskern in den Tuffstein geschlagener Hohlweg, erwandert werden.

Sehenswertes

Palazzo Orsini, 58017 Pitigliano, Piazza della Repubblica, Tel. +39 0564616074, Öffnungszeiten: Di-So 10-19 Uhr, Eintritt: 3 €

Museo Civico, 58017 Pitigliano, Palazzo Orsini, Öffnungszeiten: Di-So 10-13 Uhr und 15-18 Uhr, Eintritt: 2,50 €

Jüdisches Museum, 58017 Pitigliano, Via Zuccarelli, Öffnungszeiten: Dez.-Feb. 10-12.30 Uhr und 15-17.30 Uhr, März-Mai, Okt.-Nov. 10-12.30 Uhr und 15-18 Uhr, Juni-Sept. 10-12.30 Uhr und 15.30-18.30 Uhr, Eintritt: 3 €, Synagoge Sa geschlossen

Museo Archeologico all'Aperto „Alberto Manzi", 58017 Pitigliano, man fährt von Pitigliano auf der SS74 bis zur Kreuzung mit der SP25 und der SR127, der Park liegt an der SR127 in Richtung Pantano bzw. S. Quirico, GPS: 42.62890°N 11.66990°E, Tel. +39 3381372828, Öffnungszeiten: Di-So 10-13 Uhr und 15-19 Uhr, Eintritt: 4 €

Essen

Hosteria del Ceccottino, 58017 Pitigliano, Piazza San Gregorio VII 64, Tel. +39 0564614273. Sehr gutes Essen bei freundlichem Service und zu normalen Preisen.

La Chiave del Paradiso, 58017 Pitigliano, Via Vignoli 209, Tel. +39 0564614141. Eines der preiswertesten Lokale der Stadt, was sich aber nicht auf die Qualität auswirkt.

Il Tufo Allegro, 58017 Pitigliano, Vicolo della Costituzione 5, Tel. +39 0564616192. Mit vielen Auszeichnungen versehenes Lokal, was sich auch in den Preisen widerspiegelt.

Einkaufen

Delizie di Ghiottornia, 58017 Pitigliano, Via Roma 130, Tel. +39 0564615576. Eine große Auswahl an Marmeladen, Weingelees und Pastasoßen. Alessandro und Helga arbeiten mit vielen kreativen Ideen bei der Herstellung ihrer allerdings nicht billigen Köstlichkeiten.

Narcisi & Bussi, 58017 Pitigliano, Via Santa Chiara 70, Teil. +39 0564614425, Öffnungszeiten: 8.30-13 Uhr und 15-20 Uhr. Große Weinhandlung der Cantina di Pitigliano in einem Tuffsteinkeller. Zu kaufen gibt es außerdem Käse, Schinken und Salami aus der Region.

108 ***Piazza P. Nenni, Pitigliano (s. S. 179)***

109 ***Il Pantano, Pitigliano (s. S. 180)***

110 ***Agricamping Poggio del Castagno, Pitigliano (s. S. 180)***

Die Parkplatzsituation in Pitigliano ist sehr angespannt und der offizielle Stellplatz liegt deshalb gut einen Kilometer vom Zentrum entfernt. Nachts ist es zwar ruhig, der Parkplatz lädt trotzdem nicht zum Verweilen ein. Ein Tipp: Fahren Sie nach der Besichtigung zum privaten Stellplatz **Il Pantano** (s. S. 180). Sie werden herzlich aufgenommen und der Platz mit eigenem Badesee ist einfach traumhaft.

Von Pitigliano fährt man zunächst auf der Straße SP46 Richtung Sovana und biegt dann nach Sorano (SP22) ab. Allein schon die Anfahrt durch die in den Tuffstein geschlagene SP22 ist beeindruckend.

SORANO (10 km - km 122)

Auf einem Tuffsteinfelsen in 379 m Höhe schwebt Sorana, die letzte der drei Tuffsteinstädte in der südlichen Toscana. Unübersehbar sind die wehrhaften Befestigungen der **Fortezza Orsini** und des **Masso Leopoldino.** Einem gestrandeten Schiff gleich, liegt der Masso Leopoldino, ein riesiger Tuffsteinblock, mitten in der Altstadt. Man kann über die Piazza del Poggio hinaufsteigen und über die Dächer hinweg ins Tal des Lente schauen. Die Orsiniburg gilt als uneinehmbar. Wenn man vom Parkplatz bei der Fortezza auf die imposante Bastion zugeht, glaubt man das sofort.

Sehenswertes

Masso Leopoldino, Öffnungszeiten: 10–19 Uhr, Eintritt: frei

Fortezza Orsini, Öffnungszeiten: Okt.-März Sa, So 10–13 Uhr, Apr.-Sept. Di–So 10–13 Uhr und 15.30–19 Uhr, Eintritt: 2,50 €

Nun wird man der Toscana für einen kurzen „Seitensprung" nach Latium an den Bolsena-See untreu. Von Sorana über San Quirico und Gradoli ist der See schnell erreicht. Er hat einen Durchmesser von ungefähr 14 km und ist bis zu 140 m tief. Beim Bolsena-See handelt es sich um eine wassergefüllte Caldera, einen Vulkankessel, der bei einer enormen vulkanischen Explosion, die vor Millionen Jahren stattgefunden hat, entstanden ist.

Information

Ufficio Tursimo, 58010 Sorana, Piazza Buratti, Tel. +39 0564633099, Öffnungszeiten: Mai–Sept. 10–13 Uhr und 15–19 Uhr, Okt.-Apr. nur samstags

Parken

Parkplatz bei der Fortezza Orsini (GPS: 42.68145°N 11.71568°E). Von Sovana kommend am Ortsrand vorbei bergauf und der Beschilderung „P Fortezza Orsini" oder „S. Quirico" folgen.

111 Parkplatz, Sorano (s. S. 180)

BOLSENA (30 km - km 152)

Information

Ufficio Tursimo, 01023 Bolsena, Piazza Matteotti, Öffnungszeiten: 9.30–12.30 Uhr, Sa auch 16–19 Uhr

Bolsena, von den Etruskern gegründet, hat einen hübschen Altstadtkern. An der Piazza Matteotti steht die **Chiesa San Francesco** aus dem 13. Jh. mit einem angeschlossenen Franziskanerkloster. Heute sind in der ehemaligen Klosteranlage die Stadtverwaltung und eine Bibliothek untergebracht. Durch das Stadttor aus dem 16. Jh. kommt man auf die Einkaufsstraße **Via Cavour** mit ihren vielen Läden. Hier findet jeder, was er sucht. Besonders schön angelegt ist die Uferpromenade mit schattigen Platanen und unzähligen Hortensienbüschen und der Stellplatz Guadetto sorgt für ein paar angenehme Tage am See.

117to Abb.: gg

Das Blutwunder von Bolsena

Um Bolsena rankt sich eine Legende aus der Kirchengeschichte: Christina, die Tochter heidnischer Eltern, wurde von einer Freundin zum Christentum bekehrt. Ihr Vater ließ sie daraufhin in einen Turm am Bolsena-See einsperren und wollte sie somit zwingen, dem christlichen Glauben abzuschwören. Sie aber blieb unbeirrt in ihrem Glauben und starb den Märtyrertod.

Ein Mönch aus Prag hegte später Zweifel an der von der katholischen Kirche propagierten Verwandlung von Wein und Hostie in das Blut und den realen Leib Jesu. Er machte sich deshalb 1263 auf eine Pilgerreise nach Rom. Unterwegs bat er Gott bei einer Messe in der der Märtyrerin Christina geweihten Kirche in Bolsena um ein Zeichen. Gott erhörte ihn und während der Eucharistie tropfte plötzlich Blut aus der Hostie auf das Altartuch. Der Papst erkannte dies als Wunder an und erhob das (in Belgien begründete) Fronleichnamsfest (Corpus Christi) zum allgemeinen Kirchenfest.

Essen

Osteria del Borgo Dentro, 01023 Bolsena, Corso Cavour 5, Tel. +39 0761797167. Große Auswahl an guten Pizzen.

112 Camping Pineta, Bolsena (s. S. 180)

113 Guadetto, Bolsena (s. S. 181)

114 Lungolago, Bolsena (s. S. 181)

115 Agriturismo Le Calle, Bolsena (s. S. 181)

Einkaufen

Punta Pasta di Dottarelli Daniela, 01023 Bolsena, Corso Cavour 15, Tel. +39 0761797092. Bei der freundlichen Daniela bekommt man ausgezeichnete frische Pasta und Sugos.

STELLPLÄTZE ENTLANG DER ROUTE

◀ *Die Sonne versinkt hinter dem Bolsena-See*

Stellplatz

104 *Parkplatz, Magliano in Toscana*

42.59726°N 11.29270°E

Freie Stellmöglichkeit auf einem Parkplatz mit zwei Ebenen am Ortsrand. Schöner Blick auf die Stadtmauer. **Lage/Anfahrt:** An der Ortseinfahrt links in die Via della Madonna einbiegen, ausgeschildert mit „P“, die Abfahrt zur zweiten Ebene ist steil; **Platzanzahl:** 3; **Untergrund:** Asphalt; **Ver-/Entsorgung:** Trinkwasser; **Sicherheit:** beleuchtet; **Preise:** kostenlos; **Geöffnet:** frei zugänglich; **Kontakt:** 58051 Magliana in Toscana, Via della Madonna.

Stellplatz

105 *Lé Alveare dei Pinzi, Satúrnia*

42.65597°N 11.50346°E

Privater Stellplatz, beinahe das ganze Jahr über sehr gut besucht, umgeben von Wiesen, Bustransfer zur Therme und zum Badeplatz an der alten Mühle. **Lage/Anfahrt:** In Richtung Ort (Satúrnia), ausgeschildert, ca. 1 km zur Therme und zum Badeplatz bei der alten Mühle; **Platzanzahl:** 100; **Untergrund:** Schotter; **Ver-/Entsorgung:** Strom, Trinkwasser, Abwasser, Chemie-WC; **Sicherheit:** umzäunt, beleuchtet, bewacht; **Preise:** 14 €/Fahrz. für 24 Std., wer nur hier parkt, bezahlt 5 €/Std., Strom 2 € pro 24 Std.; **Geöffnet:** ganzjährig, Tel. +39 3383069971.

Stellplatz

106 *La Quercia, Satúrnia*

42.66731°N 11.50444°E

Enges, kleines Privatgelände am Ortsrand. **Lage/Anfahrt:** In Richtung Ort (Satúrnia), ausgeschildert; **Platzanzahl:** 40; **Untergrund:** Schotter; **Ver-/Entsorgung:** Strom, Trinkwasser, Abwasser, Chemie-WC; **Sicherheit:** umzäunt, beleuchtet, bewacht; **Preise:** 15 €/Fahrz., inkl. Strom; **Geöffnet:** ganzjährig; **Kontakt:** 58050 Satúrnia, Via Aurinia, Tel. +39 0564870694, www.viaggivacanze.org.

Stellplatz

107 *Parkplatz, Sovana*

42.65762°N 11.64315°E

Freie Stellmöglichkeit auf einem ruhigen Parkplatz direkt am Ortsrand. **Lage/Anfahrt:** In Sovana dem Parkplatzschild folgen, am ersten gebührenpflichtigen Parkplatz vorbei, nach 100 m folgt ein zweiter, kostenloser Parkplatz; **Platzanzahl:** 10; **Untergrund:** Schotter; **Preise:** kostenlos; **Geöffnet:** frei zugänglich.

Stellplatz

108 *Piazza P. Nenni, Pitigliano*

42.63731°N 11.67985°E

Offizielle Stellplätze auf einem Parkplatz auch für Pkws, der an ein Wohn- und Industriegebiet grenzt. **Lage/Anfahrt:** Durch Pitigliano in Richtung Orvieto, am Ende des Ortes beim Krankenhaus *(ospedale)* rechts (Via S. Anna), ausgeschildert; **Platzanzahl:** 10; **Untergrund:** Asphalt; **Sicherheit:** beleuchtet; **Preise:** kostenlos; **Geöffnet:** frei zugänglich; **Kontakt:** 58017 Pitigliano, Piazza P. Nenni.

Stellplatz

109 *Il Pantano,Pitigliano*

42.62688°N 11.70096°E

Dieser Privatplatz ist ein guter Tipp für Naturliebhaber! Wunderschöner, großzügiger und gepflegter Platz mit eigenem Naturbadesee und vielen Tieren (Hunde, Katzen, Hasen). Absolut ruhig in ländlicher Umgebung, sehr freundliche Besitzerin. **Lage/Anfahrt:** Von Pitigliano in Richtung Manciano, an der Kreuzung hinter der Kirche Madonna della Grazie in Richtung S. Quirico auf die SR127 abbiegen, zwischen km 7 IV und III liegt links der Platz. **Platzanzahl:** 6; **Untergrund:** Wiese; **Ver-/Entsorgung:** Strom, Trinkwasser, Abwasser, Chemie-WC, Dusche, WC, Waschmaschine, Grillplätze; **Sicherheit:** umzäunt, beleuchtet, bewacht; **Preise:** 8 €/Fahrz., 6 €/Pers.; **Geöffnet:** 1. Dezember bis 31. Oktober; **Kontakt:** 58017 Pitigliano, Loc. Pantano, Tel. +39 3296880960, www.agriturismoilpantano.com.

Stellplatz

110 *Agricamping Poggio del Castagno, Pitigliano*

42.61983°N 11.71166°E

Privater Platz in schöner, ruhiger Lage an einem Bauernhof, mit einfacher Ausstattung. Die Signora kocht abends, familiäre Aufnahme. **Lage/Anfahrt:** Von Pitigliano in Richtung Manciano, an der Kreuzung hinter der Kirche Madonna della Grazie in Richtung S. Quirico auf die SR127 abbiegen, kurz hinter km 6 rechts in die Strada della Sconfitta und 3,3 km zum Platz, die letzten 200 m auf holpriger, unbefestigter Straße; **Platzanzahl:** 20; **Untergrund:** Schotterrasen; **Ver-/Entsorgung:** Strom, Trinkwasser, Abwasser, Chemie-WC; **Sicherheit:** umzäunt, beleuchtet, bewacht; **Preise:** 10 €/Pers.; **Geöffnet:** ganzjährig; **Kontakt:** 58017 Pitigliano, Poggio del Castagno, Tel. +39 0564615545.

Stellplatz

111 *Parkplatz, Sorano*

42.68089°N 11.71079°E

Freie Stellmöglichkeit auf einem öffentlichen Parkplatz, ca. 300 m vom Zentrum entfernt. **Lage/Anfahrt:** Von Sovana kommend vor dem Ort in einer Linkskurve der SP22 zum Parkplatz abbiegen; **Platzanzahl:** 4; **Untergrund:** Asphalt; **Sicherheit:** beleuchtet; **Preise:** kostenlos; **Geöffnet:** frei zugänglich.

Camping

112 *Camping Pineta, Bolsena*

42.64418°N 11.97678°E

Ca. 800 m vom Zentrum in ruhiger Seelage. **Lage/Anfahrt:** Am Ortsrand in Richtung See abbiegen, ausgeschildert; **Platzanzahl:** 60; **Untergrund:** Schotterrasen; **Ver-/Entsorgung:** Strom, Trinkwasser, Abwasser, Chemie-WC; **Sicherheit:** umzäunt, beleuchtet, bewacht; **Preise:** 8 €/Fahrz., 5 €/Pers., Strom 1 €; **Geöffnet:** 20. März bis 31. Oktober; **Kontakt:** 01023 Bolsena, Viale Armando Diaz 48, Tel. +39 0761796905, www.campingpinetabolsena.it.

118to Abb.: gg

Viel besucht: der freie Stellplatz am Bolsena-See

Stellplatz

113 *Guadetto, Bolsena*

42.63686°N 11.98755°E

Private Stellplätze auf einem schönen ruhigen und schattigen Platz mit guter Ver- und Entsorgung, ca. 800 m bis zum Zentrum, vom See durch den Zufahrtsweg getrennt. **Lage/Anfahrt:** Am Ortsrand Richtung *lungolago* (Uferstraße) abbiegen, ausgeschildert; **Platzanzahl:** 50; **Untergrund:** Wiese; **Ver-/Entsorgung:** Strom, Trinkwasser, Abwasser, Chemie-WC; **Sicherheit:** umzäunt, beleuchtet, bewacht; **Preise:** 13 €/Fahrz.; **Geöffnet:** ganzjährig (wenn geschlossen, bitte anrufen); **Kontakt:** 01023 Bolsena, Via della Chiusa/Viale Cadorna, Tel. +39 0761798972.

Stellplatz

114 *Lungolago, Bolsena*

42.63652°N 11.98484°E

Freie Stellmöglichkeit auf einem Parkplatz mit hohen Pinien, nur durch den *lungolago* vom See getrennt. An den Wochenenden und in der Saison völlig überlaufen. **Lage/Anfahrt:** In Bolsena auf Höhe der Ortseinfahrt zum *lungolago* abbiegen, dann links und sofort nach einer kleinen Brücke links zum Stellplatz, ca. 50 m vor dem Stellplatz Guadetto; **Untergrund:** Asphalt; **Ver-/Entsorgung:** Wasser ca. 50 m weiter am Kreisverkehr vor Stellplatz Guadetto links an einer Grünfläche; **Sicherheit:** beleuchtet; **Preise:** kostenlos; **Geöffnet:** frei zugänglich.

Stellplatz

115 *Agriturismo Le Calle, Bolsena*

42.62861°N 11.99778°E

Privater Platz bei einem Bauernhof, Verkauf von eigenen Produkten, 1,5 km von Bolsena entfernt, 200 m bis zum Strand. **Lage/Anfahrt:** Ab der SS2 ausgeschildert; **Platzanzahl:** 15; **Untergrund:** Wiese; **Ver-/Entsorgung:** Strom, Trinkwasser, Abwasser, Chemie-WC; **Sicherheit:** umzäunt, beleuchtet, bewacht; **Preise:** 17 €/Fahrz., inkl. 2 Pers., 2,50 €/Hund; **Geöffnet:** 1. März bis 31. Oktober; **Kontakt:** 01023 Bolsena, Fornacella 11, Via Cassia, Tel. +39 0761797041.

ÜBER DEN MONTE AMIATA ZU DEN WEINORTEN MONTALCINO UND MONTEPULCIANO

Das Gebiet um den erloschenen Vulkan Monte Amiata hat vor allem im Herbst seinen besonderen Reiz. Es gilt bunte Kastanien- und Buchenwälder zu Fuß auf einsamen Pfaden zu erkunden. Auf den vielen Herbstfesten werden nach alten Rezepten hergestellte, leckere Köstlichkeiten aus Kastanien und Steinpilzen angeboten und für Wohnmobilreisende ist eine gute Infrastruktur vorhanden. Für den Weinliebhaber gibt es in dieser Gegend zwei besonders edle Tropfen zu kosten. Der Brunello aus Montalcino und der Vino Nobile aus Montepulciano sind kräftige Rotweine mit weltbekannten Namen. Das liebenswerte Pienza, die Musterstadt der Renaissance, wird in den Sommermonaten von Touristen nahezu überrannt. Im Herbst und Winter dagegen wird man dem Charme des kleinen Städtchens sicher erliegen. Peccorino, Wein direkt vom Hersteller und eine kreative „osteria" locken den Gourmet nach Cetona. Erfrischende Abkühlung gibt es zum Schluss am Lago Trasimeno im toscanisch-umbrischen Grenzgebiet.

013to Abb.: gg

ROUTE 7

VOM BOLSENA-SEE ZUM TRASIMENISCHEN SEE

› Routenübersicht hinterer Umschlag innen

▶ *Umgeben von Olivenbäumen und Weinreben – die Abbazia di Sant'Antimo*

119to Abb.: gg

STRECKENVERLAUF

Strecke:
Bolsena-See – Radicofani (47 km) – Abbadia San Salvatore (18 km) – Monte Amiata (12 km) – Santa Fiora (14 km) – Montalcino (41 km) – S. Quirico d'Orcia (15 km) – Abstecher: Bagno Vignoni und Castiglione d'Orcia (hin und zurück 18 km) – Pienza (10 km) – Montepulciano (14 km) – Cetona (26 km) – Chiusi (10 km) – Castiglione del Lago (23 km)

Streckenlänge:
ohne Abstecher ca. 230 km
mit Abstecher ca. 248 km

Ver-und Entsorgung
GPS: 42.74216°N
11.86273°E
(Acquapendente)

In Bolsena wählt man die SS2 (Via Cassia), die über San Lorenzo Nuovo und Aquapendente in nordwestliche Richtung führt. Nach ca. 39 km zweigt rechts die SP24 zum ersten Etappenziel, Radicofani, ab.

RADICOFANI (47 km – km 47)

Information
Pro Loco, 53040 Radicofani, Via Roma 62, Öffnungszeiten: Juni–Aug. 10–13 Uhr und 16–18 Uhr, übrige Zeit nur Sa, So

116 Parkplatz, Radicofani (s. S. 207)

In der Borgo von Radicofani scheint die Zeit stillzustehen. Wären da nicht die knatternden, dreirädrigen Minilastwagen, man könnte sich direkt ins Mittelalter versetzt fühlen.

Auf der Hauptstraße kurz hinter dem Stadttor stößt man auf das kleinste Museum der Toscana **(La Piccolo Museo):** Ein einziger, wirklich winziger Kellerraum ist vollgestopft mit allerlei bäuerlichen Gerätschaften. Von der schönen Piazza mit den hohen Kastanienbäumen schweift der Blick bis hin zum Monte Amiata, dem nächsten Ziel der Route.

Die **Chiesa San Pietro** wirkt mit ihren beidseitigen Anbauten etwas unproportioniert. Zwei schöne Madonnenstatuen zieren die beiden Seiten des Innenraumes, die Altartafel ist aus Terrakotta gefertigt.

Etwas außerhalb, an der SS478, der Via Cassia, steht die ehemalige Zoll- und Poststation **Palazzo La Poste.** Leider ist das ehemals schöne Gebäude dem Verfall preisgegeben. An den beiden übereinanderliegenden Loggien bröckelt der Putz ab und aus dem Inneren dringt einem Modergeruch entgegen. Gegenüber dem Palazzo schmückt das Wappen der Medici einen Brunnen, an dem die Kutschenpferde getränkt wurden. Wenn man noch einige Meter die SS478 entlanggeht, erreicht man den großen öffentlichen Waschplatz von Radicofani. Auch heute noch sieht man hier ab und zu Frauen Wäsche waschen.

Von Radicofani geht es auf SP478 durch eine besonders im Herbst eigenartig wirkende Landschaft. Das trockene, faltige Gelände gleicht beinahe schon einer Wüste. Nur ab und zu unterbrechen grüne Zypressen und Pinien das sandfarbene Einerlei. Bei der Einmündung in die SS2 folgt man dieser nur 300 m in Richtung Florenz, um dann sofort links auf die SP61 nach Bagni San Filippo abzubiegen. Nicht die erste Zufahrt, sondern erst die zweite (ca. 1 km weiter) nach Bagni wählen. Im Ort herrscht Einbahnstraßenregelung. Man parkt am besten vor dem Ort gleich rechts am Straßenrand.

Bagni San Filippo ist ein kleiner Kurort, der schon zu Zeiten der Medici bekannt war. Heute badet man im großen Thermalschwimmbecken oder versteckt im Wald in Naturbecken in der Nähe des **Fosso Bianco.** Zum weißen Wasserfall geht man kurz vor dem Ort nach rechts auf einen breiten Waldweg. Schon hier steigt einem der Geruch des schwefelhaltigen Thermalwassers in die Nase. Über eine ziemlich marode kleine Brücke kommt man auf die andere Seite des Baches, hier links dem Fußpfad nach und man steht vor der gewaltigen Sinterkaskade. Unterhalb des Fosso Bianco baden viele Italiener in den warmen Naturbecken. Direkt darüber gibt es ein kostenpflichtiges Thermalfreischwimmbad (Öffnungszeiten: 8.30–19 Uhr, Di 8.30–16.30 Uhr, Eintritt: 10 €, So 12 €).

Zur Weiterfahrt muss man durch Bagni San Filippo hindurchfahren, auf der Hauptstraße (SP61) nach links und genau bei der zweiten Abzweigung zum Ort fährt man nach rechts in Richtung Vivo d'Orcia (8 km).

Tipp

Wanderung zur Fortezza (s. S. 186)

Parken

Am Ortsrand gibt es nur wenige Parkplätze, deshalb auf dem Stellplatz parken.

Essen

Il Pama, 53040 Radicofani, Via Marconi 4, Tel. +39 057855919. Sehr freundliche und familiäre Atmosphäre sowie sehr gutes Essen zu zivilen Preisen.

▼ *Das beschauliche Radicofani*

120to Abb.: gg

Spaziergang zur Fortezza von Radicofani

Markant in 721 m Höhe auf einem Hügel steht der mächtige Wehrturm von Radicofani. Er ist Teil einer ehemaligen Papstburg. Hadrian IV. ließ sie errichten, um den Vormarsch Kaiser Friedrich I. Barbarossas aufzuhalten. Die Wehranlage wurde völlig renoviert und von oben ist der Ausblick einfach grandios.

*Vom Zentrum Radicofanis führt kurz hinter der Chiesa San Pietro der schmale Waldweg **Le Scalette** teilweise mit Treppen und durch Zedernwald zur Burg hinauf. Oben, kurz vor dem Ziel, wird gezeigt, wie in der Bronzezeit Hütten gebaut wurden, auch eine Zisterne aus dem Mittelalter liegt im Dunkel des Waldes. Die Fortezza ist Oktober bis März von Donnerstag bis Sonntag zwischen 9.30 und 17 Uhr, in der übrigen Zeit von 9 bis 19 Uhr geöffnet (Tel. +39 3314103303, Eintritt: 3 €). Nach der Besichtigung geht man auf demselben Weg zurück ins Dorf. Ohne Besichtigung benötigt man für Hin- und Rückweg etwa 30 Min.*

Essen

Taverna del Pian delle Mura, 53020 Vivo d'Orcia, Via delle Casine 12, Tel. +39 0577874009. Sehr freundliche Besitzer, nettes Ambiente, kleine Terrasse, biologische Zutaten, gutes Preis-Leistungs-Verhältnis.

117 **Centro storico, Vivo d'Orcia (s. S. 207)**

Vivo d'Orcia ist ein verschlafenes Bergdorf, umgeben von dichten Kastanienwäldern, in denen prächtige Steinpilze wachsen. Im Herbst erwacht das Dorf am 2. und 3. Wochenende im Oktober zum Leben. Eine **sagra del fungo e della castagna** (Pilz- und Kastanienfest) lockt viele Besucher an.

Angeboten werden Antipasti mit Steinpilzen, Polenta und Pasta mit Pilzen, Pilzsuppe, geröstete und frittierte Pilze, Schweinswürste und Kastanien vom Rost. Dazu ein Rahmenprogramm mit Wanderungen und einem ländlichen Markt. Es ist ein Erlebnis, das man sich nicht entgehen lassen sollte.

Von Vivo d'Orcia führt Route 7 auf der SP65 A zur Einmündung in die SP18. Auf ihr weiter nach Abbadia San Salvatore.

Wanderung in den Kastanienwäldern des Eremo Vivo d'Orcia

Vom Parkplatz geht man in Richtung Ort, vorbei an der Bar Fonte Vecchia bis zur Kreuzung der Via della Posta und der Via Amiata. Hier folgt man der schmalen Via d'Eremo nach rechts bergab (Ausschilderung „Eremo"). Im Wald läuft man über eine hübsche Bogenbrücke und durch das Steintor auf die Kirche des ehemaligen Klosters zu. Kurz vor dem Kirchlein geht es links zwischen den Häuserzeilen auf der Borgo Pincipale hindurch. Man folgt der rot-weißen Markierung vorbei an hohen Linden und Säulenzypressen. An der nächsten Gabelung geht man nach rechts bergab. Über einige Bächlein, die über den Weg plätschern, wandert man immer auf dem Hauptweg durch den Wald bis dieser auf eine geschotterte Straße trifft. Hier geht es rechts die Straße entlang. Nach ca. 800 m kann man auf einen kleinen Hügel steigen, um dort die schöne Aussicht auf den Monte Amiata zu genießen (bis hierher 1 Std. Gehzeit). Kurz dahinter geht man an der Gabelung rechts auf ein Eisentor zu. (Vorsicht: Beide Schotterstraßen sind mit rot-weißen Strichen markiert.) Vor dem Tor rechts und durch den Wald mit Flaumeichen und vielen Brombeersträuchern läuft man bis zur mächtigen Mauer des ehemaligen Eremo. Schon nach wenigen Schritten schließt sich der Kreis der Wanderung bei dem Kirchlein des Klosters.

Für die leichte Wanderung mit guter Markierung braucht man etwa 1:45 Std. Im Herbst sollte man genügend Zeit zum Brombeerpflücken einplanen.

121to Abb.: gg

ABBADIA SAN SALVATORE (18 km – km 65)

Vom Stellplatz (s. S. 207) aus muss man sich zuerst immer geradeaus durch die etwas unübersichtliche Neustadt kämpfen. An der Via Cavour liegt etwas versteckt und zwischen Häuserzeilen eingezwängt die **Abbazia San Salvatore,** die der Stadt ihren Namen gab. Sie war einst die wichtigste und angesehenste Abtei der Toscana, ihre Gründung geht auf das 9. Jh. zurück. Unter den Karolingerkönigen dehnte sich ihr weltlicher Machtbereich weit über den Monte Amiata hinaus aus. Anfang des 13. Jh. ging die Abtei von den Benediktinern auf die Zisterzienser über und verlor dabei ihren weltlichen Einfluss. Heute leben in ihr noch einige wenige Zisterziensermönche.

Faszinierend ist es vom hellen Tageslicht in die wunderschön ausgeleuchtete Krypta der Kirche, die die Form eines griechischen Kreuzes hat, hinunterzusteigen. Die 36 Säulen beeindrucken mit ihrer Eleganz, ihren Dekorationen und ihren unterschiedlichen Kapitellen.

Südlich der Abtei liegt die **Borgo medioevale,** die Altstadt von Abbadia San Salvatore. Drei beinahe parallel verlaufende, autofreie Gassen laden zu einem Spaziergang durch das Mittelalter ein.

Die Haupteinnahmequelle der Stadt war bis 1970 der Abbau von Zinnober. Im sogenannten Röstverfahren wird dem Zinnober Sauerstoff zugeführt und damit Quecksilber herausgetrennt. Im **Parco Museo Minerario** werden auch für Kinder anschaulich der Bergbau

Information

A.P.T. Amiata, 53021 Abbadia San Salvatore, Via Adua 25, Tel. +39 0577775811, www.amiataturismo.it, Öffnungszeiten: Mo–Fr 8.30–13 Uhr, Di, Do 15–17 Uhr

Pro Loco, 53021 Abbadia San Salvatore, Piazzale R. Rossaro (beim Museo Minerario), Tel. +39 0577778324, Öffnungszeiten: 9.30–12.30 Uhr und 15.30–18.30 Uhr

▲ *Die Krypta der Abazzia San Salvatore*

› Landkarte Seite XXIV

Essen

Ristorante Cesaretti, 53021 Abbadia San Salvatore, Via Trento 37, So geschlossen, Tel. +39 0577778198. Hierher kommen die Einheimischen. Sehr gute Küche und dabei günstig im Preis.

und der schwere Arbeitsalltag der Minenarbeiter dargestellt. Die Erklärungen an den Exponaten ist leider nur in italienischer Sprache. In den Sommermonaten werden Führungen auch in Englisch und Deutsch angeboten.

Sehenswertes

Abbazia San Salvatore, 53021 Abbadia San Salvatore, Via Cavour, Öffnungszeiten: 8–12.30 und 15–18 Uhr

Parco Museo Minerario, 53021 Abbadia San Salvatore, Piazzale R. Rossaro, Tel. +39 0577778324, Öffnungszeiten: 9.30–12.30 Uhr und 15.30–18.30 Uhr, Eintritt: 3 €

Einkaufen

Bianchi & C., 53021 Abbadia San Salvatore, Via Adua 2–4, Tel. +39 0577778694. Hier gibt es süße und herzhafte Spezialitäten aus der Region. Die Bäckersfrau berät ihre Kunden mit Händen und Füßen und sehr viel Freude und erklärt die Zutaten ihrer Backwaren. Im Herbst gibt es hier aus Kastanienmehl, Pinienkernen, Rosinen, Walnüssen und Rosmarin hergestellte köstliche Fladen.

118 Fosso Canali, Abbadia San Salvatore (s. S. 207)

Von Abbadia San Salvatore erklimmt die SP81 A kurvenreich, aber gut zu befahren den Amiatagipfel (Vetta Amiata).

Fahrradtour durch die Kastanienwälder

Man verlässt Abbadia San Salvatore auf der Via Cavour in Richtung Vetta Amiata auf ansteigender Straße. Kurz hinter der Stadt geht es über eine Brücke, die Straße ist nun eben. In den ersten Schotterweg, der links abzweigt (Schild mit Wanderkarte), abbiegen und an einem ehemaligen Pulvermagazin rechts die Straße hochfahren. Nach einigen kurzen Anstiegen erreicht man eine Abzweigung und fährt hier links. Nach einer kurzen Abfahrt ist man auf der Piana della Mercuti (Ebene von Mercuti). Weiter geht es auf befestigtem Weg bergauf zum Gehöft Cipriana. Hier geradeaus weiter und am Ende der Abfahrt nicht links, sondern bergan zur nächsten Gabelung. Dort fährt man rechts auf die Schotterstraße, der man folgt, bis man am Gehöft Pozzaroni die Asphaltstraße erreicht. Links bis zur Loc. Quaranta, von den drei Straßen auf der mittleren bergab fahren, am ersten Abzweig links und nach 200 m wieder links auf einem Schotterweg bis nach Cerro del Tasca weiterradeln. Hier steigt die Straße bis nach Crocetta (Kreuz an der rechten Straßenseite) an. Auf asphaltierter Straße abwärts in Richtung Abbadia San Salvatore, am ersten Abzweig links weiter, an den Tennisplätzen und einem kleinen See vorbei bis zur nächsten Gabelung fahren. Dort geht es nach rechts bis zur Esso-Tankstelle und dann links zum Zentrum.

Diese leichte bis mittlere Tour ist etwa 17 km lang und hat einige steile Anstiege.

122to Abb.: gg

MONTE AMIATA (12 km – km 77)

Der Monte Amiata, ein seit Langem erloschener **Vulkan,** ist mit 1738 m Höhe die höchste Erhebung der Südtoscana. Mächtige Gesteinsmassen und Felsvorsprünge aus Lavagestein prägen das Landschaftsbild. Aufgrund seiner Zinnobervorkommen war der Monte Amiata bis vor wenigen Jahrzehnten von großer Bedeutung für die **Quecksilbergewinnung.** In Bagni San Filippo (s. S. 185) und Bagno Vignoni (s. S. 196) gibt es Thermalquellen. Erdgasvorkommen in der Gegend von Santa Fiora werden zur Stromerzeugung genutzt. Hauptsächlich ist der Monte Amiata jedoch von touristischem Interesse. Riesige Kastanienwälder ziehen sich bis zu einer Höhe von 800 bis 900 m, darüber erhebt sich dichter Buchenwald, der die Bergkuppe im Herbst in ein tiefes Rotbraun taucht. Mehrere Straßen führen hinauf zum Gipfel, dem Vetta Amiata. Am Parkplatz unterhalb des Gipfels findet man einige Hotels und Restaurants. Mehrere Liftanlagen und Skiverleiher lassen erkennen, dass der Berg auch für den Wintersport interessant ist. Vom Parkplatz kommt man in 15 Min. hinauf zum Gipfel, der außer von Antennenanlagen von einem monumentalen, 1910 errichteten Eisenkreuz gekrönt ist. Wenige Minuten von diesem entfernt, trifft man auf die Madonna degli Scouts, die Madonna der Pfadfinder. Die Madonnenfigur schaut, verankert auf ihrem stählernen Sockel, in die Weite der Toscana. Im Schatten des Gipfelkreuzes liegt das nette Lokal Gigi, in dem kleine Speisen zubereitet und im Herbst frisch geröstete Kastanien aus dem offenen Kamin verkauft werden. Die überaus freundlichen Wirtsleute freuen sich, wenn es einem schmeckt.

Von Gipfelparkplatz geht es zurück zur nächsten Straßenkreuzung und dann immer in Richtung Santa Fiora. Die Straße ist schmal und ziemlich holprig. Wer es bequemer haben möchte, fährt in Richtung Arcidossa und von dort zurück nach Santa Fiora.

119 Parkplatz, Vetta Amiata (s. S. 208)

SANTA FIORA (14 km – km 91)

Santa Fiora liegt malerisch auf einem Trachytfelsen oberhalb der Quelle des Flusses Fiora. Die **Piazza Garibaldi** ist das schöne „Wohnzimmer" der Stadt. Hier, im ehemaligen **Palazzo del Conte,** residiert heute ganz profan die Gemeindeverwaltung. An den Tischen der Bar sitzt man im Schatten des Uhrenturms mit dem doppelten Zinnenkranz, schlürft seinen Cappuccino und genießt seinen Urlaub. Eigentlich ist dies schon Grund genug, um nach Santa Fiora zu kommen, doch in der **Pieve delle Santa Flora e Lucilla** wartet noch ein einmaliger Kunstgenuss: Unglaublich fein gearbeitete, detailgetreue, glasierte Terrakottareliefs von Andrea della Robbia sind hier zu finden. Im linken Kirchenschiff die „Taufe Jesu", daneben die wunderschöne „Madonna della Cintola". Drei Reliefs – „Das letzte Abendmahl", „Die

Information

Pro Loco, 58037 Santa Fiora Piazza Garibaldi 39, Tel. +39 0564977142, Öffnungszeiten: Sa, So 9.30–12.30 Uhr, Sa auch 15.30–18.30 Uhr

◀ *Herbst in den Kastanienwäldern des Monte Amiata*

Sehenswertes

Pieve delle Santa Flora e Lucilla, 58037 Santa Fiora, am Ende der Via Carolina, Öffnungszeiten: 8–18 Uhr

Auferstehung“, „Die Verkündigung“ – bilden die Kanzel der Pfarrkirche. Charakteristisch für Andrea della Robbias Werke sind die weißen Figuren vor blauem Hindergrund. Sie werden nach ihrem Erschaffer Robbianen genannt.

Durch das Stadttor nahe der Kirche und dann die Straße hinunter kommt man zu **La Peschiera,** dem riesigen Fischbecken des Grafen Sforza. Seit dem 15. Jh. wird hier das direkt daneben, in der **Chiesa delle Nevi,** entspringende Quellwasser des Flusses Fiora gestaut.

120 *Centro storico, Santa Fiora (s. S. 208)*

Der Graf wollte seinen Speiseplan um frischen Fisch erweitern. Meist bleibt nur der Blick über die Mauer, da nur samstags und sonntags (und auch das nicht zuverlässig) geöffnet ist. In der Chiesa delle Nevi wurde der Fußboden teilweise durch Glas ersetzt und so kann man, vorausgesetzt man hat 1 € eingeworfen, die mit Scheinwerfern angestrahlte Quelle sehen.

Man verlässt Santa Fiora in Richtung Arcidosso und biegt 2 km vor der Stadt links auf die SP160 ab (ausgeschildert mit „Parco Faunisitico“). Nach ca. 2 km biegt rechts die Zufahrtsstraße zum Parco ab. Von hier geht es 2,7 km auf teilweise sehr holpriger, unbefestigter Straße zum Eingang des Naturparks.

Der **Parco Faunistico del Monte Amiata** liegt am Nordhang des Monte Labbro. In dem weitläufigen Terrain gibt es Hirsche, Rehe und Damwild. In Gehegen sind Gemsen und Wölfe untergebracht, die man von einem Beobachtungsturm aus sehen kann. Markierte Spazier- und Wanderwege durchziehen das Gelände (Öffnungszeiten: Di–So 7.15 Uhr bis Sonnenuntergang, Eintritt: 3,50 €, Hunde sind nicht erlaubt).

121 *Parco Faunistico, Arcidosso (s. S. 208)*

Die Route führt nun zurück bis zur Einmündung in die SP160 und auf dieser 8 km bis nach **Arcidosso.**

123to Abb.: gg

▶ *Esskastanien waren lange Zeit das „Brot der Armen“*

Über die Via Cavour und durch das alte, mit dem Wappen der Medici geschmückte Stadttor kommt man auf die kleine Piazza Cavallotti mit dem **Castello Aldobrandesca.** Das ist auch schon alles, was in Arcidosso an alter Bausubstanz zu sehen ist. Die übrige Stadt besteht aus nicht gerade sehenswerten Neubauten. Einen berühmten Sohn hat Arcidosso noch zu bieten: **David Lazzaretti,** den Propheten des Amiata. Geboren 1834 in Arcidosso, vereinigte er eine tiefe Frömmigkeit mit dem Streben nach sozialer Gerechtigkeit. Er gründete eine religiöse Gemeinschaft, die Brüderlichkeit, Gütergemeinschaft und einen einfachen Sozialismus predigte. Auf dem Gipfel des Monte Labbro errichteten er und seine Anhänger einen Turm, eine Kirche und eine Klause. Die Ruinen sind auch heute noch sichtbar. Die Obrigkeit des Königreiches Italien beobachtete sein Tun mit wachsendem Argwohn. 1878 wurde er bei einem Protestmarsch von der Polizei erschossen. Noch heute gibt es in Arcidosso und Umgebung Anhänger seiner Bewegung. Im Rathaus, an der Piazza Indipendenza 30, wird in einem kleinen Museum sein Leben erzählt (geöffnet nur während der Bürostunden).

Zwischen Arcidosso und Castel del Piano liegt **San Lorenzo,** ein kleines Dorf, von dem aus man eine Wanderung (s. S. 193) in die schönen Kastanienwälder unternehmen kann. Einen richtigen Parkplatz gibt es nicht, man sollte deshalb sein Fahrzeug am Straßenrand der Via della Montagne abstellen.

An der Westflanke des Monte Amiata liegt **Castel del Piano.** Von Arcidosso erreicht man es in wenigen Minuten über die SS323. Das Zentrum bildet die Piazza della Madonna mit den zwei bedeutendsten Kirchen des Ortes, der Chiesa dell'Opera aus dem 17. Jh. und der Chiesa della Madonna delle Grazie aus dem 19. Jh. Sehenswürdig-

Parken

Bei den Sportanlagen von Arcidosso *(impianti sportivi).* Man fährt vor dem Zentrum Arcidossos in Richtung Grosseto (Via Roma), nach 200 m rechts in die Via Firenze abbiegen, ausgeschildert. Nur zur Not als Übernachtungsplatz, keine ansprechende Umgebung.

122 Via Po, Castel del Piano (s. S. 208)

123 Camping Amiata, Castel del Piano (s. S. 208)

Esskastanien

Am Monte Amiata wachsen bis in Höhen von 800 m riesige Kastanienwälder. In früheren Zeiten waren Kastanien das Hauptnahrungsmittel der Bewohner der Region. Aus ihnen wurde Mehl gewonnen und zu Brot und Kuchen verarbeitet. Polenta, Püree („pichiona"), gekochte Kastanien mit Fenchel („castroni") und natürlich die Kastanien vom Grill („castagno arroste") waren auf dem bäuerlichen Speiseplan zu finden.

Auch heute ist die Kastanienernte noch ein großes Ereignis. Ganze Familien rücken im Oktober bepackt mit Körben, Rechen und Besen an – neuerdings sogar mit Laubsaugern. Dann wird die Spreu vom Weizen bzw. in diesem Fall die Kastanie von Blättern und Schale getrennt und in Säcke verpackt. Die Reste werden verbrannt. In gepflegten Kastanienwäldern wächst keinerlei Unterholz, sodass das Einsammeln relativ leicht fällt. Mittags trifft man sich dann bei den ehemaligen Trockenhäuschen und genießt die „pranza" (Mittagessen).

In dieser Zeit finden in den meisten Orten rund um den Monte Amiata Kastanienfeste statt. Bei Musik und Wein gibt es allerlei Köstlichkeiten. Man sollte unbedingt die etwas eigenwillige Kreation von Kastanienfladenbrot mit Rosinen, Pinienkernen, Walnüssen und Rosmarin oder „castagnaccio", einen Kastanienkuchen, versuchen. Köstlich!

keiten hat Castel del Piano keine zu bieten, es ist ein Handelszentrum und Ausgangspunkt für Ausflüge ins Amiatagebiet.

Weiter am Fuß des Monte Amiata entlang ist nach 6 km **Seggiano** erreicht. Am Rande der Stadt hat der Künstler Daniel Spoerri einen großen Park mit Installationen und Skulpturen erschaffen: **Il Giardino di Daniel Spoerri.** Der Schweizer Künstler rumänischer Abstammung installiert seine Werke und die anderer Künstler inmitten von großflächigen Wiesen und grünen Wäldchen. Derzeit sind 87 Installationen von 42 Künstlern auf dem etwa 16 ha großen Gelände zu finden (Öffnungszeiten: Ostern–31. Okt. Di–So 11–20 Uhr, Juli, Aug. auch Mo, Eintritt: 10 €, Tel. +39 0564950805, www.danielspoerri.org).

Über die SP160 und die SP55 kommt man nach ca. 13 km an die Kreuzung unterhalb von **Castelnuovo dell'Abate.** Hier hält man sich halblinks und fährt 800 m bis zum gebührenpflichtigen Parkplatz bei der **Abbazia di Sant'Antimo.** Sie liegt in einer idyllischen, typisch toscanischen Landschaft umgeben von Weinreben und knorrigen Olivenbäumen.

Im 9. Jahrhundert angeblich auf Veranlassung Karls des Großen von Benediktinermönchen gegründet, wurde sie im 11. Jahrhundert von den Zisterziensern übernommen. Sie erbauten das „vollkommene" Kirchengebäude aus cremefarbenem Travertin im romanischen Stil. Löwen bewachen den Eingang der dreischiffigen Basilika, zahlreiche romanische Skulpturen zieren die Türen und die Fassade und

▼ *Zeichen der Ewigkeit – seit über tausend Jahren steht hier die Abazzia Sant'Antimo*

124to Abb.: gg

Wanderung in die Kastanienwälder bei San Lorenzo

Auf der Via della Montagna wandert man an der Piazzetta di Miniere nach links aus dem Ort (an einer Kreuzung verwittertes Schild „Strada della Castagna"). Nach ca. 1 km geht man an einer Straßenkreuzung weiter geradeaus, am Ortsschild von Piane biegt man links auf die geschotterte Straße ab und folgt ihr stetig berghoch. Nach ca. einer Stunde und 300 Höhenmetern durch schattige, wunderschöne Kastanienwälder lichten sich diese. Hinter einer rot-weißen Straßenschranke beginnt der Rückweg. Man biegt sofort hinter der Schranke links auf den unbefestigten Weg ab (rotes Dreieck aus Plastik) und sobald man wieder in den hohen Nadelwald kommt, wandert man links (gelber Strich) auf schmalem Weg weiter. Wenn man auf einen Querweg stößt, links halten. Nach ca. 15 Min. kommt man wieder auf die Straße. Dieser folgt man nur 50 m nach rechts und biegt dann wieder nach rechts in den Waldweg ein (Gesamtgehzeit bis jetzt 1:30 Std.). Immer wieder zweigen Wege ab, aber man orientiert sich am Hauptweg und nach links immer bergab. Vorbei an einer kleinen Trockenhütte für Kastanien, die ein rotes Ziegeldach hat und sich hinter hohen Felsen zu ducken scheint, wandert man weiter bergab. Der Weg schlängelt sich an hohen Felsbrocken vorbei und die Straße ist wieder erreicht. Rechts die Schotterstraße entlang bis zu einer ziemlich baufälligen Trockenhütte oberhalb einer Linkskurve (die Böschung links ist hier ca. 2 m hoch) und hier rechts auf den Weg einbiegen. Dieser schlängelt sich durch den Kastanienwald bis zur Straße, auf der man schon auf dem Hinweg gegangen ist. Nach rechts erreicht man bald wieder sein Wohnmobil. Die Orientierung auf dem Rückweg ist etwas schwierig. Leichter ist es, denselben Weg zu nehmen wie beim Hinweg.

Die mittelschwere, schattige Wanderung dauert ca. 2:30 Std.

eine Zypresse wächst fotogen an der Seite des massigen Kampanile. Die Kirche gilt als eines der schönsten architektonischen Beispiele der italienischen Romanik. Das dreischiffige Innere in der typischen romanischen Basilikaform mit Empore wird im Wechsel von Säulen und Kreuzpfeilern gesäumt. Besondere Beachtung verdienen die Kapitelle: fast alle aus Alabaster, mit grazilen Darstellungen von Tierschädeln, Pflanzen, Schachbrett- und Flechtbandmustern. Das Glanzstück befindet sich über der zweiten Säule rechts: „Daniel in der Löwengrube".

Ende des 13. Jahrhunderts begann der Niedergang des Klosters, die Gebäude verfielen, allein die Kirche blieb bestehen. 1462 wurde der Konvent aufgehoben, seit 1979 lebt hier jedoch wieder eine kleine Gemeinschaft von Mönchen.

Wer es einrichten kann, sollte um 9 Uhr herkommen. Die Mönche halten dann ihren Gottesdienst mit gregorianischen Gesängen ab (Öffnungszeiten: Mo–Sa 10.30–12.30 Uhr und 15–18 Uhr, So 9.15–11 Uhr und 15–18 Uhr).

Wanderung bei der Abbazia di Sant'Antimo

Das Kloster links liegen lassend geht man auf dem abschüssigen Weg geradeaus. Unten bei der Kreuzung links („Accoelienza centro scout") und an der nächten Kreuzung wieder links („Ostello Tabor"). Am Feldrand zwischen hohen Eichen und einem kleinen Bach wandert man ein kurzes Stück bis zum Ende des Ackers. Hier geht es links über eine kleine Brücke und dann auf ausgewaschenem Weg mit schöner Aussicht auf das Kloster bergan. Man stößt auf eine Straße, überquert sie und folgt ihr nur wenige Meter nach rechts. Ein schmaler Weg geht kurz steil und felsig (verblasster roter Strich) und dann bequem den Berg hoch bis zum Ort ***Castelnuovo dell'Abate.*** *Auch hier geht man weiter hinauf bis zur Post, dann rechts und die Hauptgasse entlang, durch das Stadttor und nach dem Stadtpark („giardini pubblico") biegt man links in eine schmale Gasse ein. Man überquert eine Straße und wandert weiter bergab, bis man bei der großen Kreuzung ankommt, an der es zur Abtei geht. Von hier hat man einen schönen Blick auf das Kloster. Auf der Zufahrtsstraße geht es zurück zum Ausgangspunkt der Wanderung. Die leichte Wanderung mit geringer Steigung dauert ca. 1 Std.*

125to Abb.: gg

▲ *Wein- und Olivenanbau rund um die Abazzia Sant'Antimo*

Viele Besucher finden inzwischen den Weg zur Abbazia di Sant'Antimo, was manchmal etwas die klösterliche Ruhe stört. Auf einer Wanderung kann man die Schönheit der Abtei und ihre Lage aber in aller Ruhe genießen (siehe oben).

MONTALCINO (41 km – km 132)

Information

Pro Loco, 53024 Montalcino, Piazza Garibaldi, im Rathaus, Tel. +39 0577849331, Öffnungszeiten: 10–13 Uhr und 14–17.40 Uhr.

Montalcino, die Heimat des weltberühmten Brunello-Weins, empfängt seine Besucher mit der wehrhaften **Rocca di Montalcino.** Am südlichen Stadtrand steht das trutzige Festungswerk, das bis zum Jahr 1559 die letzte freie Stadt der Toscana verteidigte. Im Innenhof der vollständig restaurierten Anlage lädt eine Weinbar bei einem Gläschen Brunello und kleinen Gerichten zum Verweilen ein. Wer 3,50 € bezahlt, kann die Mauern der Burg besteigen und hat von oben eine schöne Sicht auf den Ort und die weite Ebene in Richtung Montepulciano.

Von der Rocca geht es über die Via Ricasoli geradeaus in die aus hellem Stein gebaute Stadt. In den autofreien Straßen findet man in jedem zweiten Haus eine Weinhandlung. Hier wird der **Brunello** vermarktet, der nur in der Umgebung Montalcinos ausgebaut wird. Die Touristeninformation hält ein Verzeichnis von Brunello-Winzern bereit, das nicht weniger als 202 Adressen in und um Montalcino auflistet.

126to Abb.: gg

Der Brunello ist ein kräftiger Rotwein, der aus der Sangiovese-Traube gekeltert wird. Strenge Auflagen garantieren, dass eine Flasche mit dem Etikett „Brunello" auch einen wirklich vorzüglichen Tropfen enthält. So sind die Anbaufläche und der Ertrag pro Hektar streng limitiert. Bevor der Wein in den Handel kommt, muss er zwei Jahre in Eichenfässern reifen. Man erhält eine Flasche Brunello ab 15 € aufwärts. Für besonders herausragende alte Weine zahlen „Sammler" auch Preise von 1000 € und mehr. Günstiger kommt man beim Rosso di Montalcino weg, einem jungen Rotwein, dessen Preis dazu beiträgt, dass man nicht jedes einzelne Schlückchen zählt.

▲ *Die Piazza Popolo von Montalcino*

Trotz seiner edlen Weine nennt sich Montalcino jedoch nicht erwartungsgemäß „Stadt des Weins", sondern „Stadt des Honigs" und im Ort gibt es Honig in allen erdenklichen Geschmacksnuancen zu kaufen. In der ersten Septemberhälfte findet ein dreitägiges Honigfest statt.

Montalcino präsentiert sich als in sich geschlossener, hübsch herausgeputzter Ort, in dem man sich gerne längere Zeit aufhält. An der Piazza Agostino ist im ehemaligen Kloster San Agostino, bei der gleichnamigen Kathedrale, das **Museo Civico** beheimatet. In ihm wird eine nicht unbedeutende Sammlung religiöser Kunstwerke ausgestellt. Der hoch aufragende schmale **Palazzo Comunale** aus dem 13. Jh. an der Piazza Popolo ist Sitz der Stadtverwaltung und der Touristeninformation. Den Bau ziert vor allem sein schlanker, schön proportionierter Uhrenturm, dessen Glocke heute noch den Rhythmus der Stadt vorgibt.

Sehenswertes

Rocca di Montalcino, 53024 Montalcino Piazzale Fortezza, Öffnungszeiten: 9–20 Uhr, Eintritt: 3,50 €
Museo Civico, 53024 Montalcino, Via Ricasoli, Tel. +39 0577846014, Öffnungszeiten: 10–13 Uhr und 14–17.40 Uhr, Eintritt: 4,50 €

Essen

Bar Circoio Arci, 53024 Montalcino, Via Ricasoli Palazzo Pieri. Man sitzt schön im Innenhof des Palazzo und genießt ein Glas Brunello.
Re di Macchia, 53024 Montalcino, Via S. Saloni 21, Tel. +39 0577846116. In edlem Ambiente bei gehobenem Preisniveau gibt es entsprechendes Essen und eine große Weinauswahl.
Ristorante/Pizzeria S. Giórgio, 53024 Montalcino, Via S. Saloni 10, Tel. +39 0577848507. Ausgezeichnete Pizzen zwischen 6 und 10,50 €.

Einkaufen

Biondi Santi Franco – Tenuta Greppo, 53024 Montalcino, an der Straße nach Castelnuovo dell'Abate ausgeschildert, Tel. +39 0577848087. Ausgezeichneter Brunello, aber auch der Rosso ist nicht zu verachten.

124 Stellplatz, Montalcino (s. S. 209)

SAN QUIRICO D'ORCIA (15 km – km 147)

Information

Ufficio Tursimo, 53027 San Quirico d'Orcia, Piazza Chigi, Tel. +39 0577897211, Öffnungszeiten (nicht zuverlässig): Apr.–Okt. Mo–Fr 10–13 Uhr und 15–18 Uhr, Sa, So bis 17 Uhr, Mi geschlossen

San Quirico d'Orcia liegt an der antiken Via Cassia, einer alten römischen Handelsstraße, die von Rom über Arezzo und Florenz nach Bologna führte. Heute rast der Verkehr auf der neuen Via Cassia, der gut ausgebauten SS2, am Ort vorbei.

Mit dem Bau der **Collegiata-Kirche,** die sich im Zentrum des hübschen Städtchens befindet, wurde bereits im 9. Jh. begonnen, ihre Fertigstellung zog sich bis in das 14. Jh. hinein. Besonders sehenswert sind ihre drei Portale, von denen sich zwei zur Piazza hin öffnen. Das linke wurde im lombardischen Stil vermutlich von einem Schüler Giovanni Pisanos geschaffen. Umrahmt wird es von säulentragenden Löwen und fein gearbeiteten Schmuckbändern. Im Inneren des Gotteshauses befindet sich ein Triptychon des sienesischen Malers Sano di Pietro. Aufmerksamkeit verdient auch das mit Intarsienarbeiten verzierte Chorgestühl.

Oberhalb der Stadt wartet eine gepflegte Gartenanlage, die **Horti Leonini,** mit einladenden Bänken unter schattigen Laubengängen auf den Erholungssuchenden.

125 Campo sportivo, San Quirico d'Orcia (s. S. 209)

ABSTECHER: BAGNO VIGNONI UND CASTIGLIONE D'ORCIA (hin und zurück 18 km)

Wer noch einmal ins Mittelalter abtauchen möchte, besucht **Castiglione d'Orcia.** Doch zuvor fährt man kurz hinter **San Quirico** zum Stellplatz in **Bagno Vignoni.** Im Thermalbad Val di Sole (siehe rechts) kann man bei 38 °C Wassertemperatur die verspannten Muskeln wieder fit bekommen. Und wie wäre es anschließend mit einem guten Essen? In der Osteria della Madonna wird der Gaumen mit köstlichen Gerichten verwöhnt.

Essen

Osteria della Madonna, 53027 San Quirico d'Orcia, Loc. Bagno Vignoni, Via dei Mulini 17, Tel. +39 0577887043, Di geschlossen. Kleine, immer wieder wechselnde Karte. Sehr gute Küche, die Signora kocht mit Begeisterung. Vielfarbige Stühle sorgen für ein fröhliches Ambiente.

Von Bagno Vignoni fährt man zurück auf die SS2, folgt ihr für 400 m nach rechts und biegt dann auf die SP323 nach **Castiglione d'Orcia** ab.

Castiglione d'Orcia, das Ziel dieses Abstechers, wird von zwei Burganlagen eingerahmt, der **Rocca di Tentennano** und der **Rocca Aldobrandeschi.**

127to Abb.: gg

Schon von Weitem sichtbar weist der imposante Wehrturm der Rocca di Tentennano den Weg. Der größte Teil der Festung stammt aus der Mitte des 13. Jh. Die Anlage wurde mit großem finanziellen Aufwand originalgetreu restauriert. Von ihrem Turm hat man eine

126 Bagno Vignoni, San Quirico d'Orcia (s. S. 209)

Spaziergang zur Rocca di Tentennano und nach Rocca d'Orcia

Einen kleinen Spaziergang an der Rocca di Tentennano vorbei zum kleinen Weiler Rocca d'Orcia sollte man unbedingt machen. Vom „centro storico" geht man ein kurzes Stück auf der SP323 zurück und dann links (ausgeschildert mit „Coop" und „Rocca Tentennano") bis zum Eingang der Festung Tentennano. Wenn man in der Hauptsaison oder am Wochenende unterwegs ist, kann man jetzt den Turm und die Mauern besichtigen. Die Aussicht aus 620 m Höhe ist wirklich grandios. Nach der Besichtigung folgt man weiter dem breiten Weg bis nach Rocca d'Orcia, einem wunderschönen kleinen Steindorf. Vom Weg aus hat man einen tollen Blick über die Dächer der Ortschaft, die sich unterhalb der Rocca di Tentennano an einen steilen Hang schmiegt. Die schmalen, steinbelegten Gassen und besonders die Piazza con Cisterna mit dem schönen Brunnen in der Mitte erfreuen den Besucher.

Zurück geht man wieder ein Stück den breiten Weg hinauf bis unterhalb eines Hotels in Rocca d'Orcia ein ausgeschilderter Weg zurück nach Castiglione führt.

Für diesen leichten Spaziergang sollte man ungefähr 45 Min. einplanen.

Sehenswertes

Thermalbad Val di Sole, 53027 San Quirico d'Orcia, Loc. Bagno Vignoni, Tel. +39 0577887112, Öffnungszeiten: 9.30–18 Uhr, von 13–14 Uhr ist schwimmen verboten, Do geschlossen, Eintritt: 12 €

▲ *Die Rocca di Tentennano bei Castiglione d'Orcia*

▶ *Im Gassengewirr versteckt die wunderschöne Piazza il Vecchietta*

Information

Ufficio Tursimo, 53023 Castiglione d'Orcia, Via S. Giovanni 10, Sala S. Giovanni, Öffnungszeiten: Mai–Okt. 10–13 Uhr und 15–18 Uhr

Sehenswertes

Rocca Tentennano, 53023 Castiglione d'Orcia, Via San Giovanni, Öffnungszeiten: Sa, So 10–13 und 15–18 Uhr, Juli und August täglich, Eintritt: 3 €

127 Pro Loco, Castiglione d'Orcia **(s. S. 209)**

grandiose Aussicht in das Umland. Im Inneren der Burg locken wechselnde Ausstellungen zeitgenössischer Kunst die Besucher an.

Von der Festung Rocca Aldobrandeschi sind nur noch Ruinen erhalten. Sie wird schon seit Jahren renoviert und ist nicht zugänglich.

Am besten fährt man bis Castiglione d'Orcia, parkt sein Wohnmobil auf dem Stellplatz (s. S. 209) und erkundet das Bergdorf zu Fuß. Außerordentlich schön und harmonisch ist die **Piazza il Vecchietta,** die dem Bildhauer Lorenzo di Pietro („il Vecchietta") gewidmet ist. Im Zentrum des stark abfallenden Platzes steht ein schöner Brunnen aus Travertinstein aus dem Jahre 1618.

Essen

Trattoria il Cassero, 53023 Castiglione d'Orcia, Piazza Cesare Battisti, Tel. +39 0577888950, Di geschlossen. Vorzügliche handgemachte Nudeln und Desserts. Im Sommer sitzt man nett an der Piazza.

Das nächste Ziel nach dem Genuss des guten Brunello-Weins in Montalcino ist eine Käsestadt: Pienza ist die Heimat des Peccorinokäses.

PIENZA (10 km – km 157)

Die erste Stadt, die auf dem Reißbrett entworfen wurde, die Stadt von Papst Pius II., die Käsestadt – all diese Bezeichnungen treffen auf Pienza zu. Für eine Million Touristen jährlich ist sie aber einfach eine der liebenswertesten Städte der Toscana.

▶ *Pienza – die „Città Ideale"*

Papst Pius II. wollte aus seinem Geburtsort Corsignano die „ideale Stadt" und eine Perle der Renaissance machen. In wenigen Jahren wurden nach humanistischen Gesichtspunkten entworfene Bauten wie das Rathaus, die Kathedrale, der Palazzo Pubblico und der Palazzo Piccolomini vom Baumeister Rosselino aus dem Boden gestampft, doch Papst Pius erlebte die Vollendung seines Traums nicht mehr.

An der Piazza Pio II steht der **Palazzo Piccolomini,** Wohnsitz der Familie von Papst Pius II., ein vom Florentiner Palazzo Rucellai inspiriertes Gebäude und zugleich das größte und schönste am Platz. Es wurde in den letzten Jahren umfassend renoviert und kann besichtigt werden. Für das hohe Eintrittsgeld von 7 € werden dem Besucher das Musikzimmer, der Speiseraum, der Waffenraum, die Bibliothek und die Gärten mit schöner Aussicht auf das Orcia-Tal gezeigt.

Der **Travertinbrunnen** der Piazza trägt das Familienwappen der Piccolominis und wurde während der folgenden Jahrhunderte Vorbild für viele toscanische Brunnen.

Die **Kathedrale Santa Maria Assunta** wurde von 1459 bis 1462 als dreischiffige Hallenkirche mit Renaissancefassade erbaut. Im Inneren sollte man sich unbedingt das wunderschöne Altarbild im Chorraum links ansehen: „Mariä Himmelfahrt" von Lorenzo di Pietro. Die anderen Werke sind von Matteo di Giovanni und Giovanni di Paolo.

An ihrer Nordseite wird die Piazza Pio II durch den von einem viereckigen, zinnenbewehrten Turm überragten und mit Arkadenbögen vesehenen **Palazzo Pubblico** abgeschlossen.

Das **Diözesanmuseum** im **Palazzo Vescovile** zeigt sowohl Textilarbeiten (Messgewand von Pius II.) als auch sakrale Gegenstände und Gemälde.

Ein Spaziergang auf der Stadtmauer gehört wegen der schönen Aussicht unbedingt zu einem Besuch von Pienza.

Information

Ufficio Turistico Comunale, 53026 Pienza, Corso Rossellino 30, Tel. +39 0578749905, Öffnungszeiten: 10–13 Uhr und 15–18 Uhr, Di geschl., Nov.–15. März nur Sa, So

Sehenswertes

Palazzo Piccolomini, 53026 Pienza, Piazza Pio II, Öffnungszeiten: Di–So 10–12.30 Uhr und 14–18 Uhr, Führungen alle 30 Min., Eintritt: 7 €

Museo Diocesano, 53026 Pienza, Corso Rossellino 30, Öffnungszeiten: Mi–Mo 10–13 Uhr und 15–18 Uhr

128 Centro storico, Pienza (s. S. 209)

129 Bus turistici, Pienza (s. S. 210)

130 Via Verde, Pienza (s. S. 210)

Essen

Bar Il Casello, 53026 Pienza, Via del Casello 12, Tel. +39 0578749105. Direkt auf der Stadtmauer mit herrlicher Aussicht.

La Buca delle Fate, 53026 Pienza, Corso il Rossellino 38 A, Tel. +39 0578748448. Freundliches Ambiente und guter Service, hausgemachte *picci* (eine Nudelspezialität), hervorragende Küche.

La Chiocciola, 53026 Pienza, Via Mencattelli 2–4, Tel. +39 0578748683. Direkt am Stellpatz Centro storico, sehr hübscher schattiger Garten, allerdings direkt an der Straße, ordentliches Essen im mittleren Preissegment.

Einkaufen

Consorzio Agrario, 53026 Pienza, Viale Mangiavacchi 45 (beim Stellplatz Centro storico), Tel. +39 0578748071, Öffnungszeiten: 8–13 Uhr und 16–19.30 Uhr, mittwochnachmittags geschlossen. Hier kauft man besser und günstiger Käse und *picci* (Nudelspezialiät aus Pienza) als in den Touristenläden in der Altstadt.

129to Abb.: gg

MONTEPULCIANO (14 km – km 171)

Information

Ufficio informazioni, 53045 Montepulciano, Piazza Grande 7, Tel. +39 0578717484, www.stradavinonobile.it, Öffnungszeiten: Mo–Fr 10–13 Uhr und 15–18 Uhr, Sa 10–14 Uhr

Die Stadt liegt an einem Steilhang am Rande des Valdichiana (Chianatal). Größere neuzeitliche Auswucherungen gibt es kaum und so erfährt der Besucher ein beinahe unverfälschtes Stück Mittelalter.

Vom Wohnmobilstellplatz gelangt man in wenigen Minuten zum Giardino di Poggiofanti. Man durchschreitet ihn und findet dahinter die Porta al Prato, das Zugangstor zur Altstadt. Nun kann man sich eigentlich nicht mehr verirren. Über die Via Gracciano nel Corso geht es bergauf zur **Chiesa Sant'Agostino** mit ihrer Marmorfassade aus

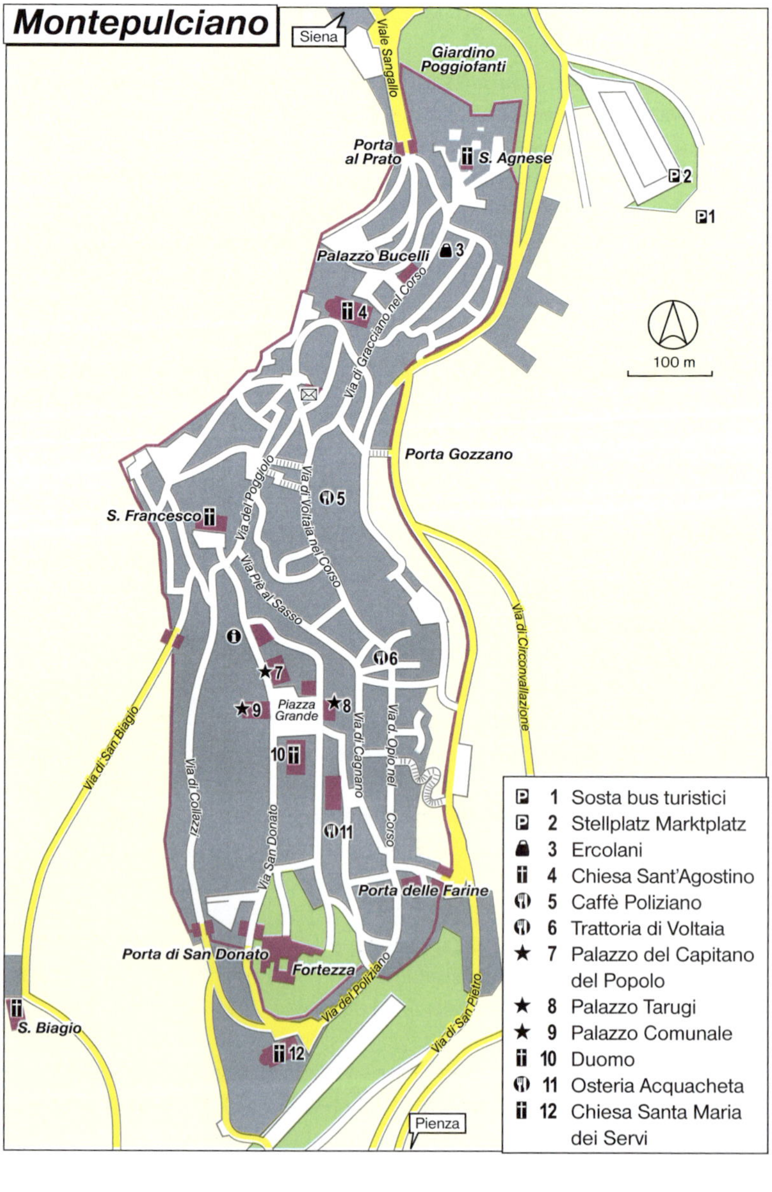

der Frührenaissance. Ihr gegenüber steht der Glockenturm. Ein blecherner **Commedia-dell'Arte-Clown** namens **Pulcinella** schlägt hier die Stunden. Die Hauptstraße führt immer weiter bergan, gesäumt von Renaissancepalästen wie dem Palazzo Cervini oder dem Palazzo Grugni. Neben zahlreichen Weinhandlungen findet man hier auch etliche Lederwaren- und Schuhgeschäfte. Der Corso geht in die Via del Poliziano über und auf dieser erreicht man die **Chiesa Santa Maria dei Servi** aus dem 14. Jh. mit ihrem sehenswerten Portal. Von hier geht es an der Fortezza vorbei über die Via San Donato zum Zentrum Montepulcianos, der **Piazza Grande.** An dem großzügigen Platz steht der **Palazzo Comunale.** Der Palast aus dem frühen 15. Jh. zieht mit seinem imposanten Turm sofort den Blick und die Objektive der Kameras an.

An der Südseite des Platzes steht der unvollendete **Dom** aus dem 16. bis 17. Jh. Die für ihn vorgesehene Marmorverkleidung hat er nie erhalten und so wirkt die Fassade relativ trist. Im Gegensatz dazu strahlt das farbenfrohe Triptychon von Taddeo di Bartolo über dem Altar.

Ein Schmuckstück ist der wunderschöne **Palazzo Tarugi** mit Bogengängen, Wandsäulen und aufwendig gestalteten Fenstern. Vor dem **Palazzo del Capitano del Popolo** steht ein sehr schön gearbeiteter Brunnen, geziert von zwei Löwen, den Machtsymbolen der Florentiner. Sie halten das Wappen der Medici.

Es ist jedoch nicht nur das überaus sehenswerte Stadtbild, das Hundertausende von Touristen jährlich nach Montepulciano lockt, auch der **Wein** hat eine enorme Anziehungskraft. Der Vino Nobile di Montepulciano reiht sich ein in die oberste Liga der italienischen Spitzenweine. Er besteht hauptsächlich aus der Rebe Prugnolo Gentile, zu 15 % aus der Canaiolo nero Traube und zu 5 % aus Mammolo. Zwei Jahre lagert er im Holzfass, bevor er in den Handel kommt. Der Vino Nobile Riserva verbleibt drei Jahre im Fass.

Sehenswertes

Duomo, 53045 Montepulciano, Piazza Grande, Öffnungszeiten: 9.30–13 Uhr und 15–19 Uhr

Essen

Caffè Poliziano, 53045 Montepulciano, Via di Voltaia nel Corso 27–29, Tel. +39 0578758615. Kaffeehausatmosphäre in der Toscana seit 1868, dementsprechende Preise.

Osteria Acquacheta, 53045 Montepulciano, Via del Teatro 22, Tel. +39 0578758443, Di geschlossen. Ein gut geführter Familienbetrieb mit typisch toscanischer Küche.

Trattoria di Voltaia, 53045 Montepulciano, Via di Voltaia nel Corso 86, Tel. +39 0578757582, Sa geschlossen. Hier gibt es einfache Gerichte zu einem günstigen Preis.

131 *Marktplatz, Montepulciano (s. S. 210)*

Einkaufen

Ercolani, 53045 Montepunlciano, Via di Gracciano nel Corso 80–82, Tel. +39 0578716764. Große Weinhandlung mit Degustation, auch große Käseauswahl und Kellerbesichtigung: Hier lagert der Vino Nobile in Eichenfässern.

132 *Sosta bus turistici, Montepulciano (s. S. 210)*

130to Abb.: gg

Wie wäre es mit einer kleinen Pause?

Von Montepulciano fährt man auf der SS146 nach **Chianciano Terme.** Ein Stopp lohnt sich aber nur für diejenigen, die hier im Thermalbad schwimmen gehen wollen. Hinter Chianciano Terme biegt man auf die SP19 nach **Sarteano** ab.

Parken

Am Ortsrand von Sarteano in Richtung Radicofani, dann rechts auf freie Fläche. GPS: 42.98791°N 11.86961°E

Auf einem sanften Hang zieht sich **Sarteano** hinauf zu einem mittelalterlichen Festungsturm, dessen Ursprung auf das 11. Jh. zurückgeht. Die Festung war im 15. Jh. im Besitz von Siena, ging danach an die Medici und wurde 1617 wiederum an die Grafen Fanelli übergeben, in deren Familienbesitz sie auch heute noch ist. Im Palazzo Gabrielli ist das kleine **Museo Civico Archeologico di Sarteano** untergebracht. In ihm werden Funde aus der Bronzezeit, von den Etruskern und den Römern aus Sarteano gezeigt. Ein Bummel durch die engen Gassen der Altstadt ist durchaus lohnenswert. In Sarteano sprudelt auch eine Thermalquelle, sie speist das Schwimmbad des Campingplatzes.

133 *Stadion, Sarteano (s. S. 210)*

134 *Camping Parco della Piscine, Sarteano (s. S. 211)*

In vielen Serpentinen kommt man auf direkter Straße (SP21) nach Cetona.

CETONA (26 km - km 197)

Information

Pro Loco, 53040 Cetona, Piazza Garibaldi 63, Öffnungszeiten: Juni–Mitte Okt. 9–13 Uhr und 17–19 Uhr, Tel. +39 0578239143

Cetona ist ein Dorf wie aus dem Bilderbuch! Die Häuser sind liebevoll restauriert, die Gassen mit Steinpflaster belegt, über allem thront eine Burg und dazu gibt es noch eine *cantina* (Kellerei), einen Käseverkauf und eine sehr gute *osteria* (Gaststätte) - Feinschmecker werden begeistert sein.

Aber auch für geschichtlich Interessierte lohnt sich ein Stopp in Cetona, denn hier gibt es einiges zu entdecken: Im **Museo Civico** gleich neben dem Rathaus erfährt man viel über die frühgeschichtliche Besiedlung am Monte Cetona und im 5 km entfernten **Parco Archeologico Naturalistico di Belverde** kann man die in den Travertin geschlagenen Wohnhöhlen - erste prähistorische Ansiedlungen - besichtigen.

Essen in der Toscana

Die typisch toscanische Küche ist reich an natürlichen, gesunden Zutaten. Viel Gemüse, angereichert mit zahlreichen Kräutern, Fleisch, gezüchtet oder in den Wäldern gejagt, viel Olivenöl, dazu Weißbrot, ungesalzen mit fester Kruste, so sah und sieht die traditionelle, bäuerliche Speisefolge in der Toscana aus. An der Küste dominieren als Hauptgericht Fisch und andere Meerestiere.

In den letzten Jahrzehnten hat sich die einfache Küche zu einer wahren ***Gourmetküche*** *entwickelt, ist allerdings ihrer* ***Tradition*** *treu geblieben.*

„Pappa col Pomodore" (Brei aus Brot und Tomaten), „cacciucco alla livornese" (Fischsuppe mit geröstetem Brot), „fagioli all'uccelletto" (grüne Bohnen mit Würsten), „risotto al nero" (Reis mit Tintenfisch), „scottiglia" (Fleischeintopf mit Tomaten), „la schiacciata con l'uva" (Blechkuchen mit Weintrauben) sind nur einige ausgefallene Gerichte der Region.

Die Toscana ist keine typische Pastaregion. Eine Ausnahme sind „pici", ca. 20 cm lange, 3 mm dicke, spaghettiähnliche Nudeln aus Hartweizengries. Als „primi piatti" (erster Gang) wird traditionell ***Suppe*** *serviert, am bekanntesten ist die „minestrone", eine dicke Gemüsesuppe. Das Hauptgericht (secondi) besteht meist aus* ***Fleisch,*** *häufig auf dem Grill zubereitet. Vegetarier tun sich hier schwer.* ***Innereien*** *wie die „trippa alla fiorentina" (Kutteln in Tomatensoße) sind bei den Toscanern sehr beliebt. Hirn („cervella"), Kuhdarm („lampredotto") und Hoden („granelli"): wer sich traut – einfach probieren! Beliebte herbstliche Gerichte sind gebratene oder frittierte „porcini" (Steinpilze).* ***Süßspeisen*** *aus Kastanienmehl, lange Zeit das Essen armer Leute, sind wieder sehr im Kommen.*

Ein „ristorante" ist das auch preislich gehobenste ***Speiselokal.*** *Eine „trattoria" ist ursprünglich ein einfacheres, bodenständiges, meist als Familienbetrieb geführtes Lokal. Heute kann sich jedoch dahinter auch ein Edelrestaurant verbergen, das sich eine gewisse Volkstümlichkeit geben will. Die „osteria" ist der deutschen* ***Eckkneipe*** *verwandt. Hierher geht man in der Mittagspause und um sich mit den Nachbarn zu treffen. Doch auch dies ist heute eine ziemlich verwaschene Bezeichnung, unter der Bezeichnung „osteria" gibt es bis hin zum gestylten In-Lokal alles. Eine* ***Pizzeria*** *ist preiswert und es wird nicht erwartet, dass man noch eine Vorspeise nimmt. Eine „birreria" ist nicht, wie der Name fälschlicherweise suggeriert, nur ein* ***Bierlokal,*** *hier werden auch Speisen gereicht. Eine „enoteca" ist ein* ***Weinlokal*** *oder eine Weinprobierstube mit meist großer Auswahl an Weinen und kleinen Snacks. Mit „tavola calda" bezeichnet man preiswerte, einfache Speisen, meist auch zum Mitnehmen.*

Eine typisch italienische ***Speisefolge*** *ist: Vorspeise, Pasta, Hauptgericht, Käsegang, Dessert, Digestif und Kaffee. In ein Speiserestaurant geht man am Abend ab ca. 19.30 Uhr, besser erst 20 Uhr, will man nicht alleine im Lokal sitzen. Bei der* ***Rechnung*** *(„il conto") werden ca. 10 % Bedienungsgeld und ein Gedeckzuschlag („coperto") hinzugerechnet. Das „coperto" kann je nach Lokal zwischen 0,50 € und 3 € betragen. Trinkgeld (5–10 %) wird auf jeden Fall erwartet, dies legt man diskret auf den Tisch, wenn man geht. Na, dann guten Appetit!*

Übrigens: In ganz Italien besteht in allen Gaststätten striktes ***Rauchverbot,*** *was auch folgsam eingehalten wird. Bei Nichtbeachten des Rauchverbots drohen dem Wirt nämlich drakonische Strafen.*

Am besten man nimmt sich etwas Zeit und lässt sich von der guten Beschilderung zu den kleinen Sehenswürdigkeiten und den Aussichtspunkten von Cetona leiten. An der breiten Piazza Garibaldi findet am Freitag ein Wochenmarkt statt.

Essen

Osteria Merlo, 53040 Cetona, Via Sobborgo 1, Tel. +39 0578238299, www.osteriadelmerlo.it, Mo geschlossen. Versteckt an der Piazza Garibaldi unterhalb des großen runden Turms. Kleine Karte mit ausgezeichneten toscanischen Gerichten, mittleres Preisniveau.

Sehenswertes

Museo Civico per la Peristoria del Monte Cetona, 53040 Cetona, Via Roma 37, Tel. +39 0578237632, Öffnungszeiten: Okt.-Mai Sa 15-18 Uhr, So 10-13 Uhr, Juni-Sept. Di-So 10-13 Uhr und 16-19 Uhr, Eintritt: 3 €, Kombiticket mit dem Parco 7 €

Parco Archeologico Naturalistico di Belverde e Archeodromo, 53040 Cetona, Strada della Montagna, Loc. Belverde, Tel. +39 0578239219, Öffnungszeiten: Juli-Sept. Di-So 9-13 Uhr und 16-19 Uhr, Okt., Juni Sa, So 10-13 Uhr, Eintritt: 6 €

Einkaufen

Forno del Vicolo, 53040 Cetona, Via Risorgimento 55, Tel. +39 0578238687. Bäckerei in der Nähe des Stellplatzes. Hier gibt es das sehr gute „Pane di Santi", ein Brot, zubereitet mit Walnüssen, Rosinen und Wein.

Cantina La Frasca, 53040 Cetona, Via Roma 13, Tel. +39 0578238682, Öffnungszeiten: 10-13 Uhr und 16.30-20 Uhr, Mi geschlossen. Loretana vertreibt in der Cantina Wein und köstliches Olivenöl aus der Produktion von Opa und Ehemann. Vom vorzüglichen Tafelwein bis zum Cuvée Barrique aus Sangiovese und Merlot zum Preis von 5 bis 10 € reicht die Palette. Alles ist aus eigener Produktion. Die sehr herzliche Loretana bietet in dem liebevoll hergerichteten Ladengeschäft außerdem Salami und Käse an. Feinschmecker kommen an der Cantina La Frasca nicht vorbei.

Azienda Agricola il Calcinaio, 53040 Cetona, Piazza Luca Contile, Tel. +39 057855762, Verkauf von Trüffel-, Pepperoni- und Rucolapeccorino. Spitzenprodukt ist der 3 Jahre alte, exquiste Peccorino-Käse. Man darf alles probieren. Die Käse werden in Radicofani hergestellt und wer will, kann die Azienda und die Käseproduktion vor Ort besichtigen. Der Besuch ist für Käseliebhaber ein Muss!

▼ *Peccorino in vielen Geschmacksrichtungen*

131to Abb.: gg

135 Scuole media, Cetona (s. S. 211)

Man verlässt Cetona auf der SP321 und fährt nach Chiusi Scalo. Dort geht es auf der SP146 weiter bis Chiusi.

CHIUSI (10 km - km 207)

Information

Pro Loco, 53043 Chiusi, Piazza Duomo 1, Tel. +39 0578227667, www.comune.chiusi.siena.it, Öffnungszeiten: 10-14 Uhr

Chiusi steht ganz im Zeichen der **Etrusker.** Die Geschichtsschreibung berichtet, dass die einst mächtigste Stadt des etruskischen Städtebundes 510 v. Chr. unter ihrem **König Porsenna** Rom unterworfen hat. Der einst glorreichste Führer der Etrusker soll der Überlieferung nach in Chiusi begraben sein. Laut einem römischen Chronisten aus vorchristlicher Zeit soll sein Grab mit einem goldenen Wagen, gezogen von 12 goldenen Pferden, geschmückt sein. Die Grabstätte wurde bis heute nicht gefunden. Andere **Grabstellen** sind aber zu besichtigen, so die Tomba di Leone (Löwengrab), die Tomba della

Pellegrina (Pilgerinnengrab) und die Tomba della Scimmia (Affengrab). Letzteres ist nach einem Wandfresko benannt, auf dem ein Affe abgebildet ist. Die etruskischen Nekropolen liegen ca. 3 km außerhalb der Stadt in Richtung Lago di Chiusi.

Das **Museo Archeologico Nazionale di Chiusi** zeigt viele Funde aus der etruskischen Epoche. Unter den Exponaten sind veschiedene Keramiken, Sarkophage und Urnen. Typisch für diese Gegend sind die sogenannten *canopi,* Urnen, deren Deckel menschliche Köpfe darstellen.

132to Abb.: gg

▲ *Das Museo Archeologico Nazionale di Chiusi*

Die **Cattedrale San Secondiano** ist einer der ältesten Sakralbauten der Toscana. Ihre Ursprünge gehen bis auf das 6. Jh. zurück, die Säulen des dreischiffigen Inneren und der Mosaikboden des Altarbereichs sind noch Überreste aus dieser Zeit. Ihre heutige Form erhielt sie im 12. Jh.

Funde aus der Römerzeit, aus der Zeit des frühen Christentums, alte Handschriften und sakrale Kunstobjekte aus dem Mittelalter sind im **Museo della Cattedrale** ausgestellt.

Die unterirdischen Gänge des sogenannten **Porsenna-Labyrinths** wurden in etruskischer Zeit als Kanalsystem zur Drainage und Wasserversorgung angelegt.

Die **Catacomba Cristiana di S. Caterina** aus dem 2. und 3. Jh. liegt 3 km von Chiusi entfernt. Die ersten Christen bestatteten hier ihre Toten in Grabnischen im Tuffgestein und so entstand im Laufe der Zeit ein großes Labyrinth von unterirdischen Gängen, das zum Teil zu besichtigen ist. Ein bisschen gruselig zwar, aber eine der wenigen Gelegenheiten, außerhalb Roms eine christliche Katakombe zu sehen.

5 km von Chiusi entfernt liegt der **Lago di Chiusi.** Er ist, ebenso wie der Lago di Montepulciano, ein Überbleibsel aus den ehemaligen Sumpfgebieten des Chianatales. Der im Durchmesser 1,5 km große See ist sehr flach und überwiegend von Schilf bewachsen.

Essen

La Solita Zuppa, 53043 Chiusi, Via Porsenna 21, Tel. +39 057821006, www.lasolitazuppa.it. Die Suppen – aber nicht nur die – sind ein Gedicht. Von Einheimischen geschätzt, deshalb sehr gut besucht.

136 Via Torri del Fornello, Chiusi (s. S. 211)

137 Camping La Fattoria, Chiusi (s. S. 211)

Sehenswertes

Tomba Etrusca del Leone, Tomba della Scimmia und Tomba della Pellegrina, Richtung Lago di Chiusi ausgeschildert, Öffnungszeiten: Mai–Mitte Okt. Di, Do, Sa, 11–16 Uhr, Mitte Okt.–Apr. 11–14.30 Uhr, Eintritt: 2 €

Museo Archeologico Nazionale di Chiusi, 53043 Chiusi, Piazza Duomo, Öffnungszeiten: 9–20 Uhr, Eintritt: 4 €

Cattedrale San Secondiano, 53043 Chiusi, Piazza Duomo, Öffnungszeiten: 9–18 Uhr

Museo della Cattedrale, 53043 Chiusi, Piazza Duomo, Öffnungszeiten: 10–12.30 Uhr und 16–18.30 Uhr, Eintritt: 2 €

Porsenna-Labyrinth, Treffpunkt am Dommuseum, geführte Touren (jeweils alle 40 Min.) 10.10–12.10 Uhr und 16.10–18.10 Uhr, Eintritt: 3 €, Sammelticket für Dommuseum und Labyrinth 4 €

Catacomba Cristiana di S. Caterina, Treffpunkt am Museo della Cattedrale, Öffnungszeiten: Mo–Sa 11–17.30 Uhr, stündlich geführte Touren, Eintritt: 5 €

Von Chiusi aus geht es über die SS71 zu einen Ausflug nach Umbrien an den Trasimenischen See.

CASTIGLIONE DEL LAGO (23 km – km 230)

Information

A.P.T., 06061 Castiglione del Lago, Piazza Mazzini 10, Tel. +39 0759652484, Öffnungszeiten: Mo–Sa 8.30–13 und 15.30–19 Uhr

Castiglione del Lago, ein hübsches, liebevoll gepflegtes Städtchen, thront weithin sichtbar auf einem Kalksteinfelsen am Westufer des Trasimenischen Sees. Das Wahrzeichen der Stadt ist die **Rocca del Leone** (Löwenburg), die von einem 39 m hohen Bergfried überragt wird. Heute finden im Innenhof der Burg Theateraufführungen statt. Gleich nebenan steht der **Palazzo della Corgna.** Der imposante Bau aus dem 16. Jh. ist durch einen dunklen Gang mit der Festung verbunden. In den repräsentativen Innenräumen des Palazzo sind die manieristischen Fresken von Pomarancio sehenswert. Sie erzählen u. a. die Geschichte der Seeschlacht von Lepanto, an der ein Mitglied der Adelsfamilie Corgna teilnahm.

Weiter auf der Via V. Emanuele, an unzähligen Läden mit Käse und Wurstwaren vorbei, deren geschäftstüchtige Betreiber einem die Spezialitäten nahezu aufdrängen, erreicht man kurz vor der **Porta Senese** die **Chiesa Santa Maria Madalene.** Sie birgt ein Kleinod von Eusebio da San Giórgio, einem Schüler Peruginos: das Bild „Madonna mit Kind“.

▼ *Von der Löwenburg überblickt man den Trasimenischen See*

133to Abb.: gg

Castiglione ist Mitglied der Vereinigung „Cittaslow“, einer 1999 in Italien gegründeten Bewegung zur Entschleunigung und Erhöhung der Lebensqualität in den Städten.

Sehenswürdigkeiten

Chiesa Santa Maria Madalene, 06061 Castiglione del Lago, Via. V. Emanuele (gleich hinter der Porta Senese), Öffnungszeiten: 8–13 und 16–19 Uhr

Palazzo della Corgna, 06061 Castiglione del Lago, Via. V. Emanuele, Öffnungszeiten: 10–13.30 und 16–19.30 Uhr

Essen

Paprika, 06061 Castiglione del Lago, Via. V. Emanuele 107, Tel. +39 075951813. Hier gibt es gute umbrische Küche, serviert auf der Terrasse mit schönem Ausblick. Do. geschlossen.

La Cantina, 06061 Castiglione del Lago, Via. V. Emanuele 93, Tel. +39 0759652463. Hier werden guten Gerichte aus lokalen Produkten angeboten. Pizza gibt es erst abends.

138 Strand, Castiglione del Lago ***(s. S. 211)***

139 Camping Listro, Castiglione del Lago ***(s. S. 211)***

STELLPLÄTZE ENTLANG DER ROUTE

Stellplatz

116 Parkplatz, Radicofani

42.89457°N 11.77528°E

Offizieller, separater Platz mit Tischen und Bänken ca. 600 m vom Zentrum entfernt. **Lage/Anfahrt:** Von der SS2 an der ersten Abzweigung nach Radicofani rechts und sofort wieder rechts zum Stellplatz, ausgeschildert; **Platzanzahl:** 5; **Untergrund:** Rasengitter; **Ver-/Entsorgung:** Trinkwasser, Abwasser, Chemie-WC; **Sicherheit:** beleuchtet; **Preise:** kostenlos; **Geöffnet:** frei zugänglich; **Kontakt:** Radicofani, Piazza Gramsci.

Stellplatz

117 Centro storico, Vivo d’Orcia

42.93351°N 11.64188°E

Freie Stellplätze auf einem öffentlichen Parkplatz am südlichen Ortsrand, nur für Wohnmobile bis 7 m Läge geeignet, 100 m bis zum Zentrum. **Lage/ Anfahrt:** Von Bagni San Filippo vor dem Ort rechts, ausgeschildert mit „P“; **Platzanzahl:** 5; **Untergrund:** Asphalt; **Ver-/Entsorgung:** Strom; **Sicherheit:** beleuchtet; **Preise:** kostenlos; **Geöffnet:** frei zugänglich.

Stellplatz

118 Fosso Canali, Abbadia San Salvatore

42.87862°N 11.67187°E

Offizieller Stellplatz ca. 1 km vom *centro storico* entfernt an einem kleinen Park. **Lage/Anfahrt:** Ab der Durchgangsstraße ausgeschildert; **Platzanzahl:** 15; **Ver-/Entsorgung:** 400 m vom Stellplatz (GPS: 42.87912°N 11.66825°E), Trinkwasser (ohne Schlauchanschluss), Abwasser, Chemie-WC; **Preise:** kostenlos; **Geöffnet:** frei zugänglich; **Kontakt:** 53021 Abbadia San Salvatore, Via Fosso Canali.

134to Abb.: gg

Stellplatz

119 *Parkplatz, Vetta Amiata*

42.89122°N 11.62740°E

Freie Stellmöglichkeit auf einem öffentlichen Parkplatz unterhalb des Gipfels, sehr einsam und nur im Frühjahr und Herbst als Stellplatz zu benutzen. **Lage/Anfahrt:** Auf allen Zufahrtsstraßen in Richtung Vetta Amiata fahren; **Platzanzahl:** 5; **Untergrund:** Asphalt; **Preise:** kostenlos; **Geöffnet:** frei zugänglich.

▲ *Ohne Wohnmobil-infrastruktur, dafür einsam und ruhig gelegen: der Stellplatz Vetta Amiata*

Stellplatz

120 *Centro storico, Santa Fiora*

42.83531°N 11.58359°E

Schöner, offizieller Platz im Grünen. Im Herbst gibt es in der Nähe viele Kastanien. **Lage/Anfahrt:** Am Ortsrand etwas abgeschieden im Grünen, zum Zentrum 300 m; von den Zufahrtsstraßen zum Ort ausgeschildert; **Platzanzahl:** 40; **Untergrund:** Schotter; **Ver-/Entsorgung:** Trinkwasser, Abwasser, Chemie-WC; **Sicherheit:** beleuchtet; **Preise:** kostenlos; **Geöffnet:** frei zugänglich.

Stellplatz

121 *Parco Faunistico, Arcidosso*

42.83747°N 11.52903°E

Offizielle Stellplätze auf dem Parkplatz vom Naturpark Faunistico in wunderschöner Lage. **Lage/Anfahrt:** 2 km vor Arcidosso aus Richtung S. Fiora links ab auf die SP160 (ausgeschildert), von hier 2,7 km auf teilweise sehr holpriger, unbefestigter Straße zum Stellplatz; **Platzanzahl:** 20; **Untergrund:** Schotterrasen; **Ver-/Entsorgung:** Abwasser, Chemie-WC, Wasser in der Nähe des Eingangs; **Geöffnet:** frei zugänglich.

Stellplatz

122 *Via Po, Castel del Piano*

42.88861°N 11.53811°E

Offizielle Stellplätze auf einem riesigen Parkplatz am Ortsrand bei den Sportplätzen, 300 m bis zum Zentrum. **Lage/Anfahrt:** Im Ortszentrum in Richtung „Campo sportivo“ in die Via Po abbiegen, ausgeschildert; **Platzanzahl:** 20; **Untergrund:** Asphalt; **Ver-/Entsorgung:** Trinkwasser, Abwasser, Chemie-WC; **Sicherheit:** beleuchtet; **Preise:** kostenlos; **Geöffnet:** frei zugänglich; **Kontakt:** 58033 Castel del Piano, Via Po.

Camping

123 *Camping Amiata, Castel del Piano*

42.88539°N 11.53778°E

Schöner Platz mit guter Sanitärausstattung bei einem ehemaligen Bauernhof am Ortsrand. **Lage/Anfahrt:** Von Arcidosso aus am Ortsanfang von Castel del Piano, ausgeschildert; **Untergrund:** Wiese; **Ver-/Entsorgung:** Strom, Trinkwasser, Abwasser, Chemie-WC; **Sicherheit:** umzäunt, beleuchtet, bewacht; **Preise:** 6,80–8,70 €/Fahrz., 5,10–6,40 €/Pers., 2–2,60 €/Hund; **Geöffnet:** ganzjährig; **Kontakt:** 58033 Castel del Piano, Via Roma 15, Tel. +39 0564956260, www.amiata.org.

Stellplatz

124 Stellplatz, Montalcino

43.04911°N 11.48771°E

Offizieller, separater Parkplatz für Wohnmobile ca. 1 km vom Ortszentrum entfernt auf einem Berg. An drei Seiten von Häusern umgeben, leider auch von Anlieger-Pkws benutzt. Die Anfahrtsstraße ist Einbahnstraße, deshalb zuerst zur Ver- und Entsorgung fahren. **Lage/Anfahrt:** Am Kreisverkehr in Richtung Grosseto (ausgeschildert) und dann sofort rechts, etwas steile Zufahrt; **Platzanzahl:** 30; **Untergrund:** Asphalt; **Ver-/Entsorgung:** Trinkwasser, Abwasser, Chemie-WC, 200 m vom Platz entfernt (GPS: 43.05025°N 11.48662°E); **Sicherheit:** beleuchtet; **Preise:** kostenlos; **Geöffnet:** frei zugänglich; **Kontakt:** 53024 Montalcono, Via Osticcio.

Stellplatz

125 Campo sportivo, San Quirico d'Orcia

43.05592°N 11.60685°E

Offizieller, stark von Jugendlichen frequentierter Stellplatz (manchmal Belästigungen), Fußballplatz und öffentlicher Park angrenzend, sehr laut. Es ist zu empfehlen, lieber auf den kostenlosen Platz in Bagno Vignoni auszuweichen. **Lage/Anfahrt:** Am Ortsrand ca. 200 m zum *centro storico*, ausgeschildert; **Platzanzahl:** 20; **Untergrund:** Asphalt; **Ver-/Entsorgung:** Trinkwasser, Abwasser, Chemie-WC; **Sicherheit:** beleuchtet; **Preise:** 10 €/Fahrz. (für 24 Std.), 5 € für 6 Std. gebührenpflichtig zwischen 8–20 Uhr; **Geöffnet:** frei zugänglich.

Stellplatz

126 Bagno Vignoni, San Quirico d'Orcia

43.02979°N 11.62018°E

Offizielle Stellplätze auf dem Parkplatz des Thermalbads, separater Teil für Wohnmobile, schöne Aussicht. **Lage/Anfahrt:** Von San Quirico auf die SS2 in Richtung Rom, nach 5 km Richtung Bagno Vignoni abbiegen, dann ausgeschildert; **Platzanzahl:** 50; **Untergrund:** Schotter; **Preise:** kostenlos; **Geöffnet:** frei zugänglich.

Stellplatz

127 Pro Loco, Castiglione d'Orcia

43.00280°N 11.61571°E

Ein offiziell ausgewiesener Platz für Wohnmobile an den Tennisplätzen von Castiglione d'Orcia, 200 m bis zum Zentrum. **Lage/Anfahrt:** Von der SP323 in Richtung Arcidosso am Ortsende links zur Bar Petra abzweigen, ausgeschildert mit „pro Loco", rechts halten, etwas steile Zufahrt; **Platzanzahl:** 10; **Untergrund:** Schotter; **Ver-/Entsorgung:** Trinkwasser, Abwasser, Chemie-WC; **Sicherheit:** beleuchtet; **Preise:** kostenlos; **Geöffnet:** frei zugänglich.

Stellplatz

128 Centro storico, Pienza

43.07832°N 11.68047°E

Offizielle Stellplätze auf einem Parkplatz beim Bauhof, nicht sehr einladende Umgebung, ca. 200 m zum *centro storico*, freitags Markt. **Lage/Anfahrt:** Von Montalcino aus bis zum Stadttor, dann halblinks an der Altstadt entlang (Via Mangiavacchi) und links zum Parkplatz abbiegen (Via Mencattelli), ausgeschildert; **Platzanzahl:** 30; **Untergrund:** Asphalt; **Ver-/Entsorgung:** Trinkwasser, Abwasser, Chemie-WC; **Sicherheit:** beleuchtet; **Preise:** 2 €/Std., gebührenpflichtig von 8–20 Uhr; **Geöffnet:** ganzjährig; **Kontakt:** 53026 Pienza, Via Mencattelli.

⑫⑨ *Bus turistici, Pienza*

Stellplatz

43.07998°N 11.67319°E

Offizielle Stellplätze an der Straße von Montalcino am Straßenrand unter Bäumen, für Fahrzeuge über 7 m problematisch, ca. 400 m zum Stadttor. **Lage/Anfahrt:** Von Montalcino aus direkt an der Straße (Via della Madonnina), ausgeschildert mit „Bus turistici"; **Untergrund:** Asphalt; **Sicherheit:** beleuchtet; **Preise:** kostenlos; **Geöffnet:** frei zugänglich; **Kontakt:** 53026 Pienza, Via della Madonnina.

⑬⓪ *Via Verde, Pienza*

Stellplatz

43.07887°N 11.67336°E

Freie Stellplätze auf einem Parkplatz in ruhiger Lage, an drei Seiten Wohnhäuser, zum Zentrum 400 m. Durch die schmale Einfahrt nur für kurze Wohnmobile geeignet. **Lage/Anfahrt:** Von Via della Madonnina (Straße aus Montalcino) nach den Busparkplätzen die nächste Straße rechts (Via Verde) und dann rechts zum Parkplatz; **Platzanzahl:** 5; **Untergrund:** Schotter; **Sicherheit:** beleuchtet; **Preise:** kostenlos; **Geöffnet:** frei zugänglich; **Kontakt:** 53026 Pienza, Via Verde.

⑬① *Marktplatz, Montepulciano*

Stellplatz

43.09553°N 11.78786°E

Offizieller Stellplatz auf dem Marktplatz, deshalb donnerstags bis 15 Uhr nicht zugänglich, Busbahnhof angrenzend. Schöne Aussicht, allerdings durch an- und abfahrende Busse ziemlich laut. **Lage/Anfahrt:** Von der Umgehungsstraße des historischen Zentrums ausgeschildert; **Platzanzahl:** 50; **Untergrund:** Asphalt; **Ver-/Entsorgung:** Trinkwasser, Abwasser, Chemie-WC; **Sicherheit:** beleuchtet; **Preise:** 10 €/Fahrz. (24 Std.), Mindestbetrag 6 € für bis zu 8 Std., ganztägig gebührenpflichtig; **Geöffnet:** frei zugänglich.

⑬② *Sosta bus turistici, Montepulciano*

Stellplatz

43.09506°N 11.78710°E

Freie Stellmöglichkeit auf einem in drei Terrassen angelegten Parkplatz direkt unterhalb des offiziellen Stellplatzes, durch die an- und abfahrenden Busse allerdings laut. **Lage/Anfahrt:** Zunächst wie zum Stellplatz Marktplatz, am Busbahnhof jedoch nicht rechts, sondern geradeaus die Via dei Martiena hinunter, dann an der Tennishalle rechts, ausgeschildert mit „Sosta bus turistici"; **Platzanzahl:** 10; **Untergrund:** Schotter; **Sicherheit:** beleuchtet; **Preise:** kostenlos; **Geöffnet:** frei zugänglich; **Kontakt:** 53045 Montepulciano, Piazza Misericordia.

⑬③ *Stadion, Sarteano*

Stellplatz

42.98562°N 11.87082°E

Freie Stellmöglichkeit auf dem Parkplatz des Stadions, 500 m bis zum Ort. **Lage/Anfahrt:** Am Ortsrand in Richtung Radicofani abbiegen, der Platz liegt nach ca. 500 m auf der linken Seite beim Stadion; **Platzanzahl:** 5; **Untergrund:** Asphalt; **Sicherheit:** beleuchtet; **Preise:** kostenlos; **Geöffnet:** frei zugänglich.

Camping

134 *Camping Parco della Piscine, Sarteano*

42.98722°N 11.86472°E

Platz am Ortsrand von Sarteano. Teurer, dafür aber mit eigenem Thermalschwimmbad, gepflegten Sanitäranlagen und Bar. Keine Hunde erlaubt. **Lage/Anfahrt:** In Sarteano ausgeschildert; **Platzanzahl:** 300; **Untergrund:** Wiese; **Ver-/Entsorgung:** Strom, Trinkwasser, Abwasser, Chemie-WC; **Sicherheit:** umzäunt, beleuchtet, bewacht; **Preise:** 15–21,50 €/Fahrz., 10,50–14,50 €/Pers.; **Geöffnet:** 9. März bis 30. September; **Kontakt:** 53047 Sarteano, Via del Bago Santo 29, Tel. +39 0578265889.

Stellplatz

135 *Scuole media, Cetona*

42.96708°N 11.90080°E

Freie Stellmöglichkeit auf dem Parkplatz bei einer Schule, der hintere Teil ist gut für Übernachtung geeignet, ca. 400 m zum *centro storico*. **Lage/Anfahrt:** An der Altstadt von Cetona vorbei bis zum Stoppschild, hier links abbiegen, ausgeschildert mit „P"; **Platzanzahl:** 10; **Untergrund:** Schotter; **Sicherheit:** beleuchtet; **Preise:** kostenlos; **Geöffnet:** frei zugänglich; **Kontakt:** 53040 Cetona, Via delle Scuole.

Stellplatz

136 *Via Torri del Fornello, Chiusi*

43.01455°N 11.94989°E

Offizielle Stellplätze auf einem Parkplatz, häufig zugeparkt, kurze Parkbuchten (für Fahrzeuge über 6 m Länge problematisch), ca. 300 m zum *centro storico*. **Lage/Anfahrt:** Von Chiusi Scalo auf der SP 146 Richtung Chiusi, rechts über die Via Porsenna (Beschilderung „Centro") zur Via G. Garibaldi, von ihr rechts in die Via Torri del Fornello; **Platzanzahl:** 5; **Untergrund:** Asphalt; **Ver-/Entsorgung:** Trinkwasser, Abwasser, Chemie-WC; **Sicherheit:** beleuchtet; **Preise:** kostenlos; **Geöffnet:** frei zugänglich; **Kontakt:** 53043 Chiusi, Via Torri del Fornello.

Camping

137 *Camping La Fattoria, Chiusi*

43.03000°N 11.92889°E

Schöner gepflegter Platz nicht direkt am See, aber mit gutem Restaurant. **Lage/Anfahrt:** Von Chiusi in Richtung Lago fahren, ausgeschildert; **Platzanzahl:** 30; **Untergrund:** Wiese; **Ver-/Entsorgung:** Strom, Trinkwasser, Abwasser, Chemie-WC; **Sicherheit:** umzäunt, beleuchtet, bewacht; **Geöffnet:** 1. April bis 30. September; **Kontakt:** 53043 Chiusi, Loc. Paccianese 48, Tel. +39 057821407, www.la-fattoria.it.

Stellplatz

138 *Strand, Castiglione del Lago*

43.12305°N 12.05006°E

Freie Stellmöglichkeit auf einem schattigen Wiesengelände am südlichen Ortsrand, direkt an den Strand angrenzend. **Lage/Anfahrt:** Vor dem Ort auf die Uferstraße abbiegen, am Jachthafen vorbei und sofort dahinter rechts; **Platzanzahl:** 20; **Untergrund:** Wiese; **Preise:** kostenlos; **Geöffnet:** frei zugänglich; **Kontakt:** 06061 Castiglione del Lago, Viale Divisione Partiani Garibaldi.

Camping

139 *Camping Listro, Castiglione del Lago*

43.13339°N 12.04444°E

Sehr schöne Lage direkt am See, einige Stellplätze direkt am Ufer, befriedigende Ausstattung. **Lage/Anfahrt:** Am nördlichen Ortsrand, ausgeschildert; **Platzanzahl:** 110; **Untergrund:** Wiese, Sand; **Ver-/Entsorgung:** Strom, Trinkwasser, Abwasser, Chemie-WC; gegen Gebühr auch Entsorgung für Nicht-camper; **Sicherheit:** umzäunt, beleuchtet, bewacht; **Preise:** 4,10–4,90 €/Fahrz., 4,10–4,90 €/Pers.; **Max. Stand:** unbegrenzt; **Geöffnet:** 1. April bis 30. September; **Kontakt:** 06061 Castiglione del Lago, Via Lungolago, Tel. +39 075951193, www.listro.it.

ZYPRESSENALLEEN IN KARGER LANDSCHAFT, ÜPPIGE WEINGÄRTEN UND DIE EHEMALIGE RIVALIN VON FLORENZ

Riesige wogende Getreidefelder im Sommer, trockene lehmgelbe bis sandfarbene Mondlandschaft im Herbst und Winter: Das ist die Crete, südlich von Siena. Unterbrochen wird die monotone Farbgebung durch lange grüne Zypressenalleen, die zu einsamen Gehöften führen. Schwarz-weiß gestreift ist der imposante Dom von Siena, Ziegelrot und Marmorweiß sind dagegen auf der Piazza del Campo vorherrschend. Bunt wird es zur Zeit des Palio, wenn die „contraden" um den Sieg reiten. Weiß-grün oder dunkelviolett hängen die Trauben kurz vor der Ernte an den schier endlosen Rebenreihen im Chianti. Mit dem schwarzen Hahn als Gütesiegel auf der Flasche schimmert der zwei Jahre gereifte Chianti Classico dunkelrot im Glas. Ja, und leicht „blau" ist so mancher nach einer der vielen angebotenen Weinverkostungen.

014to Abb.: gg

ROUTE 8

CRETE, SIENA UND CHIANTI

› Routenübersicht hinterer Umschlag innen

STRECKENVERLAUF

Strecke:
Castiglione del Lago – Trequanda (43 km) – Abbazia di Monte Oliveto Maggiore (16 km) – Siena (39 km) – Abstecher nach Monteriggioni (hin und zurück 30 km) – Abstecher zum Castello di Meleto (hin und zurück 6 km) – Radda in Chianti (35 km) – Abstecher zum Parco naturale di Cavriglia (hin und zurück 34 km) – Abstecher nach Volpáia (hin und zurück 16 km) – Abstecher nach Badia a Coltibuono (hin und zurück 16 km) – Castellina in Chianti (11 km) – Greve in Chianti (20 km)

Streckenlänge:
ohne Abstecher ca. 164 km
mit Abstecher ca. 266 km

Auf der SR71 geht es am Trasimenischen See entlang und dann weiter auf der Schnellstraße mit dem klangvollen Namen Raccordo Autostradale Bettole-Perugia in Richtung Siena. Bei der Ausfahrt „Sinalunga“ fährt man ab und folgt der guten Beschilderung bis Trequanda.

TREQUANDA (43 km – km 43)

▲ *Der Herbst im Chianti ist von besonderem Reiz*

Trequanda stellt sich dem Gast als niedliches, prächtig herausgeputztes Festungsdorf dar. Schmale Gassen mit schönem Blumenschmuck und einem Ziegelsteinrundturm als letzten Rest einer Burg – Trequanda ist „der ideale Platz zum Leben“, wie der Ortsprospekt wirbt. An der Piazza Garibaldi steht die außergewöhnliche **Chiesa SS. Pietro e Andrea.** Ihre Fassade ist an der Frontseite schachbrettartig weiß und ockerfarben „gewürfelt“. Die weißen Steine sind aus Travertin, die ockerfarbenen aus Sandstein.

Umgeben ist Trequanda von vielen knorrigen Olivenbäumen. Aus den handverlesenen Früchten wird ein vorzügliches Öl gepresst. Mitte Oktober findet hier ein Marktfest **(Festa dell’Olio Nuovo di Podere)** mit regionalen Anbietern dieses erlesenen Produkts statt.

Der kleine zu Trequanda gehörende Ort **Petroio** ist die Heimat der seit dem Mittelalter betriebenen Terrakottamanufakturen. Im **Museo della Terracotta** werden antike und moderne Ausstellungsstücke wie Küchengeschirr, Ölkrüge, Waschgefäße und Vasen gezeigt. Vom Band kommt die Stimme eines ehemaligen Töpfers, der auf Italienisch die Arbeitsabläufe der Terrakottafertigung erläutert.

Information

Pro Loco, 53020 Trequanda, Via Roma 4, Tel. +39 0577662296, Öffnungszeiten: Mo–Sa 10–12 Uhr und 16–18 Uhr

Einkaufen

F.A.T.A.P. Snc di Pecci, 53020 Petroio, Loc. Madonnino dei Monti 12, Tel. +39 0577665011, www.fatap.it. Exquisite handgearbeitete Töpferwaren.

Sehenswertes

Museo della Terracotta, 53020 Trequanda, Loc. Petroio, Via Valgelata 10, Tel. +39 0577665188, Öffnungszeiten: Apr.–Sept. Do, Fr 16–19 Uhr, Sa, So, 10.30–13 Uhr und 16–19 Uhr, Okt.–März Sa, So 10.30–13 Uhr und 15–18 Uhr

140 Centro storico, Trequanda (s. S. 232)

Auf der SP38 erreicht man rasch **Montisi.** Parkplätze direkt an der Altstadt sind hier etwas knapp, daher sollte man es gleich vor der Post auf dem Parkplatz versuchen. Es lohnt sich, denn der kleine Ort hat ein harmonisches mittelalterliches Stadtbild. Bummeln Sie einfach durch die Gassen bis zur Pieve dell’Assunzione di Maria aus der ersten Hälfte des 14. Jh. Das große Altarbild von Neroccio di Bartolomeo de’Landi zeigt die Madonna mit Kind.

141 Impiativi sportivi, Montisi (s. S. 232)

In **San Giovanni d’Asso** dreht sich alles um die wertvollen **Trüffel.** Mehr als hundert Trüffelhunde soll es hier geben. Wer vom Bahnhof aus zum Dorf geht, glaubt es gerne, denn überall bellen die Hunde meist sehr wütend aus den Gärten und Zwingern. Es gibt in der alten Festung sogar ein Trüffelmuseum, in dem der Interessierte alles von der Suche bis hin zur Verarbeitung des Trüffels erfährt (Öffnungszeiten: Apr.–Nov. Sa, So 10.30–13 Uhr und 14.30–18 Uhr, Fr 15–18 Uhr, Eintritt: 3 €). Im Ristorante del Castello gibt es außer allerlei guten Gerichten natürlich auch Trüffel zu kosten.

▼ *Stadtplan aus Stein in Montisi*

136to Abb.: gg

Eine friedliche Atmosphäre strahlt die am Ortsrand liegende **Chiesa San Pietro in Villore** aus. Umgeben von dunkelgrünen Zypressen steht das romanische Kirchlein mit seiner schönen in weiß und ocker „gewürfelten“ Fassade. Ein richtiges Postkartenmotiv.

Außerhalb des Ortes an der Straße zum Kloster Monte Oliveto Maggiore hat der Künstler Sheppard Craige den **Bosco della**

▼ *Die Crete – ein eindrucksvoller Landstrich*

Trüffel

Bereits in der Antike waren Trüffel eine beliebte Delikatesse auf den Tischen der Römer. Heute werden die wertvollen Pilze bis zu einem Preis von 190 € pro Gramm (für den begehrteren weißen Trüffel) auf dem Weltmarkt gehandelt.

Es gibt weiße und schwarze Trüffel. Die geschmacksintensivere ***weiße Trüffel*** *wächst im Winterhalbjahr, die* ***schwarze Trüffel*** *gedeiht das ganze Jahr hindurch. Trüffel sind mykorrhizierend, d. h., sie gehen eine Symbiose mit ihrer Wirtspflanze ein.*

Die Suche nach diesem lukrativen Schlauchpilz wird mithilfe von Trüffelschweinen bzw. -hunden durchgeführt. Weibliche Schweine reagieren auf den dem Sexualduftstoff des Ebers ähnlichen Duftstoff der Trüffel. Da die Schweine bei der Suche den Boden stark aufwühlen, ist diese Art der Suche in Italien verboten. In Umbrien werden abgerichtete Hunde eingesetzt.

In der Küche findet die Trüffel vielfältigen Einsatz. Fein gehobelt über ein Omelett oder über Pasta wird ein einfaches Gericht zu einer Delikatesse.

Essen

Ristorante Locanda del Castello, 53020 San Giovanni d'Asso, Piazza V. Emanuele II, Tel. +39 0577802939. Sehr stilvolle und gute Küche, aber nicht billig.

Einkaufen

Terrecotte Artistiche Senesi, 53020 San Giovanni d'Asso, Loc. Ampella, Öffnungszeiten: Mo–Sa 8–13 Uhr, zusätzlich Mo–Fr 16–17 Uhr. Große Auswahl an Terrakottatöpfen, -vasen und -figuren.

142 Stazione, San Giovanni d'Asso (s. S. 232)

Ragnaie angelegt. Nicht nur für Gartenliebhaber ist der interessant gestaltete Waldpark sehenswert. Geöffnet ist jeden Tag von Sonnenaufgang bis Sonnenuntergang. Der Eintritt ist frei (www.laragnaia.com).

Gut ausgeschildert ist die Straße zur Abbazia di Monte Oliveto Maggiore. Sie führt durch die typische Landschaft der Crete. Kurz vor der Abbazia sind starke **Bodenerosionen** mit tiefen Furchen ein Grund, einen Fotostopp einzulegen.

137to Abb.: gg

Crete

Crete heißt der Landstrich südlich von Siena. Durch ***Erosionen*** *entstandene Schluchten und endlose Lehmhügel in eintönigen Sandfarben bestimmen im Herbst und Winter die Landschaft, im Sommer dominieren wogende, goldbraune Getreidefelder. Nur ab und zu unterbrechen Weinberge und lange Zypressenalleen den beinahe wüstenhaften Eindruck. Eine Fremdheit, die Besucher in ihren Bann zieht, doch die Erosion ist ein großes Problem in dem dünn besiedelten Gebiet. Der fruchtbare Boden hält den winterlichen Sturzbächen nicht stand und wird häufig mitgerissen.*

ABBAZIA DI MONTE OLIVETO MAGGIORE

(16 km – km 59)

Das wichtigste **Benediktinerkloster** der Toscana liegt versteckt inmitten von grünen Zypressen. Die Abtei von Monte Oliveto Maggiore besucht man jedoch nicht nur wegen der schönen Lage, sondern vor allem wegen ihres mit einzigartigen **Fresken** geschmückten Kreuzgangs. Sodoma und Luca Signorelli schufen die 36 Szenen dieses an Detailgenauigkeit, Farbenpracht und Anmut nicht zu überbietenden Freskenzyklus. Man kann Stunden davor verbringen und entdeckt doch immer wieder kleine, oftmals lustige Details, wie z. B. eine sich mit einem Hund um einen Fischkopf streitende Katze. Besonders schön ist das Bild diagonal gegenüber dem Eingang: Die Eltern von Maurus und Placidus kommen mit großem Gefolge aus Rom, um ihre Söhne dem Orden zu übergeben. Erst bei längerer Betrachtung entwirrt sich das Durcheinander in einzelne, mit typischen Merkmalen versehene Figuren. Im Kreuzgang gegenüber dem Eingang hat sich Sodoma im Bild 4 selbst verewigt. Er ist der Ritter mit den weißen Handschuhen und sogar seinen zahmen Dachs hat er mit auf das Bild gebannt.

Die zurzeit im Kloster lebenden 36 Benediktinermönche lassen auch einen Einblick in ihr Refektorium (Speisesaal), die Bibliothek und eine Gemäldesammlung zu. Im Klosterladen, in einem Nebengebäude, gibt es Klosterlikör, Tinkturen, Salben und Literatur zu kaufen.

Geöffnet ist das Kloster von Mai bis September zwischen 9.15 und 12 sowie zwischen 15.15 und 18 Uhr, von Oktober bis April nachmittags nur bis 17 Uhr. Der Eintritt ist frei (Tel. +39 0577718567).

Entlang eines Bergkamms mit schöner Aussicht kommt man nach **Asciano,** dem Handelszentrum der Crete. Außer dem ganz ansehnlichen Corso Matteotti mit einigen Bars gibt es hier aber nichts Besonderes zu besichtigen.

Auf der SP438 verläuft die Weiterfahrt durch die schöne Landschaft der Crete nach Siena. Die Straße mündet in die Schnellstraße SS73/E78, die man an der Ausfahrt „Tangenziale Ovest“ (West) verlässt. Von dort fährt man weiter in Richtung Zentrum von Siena. Ab hier sind auch die Wohnmobilstellplätze ausgeschildert. Zuerst erreicht man den Stellplatz Il Fagiolone (s. S. 232) und wenn man hier weiterfährt, führt die weitere Beschilderung zum Stellplatz Palasport. Andere Parkmöglichkeiten als diese gibt es für Wohnmobilfahrer nicht. Die Polizei greift entschieden und mit hohen Geldbußen gegen Falschparker durch.

Empfehlenswert ist der Stellplatz Palasport (s. S. 233): Er ist zwar nicht schön, liegt aber wesentlich ruhiger als der erstgenannte.

Information

Ufficio del Turismo delle Crete Senesi, in einem Nebengebäude des Klosters, Tel. +39 0577707262, Öffnungszeiten: Di–Sa 10.30–13 Uhr und 14.30–18 Uhr, So 10.30–13 Uhr

▼ *Durch die Crete nach Siena*

138to Abb.: gg

143 Parkplatz, Asciano (s. S. 232)

SIENA (39 km - km 98)

Information
A.P.T., 53100 Siena, Piazza del Campo 56, Tel. +39 0577280551, Öffnungszeiten: 9-13 Uhr und 15-18 Uhr

144 *Il Fagiolone, Siena (s. S. 232)*

145 *Palasport, Siena (s. S. 233)*

Siena, eine Stadt mit 54.000 Einwohnern, erstreckt sich über drei Hügel und ist von einer ehemals 7 km langen **Stadtmauer** umschlossen, die heute in Teilen noch erhalten ist. Die Anfänge der Stadt gehen der Sage nach auf Senius und Askius zurück, Söhne des Remus, der zusammen mit Romulus Rom gründete. Aus diesem Grund ist die säugende Wölfin nicht nur das Wahrzeichen Roms, sondern auch das von Siena. Gesichert ist, dass bereits in der frühen Römerzeit eine Siedlung bestand, die den Namen **Sena Julia** trug. Siena war lange Zeit im Besitz der Langobarden und kam dann unter die Herrschaft der Franken. In der Mitte des 12. Jh. wurde die Stadt eine selbstständige Republik. Damit begann ihr wirtschaftlicher und kultureller Aufschwung, aber auch die immer wieder in kriegerische Auseinandersetzungen ausartende **Rivalität mit Florenz.** Ab dem Ende des 13. Jh. erlebte die Stadt unter dem **Consiglio dei Nove** (Rat der Neun) - einer Regierung, die aus den einflussreichsten Bürgern Sienas bestand - ihre Blütezeit. Aus dieser Epoche stammen auch die großartigen gotischen Bauwerke wie der **Palazzo Pubblico** und der **Dom.** 1348 fand der Aufschwung ein jähes Ende: Siena wurde von der **Pest** heimgesucht, die 80 % der Bevölkerung das Leben kostete.

▼ *Die fächerförmige Piazza del Campo*

139to Abb.: gg

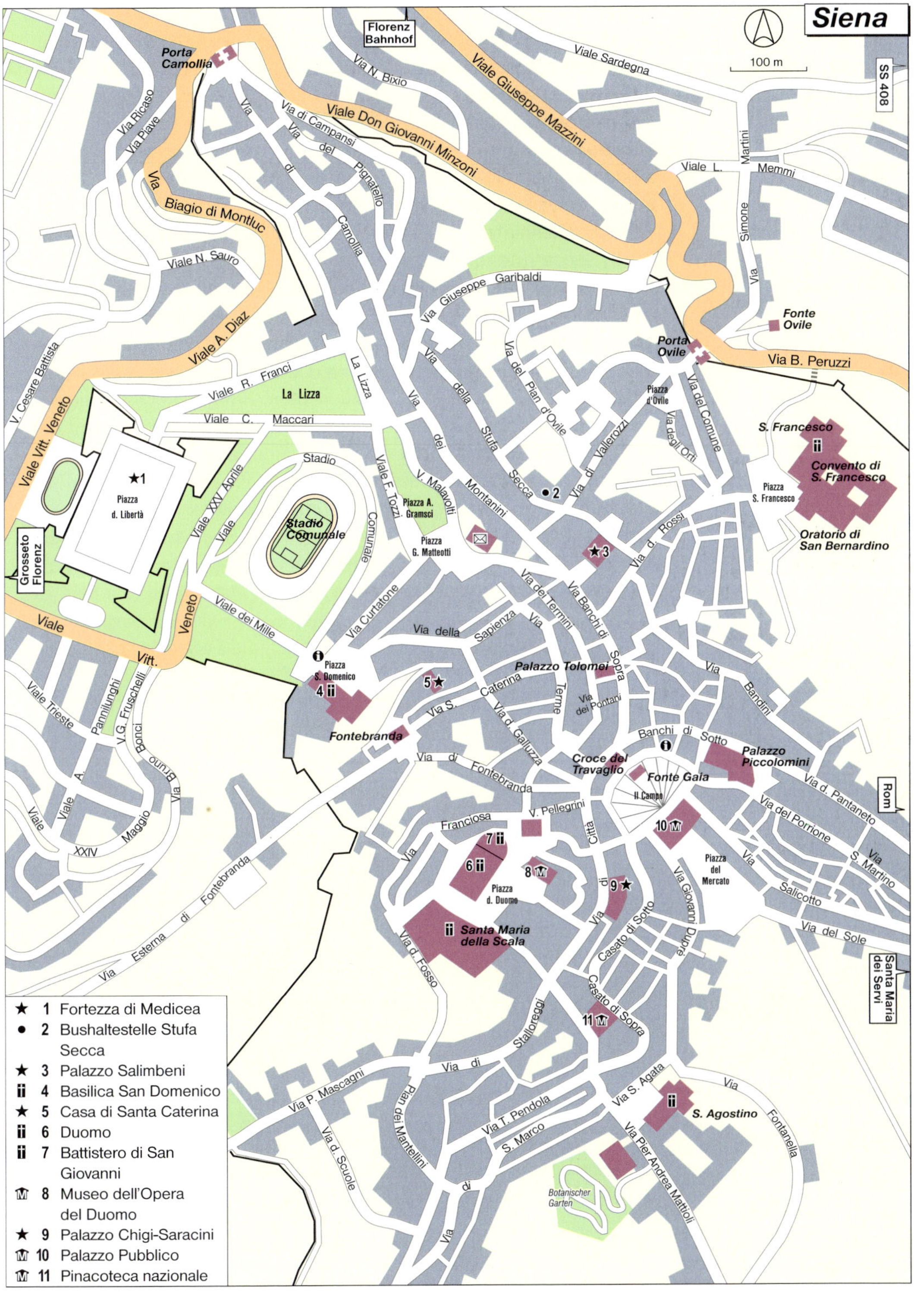
Siena
100 m
Florenz Bahnhof
SS 408
Porta Camollia
Viale Sardegna
Via N. Bixio
Viale Giuseppe Mazzini
Viale Don Giovanni Minzoni
Via di Campansi
Via del Pignattello
Via di Camollia
Via Ricaso
Via Piave
Via Biagio di Montluc
Viale N. Sauro
Viale L. Memmi
Via Simone Martini
Via Giuseppe Garibaldi
Fonte Ovile
Porta Ovile
Via B. Peruzzi
Viale A. Diaz
Viale R. Franci
La Lizza
Viale C. Maccari
V. Cesare Battisti
Viale Vitt. Veneto
Via della Stufa Secca
Via dei Montanini
Via del Pian d'Ovile
Piazza d'Ovile
Via del Comune
Via degli Orti
Via di Vallerozzi
S. Francesco
Convento di S. Francesco
Piazza S. Francesco
Oratorio di San Bernardino
Stadio
Stadio Comunale
Viale XXV Aprile
Viale F. Tozzi
V. Malavolti
Piazza A. Gramsci
Piazza G. Matteotti
Piazza d. Libertà
Grosseto Florenz
Viale dei Mille
Via Curtatone
Via della Sapienza
Via dei Termini
Via Banchi di Sopra
Via d. Rossi
Via Bandini
Piazza S. Domenico
Palazzo Tolomei
Via S. Caterina
Via d. Galluzza
Via dei Pontani
Terme
Fontebranda
Via di Fontebranda
Banchi di Sotto
Palazzo Piccolomini
Croce del Travaglio
Fonte Gaia
Il Campo
Via d. Pantaneto
Rom
Via del Porrione
Via S. Martino
Via Salicotto
Via del Sole
Piazza del Mercato
Via Giovanni Duprè
V. Pellegrini
Via Franciosa
Via di Città
Piazza d. Duomo
Santa Maria della Scala
Via d. Fosso
Casato di Sotto
Casato di Sopra
Santa Maria dei Servi
Viale Trieste
Via Pannilunghi
V.G. Fruschelli
Via Bonci
Via Bruno
Viale XXIV Maggio
Viale Vitt. Veneto
Via Esterna di Fontebranda
Via di Stalloreggi
Via P. Mascagni
Pian dei Mantellini
Via T. Pendola
S. Marco
Via d. Scuole
Via S. Agata
S. Agostino
Via Fontanella
Via Pier Andrea Mattioli
Botanischer Garten
Via di S. Marco
★ 1 Fortezza di Medicea
● 2 Bushaltestelle Stufa Secca
★ 3 Palazzo Salimbeni
4 Basilica San Domenico
★ 5 Casa di Santa Caterina
6 Duomo
7 Battistero di San Giovanni
8 Museo dell'Opera del Duomo
★ 9 Palazzo Chigi-Saracini
10 Palazzo Pubblico
11 Pinacoteca nazionale

Unter Kaiser Karl V. ging die Stadt 1555 zusammen mit der gesamten Toscana an die Medici aus Florenz und versank damit in der Bedeutungslosigkeit. Erst nach der Vereinigung Italiens 1861 ging es mit Siena wieder bergauf.

Vom Wohnmobilstellplatz Il Fagiolone (s. S. 232) fährt man mit einem **Bus** der Linie 3 oder der Linie 9 bis zur Piazza del Sale. Hier kann man in den Bus der Linie 7 umsteigen und bis zur Endhaltestelle „Stufa Secca" fahren oder man geht das kurze Stück einfach zu Fuß. Vom Stellplatz Palasport (s. S. 233) fährt die Buslinie 7 direkt zur „Stufa Secca" (der Endhaltestelle).

Von hier ist man in wenigen Minuten auf der **Via Banchi di Sopra,** der Hauptgeschäftsstraße von Siena. Hier herrscht zu allen Tageszeiten ein geschäftiges Durcheinander. In den Läden bieten renommierte Hersteller ihre Produkte an und von Delikatessen über Damen- und Herrenbekleidung gibt es alles zu kaufen. Bald weitet sich die Via Banchi zur Piazza Salimbeni. An der Stirnseite des Platzes steht der gotische **Palazzo Salimbeni** mit seiner Front aus dreibogigen Fenstern und einem abschließenden Bogenfries mit Zinnen.

Immer weiter auf der Via Banchi und dann links durch einen der Tordurchgänge erreicht man den Hauptplatz Sienas die **Piazza del Campo.** Der leicht geneigte, fächerförmige Platz erhielt 1347 sein heutiges Gesicht und gilt als einer der schönsten der Toscana. Er wird von vielen einzigartigen mittelalterlichen Palästen eingerahmt. In der Mitte sprudelt die „fröhliche Quelle", die **Fonte Gaia,** in ihrem mit Plastiken und Reliefs geschmückten Becken. Die Reliefs sind nur Kopien, die Originale sind im Museo Civico (s. S. 223) zu sehen.

Beherrscht wird die Piazza vom **Palazzo Pubblico** mit dem **Torre del Mangia,** einem schlanken 102 m hohen Turm. Begonnen wurde der Bau im Jahre 1295, bis 1340 wurde er ständig ergänzt. Im ersten Stock des Palastes liegen die zu besichtigenden historischen Ratssäle wie u. a. die Sala di Mappamondo, der nach einer Weltkarte benannt wurde, die sich früher hier befand. Heute sind es die Fresken von Simone Martini und das Reiterbild von Guidoriccio da Fogliano, die die Blicke der Besucher auf sich ziehen. In der Sala della Pace, dem Friedenssaal, sind Fresken des Sieneser Meisters Ambrogio Lorenzetti zu sehen: über dem Eingang „Die gute Regierung" und ihre Auswirkung auf Stadt und Land und gegenüber „Die schlechte Regierung". Eine Treppe höher hat man von der Loggia einen guten Blick auf die Piazza del Campo. Wer noch mehr sehen möchte, sollte auf den Torre del Mangia steigen. In luftiger Höhe von 102 m liegt einem das ganze Siena zu Füßen.

Man verlässt die Piazza del Campo und geht auf der Via di Città weiter bis zum **Palazzo Chigi-Saracini.** Der Bau vom Anfang des 14. Jh. ist in seiner Form einer Straßenbiegung angepasst. Heute beherbergt er die weltbekannte Musikschule von Siena und einige Konzertsäle.

Für den weiteren Stadtrundgang muss man die Via di Città weiter bis zur nächsten Kreuzung gehen und hier links in die Via di San

Pietro abbiegen. Auf ihr ist man in wenigen Schritten bei der **Pinacoteca nazionale,** die im gotischen Palazzo Buonignori aus dem 14./15. Jh. untergebracht ist. Hier kann man eine ausgezeichnete Sammlung von Werken nahezu aller Siener Meister betrachten. Die über 700 Bilder bieten einen lückenlosen Überblick über die Malerei vom 13. bis zum 16. Jh. Zu sehen sind unter anderem Werke von Simone Martini, Pietro Lorenzetti, Ambrogio Lorenzetti und Giovanni di Paolo.

▲ *Prächtig dekoriert ragt der Dom von Siena in den Himmel*

Sich rechts haltend, kommt man zur Piazza Duomo. Hier steht das Prunkstück der Stadt: der **Dom.** 1229 begonnen, 1263 mit einer Kuppel versehen und 1313 mit dem 77 m hohen Glockenturm vollendet, erschien er den Sienesern bald nach seiner Fertigstellung im Vergleich zum Dom in Florenz zu klein. Nun sollte der schon erbaute Teil zu einem Querschiff um- und ein riesiges Längsschiff angebaut werden. Die Pest und eine Wirtschaftsflaute führten jedoch bald zur Einstellung des Vorhabens. Im 14. Jh. vervollständigte Giovanni di Cecco den oberen Teil der fein gegliederten Westfassade, deren unterer, älterer Teil von Giovanni Pisano stammen soll. Die bunten Mosaike mit Bildern aus dem Leben Marias wurden erst im 19. Jh. angebracht. Man sollte sich Zeit nehmen, die vielen aufwendigen Details der fein gearbeiteten Marmorfassade genau zu betrachten. Das Innere ist durch gestreifte Säulen unterteilt und vom Deckengewölbe leuchten Sterne, aber das beeindruckendste ist sicherlich der kunstvoll gearbeitete Marmorfußboden. 52 Bilder erzählen die Geschichte der Menschheit vom Alten bis zum Neuen Testament. Leider ist der schöne Fußboden nicht immer vollständig zu bewundern. Meist sind Teile des Bodens abgedeckt. Die Zeiten, in denen er uneingeschränkt zu sehen ist, wechseln von Jahr zu Jahr. Am besten man erkundigt sich vorher bei der Touristeninformation. Über den Säulen reihen sich auf einem umlaufenden Fries die Büsten der Päpste. In einem Nebenraum des Doms, vom linken Seitenschiff aus zugänglich, befindet sich die von Kardinal Francesco Todeschini Piccolomini eingerichtete Dombibliothek. Der Kardinal war ein Neffe von Pius II. und als Pius III. selbst eine kurze Zeit Papst. Farbenfrohe Fresken von Pinturicchio zeigen Szenen aus dem Leben von Pius II. Niccoló Pisano schuf 1268 die prächtige achteckige Marmorkanzel, deren Säulen auf zwei weiblichen und zwei männlichen Löwen ruhen – ein außerordentliches Meisterwerk des Künstlers. In der Apsis verdient das Chorgestühl mit wunderschönen Intarsienarbeiten von Fra Giovanni da Verona besondere Beachtung.

Direkt neben dem Dom steht das **Museo dell'Opera del Duomo** (Dombaumuseum). Unter den vielen Werken die darin ausgestellt sind, ist besonders die „Maestá“, eine große beidseitig bemalte Altartafel, von Duccio di Buoninsegna zu erwähnen. 1308 entstanden gilt sie als das herausragendste Meisterwerk der Sieneser Schule. Bis 1505 schmückte sie den Hochaltar des Doms. Im Erdgeschoss findet man Skulpturen von Querica und Figuren von Pisano von der Domfassade. Im dritten Stock führt eine Treppe hinauf zum *facciatone,* zur großen Fassade des unvollendeten Domschiffs. Von hier hat man einen fantastischen Blick auf die Stadt.

Zwischen Turm und Dommuseum führen einige Stufen hinunter zum **Battistero di San Giovanni.** Drei Portale führen in das Innere mit Kreuzgewölbe. Die Fresken in der Apsis und im Spitzbogengewölbe stammen von il Vecchietta und stellen Szenen aus dem Leben und den Leiden Christi dar. In der Mitte des Raums steht das Prunkstück, das Taufbecken. Sehr schön sind die Bronzereliefs an dem sechseckigen Brunnen. Die Szenen aus dem Leben Johannes des Täufers stammen von Donatello, Ghiberti, Jacopo della Quercia und anderen Bildhauern des 15. Jh.

Vom Battistero über die Via di Fontebranda spaziert man hinunter zum Brunnenhaus der Branda (Fontebranda) aus dem 13. Jh. und über die Via S. Caterina ist man rasch bei der **Casa di Santa Caterina.** Hier wurde 1347 die heilige Katharina als jüngstes von 25 Geschwistern geboren. Ihr kurzes, spartanisches Leben verbrachte sie in diesem Haus und starb 1380 im Alter von nur 33 Jahren völlig entkräftet in Rom. Santa Caterina galt als wundertätig, war aber auch politisch engagiert. Der rege Briefwechsel der Mystikerin und Kirchenlehrerin mit dem Papst trug mit dazu bei, dass der Vatikan seinen Sitz von Avignon wieder nach Rom zurückverlegte. Heute ist das Santuario e Casa S. Caterina ein Gebäudekomplex mit Pilgerunterkünften. Die ehemaligen Wohnräume Santa Caterinas sind heute Andachts- oder Gebetsräume (Oratorien). In der ehemaligen Küche ist das prächtig ausgestattete Oratorio della Cucina mit einem Altarbild, das Katharina mit Wundmalen zeigt, zu bestaunen. Im Oratorio del Crocifisso sieht man das Kreuz, von dem die Heilige ihre Wundmale empfangen haben soll. Im Oratorio della Camera, im Schlafzimmer, sind einige persönliche Gegenstände von Katharina ausgestellt.

Von der Casa Santa Caterina kommt man über die Via dei Pittori in die Via della Sapienza. Ihr folgt man nach links bis zur Piazza San Domenico.

Die **Basilica San Domenico** mit ihrem außergewöhnlich breiten Querschiff wirkt auf den ersten Blick beinahe modern. Von besonderem Interesse für Gläubige und Kunstliebhaber ist die **Cappella di Santa Caterina.** Hier ruhen Reliquien der heiligen Katharina. Sie wurde zwar in Rom beigesetzt, nachdem man bei einer Exhumierung Mitte des 15. Jh. jedoch festgestellte, dass ihr Leichnam nicht verwest war, wurden der Kopf und ein Finger nach Siena gebracht. Die Cappella di Santa Caterina ist wunderschön mit Fresken von Sodoma geschmückt: rechts vom Altar „Ekstase der hl. Katharina“ und links

„Die Heilige erhält die Stigmatisierung und fällt in Ohnmacht". In der Cappella delle Volte, die sich gleich rechts vom Eingang befindet, ist über dem Altar das einzige zeitgenössische Bild der Heiligen zu sehen. Andrea Vanni malte sie in Ordenstracht und mit einer Lilie in der Hand. In dieser Kapelle erhielt Katharina die Weihen des Dominikanerordens.

Von der Piazza S. Domenico sieht man schon die **Fortezza di Medicea,** die ehemalige Verteidigungsanlage der Stadt. Cosimo I. gab sie 1560 in Auftrag und demonstrierte damit seinen Sieg über die Stadt. Heute ist hier eine Grünanlage mit Spazierwegen angelegt.

Über die Piazza Gramsci und die Via d. Montanini erreicht man wieder die Bushaltestellen.

Sehenswertes

Palazzo Pubblico (Museo Civico), 53100 Siena, Piazza del Campo, Öffnungszeiten: Mai-Okt. 10-18.15 Uhr, Nov.-Apr. 10-16.45 Uhr, Eintritt: 7,50 €

Torre del Mangia, 53100 Siena, Piazza del Campo, Öffnungszeiten: wie Museo Civico, Eintritt: 6 €, Kombiticket mit Museo Civico 12 €

Battistero di San Giovanni, 53100 Siena, Piazza San Giovanni, Tel. +39 05777283048, Öffnungszeiten: Nov.-März 10-13 Uhr und 14-17 Uhr, Apr.-Sept. 9-19.30 Uhr, Okt. 9-18 Uhr, Eintritt: 3 €, Kombiticket Dom, Dommuseum, Baptisterium, Krypta 10 €

Palio

Das größte Volksfest in Siena ist der Palio, ein wildes ***Pferderennen*** *auf der Piazza del Campo. Seine Ursprünge gehen ins 13. Jh. bzw. manche behaupten sogar bis ins 11. Jh. zurück. Der Preis des Rennens war der „pallium", ein wertvoller Stoffumhang. Heute handelt es sich bei der begehrten Trophäe (dem sogenannten „Palio") um eine Fahne.*

Siena besteht aus 17 Stadtteilen, den sogenannten „contraden". Unter diesen 17 werden vor jedem Rennen zehn ausgelost, die einen Reiter an den Start schicken dürfen. Die Reiter sind in prunkvolle Gewänder aus dem 15. Jh. gekleidet. Ohne Sattel jagen sie ihre Pferde um den Campo. Mit Peitschenhieben versuchen sie dabei, die gegnerischen Pferde abzudrängen. Der Palio findet jährlich am 2. Juli und am 16. August statt. Das eigentliche Rennen dauert höchstens 90 Sekunden, die ganzen Festivitäten einschließlich der Proberennen vier Tage. Die öffentlichen ***Proberennen*** *finden an den Vortagen jeweils morgens um 9 Uhr und abends um 19.45 Uhr statt. Am eigentlichen Renntag bewegt sich gegen 17 Uhr ein* ***feierlicher Umzug*** *auf den Campo, begleitet vom Geläut der Glocken des Mangiaturms. In farbenprächtigen Gewändern ziehen die Abordnungen der teilnehmenden „contraden" ein. Ein von vier weißen Ochsen gezogener Wagen trägt die Flagge Sienas und die seidene Trophäe. Um 19 Uhr fällt schließlich der Startschuss („la mossa") zu dem für Ross und Reiter nicht ungefährlichen Rennen. Viele Pferde wurden bei der wilden Hatz schon verletzt oder sind gar ums Leben gekommen. Aus diesem Grund haben schon etliche* ***Tierschutzorganisationen*** *und berühmte Persönlichkeiten wie Brigitte Bardot gegen die Rennen protestiert. Trotz der heftigen Einwände haben sich die Sieneser bis heute nicht von diesem traditionsreichen Spektakel abbringen lassen. Nun hat es das Rennen auch noch in die Kinos geschafft, als Kulisse für den James-Bond-Film „Ein Quantum Trost".*

Duomo, 53100 Siena, Piazza Duomo, Öffnungszeiten: Apr.-Sept. 10.30-20 Uhr, Okt.-März 10.30-19 Uhr, Eintritt: 5 €, Kombiticket siehe Battistero

Museo dell'Opera del Duomo, 53100 Siena, Piazza Duomo 8, Tel. +39 0577283048, Öffnungszeiten: Apr.-Sept. 9.30-20 Uhr, Okt.-März 10-17 Uhr, Eintritt: 7 €, Kombiticket siehe Battistero

Pinacoteca nazionale, 53100 Siena, Via di San Pietro, Öffnungszeiten: Mo 8.30-13 Uhr, Di-Sa 8.15-19.15 Uhr, So 8.15-13.15 Uhr, Eintritt: 4 €

Casa di Santa Caterina, 53100 Siena, Via S. Caterina, Öffnungszeiten: 9-18 Uhr

Basilica San Domenico, 53100 Siena, Piazza S. Domenico, Öffnungszeiten: 8-13 Uhr und 15-19 Uhr

Man verlässt Siena auf der SR2 in nordwestlicher Richtung, um nach ca. 13 km nach Monteriggioni abzubiegen.

ABSTECHER NACH MONTERIGGIONI

(hin und zurück 30 km)

Information

A.P.T., 53035 Monteriggioni, Piazza Roma 23, Tel. +39 0577304834, Öffnungszeiten: Apr.-Okt. 9.30-13.30 Uhr und 14-18 Uhr

Monteriggioni liegt an der alten Via Francigena (Frankenstraße), die Rom mit dem nördlichen Europa verband. Der 570 m lange Mauerring mit seinen 14 Türmen erhebt sich auf einem mit Weinbergen und Olivenhainen bedeckten Hügel. Angeblich war Dante vom Anblick der **Türme** so fasziniert, dass er sie mit angeketteten Riesen verglich und in seiner „Göttlichen Komödie" verwendete. Die **Burg** wurde oft belagert und angegriffen, eingenommen wurde sie aber erst durch den Verrat des sienesischen Hauptmanns Giovannino Zeti, der nach einer Absprache Monteriggioni im Tausch für sein Leben den Florentinern übergab.

141to Abb.: gg

▶ *Der Mauerring von Monteriggioni trotzte allen Angreifern*

Heute wirken die dunklen Mauern immer noch uneinnehmbar. Nur zwei Tore führen durch den Mauerring und trotzdem finden viele Touristen aus der ganzen Welt hierher. Es fehlt ein dörfliches Leben und der Ort wirkt wie ein großes Freilichtmuseum. Ein Spaziergang auf kleinen Teilen der Mauerkrone ist gegen ein Eintrittsgeld von 1,50 € möglich (Öffnungszeiten wie A.P.T.).

Wieder auf der eigentlichen Route verlässt man Siena in Richtung Chianti. Vom Stellplatz Palasport geht es dabei hinauf bis zur Hauptstraße, hier fährt man links und folgt der Beschilderung nach Radda und Gaiole. Vom Stellplatz Il Fagiolone fährt man zunächst nordöstlich auf der Via Pescaia und folgt dann der Beschilderung nach Radda. Hinter km 14 biegt man von der SS408 auf die SP114b nach Monti und zum **Castello di Brolió** ab.

Das **Castello di Brolió** ist sicher das eindrucksvollste Schloss im Chianti-Gebiet. Im Mittelalter wurde es mehrmals heftig umkämpft und weitgehend zerstört. Das Kastell, das der Besucher heute sieht, ist ein imposanter, im Jahre 1860 entstandener Bau im neugotischen Stil, der noch heute im Besitz des Barons Ricasoli ist. Bei der Besichtigung werden der Garten, die Kapelle und die Familienkrypta gezeigt (Öffnungszeiten: 9.30–12.15 Uhr und 15–18.15 Uhr, Eintritt: ohne Führung 5 €, mit Führung 8 €). Das Schloss selbst bleibt den Besuchern verschlossen.

Am Fuße des Burghügels liegt die Weinkellerei Casa Vinicola Barone Ricasoli. Sie erzeugt neben erstklassigem Chianti Classico auch gute Tafelweine.

Von Castello di Brolió fährt man auf der SP484 in Richtung Gaiole bis zur Einmündung in die SS408. Hier 1 km nach links bis rechts die SR114a nach Lecchi abzweigt.

Lecchi in Chianti ist ein noch ursprünglicher Ort mit einer dörflichen Gemeinschaft. Hier treffen sich die alten Männer an der Bar, um über Gott und die Welt zu diskutieren. Die Burg (Monte Luco di Lecchi) ist allerdings schon in der Hand von reichen Großstädtern, die sich hier ihr Feriendomizil erschaffen haben. Man sollte aber trotzdem den zehnminütigen Spaziergang hinauf nicht scheuen, von oben liegt einem beinahe das ganze Chianti-Gebiet zu Füßen.

Essen

Malborghetto, 53013 Gaiole, Loc. Lecchi in Chianti, Tel. +39 0577746201. Eine große Auswahl wirklich guter Gerichte, im Sommer sitzt man sehr schön auf der kleinen Terrasse.

Wanderung oder Radtour beim Castello di Brolió

Nach der Besichtigung des Castello geht man zurück bis kurz vor den Wohnmobilparkplatz. Hier führt eine wenig befahrene Straße nach San Régolo. An der Kirche des kleinen Ortes vorbei geht es geradeaus die Straße mit 25 % Gefälle hinunter und schon bald wieder bergauf. Oben an der Kuppe angekommen biegt man sofort nach links auf die Schotterstraße SC 25 (Hinweisschild „della Grotta“). Zuerst durch Wald und später durch Weinberge folgt man der Schotterstraße bergan. Wenn von rechts eine Straße mit Zypressen auf die Schotterstraße mündet, wendet man sich links zum Hotel Villa la Grotta und geht von hier bis zum Castello. Dort an der Mauer entlang und auf dem schon bekannten Weg zum Parkplatz.

Es handelt sich um eine einfache Wanderung mit geringer Steigung und schönem Blick auf das Castello (Dauer 1:30 Std.).

146 Stellplatz, Monteriggioni (s. S. 233)

Parken

Man sollte gleich bei den wenigen Häusern von Brolió parken, denn die Auffahrt zum Castello ist für Wohnmobile gesperrt.

Essen

Osteria del Castello, unterhalb der Burg von Brolió. Gutes, allerdings nicht ganz billiges Essen und ausgezeichnete Weine des Hauses Ricasoli.

147 Parkplatz, Lecchi (s. S. 233)

Die Weine der Toscana

*Wer kennt sie nicht, die bastumwickelten Riesenweinflaschen, die in 1960er-Jahren hinter der Rücksitzbank des VW-Käfers von Italien nach Deutschland geschmuggelt wurden? Erinnerungen an einen Wirtschaftswunderurlaub am „Teutonengrill", wie die Strände der Adria seinerzeit im Volksmund hießen. Der Inhalt der Flaschen: **Chianti,** Inbegriff des „dolce vita". Sogar Schlager wurden in dieser Zeit über ihn gesungen, obwohl die Qualität des Weins oft sehr zu wünschen übrig lies. So wurde die bastumwickelte Flasche, die „fiasco", wenn einmal geleert, nicht einfach weggeworfen, sondern diente als Kerzenhalter, der die italienische Urlaubsstimmung noch ein Weilchen erhalten sollte.*

*Heute dominiert die „fiasco" nicht mehr die Ladentische, dafür kauft man den edlen Chianti in Bordeauxflaschen, deren Inhalt Weintrinker zu höchstem Lob und Weinhändler zu höchsten Preisen anregen. Viel hat sich gewandelt im Chianti-Gebiet. Strenge Regeln und Klassifizierungen halfen mit, **internationale Spitzenweine** zu erzeugen.*

*Hauptbestandteil des Chianti ist die **Sangiovese-Traube.** Ihr Anteil muss mindestens 80 % betragen. Weitere zugelassene Rebsorten sind **Canaiolo** und **Cabernet Sauvignon.** Weißweinsorten sind generell nicht mehr zugelassen. Stammt der Wein aus dem Kerngebiet des Chianti zwischen Florenz und Siena, trägt er den Namen **Chianti Classico.** Der **Chianti Classico Riserva** muss zudem mindestens 2 Jahre in Eichenholzfässern gereift und weitere 3 Monate in Flaschen gelagert worden sein, bevor er in den Verkauf kommt. Außerdem muss sein Alkoholgehalt mindestens 12,5 % betragen. Das Konsortium Chianti Classico mit Sitz in Greve hat die Schutzmarke „gallo nero" (schwarzer Hahn) für sich entworfen. Ein schwarzer Hahn auf dem Flaschenhals bürgt für höchste Qualität.*

*Wenn man den toscanischen Wein aber nur auf den Chianti beschränkt, würde man den anderen, gleichwertigen Lagen der Toscana ein großes Unrecht antun. Einige der größten Weine Italiens werden in Montalcino und Montepulciano angebaut. Weine voller Komplexität und Tiefgang, die oft viele Jahre gelagert werden, stammen von hier. Namen wie **Brunello di Montalcino** oder **Vino Nobile di Montepulciano** lassen die Herzen eines jeden Weingenießers höherschlagen. Auch in weniger bekannten Anbaugebieten wie Carmignano oder San Gimignano werden edle Spitzenprodukte erzeugt. Des Weiteren kommen Weinliebhaber entlang der etruskischen Weinstraße, die sich unterhalb von Livorno bis nach Piombino erstreckt, auf ihre Kosten. Und nicht zu vergessen: die Weine Elbas. Die Insel kann auf eine dreitausendjährige Weinbautradition zurückblicken. Sowohl der **Elba Bianco** (trockener Weißwein) als auch der **Elba Rosso,** ein trockener Rotwein, der **Aleatico,** ein schwerer, süßer Likörwein, oder der **Moscato** (süßer, bernsteinfarbener Dessertwein) haben bei Weinkennern einen guten Ruf.*

142to Abb.: gg

Auf der SR114a geht es wieder zurück auf die SS408. Auf ihr kommt man bald zur Abzweigung nach Radda in Chianti. Wer noch Lust auf eine Schlossführung mit Weinprobe hat, sollte den kurzen Abstecher zum Castello di Meleto machen. Dazu nicht nach Radda abbiegen, sondern noch weiter auf der SS408 bleiben, bis es nach ca. 2 km rechts zum Castello di Meleto (GPS: 43.44007 ° N 11.42550 ° E) geht. Nach der letzten Abzweigung ist die Straße nicht mehr befestigt und teilweise ziemlich holprig, daher sollte man unbedingt langsam fahren!

143to Abb.: gg

▲ *Zum prächtigen Castello di Meleto gehört heute ein Weingut*

ABSTECHER ZUM CASTELLO DI MELETO

(hin und zurück 6 km)

Das Castello di Meleto mit den zwei zylindrischen Festungstürmen und einer massiven Befestigungsanlage ist eine Ritterburg wie aus dem Spielzeugkatalog. Außen Mittelalter und innen Barock, verspielt und mit Fresken bemalt, so stellt sich das Castello heute dar. Besonders interessant ist das kleine, barocke Theater aus dem 18. Jahrhundert.

Führungen durch das Castello finden zu folgenden Zeiten statt: Mo 15 und 16.30 Uhr, Di–Sa 11.30, 15, 16.30 Uhr, So 11.30, 16, 17 Uhr (Tel. +39 0577749129).

Die Weine aus dem hauseigenen Weingut können in der *enoteca* am Schlosseingang probiert und gekauft werden.

RADDA IN CHIANTI (35 km – km 133)

Viele deutsche und englische Touristen haben Radda in Chianti für sich entdeckt und es herrscht beinahe zu allen Jahreszeiten ein buntes Stimmengewirr in den Gassen, doch das kleine Städtchen hat trotz des Touristenandrangs keineswegs seinen Charme und seinen mittelalterlichen Charakter verloren. Ein Städtchen ohne besonders hervorzuhebende Sehenswürdigkeiten und trotzdem ein Ort, an dem man sich wohlfühlt und gerne einige Tage verbringt.

Seine Blütezeit hatte Radda in Chianti im 14. und 15. Jahrhundert, als es zu den drei Hauptorten des Chianti-Städtebundes gehörte. Aus dieser Zeit stammt auch der **Palazzo del Podestà** mit seiner wappenverzierten Fassade. Schräg gegenüber des Palazzo steht die **Kirche San Niccolò.** Die Bogenattrappe, die sich an der Fassade befindet, wurde nachträglich angebracht, um das dahinterliegende Fresko zu schützen.

Information

Ufficio Tursimo, 53017 Radda in Chianti, Piazza del Castello, Öffnungszeiten: März–Okt. Mo–Sa 10–13 Uhr und 15.15–19 Uhr, So 10.30–13 Uhr, Nov.–März Mo–Sa 10.30–12.30 Uhr und 15–18.30 Uhr

148 Centro storico, Radda in Chianti **(s. S. 233)**

Essen

Da Michele, direkt am Stellplatz, Tel. +39 0577738491. Gute Pizza mit dünnem Boden.

ABSTECHER ZUM PARCO NATURALE DI CAVRIGLIA (hin und zurück 34 km)

Von Radda in Chianti kommt man auf der SP72 in Richtung Lucolena auf ziemlich steiler, jedoch gut zu befahrender Straße zum **Weingut Castello d'Albola.** Die Familie Zonin erzeugt hier einen exzellenten Chianti Classico zu Preisen, die etwas unter den anderen renommierten Weingütern liegen. Die Weinkeller können besichtigt werden und zur Weinprobe wird im gemütlichen Verkostungsraum geladen

Noch ein Stückchen weiter auf der SP72 erreicht man bald einen sehr schön in der Einsamkeit der Wälder liegenden Campingplatz.

149 Camping Piano Orlando, Cavriglia **(s. S. 234)**

Sehenswertes

Weingut Castello d'Albola, 53017 Radda in Chianti, Via Pian d'Albola 31, Tel. +39 0577738019, Öffnungszeiten: Apr.-Okt. 10-18 Uhr, in dieser Zeit auch Führungen (12, 14 und 17 Uhr), Nov.-März Mo-Fr 10-12 Uhr und 13-18 Uhr

Vom Campingplatz Piano Orlando (s. S. 234) fährt man ca. 1 km weiter auf der Straße nach Cavriglia und kommt am Parkplatz des **Parco naturale di Cavriglia** an (GPS: 43.53531 °N 11.41500 °E).

Mitten in den Kastanien- und Flaumeichenwäldern wurde hier eine Art **Zoo** eingerichtet. Wildschweine, Ziegen, Esel, Affen und Bären leben in Gehegen. Pfauen und Lamas bewegen sich frei im Park und kommen sogar bis zum nahegelegenen Campingplatz. Der Besuch ist kostenlos und im Gelände gibt es ein kleines einfaches Restaurant. Man wandert auf den vielen Spazierwegen zum kleinen See und zu den Tiergehegen, unterwegs gibt es Gelegenheit zu einem Picknick. Kinder, aber nicht nur sie, werden sicherlich begeistert sein.

▼ *Hier kann der Kenner Wein und Essig verkosten*

144to Abb.: gg

ABSTECHER NACH VOLPÁIA (hin und zurück 16 km)

Ein weiterer Abstecher von Radda aus führt nach Volpáia. Schon die schöne Aussicht auf der Fahrt dorthin lohnt sich. Pittoresk, mittelalterlich, ein Kleinod – dies sind alles Attribute, die auf den kleinen Weiler Volpáia zutreffen. Im **Castello di Volpáia** wird ein guter Chianti erzeugt und in der Bottega kocht Carla ein vorzügliches Mahl. Wer danach keine Lust mehr hat, sein Wohnmobil zu bewegen, bleibt einfach auf dem Parkplatz am Ortsrand.

So friedlich und ruhig war es aber nicht immer in Volpáia. Der Ort war als Mitglied der Lega del Chianti lange Zeit in die Streitigkeiten zwischen Siena und Florenz verwickelt – deshalb auch die heute nur noch in Teilen sichtbaren, stattlichen Verteidigungsmauern. 1443 ließ der Burgherr außerhalb des Kastells an der Piazza della Cisterna die **Commenda di San Eufrosino** errichten, um Pilger und Reisende zu beherbergen und zu pflegen. Heute finden darin Weinproben und Veranstaltungen statt.

Essen

Bar Ucci, 53017 Volpáia, Piazza della Torre, Tel. +39 0577738042, Mo geschlossen. Sie werden von Paola herzlich empfangen. Der Cappuccino und die Hörnchen sind vorzüglich und die Preise normal.

La Bottega, 53017 Volpáia, Piazza della Torre 1, Tel. +39 0577738001, Di geschlossen. Fleisch und Wurst aus eigener Produktion, typisch toscanische Küche zu reellen Preisen.

150 Parkplatz, Volpáia (s. S. 234)

Einkaufen

Castello di Volpáia, 53017 Volpáia, Piazza della Torre, Tel. +39 0577738779, Öffnungszeiten: 10–13 Uhr und 14–19 Uhr. Hier finden Wein- und Essigverkostungen statt, für Wein wird 1 € pro Weinsorte verlangt. Es gibt Chianti Classico, Chianti Riserva und Chianti Bianco, verschiedene Essigsorten und Olivenöl.

ABSTECHER NACH BADIA A COLTIBUONO

(hin und zurück 16 km)

Von Radda in Chianti aus fährt man auf der SR429 in Richtung Montervarcchi. Nach 8 km geht es links ab zur Badia a Coltibuono (GPS: 43.49469 °N 11.45047 °E).

Die sich wunderschön in der Einsamkeit der Wälder befindende **Benediktinerabtei** stammt aus dem Jahre 930. Von hier oben hat man einen Panoramablick ins Valdarno, das Tal des Arno, hinunter. Mönche leben hier schon lange keine mehr, ein reicher Italiener hat das Anwesen bis auf die Kirche gekauft und zu einem weithin bekannten **Weingut** umgebaut. Es werden Führungen durch den Kreuzgang, die historischen Keller und den wunderschön angelegten Garten angeboten. Diese finden von April bis Oktober stündlich von 14 bis 17 Uhr statt. Der Eintritt kostet 5 €. Dienstags, mittwochs und freitags kann um 11 Uhr eine Führung mit anschließender Weinprobe (drei Weine) verbunden werden (Preis: 12 €, mindestens 10 Teilnehmer, Tel. +39 057774481). Der Treffpunkt für alle Führungen ist an der kleinen grünen Tür mit Löwenklopfer in der Mauer beim Parkplatz.

Die Klosterkirche, umgeben von mächtigen Zedern, hat im Inneren keinen einheitlichen Stil. Die schmucklosen romanischen Wände und die im barocken Stil bemalte Decke wollen nicht so recht zusammen passen.

Von Radda geht die Fahrt auf der SR222 10 km durch schöne Flaumeichenwälder nach Castellina in Chianti.

▼ *Besuch in klösterlicher Abgeschiedenheit*

145to Abb.: gg

146to Abb.: gg

CASTELLINA IN CHIANTI (11 km – km 144)

▲ *Die Via delle Volte, ein romantisches Plätzchen für ein Abendessen*

Castellina ist ein Dorf, dessen Schönheit sich dem Besucher nicht auf den ersten Blick erschließt. Die Kulisse wird stark durch das mächtigste Bauwerk, eine Futtermittelfabrik mit Silo, gestört. In der Fußgängerzone und besonders in der Via delle Volte findet man dagegen einige sehr malerische Ecken. Die Kirche am Hauptplatz ist zwar nicht mittelalterlich, fügt sich aber gut ins Gesamtbild ein. Durch die Fußgängerzone mit ihren ansprechenden Läden zu bummeln, in der *enoteca* einige Weine probieren, das ist genau, was man sich unter Dolce Vita vorstellt.

Die **Via delle Volte** ist ein Teil der ehemaligen Befestigungsanlage. Auf ihr spaziert man durch einen gemauerten Gewölbetunnel unter den Häusern hindurch.

Außerhalb, nur ca. 200 m vom Stellplatz, liegt ein besuchenswertes **etruskisches Schachtgrab.** Neben dem Eingang ist ein Stromkasten, mit dessen Hilfe man kostenlos Licht zur Besichtigung anmachen kann. Vier nach den Himmelsrichtungen ausgerichtete Gänge führen in den Grabhügel hinein und münden jeweils in verschieden großen Grabkammern. Der Eintritt ist frei!

Auf der SS222 ist nach 14 km **Panzano** erreicht. Der Ort ist inzwischen beinahe schon „weltberühmt“ wegen seiner „musikalischen Metzgerei“. Diese wohl einmalige Mischung von guten Wurstwaren und lauten italienischen Arien, teilweise vom Metzgermeister laut-

Information

A.P.T., 53011 Castellina, Via Ferruccio 40, Tel. +39 0577741392, Öffnungszeiten: 9–13 Uhr und 14.30–18.30 Uhr

Essen

Al Gallopapa, 53011 Castellina, Via delle Volte, Tel. +39 0577742939. Stimmungsvolles Ambiente, sehr teuer.

151 Parkplatz, Castellina in Chianti (s. S. 235)

stark mitgesungen, gibt es in der **Antica Macelleria Cecchini** in der Via XX Luglio. Das *centro storico* ist zwar mittelalterlich, wirkt aber etwas ausgestorben.

Weiter geht es für 8 km auf der SS222 nach Greve in Chianti.

152 Centro storico, Panzano (s. S. 235)

GREVE IN CHIANTI (20 km – km 164)

Die Stadt liegt an der Kreuzung zweier ehemals wichtiger Handelsstraßen und entwickelte sich deshalb zu einem großen Handelszentrum. Der Markt findet auch heute noch auf der ungewöhnlich dreieckigen Piazza Matteotti statt. Zwischen den Laubengängen herrscht jeden zweiten Samstag im Monat ein lebhaftes Treiben.

Und noch etwas hat Greve zu bieten: eine Weinprobierstube mit Selbstbedienung namens **Le Cantine.** Man löst eine Chipkarte im Wert von 10, 15, 20 oder 25 €, wählt seinen Probierwein aus, steckt die Karte in ein Lesegerät und schon läuft der Rebensaft aus dem Hahn in das Glas. Und so weiter und so weiter, bis das Guthaben aufgebraucht ist. Vielleicht etwas unpersönlich, aber wer es mag, kann hier unverbindlich probieren!

Information

A.P.T., 50022 Greve, Viale G. da Verrazzano 59, Tel. +39 0558546287, Öffnungszeiten: Okt.–Apr. Mo–Fr 10–13.30 Uhr und 14.30–18 Uhr, Mai–Sept. bis 18.30 Uhr und auch samstags

A.P.T., 50022 Greve, Piazza Matteotti, Öffnungszeiten: siehe oben

Einkaufen

Antica Macelleria Falorni, 50022 Greve, Piazza Matteotti. Sehr gute Wurst und leckerer Schinken.

Le Cantine, 50022 Greve, Piazza delle Cantine 2, Tel. +39 0558546404. 140 verschiedene Weine am Zapfautomat.

153 Piscina, Greve (s. S. 235)

Wanderung nach Montefioralle

Die Wanderung beginnt an der Piazza Matteotti. An der nordwestlichen Ecke biegt man in die schmale Via della Croce ein und wandert dann auf der Via Sagrona und weiter auf einem schmalen unbefestigten Steig steil bergauf. Hinter einem schönen Haus mit großem Pool geht man an der Gabelung links (Hinweisschild „Montegonzi"). Immer wieder stößt man auf Tafeln, die die Flora und Fauna der Gegend erklären. Oben angekommen, erreicht man den kleinen Weiler Montegonzi mit seinen schönen Ferienhäusern in herrlicher Lage. Immer weiter auf der Schotterstraße geradeaus bergab und wieder kurz bergauf und man erreicht ein Haus (auf der rechten Seite). Hinter dem mit großen Steinblöcken eingefassten Parkplatz geht man rechts auf holprigem breiten Weg steil bergab. Diesem Weg folgt man zuerst bergab und danien später bergan in einem Bogen bis zur Straße von Montefioralle. Unterwegs rückt das kleine Bergdorf Montefioralle immer wieder ins Blickfeld. Man überquert die Straße und kommt durch einen Torbogen in den pittoresken Ort. Das kleine, wunderschöne Dorf ist rasch durchquert und nun muss man leider ca. 1 km die Straße entlanggehen. Nach zwei Kehren mündet in der dritten ein geteerter Weg mit Fahrverbot für alle Fahrzeuge ein. Diesem folgt man bergab und kommt so wieder hinunter nach Greve.

147to Abb.: gg

STELLPLÄTZE ENTLANG DER ROUTE

Stellplatz

140 *Centro storico, Trequanda*

43.18811°N 11.66576°E

Freie Stellmöglichkeit auf einem Parkplatz mit schöner Aussicht am Ortsrand. **Lage/Anfahrt:** In Richtung Zentrum fahren, Parkplatz unterhalb der Stadtmauer; **Platzanzahl:** 1; **Untergrund:** Asphalt; **Sicherheit:** beleuchtet; **Preise:** kostenlos; **Geöffnet:** frei zugänglich.

Stellplatz

141 *Impiativi sportivi, Montisi*

43.15358°N 11.64281°E

Freie Stellmöglichkeit auf einem Parkplatz des Sportzentrums, ca. 1 km außerhalb des Ortes. Wenn trainiert wird, kann es etwas laut werden. **Lage/Anfahrt:** Auf der SP14 von Montisi in Richtung San Giovanni d'Asso und bei km 12 IX rechts abbiegen, ausgeschildert mit „impiativi sportivi" (Sportanlagen); **Platzanzahl:** 5; **Untergrund:** Schotter; **Preise:** kostenlos; **Geöffnet:** frei zugänglich.

Stellplatz

142 *Stazione, San Giovanni d'Asso*

43.15224°N 11.59201°E

Freie Stellmöglichkeit auf den Parkplätzen am stillgelegten Bahnhof unterhalb der Stadt, 400 m bis zum Zentrum. **Lage/Anfahrt:** Vor dem Ort rechts zum Bahnhof *(stazione)* abbiegen; **Platzanzahl:** 10; **Untergrund:** Schotter; **Sicherheit:** beleuchtet; **Preise:** kostenlos; **Geöffnet:** frei zugänglich; **Kontakt:** 53020 San Giovanni d'Asso, Via della Stazione.

Stellplatz

143 *Parkplatz, Asciano*

43.23657°N 11.55683°E

Offizielle Stellplätze auf einem großen zweigeteilten Parkplatz am Ortsrand, ca. 200 m bis zum Zentrum. Im linken, kleineren Teil sind zwei Stellplätze ausgewiesen, der rechte, geschotterte Teil ist ebenfalls als Übernachtungsplatz nutzbar. **Lage/Anfahrt:** Von der Abbazia aus am Ortsanfang von Asciano rechts; **Platzanzahl:** 10; **Untergrund:** Schotter; **Sicherheit:** beleuchtet; **Preise:** kostenlos; **Geöffnet:** frei zugänglich; **Kontakt:** 53041 Asciano, Strada delle Castellare.

Stellplatz

144 *Il Fagiolone, Siena*

43.31419°N 11.31753°E

Offizieller Bus- und Wohnmobilparkplatz zwischen stark befahrenen Straßen, sehr laut. In die Innenstadt fährt man mit dem Bus Nummer 3 oder 9. **Lage/Anfahrt:** Von den Zufahrtsstraßen ausgeschildert; **Platzanzahl:** 50; **Untergrund:** Asphalt; **Sicherheit:** beleuchtet; **Preise:** 20 €/Fahrz. für 24 Std., der Betrag wird auch bei kürzerem Aufenthalt fällig; **Geöffnet:** ganzjährig.

Besonders von deutschen Wohnmobilfahrern frequentiert: der Stellplatz in Radda in Chianti

Stellplatz

145 *Palasport, Siena*

43.33343°N 11.31691°E

Offizieller Womoparkplatz vom Sportzentrum, am Bahnhof und unterhalb einer Straße, aber trotzdem wesentlich ruhiger als Il Fagiolone und zum Übernachten die bessere Lösung. In die Innenstadt fährt man mit dem Bus mit der Nummer 7 bis „Stufa Secca" (Endhaltestelle). **Lage/Anfahrt:** Von den Zufahrtsstraßen ausgeschildert; **Platzanzahl:** 50; **Preise:** 20 €/Fahrz. für 24 Std., der Betrag wird aber auch bei kürzerem Aufenthalt fällig (gebührenpflichtig 8–20 Uhr); **Geöffnet:** ganzjährig; **Kontakt:** 53100 Siena, Strada di Vico Alto.

Stellplatz

146 *Stellplatz, Monteriggioni*

43.38839°N 11.22565°E

Großer Parkplatz am Ortsrand, 200 m bis zum Stadttor. **Lage/Anfahrt:** Ausgeschildert; **Platzanzahl:** 20; **Untergrund:** fest; **Preise:** kostenlos; **Geöffnet:** frei zugänglich.

Stellplatz

147 *Parkplatz, Lecchi*

43.43325°N 11.39916°E

Freie Stellmöglichkeit auf einem etwas unebenen Parkplatz am Ortsrand. **Lage/Anfahrt:** Von Siena auf der SS408 bis zur Abzweigung nach Lecchi, im Ort ausgeschildert mit Parcheggio; **Platzanzahl:** 2; **Untergrund:** Asphalt; **Sicherheit:** beleuchtet; **Preise:** kostenlos; **Geöffnet:** frei zugänglich; **Kontakt:** 53013 Lecchi, Via degli Artigiani.

Stellplatz

148 *Centro storico, Radda in Chianti*

43.48611°N 11.37556°E

Offizieller Stellplatz auf einem terrassierten Parkplatz am Ortsrand. **Lage/Anfahrt:** Von der A1 an der Ausfahrt „Valdarno" abfahren. Über Montevarchi auf die SP408 in Richtung Gaiole und dann auf die SP429 nach Radda abbiegen, im Ort ausgeschildert; **Platzanzahl:** 5; **Untergrund:** Schotterrasen; **Ver-/Entsorgung:** Trinkwasser, Abwasser, Chemie-WC; **Sicherheit:** beleuchtet, kostenlos; **Max. Stand:** 3 Nächte; **Geöffnet:** ganzjährig.

149to Abb.: gg

▲ *Ungewöhnliche Begegnung im Wald von Cavriglia*

Camping

149 Camping Piano Orlando, Cavriglia

43.53806°N 11.41502°E

Schöner, schattiger Platz inmitten von Flaumeichenwäldern, mit einfacher Sanitärausstattung, Schwimmbad, Bar und Restaurant. Für große Wohnmobile nur wenige geeignete Plätze. **Lage/Anfahrt:** Im Ortsteil La Villa von Radda von der SP72 in Richtung Lucolena abbiegen, auf steiler, jedoch gut zu befahrender Straße am Weingut Castello d'Albola vorbei, dann Richtung Cavriglia abbiegen und hinter der Kreuzung sofort links zum Platz; **Platzanzahl:** 70; **Untergrund:** Schotterrasen; **Ver-/Entsorgung:** Strom, Trinkwasser, Abwasser, Chemie-WC; **Sicherheit:** umzäunt, beleuchtet, bewacht; **Preise:** 8–10 €/Fahrz., 5,50–7 €/Pers.; **Geöffnet:** 1. März bis 31. Oktober; **Kontakt:** 52022 Cavriglia, Loc. Cafaggiolo, Tel. +39 055967422, www.campingchianti.com.

Stellplatz

150 Parkplatz, Volpáia

43.51624°N 11.38112°E

Freie Stellmöglichkeit auf einem öffentlichen Parkplatz am Ortsrand, mit schöner Sicht auf das Chianti-Gebiet. Nur in der Nebensaison als Stellplatz nutzbar. **Lage/Anfahrt:** Von Radda in Richtung Florenz (nicht Autobahn) und nach 3 km rechts nach Volpáia abbiegen, der Parkplatz liegt am Ortsrand; **Platzanzahl:** 2; **Untergrund:** Schotter; **Sicherheit:** beleuchtet; **Preise:** kostenlos; **Geöffnet:** frei zugänglich.

Stellplatz

151 *Parkplatz, Castellina in Chianti*

43.47332°N 11.28811°E

Der offizielle Stellplatz liegt direkt an einer Straßenkreuzung und wird auch von Bussen und Pkws genutzt. 300 m zum Zentrum. **Lage/Anfahrt:** Am nordöstlichen Stadtrand, oberhalb der Straße nach Radda, von der SR222 aus Richtung Radda ausgeschildert; **Platzanzahl:** 20; **Untergrund:** Schotter; **Ver-/Entsorgung:** Trinkwasser, Abwasser, Chemie-WC; **Sicherheit:** beleuchtet; **Preise:** kostenlos; **Geöffnet:** frei zugänglich.

Stellplatz

152 *Centro storico, Panzano*

43.38839°N 11.31060°E

Freie Stellplätze auf einem Parkplatz des *centro strorico,* schöne Aussicht, ruhig. **Lage/Anfahrt:** Von Castellina vor dem Ort links abbiegen (Hinweisschild „P“ und „Centro“), durch ein Neubaugebiet ca. 1 km zum Platz, gut ausgeschildert; **Platzanzahl:** 10; **Untergrund:** Schotter; **Preise:** kostenlos; **Geöffnet:** frei zugänglich; **Kontakt:** 50020 Panzano, Via degli Orti.

Stellplatz

153 *Piscina, Greve*

43.59067°N 11.31371°E

Offizieller Stellplatz am Rand eines Industriegebiets, ruhige Lage, 500 m zum Zentrum. **Lage/Anfahrt:** Durch den Ort in Richtung Florenz und am Ortsrand links, ausgeschildert; **Platzanzahl:** 10; **Untergrund:** Asphalt; **Ver-/Entsorgung:** Trinkwasser, Abwasser, Chemie-WC; **Sicherheit:** beleuchtet; **Preise:** kostenlos; **Geöffnet:** frei zugänglich.

› Landkarte Seite XI

KUNSTSCHÄTZE IN DER STADT DER MEDICI

Florenz ist eine Stadt der Superlative. Mit ihren 380.000 Einwohnern ist sie mit Abstand die größte und sicher auch die interessanteste Stadt der Toscana und ihr Reichtum an Kunstwerken von Weltrang ist überwältigend. Die berühmtesten Renaissancekünstler wie Michelangelo, Vasari und Pisano schufen hier Meisterwerke, die Museen, Kirchen und Paläste füllen. Der Dom, das Wahrzeichen der Arnometropole, ist die viertgrößte Kirche der Christenheit und die Piazza della Signoria einer der meistbesuchtesten Plätze Italiens. Die Uffizien zählen zusammen mit dem Louvre und dem Prado zu den wichtigsten Kunstmuseen Europas. An die sechs Millionen Touristen pilgern jährlich in die toscanische Hauptstadt. Doch nicht nur Kunst und Kultur locken an die Ufer des Arno, sondern auch die angesagtesten Modelabel, die man in noblen Boutiquen findet und die Ponte Vecchio als Ziel von Schmuckliebhabern. Vielfältige Veranstaltungen runden das ganze Jahr hindurch das Angebot ab.

015to Abb.: gg

ROUTE 9

FLORENZ UND UMGEBUNG

STRECKENVERLAUF

Strecke:
Greve in Chianti – Florenz (33 km) – Fiesole (10 km)

Streckenlänge:
43 km

Von Greve in Chianti führt die SR222 nach Florenz. Unterwegs gibt es noch einen kleinen Umweg in Italiens Töpfermetropole, nach **Impruneta.** Von der SR222 biegt man kurz hinter Strada in Chianti nach Impruneta ab.

Die Stadt ist für ihre qualitativ hochwertigen Töpferwaren und als Wallfahrtsort bekannt. Am Hauptplatz steht die Chiesa Santa Maria mit eindrucksvollem fünfbogigem Portikus. Hier wird das Marienbildnis aufbewahrt, das die Pilger aus dem ganzen Land anzieht. Die Töpferwaren gibt es in zahlreichen Betrieben zu kaufen. Echt sind sie nur mit dem Impruneta-Stempel.

154 ***Camping Internazionale, Impruneta*** ***(s. S. 252)***

Einkaufen

Pesci Giórgio e Vigli, 50023 Impruneta, Loc. Valciani, Via Provinziale Chianti Giana 36, Tel. +39 0552326285, www.terrecottepescigiorgio.com. Töpferwaren aller Stilrichtungen, auf Wunsch Spezialanfertigungen.

Die Stadtrepublik Florenz

„Campanilismo", das heißt das Denken rund um den eigenen Kirchturm, ist auch heute noch in der Toscana sehr verbreitet. Vielleicht stammt dieses Misstrauen allen Menschen außerhalb der eigenen Stadtgrenzen gegenüber noch aus der Zeit der ***Stadtrepubliken.*** *Als die letzte Markgräfin Mathilde im Jahr 1114 ohne Nachkommen verstarb, entbrannte zwischen den Päpsten und dem Kaiser ein erbitterter Krieg um das Erbe. Dieser Konflikt ermöglichte es den großen Städten wie Florenz, Pisa, Siena, Arezzo, Pistóia und Lucca ihre Unabhängigkeit zu erlangen.*

1250 gab sich die Bürgerschaft von Florenz eine eigene ***Verfassung*** *mit demokratischen Grundzügen und wählte eine Stadtregierung, die „Signoria". Das Dogma der Kirche war gebrochen, der Aufstieg der Bankiersfamilie* ***Medici*** *begann.*

Die einzelnen Stadtstaaten verhielten sich untereinander äußerst kriegerisch und machthungrig. Siena kämpfte gegen Florenz, Florenz zusammen mit Lucca gegen Pisa und so weiter. Unter der Herrschaft der Bankiersfamilie Medici erlangte Florenz im 14. Jahrhundert die Vorherrschaft. Es wuchs zu einer Metropole für Kunst und Wissenschaft mit 100.000 Einwohnern heran.

Als im 18. Jh. die inzwischen zu Großherzögen ernannten Medici ausstarben, ging das Großherzogtum Toscana an den Ehemann Maria Theresias, Franz Stephan von Lothringen. Unter Napoleon I. war Florenz die Hauptstadt des Königreichs Etrurien, 1808 wurde die Toscana Teil des französischen Kaiserreichs, Napoleons Schwester Elisa erhielt 1809 den Titel Großherzogin der Toscana. Nach Napoleons Sturz im Jahr 1814 gelangten die Habsburger erneut an die Macht. Nach etlichen Wirren in der ersten Hälfte des 19. Jh. kam die Toscana 1861 an das Königreich Italien. Florenz war von 1865 bis 1871 sogar italienische Hauptstadt.

FLORENZ (33 km - km 33)

Freies Parken ist für Wohnmobile in Florenz nahezu unmöglich. Der Platz Parking Europa (s. S. 252) liegt vom Chianti-Gebiet kommend am günstigsten, ist außergewöhnlich billig, ruhig und hat eine sehr gute Verkehrsverbindung ins Zentrum.

Florenz wird das ganze Jahr hindurch von Touristen überschwemmt, mit den Folgen, dass man ruhige, beschauliche Plätze kaum findet, die Restaurants teilweise saftige Preise für die gebotene Qualität erheben und sich lange Schlangen vor den Sehenswürdigkeiten bilden. Etwas besser ist es im Winterhalbjahr, wobei allerdings zu bedenken ist, dass viele Museen von Januar bis März oder April geschlossen haben.

Den Stadtrundgang beginnt man am besten auf der **Piazza del Duomo** mit dem grandiosen Dom, dem Kampanile und dem Baptisterium. Das **Battistero di San Giovanni** wurde im 11. Jh. erbaut und zählt zu den vollkommensten Gebäuden von Florenz. Das Zusammenspiel von Marmordekoration und architektonischer Struktur ist perfekt. Der dreigeschossige Bau, mit weißen und grünen Marmorplatten verkleidet, spiegelt bereits die florentinische Renaissance wider, obwohl er lange davor begonnen wurde. Sowohl die Mosaike im Innenraum als auch die Bronzetüren gelten als Meisterwerke europäischer Kunst.

Die Bronzetüren des Südportals stammen von Andrea Pisano und zeigen Szenen aus dem Leben Johannes des Täufers, der auch Stadtpatron von Florenz ist. Das Nordportal ist Ghibertis erstes Werk und man sieht deutlich, dass der junge Künstler hier noch ganz der Tradition der Gotik verbunden war. 28 Motivfelder stellen Bilder aus dem Neuen Testament dar. Nach der Fertigstellung erhielt Ghiberti den Auftrag für das Ostportal. Die Paradiestür gegenüber der Domfassade wurde dann sein Meisterwerk, an dem er 25 Jahre arbeitete. Glanzpunkte sind die Reliefeftafeln aus vergoldeter Bronze mit Episoden aus dem Alten Testament. Deutlich ist die künstlerische Entwicklung Ghibertis in der Anordnung und der Perspektive der Figuren zu sehen. Sie treten praktisch aus dem Bild heraus und die Gestaltung des Hintergrunds gewinnt an Bedeutung. Das achteckige Innere des Baptisteriums ist ganz mit verschiedenfarbigem Marmor ausgekleidet und mit herrlichen Mosaiken im byzantinischen Stil geschmückt. Bis in die Mitte des 12. Jh. diente es als Kathedrale, erst dann wurde es zur Taufkapelle.

1296 begannen die Florentiener mit dem Bau des **Duomo di Santa Maria del Fiore.** Si-

Information

A.P.T., 50121 Florenz, Via Cavour 1R, Tel. +39 0552908323, Öffnungszeiten: Mo–Sa 8.30–18.30 Uhr, So 8.30–13.30 Uhr

▼ *Eindrucksvoll mit dreifarbigem Marmor verkleidet – das Langhaus des Domes*

150to Abb.: gg

ena und Pisa hatten sich bereits im Bau von Vierungskuppeln hervorgetan und diese galt es nun zu übertreffen. Die neu zu errichtende Kathedrale sollte so sein, „dass man sie weder schöner, noch größer je erbauen könnte". Der Baumeister Arnolfo di Cambio wurde beauftragt, eine Kathedrale von 153 m mal 38 m zu errichten. Durch den Tod von Cambio kam der Bau zum Erliegen, erst 1357 konnte Francesco Talenti fortfahren.

Als der Dom schließlich so weit vollendet war, dass nur noch die Kuppel fehlte, wagte sich zuerst kein Baumeister an deren Konstruktion. 1418 wurde ein Wettbewerb ausgeschrieben, den der Architekt Filippo Brunelleschi gewann. 1436 vollendete er das einzigartige Werk. Auf 463 Stufen kann man bis zu einer Höhe von 107 m hinaufsteigen, um die ungewöhnliche Konstruktion auf den verschiedenen Ebenen zu bewundern und natürlich von der Aussichtsplattform ganz Florenz von oben zu betrachten.

Die schöne, reich verzierte und besonders filigran wirkende Aussenfassade des Doms wurde erst deutlich später – zwischen 1875 und 1887 – nach dem Entwurf von Emilio de Fabris in weißem, grünem und rotem Marmor vollendet.

▲ *Stolz ragt der Kampanile in den florentinischen Himmel*

Wenn man den Dom betritt, ist man ob seiner Schlichtheit überrascht. Das dreischiffige gotische Innere beeindruckt nicht durch Marmorschmuck, sondern allein durch seine Größe. Die Reiterbilder von Uccello und Castagno (1436) im linken Seitenschiff sind frühe Beispiele für die neue Verwendung der räumlichen Perspektive in der Renaissancemalerei. Sie stellen berühmte Florentiner Heerführer *(condottieri)* dar. Über den Portalen der Sakristei sind einzigartige glasierte Terrakottareliefs von Luca della Robbia zu bewundern.

Statt der Domkuppel kann man auch den **Kampanile** erklimmen. Giotto begann 1334 mit dem Bau des frei stehenden Glockenturms. Er hat einen quadratischen Grundriss, ist beinahe 85 m hoch und passt mit seiner schlanken wohlproportionierten Form und der Verkleidung aus farbigem Marmor harmonisch in das Gesamtbild des Domplatzes. Die einzigartigen Flachreliefs mussten wegen der starken Beschädigung durch Abgase durch Kopien ersetzt werden. Die Motive an der Westseite stellen Szenen aus der Menschheitsgeschichte dar.

An der Ostseite des Platzes steht das **Museo dell'Opera del Duomo.** Hier im Dommuseum ist eine Sammlung von Architekturmodellen, Zeichnungen und Goldschmiedearbeiten zu sehen, die alle mit der Entstehung des Doms, des Baptisteriums und des Kampanile zusammenhängen. Das bemerkenswerteste Kunstwerk ist jedoch die „Pietà“ von Michelangelo, die früher im nördlichen Seitenschiff des Domes stand. Pietà bedeutet in der wörtlichen Übersetzung „Frömmigkeit“, in der sakralen Kunst ist die Darstellung der trauernden Maria mit ihrem toten Sohn Jesus gemeint. Der Meister hatte sie eigentlich für sein eigenes Grab geschaffen, war mit dem Ergebnis aber nie ganz zufrieden.

Die Kirche **Orsanmichele** scheint ihrem Äußeren nach eher ein Palazzo als ein Gotteshaus zu sein. Gebaut wurde sie als offene Halle mit Arkaden, in der ein Getreidemarkt abgehalten wurde. 1380 wurden die Arkaden von Simone Talenti zugemauert und mit gotischen Maßwerkfenstern und wunderschönen zarten Portalen versehen. In den äußeren Mauernischen stehen Marmorskulpturen von Schutzheiligen der Zünfte, gefertigt von den besten Künstlern der Renaissance. Eine kulturhistorische Sehenswürdigkeit im düsteren Inneren ist das Marmortabernakel von Orcagna, eine wunderbare feine Arbeit.

Die **Piazza della Signoria** ist sicherlich einer der berühmtesten Plätze Italiens und seit dem Mittelalter Zentrum des öffentlichen Lebens von Florenz. Hier verbrannten die Florentiner 1497 auf Aufforderung des *Girolamo Savonarola* im „Fegefeuer der Eitelkeiten“ Schmuck, Kosmetika, Spiegel und Musikinstrumente – und im darauffolgenden Jahr nach päpstlichem Urteil *Savonarola* selbst. Eine Tafel im Boden der Piazza erinnert daran. Nicht weit davon entfernt erhebt sich **Neptun** auf seinem Brunnen, viel fotografiert und umlagert von Touristengruppen.

▼ Der Palazzo Vecchio

152to Abb.: gg

Der Palazzo della Signoria, heute **Palazzo Vecchio,** war bis ins 16. Jahrhundert der Sitz der Stadtregierung und anschließend Residenz von Cosimo I. Im 14. und 15. Jahrhundert konzentrierte sich die Macht der Stadtrepublik in dem festungsartigen Bau mit dem 94 m hohen Turm. Den Haupteingang flankiert die monumentale Marmorstatue „David“ von Michelangelo. Nachdem das Original ins Museum Galleria dell'Accademia gebracht wurde, steht hier seit Anfang des 20. Jahrhunderts eine Nachbildung der 4 m hohen Statue. Überraschend lieblich ist der Renaissanceinnenhof mit eleganten Bögen, Säulen und Gewölben. Die Stuckdekoration der Säulen wurde von Vasari anlässlich der Hochzeit von Francesco di Medici mit Johanna von Österreich angebracht. Über einen prächtigen Treppenaufgang, ebenfalls von Vasari gestaltet, erreicht man das Obergeschoss. Über 50 m lang und 22 m breit ist der Salone dei Cinquecento, der „Saal der Fünfhundert". Er war der Repräsentations- und Versammlungsraum der Stadtoberen. Ursprünglich sollten Leonardo da Vinci und Michelangelo Anfang des 16. Jahrhunderts den Saal mit kolossalen Schlachtgemälden ausmalen. Die neue Freskentechnik von da Vinci misslang jedoch, sodass er das Vorhaben aufgab. Auch Michelangelo hinterließ nur die Entwurfszeichungen seiner Fresken. Cosimo I. baute den Saal in einen prunkvollen Festsaal um. Beeindruckend sind die Decke mit Gemälden von Vasari und die monumentalen Schlachtgemälde an den Wänden. Sechs große Marmorplastiken stellen die Taten des Herkules dar. In der mittleren Nische der Querseite steht die Marmorstatue „Genius des Sieges" von Michelangelo. An diesen Prunksaal schließen sich die Gemächer Leos X. an, sechs Säle mit kostbaren Fresken von Vasari und anderen florentinischen Künstlern. Im zweiten Obergeschoss ist der Saal der Elemente aus dem 16. Jahrhundert, ebenfalls von Vasari, von Interesse. Allegorische Fresken, die die vier Elemente zum Thema haben, schmücken die Wände. Prunkvolle Gemächer mit herrlichen Kassettendecken wie das Quartiere di Eleonora di Toledo, der Gemahlin Cosimos I., schließen sich an.

In der offenen Arkadenhalle der **Loggia dei Lanzi,** benannt nach den hier stationierten Landsknechten, stehen weltberühmte Plastiken der Antike und der Renaissance. Der „Raub der Sabinerinnen" von Giambologna, die Bronzeplastik „Perseus" mit dem bluttriefenden Haupt der Medusa von Cellini und die „Entführung von Polyxena" von Pio Fedi werden von Touristenscharen umlagert, die sich hier im Schatten ausruhen.

Im Jahre 1560 benötigte Cosimo I. eine Verwaltungszentrale, in der alle Ämter untergebracht werden konnten. Vasari entwarf die **Uffizien** (Uffici = Büros) im Stil der Spätrenaissance. In den Nischen der Arkaden sind Statuen berühmter Persönlichkeiten der Toscana, wie Cosimo der Alte, Lorenzo der Prächtige, Dante, Petrarca, Michelangelo, da Vinci u. a. zu sehen. Im Inneren des riesigen Gebäudekomplexes befindet sich eine der bedeutendsten Kunstsammlungen der Welt. Francesco di Medici legte den Grundstock, als er 1575 die diversen Sammlungen der Familie im zweiten Stock der Uffizien zusammentrug. Alle folgenden Medici-Herrscher erweiterten die Galerie. Unter anderem gehören Werke von Cimabue, Giotto, Piero della Francesca, Filippo Lippi, Botticelli, da Vinci, Michelangelo, Raffael, Tizian, Tintoretto, Caravaggio, Dürer, Cranach, Holbein, Rubens, van Dyk und Rembrandt zu der einmaligen Gemäldesammlung. Man wird es nicht schaffen, alle 45 Säle zu durchwandern und alle Werke zu besichtigen, deshalb sollte man vorher genau planen, was man sehen möchte. Um die Wartezeit am Einlass (die bis zu 4 Std. betragen kann) zu umgehen, sollte man Eintrittskarten telefonisch (Tel. +39 055294883) oder im Internet (www.weekendafirenze.com) reservieren, allerdings ist dann ein Aufschlag von 4 € fällig.

Wahrscheinlich war bereits in der Römerzeit an der heutigen **Ponte Vecchio** ein wichtiger Übergang über den Arno. Nach einer Überschwemmung im 14. Jh. wurde die Brücke auf drei Bögen neu erbaut. Schon damals hatten sich Geschäfte, besonders Fleischer, auf der Brücke angesiedelt. Als sich Cosimo am anderen Arnoufer im Palazzo Pitti niederließ, verfügte er, dass auf der Ponte Vecchio nur noch Goldschmiedehandwerk betrieben werden durfte. Vermutlich störte ihn der Gestank der Fleischereien. Heute drücken sich vor allem die Touristen aus der ganzen Welt an den goldfunkelnden Auslagen die Nasen platt. Ebenfalls von Cosimo I. wurde ein Geheimgang angelegt, sodass er unbemerkt vom gemeinen Volk von seiner Residenz in die Uffizien gelangen konnte.

153to Abb.: gg

▲ *Die Fassade der Uffizien spiegelt sich im Wasser des Arno*

Der **Palazzo Pitti** wurde eigentlich 1447 für den wohlhabenden Kaufmann Luca Pitti in Auftrag gegeben. Nachdem Pitti in Konkurs ging, kaufte Eleonora von Toldeo, die Frau von Cosimo I., 1550 den Palast und ließ ihn zu einer dreiflügeligen Anlage erweitern. Sein heutiges Aussehen bekam er im 17. und 18. Jahrhundert. Als Florenz Hauptstadt von Italien war (1864–1871) wurde er sogar Königssitz. Heute sind darin verschiedenste Museen untergebracht. Die **Galleria Palatina** umfasst Werke von Raffael, Tizian, Tintoretto, Rubens und van Dyk. Die Bilder werden zusammen mit erlesenem Mobiliar in den Prachträumen gezeigt. Im **Silbermuseum** sind eine riesige Sammlung von Juwelen, Edelsteinen und edlen Stoffen ausgestellt. Hinter dem Palast zieht sich der **Gardini di Boboli,** der Boboli-Garten, den Hang hinauf. Hier kann man an Brunnen, Statuen und Grotten vorbei durch Zypressenalleen flanieren.

Die **Chiesa Santo Spirito** liegt an einem der hübschesten Plätze von Florenz. In der Mitte ein Brunnen, umgeben von Bäumen und einigen kleinen Gaststätten – genau der richtige Platz, um eine Pause einzulegen. Die Kirche selbst ist außen unvollendet geblieben und erhielt im 18. Jh. barocke Elemente. Einfach im Äußeren, überrascht sie im Inneren mit reinem Renaissancestil. Ein Meisterwerk des Architekten Brunelleschi.

Die **Piazzale Michelangelo** wurde 1869 nach den Plänen von Giuseppe Poggi verwirklicht. Im Zentrum steht eine Bronzekopie des Davids von Michelangelo. Aber nicht nur seinetwegen machen sich die Touristen auf den Weg, die 100 Höhenmeter zu überwinden: Von oben hat man einen herrlichen Blick auf Florenz mit der Ponte Vecchio und dem Dom.

› Landkarte Seite X

Hoch über Florenz, oberhalb der Piazzale Michelangelo, steht seit dem 11. Jh. die **Chiesa San Miniato del Monte.** Ihre Fassade in weißgrünem Marmor ist ein schönes Beispiel des romanisch-florentinischen Stils. Im Inneren sind Fresken von Spinello Aretino, die Szenen aus dem Leben des heiligen Benedikt darstellen, und die Cappella del Crocifisso mit einem Marmortabernaklel von Michelozzo überaus interessant.

Nachdem man wieder an das Arnoufer hinabgestiegen ist, überquert man auf der Ponte alle Grazie den Fluss und geht nach der Brücke weiter geradeaus über die Via de Benci zur Piazza S. Croce.

Die Franziskanerkirche **Santa Croce** wurde 1295 nach den Plänen von Amolfo di Cambio als großer dreischiffiger, formenstrenger Bau begonnen. Die Bauarbeiten am Chor und am Querhaus dauerten bis zum Jahr 1300. Die reich verzierte Marmorfassade beendete Nicola Matas erst im Jahr 1863. In der Kirche befinden sich zahlreiche Meisterwerke italienischer Maler. Die reiche Bankiersfamilie Peruzzi gab Giotto 1317 den Auftrag für die Komposition und Ausführung der Fresken in der **Peruzzikapelle.** Zu Ehren der Familie Bardi malte er ebenfalls die sogenannte **Bardikapelle** mit Szenen aus dem Leben des heiligen Franziskus meisterlich aus. Die wundervollen Fresken mit Episoden aus dem Leben Marias in der **Baroncellikapelle** entwarf *Taddeo Gaddi*, ein Schüler Giottos. Der Altar hingegen stammt vom Meister Giotto und zeigt die Krönung Marias. Die **Pazzikapelle** gehört zu den wichtigsten Bauten der Frührenaissance. Die Pazzi waren eine florentinische Adelsfamilie, die 1478 den Medici im Kampf um die Vormacht in Florenz unterlag. Mitglieder der sogenannten „Pazzi-Verschwörung" wurden auf der Piazza Signoria gehängt, nachdem ein von ihnen organisierter Anschlag auf Lorenzo den Prächtigen im Dom misslang. Die Kapelle mit ihrem harmonischen Maß wurde von Brunelleschi konzipiert und von Donatello und Luca della Robbia ausgeschmückt.

▼ *Von der Hinrichtungsstätte zum weltberühmten Museum für Skulpturen: der Bargello*

154to Abb.: gg

Im Hauptschiff fand eine ganze Reihe weltbekannter Persönlichkeiten ihre letzte Ruhe. Gleich rechts beim Eingang, in einem von Vasari 1564 entworfenen Grabmal, ruht **Michelangelo.** Die drei Figuren auf seinem Sarkophag symbolisieren die Malerei, die Architektur und die Bildhauerei. **Machiavelli, Rossini** und **Galileo Galilei** wurden ebenfalls in dieser Ruhmeshalle verdienter Florentiner Bürger begraben.

▲ *Der Palzzo Strozzi, ein typischer Renaissancepalast*

Die **Casa Buonarroti,** ein Palast, der vom Großneffen Michelangelos gebaut wurde, zeigt Werke des großen Künstlers. Zeichnungen, Porträts und Jugendwerke wurden hier zusammengetragen, darunter das marmorne Flachrelief „Madonna della Scala".

Der düstere, zinnenbewehrte **Bargello** birgt die bedeutendste Skulpturensammlung der Renaissance. Ursprünglich war in dem schlichten festungsartigen Bau der Amts- und Wohnsitz des *Podestà* (Bürgermeister). 1574 ließ sich hier der Polizeihauptmann, „der Bargello" (Büttel), nieder und verwandelte den Palast in ein Gefängnis mit Hinrichtungsstätte. Über einen schönen Innenhof mit Arkaden und Freitreppe kommt man hinauf zu den Werken von Michelangelo (Bachus, Brutus), Cellini, Giambologna, della Robbia, Verrocchio, Brunelleschi u. v. a.

Der **Palazzo Strozzi** wurde im Auftrag Filippo Strozzis vermutlich nach Entwürfen von Giuliano da Sangallo von 1489 bis 1539 errichtet. Er verkörpert in sehr reiner Form den Florentiner Stadtpalast der Frührenaissance.

Der unvollendeten **Chiesa San Lorenzo** fehlt die sonst übliche Marmorverkleidung. Der Kontrast zwischen der rohen Backsteinfassade und der angebauten prunkvollen Grabkapelle der Medici könnte nicht größer sein. Die Basilika mit Querschiff, von Brunelleschi ab 1421 erbaut, ist klar gegliedert und überzeugt durch ihre vollendete Harmonie. San Lorenzo zählt zu den Meisterwerken der Renaissancearchitektur.

In Autrag gegeben wurde der kuppelförmige Bau der **Cappelle Medicee,** die an die Chorseite von San Lorenzo angebaut wurde, von Cosimo I. als Grabstätte für seine Eltern. Man betritt die Kapelle durch die Krypta mit in den Boden eingelassenen Gräbern. Eine Treppe höher liegt die prunkvolle, mit Marmor und edlen Steinintarsien ausgestattete **Cappella dei Principe.** Sechs Mitglieder der Familie Medici fanden hier in teils riesigen Sarkophagen ihre letzte Ruhestätte. 16 prächtige Wappen der toscanischen Städte zieren den Raum. Klassische Eleganz und Erhabenheit strahlt hingegen die **Sagrestia Nuova** (Neue Sakristei) von Michelangelo aus, in der Giuliano de'Medici, Herzog von Nemours, in einem Sarkophag mit Allegorien, die Tag und Nacht symbolisieren, und Lorenzo, Herzog von Urbino, in einem Steinsarg mit allegorischen Liegefiguren, die Dämmerung und Morgenröte darstellen, ruhen.

Der **Palazzo Medici Riccardi** ist ein Beispiel eines typischen Wohnpalasts der Renaissance. Von Michelozzo im Auftrag Cosimo il Vecchios errichtet, wurde er vom nachfolgenden Besitzer Riccardi umgebaut. Besonders schön ist der von Arkaden geschmückte Innenhof. Sehenswert ist auch die Palastkapelle, in der Fresken von Benozzo Gozzoli erhalten sind.

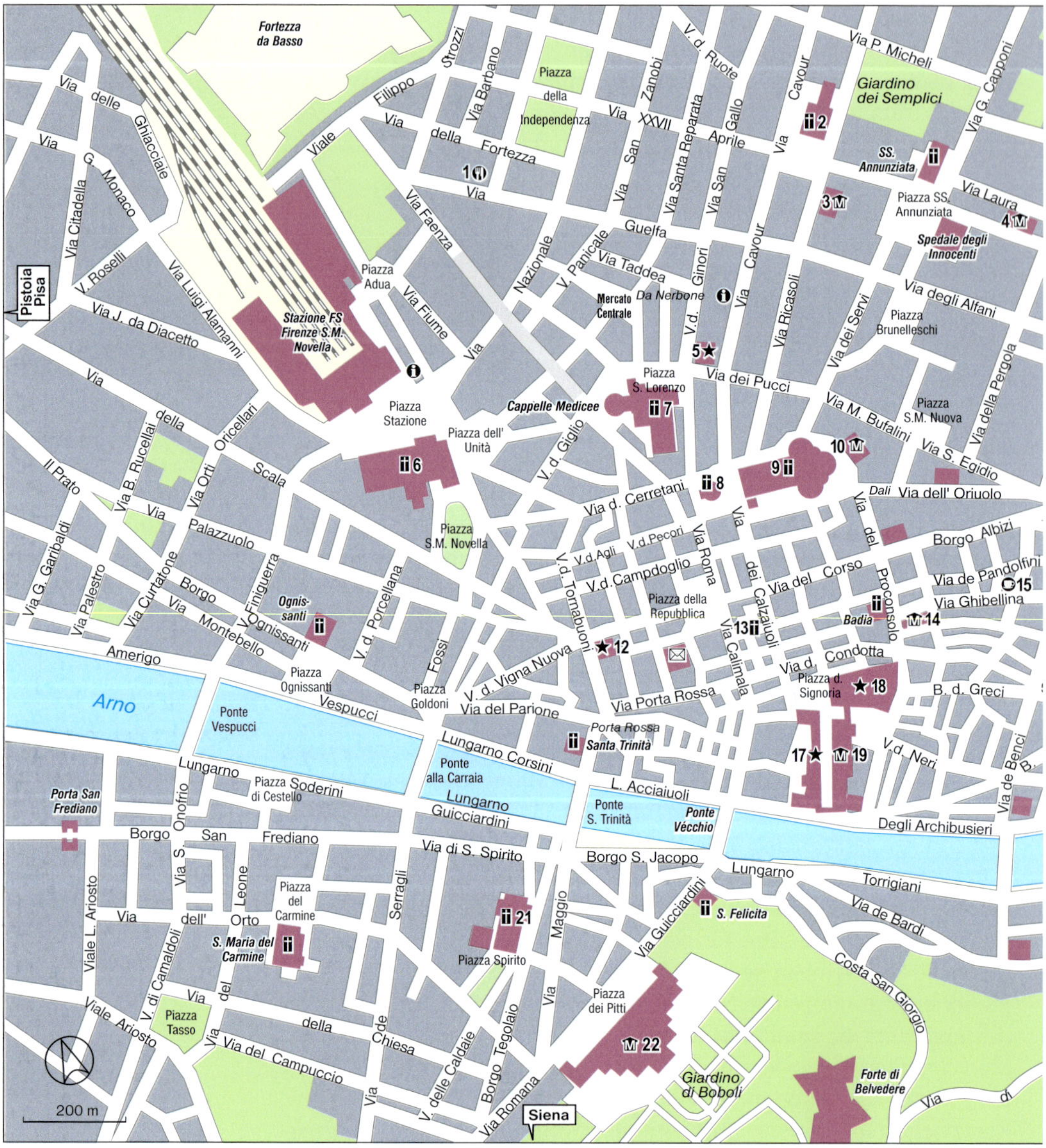

Die **Galleria dell'Accademia,** 1562 von Cosimo I. als Florentiner Kunstakademie gegründet, bietet einen guten Überblick über Gemälde und Skulpturen vom 13. bis zum 16. Jh. Hier steht auch das Original von Michelangelos „David", das bis 1873 auf der Piazza della Signoria als Symbol der Demokratie stand. Meisterhaft sind auch die anderen Werke Michelangelos: die „Pietà von Palestrina", „Die vier Sklaven" und der „Apostel Matthäus". Andere Meister der toscanischen und umbrischen Schule wie Botticelli, Fra Bartolomeo, Lippi und Perugino werden ebenfalls in der umfangreichen Sammlung gezeigt und dane-

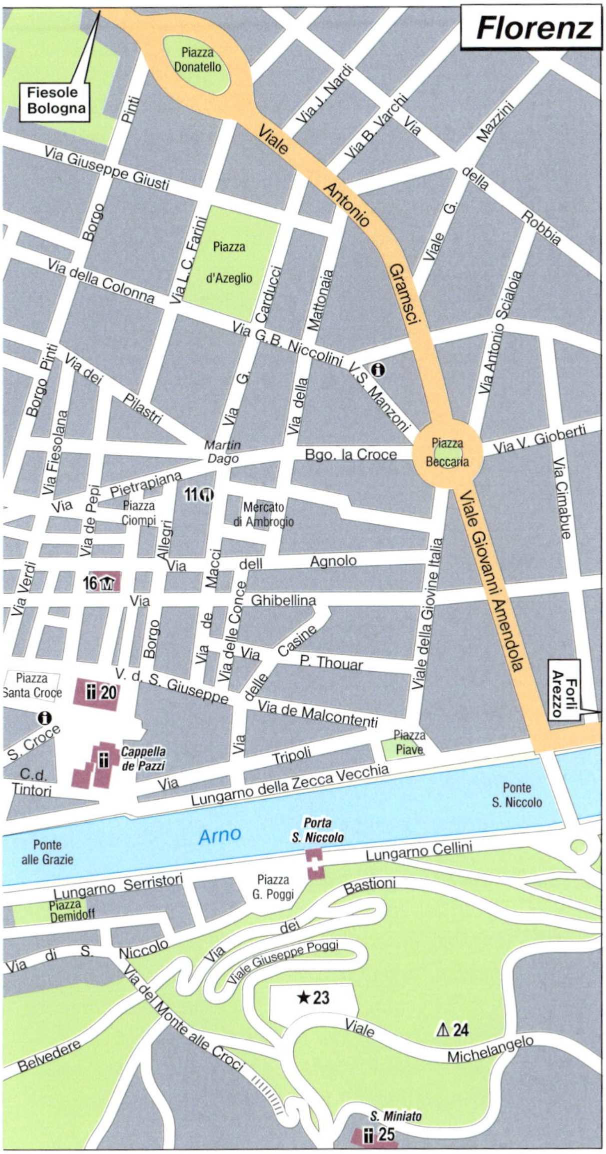

1 La Gratella
2 Chiesa San Marco
3 Galleria dell'Accademia
4 Museo archeologico
★ 5 Palazzo Medici Riccardi
6 Basilica di Santa Maria Novella
7 Chiesa San Lorenzo
8 Battisterio di San Giovanni
9 Duomo di Santa Maria del Fiore
10 Museo dell'Opera del Duomo
11 Il Pizzaiuolo
★ 12 Palazzo Strozzi
13 Orsanmichele
14 Bargello
15 Gelateria Vivoli
16 Casa Buonarroti
★ 17 Loggia dei Lanzi
★ 18 Palazzo Vecchio
19 Galleria degli Uffizi
20 Chiesa Santa Croce
21 Chiesa Santo Spirito
22 Palazzo Pitti
★ 23 Piazzale Michelangelo
24 Camping Michelangelo
25 Chiesa San Miniato del Monte

ben zahlreiche Bilder, die Großherzog Leopoldo gesammelt hatte, um den jungen Künstlern der Kunstakademie, die sich auch heute noch neben der Galerie befindet, das Studium zu erleichtern.

Im **Museo Archeologico** wird eine umfangreiche Sammlung etruskischer, ägyptischer, griechischer und römischer Fundstücke gezeigt. Das Museum gilt als eines der wichtigsten seiner Art in Italien.

Kloster und Kirche von **San Marco** wurde 1452 von Cosimo il Vecchio in Auftrag gegeben und von Michelozzo im Stil der Renaissance ausgeführt. Die Kirche wurde im Laufe der Jahre mehrfach verändert.

155 ***Parking Europa, Florenz (s. S. 252)***

156 ***Certosa, Florenz (s. S. 252)***

157 ***Camping Michelangelo, Florenz (s. S. 253)***

Das anmutige Kloster ist bis heute unverändert geblieben und wird noch von Dominikanermönchen bewohnt. Sehenswert sind die Fresken von Fra Angelico im Kreuzgang, im Sala del Lavabo (Waschraum) und im Sala degli Ospiti, die Fresken von Ghirlandaio im kleinen Refektorium und das Fresko von Giovanni Antonio Sogliani im großen Refektorium. Im Obergeschoss kann man die Mönchszellen besuchen, von denen jede mit einem Fresko bemalt ist. Teilweise stammen diese Fresken ebenfalls von Fra Angelico. In Zelle 12 wohnte der gestrenge Dominikanermönch Savonarola. Seine inbrünstigen Reden gegen den Sittenverfall führten zum „Scheiterhaufen der Eitelkeiten" auf der Piazza della Signoria. Zwei Bilder unbekannter Maler zeigen seine öffentliche Hinrichtung 1498.

Die Medici

*Die aus dem Umland von **Florenz** stammenden Medici traten in der zweiten Hälfte des 13. Jh. erstmals in Erscheinung. Mit ihrem durch den Textilhandel erworbenen Vermögen begründeten sie ein **modernes Bankenwesen** und durch ihre guten Beziehungen zum Papsttum konnten sie bald eine Vormachtstellung erlangen.*

*Cosimo il Vecchio (der Alte) und Lorenzo il Magnifico (der Prächtige) beherrschten als **Stadtherren** die Politik der Stadtrepublik Florenz und die Päpste Leo X. und Clemens VII. stammten ebenfalls aus dem Hause Medici.*

*Die Familie hatten sich die **Förderung von Kunst, Kultur und Wissenschaft** zum Ziel gesetzt und unter ihrer Führung wurde Florenz zur „Wiege der Renaissance". Cosimo gelang es 1439, das wichtige Konzil zur Versöhnung der römisch-katholischen und der griechisch-orthodoxen Kirche nach Florenz zu holen. Im Gefolge der östlichen Kirchenmänner kamen auch Philosophen nach Florenz, deren platonisches Gedankengut bei den aufgeklärten Humanisten in Florenz auf fruchtbaren Boden fiel. Die beeindruckten Gelehrten wandten sich fortan auch der griechischen Philosophie zu. Cosimo gründete die **Platonische Akademie** in Florenz, einen losen Zusammenschluss humanistisch gesinnter Gelehrter.*

Nach Cosimo il Vecchio begann der Wandel von der nüchternen Kaufmannsfamilie zum prunksüchtigen Fürstengeschlecht. Lorenzo der Prächtige, der Enkel Cosimos liebte rauschende Feste und förderte Künstler, unter ihnen auch Michelangelo, doch die Machtentfaltung der Medici ging auf Kosten der demokratischen Organe: 1530 wurde die Signoria (Stadtregierung) abgeschafft und die Medici vom Papst zu Großherzögen der Toscana erklärt.

Der von Lorenzo dem Prächtigen nach Florenz geholte Kirchenmann Savonarola betrieb nach dessen Tod die Vertreibung der Medici aus Florenz. Savonarola, Prior des florentinischen Klosters San Marco, wetterte gegen den Sittenverfall, die Eitelkeit und den Papst. In seinem „Scheiterhaufen der Eitelkeiten" gingen neben Würfeln und Spiegeln auch Gemälde und Schriften in Flammen auf. Der Papst exkommunizierte ihn und ließ ihn 1498 auf dem Scheiterhaufen verbrennen.

*1512 gelang Lorenzo II., einem Enkel Lorenzos des Prächtigen, die **Rückkehr** nach Florenz. Eine zweite Vertreibung konnte mithilfe Papst Clemens VII. und Kaiser Karls V. rückgängig gemacht werden.*

*Einer der Großherzöge, Cosimo I., brachte Florenz noch einmal zu **kultureller Blüte.** Er errichtete die Uffizien und baute den Palazzo Pitti aus.*

*1737 starb der letzte Medici ohne männlichen Nachkommen und die überlebende Schwester, Anna Maria Luisa de'Medici, vermachte die gesammelten **Kunstschätze** der Familie der Stadt Florenz, wo man sie heute in den Uffizien und im Palazzo Pitti bewundern kann.*

Renaissance

*Der Begriff „Renaissance" bezeichnet die **Epoche** zwischen 1400 und 1600 und damit den Übergang vom Mittelalter zur Neuzeit. Wörtlich übersetzt bedeutet das französische Wort „Wiedergeburt", im übertragenen Sinn soll die **Wiedergeburt der Antike** in der Kunst, aber auch in der Gesellschaft bezeichnet werden.*

*Ihren Ursprung fand die Renaissance in den weitestgehend selbstständigen **Stadtrepubliken Italiens.** Durch Kontakte mit dem „Morgenland" (Naher Osten) wuchs das Interesse an der Antike. Der finanzielle Wohlstand der Stadtrepubliken, besonders in der Toscana, machte eine Förderung von öffentlichen und privaten Kunstwerken möglich.*

*Die **Kunst** befasste sich intensiv mit der Natur, d. h., Bilder sollten möglichst ein exaktes Ebenbild der Gegenstände, aber auch der Menschen sein. Man gab sich jedoch nicht nur mit einer naturgetreuen Wiedergabe zufrieden, sondern wollte die Realität noch überbieten, indem man das Naturvorbild idealisierte. Die Darstellungen des menschlichen Körpers in der Malerei und in Skulpturen bekamen ideale Maße und Proportionen. Es entstanden Werke wie Michelangelos „David" und seine Fresken in der Sixtinischen Kapelle des Petersdoms oder Leonardo da Vincis „Abendmahl" und „Mona Lisa".*

In der Literatur entstanden Werke wie Boccaccios „Il Decamerone". Auf sein Betreiben hin wurde in Florenz ein Lehrstuhl für Griechisch errichtet. Hier wurden „Ilias" und „Homer" übersetzt und einem breiten Publikum zugänglich gemacht.

*In der Wissenschaft vollzog sich die **Trennung von Theologie und Philosophie.** Der **Humanismus** in der Renaissance mit seinen Hauptwerten wie Toleranz, Gewaltfreiheit und Gewissensfreiheit ergab sich aus dem Verständnis, dass der Mensch das Ebenbild Gottes sei.*

Essen

Gelateria Vivoli, 50121 Florenz, Via Isola delle Stinche 7R. Ein Traditionsbetrieb mit exzellenten Eissorten.

Il Pizzaiuolo, 50121 Florenz, Via dei Macci 113R, Tel. +39 055241171. Sehr gute original-neapolitanische Pizza.

La Gratella, 50121 Florenz, Via Guelfa 81, Tel. +39 055211291. Große Portionen gut zubereitet und dazu noch günstig.

▼ *Die schöne Renaissancefassade der Chiesa Santa Maria Novella*

157to Abb.: gg

Die **Chiesa S. Maria Novella** wurde zwischen 1246 und 1360 als Dominikanerkloster erbaut. Leon Battista Alberti entwarf die eindrucksvolle Fassade aus dunkelgrünem und weißem Marmor. Zahlreiche Werke namhafter Künstler sind in der Kirche zu sehen, so das Trinitätsfresko von Masaccio über dem dritten Altar im linken Seitenschiff. Das Bildnis Gottvaters mit seinem gekreuzigten Sohn ist hier inmitten einer vollendeten Renaissancearchitektur zu sehen. Dieses Bild gilt als das erste mit Zentralperspektive und ist wegweisend für die spätere Entwicklung der Malerei. Die wunderbaren Fresken in der Hauptchorkapelle gab Giovanni Tornabuoni, ein reicher Kaufmann, bei Ghirlandaio in Auftrag. Seine gesamte Familie ist figürlich in die biblische Darstellung eingearbeitet. Die Malereien der ersten Seitenkapelle rechts, der Strozzikapelle, sind Werke von Filippino Lippi.

Sehenswertes

Duomo di Santa Maria del Fiore, 50121 Florenz, Piazza del Duomo, Öffnungszeiten: Mo-Fr 10-17 Uhr, Sa 10-16.45 Uhr, So 13.30-16.45 Uhr

Cupola del Duomo, Öffnungszeiten: 8.30-19 Uhr, Eintritt: 6 €

Kampanile, Öffnungszeiten: 8.30-19.30 Uhr, Eintritt: 6 €

Battistero di San Giovanni, 50121 Florenz, Piazza S. Giovanni, Öffnungszeiten: Mo-Fr 12-19 Uhr, Sa, So 8.30-14 Uhr, Juni-Okt. Fr, Sa 19-23 Uhr, Eintritt: 3 €

Museo dell'Opera del Duomo, 50121 Florenz, Piazza Duomo, Öffnungszeiten: Mo-Sa 9-19.30 Uhr, So 9-13.40 Uhr, Eintritt: 6 €

Orsanmichele, 50121 Florenz, Via Calzaiuoli, Öffnungszeiten: Di-So 10-17 Uhr

Palazzo Vechio, 50121 Florenz, Piazza della Signora, Öffnungszeiten: Mo-So 9-19 Uhr, Do bis 14 Uhr, Eintritt: 6 €

Galleria degli Uffizi, 50121 Florenz, Piazzale d. Uffizi 6, Tel. +39 0552388651, Öffnungszeiten: Mai-Dez. Di-So 8.15-18.50 Uhr, Eintritt: 10 €, Reservierung zusätzlich 4 €

Pallazzo Pitti, 50121 Florenz, Piazza dei Pitti, Öffnungszeiten: Jan., Febr., Nov., Dez. 8.15-16.30 Uhr, März-Mai, Sept. 8.15-18.30 Uhr, Juni-Aug. 8.15-19.30 Uhr, Okt. 8.15-17.30 Uhr, Eintritt: 10 €

Gardini di Boboli, 50121 Florenz, Palazzo Pitti, Öffnungszeiten: Juni-Aug. 8.15-16.30 Uhr, Apr., Mai, Sept. 8.15-19.30 Uhr, März, Okt. 8.15-17.30 Uhr, Eintritt: 7 €

Chiesa Santo Spirito, 50121 Florenz, Piazza S. Spirito, Öffnungszeiten: 9.30-12.30 Uhr und 16-17.30 Uhr

San Miniato del Monte, 50121 Florenz, Via Monte alle Crocci, Öffnungszeiten: Mai-Sept. 8-19 Uhr, Okt.-Apr. 8-12 Uhr und 15-18 Uhr

Chiesa Santa Croce, 50121 Florenz, Piazza S. Croce, Öffnungszeiten: Mo-Sa 9.30-17.30 Uhr, So 13-17.30 Uhr, Eintritt: 5 €

Casa Buonarroti, 50121 Florenz, Via Ghibellina 70, Öffnungszeiten: Fr-Mi 9.30-14 Uhr, Eintritt: 6,50 €

Bargello, 50121 Florenz, Via del Proconsolo 4, Öffnungszeiten: Di-Sa 8.15-18 Uhr, Apr.-2. Nov. auch So geöffnet, Eintritt: 7 €

Palazzo Strozzi, 50121 Florenz, Via deglo Strozzi, Öffnungszeiten: 9-19 Uhr, Mi geschl., Eintritt: 5 €

San Lorenzo, 50121 Florenz, Piazza S. Lorenzo, Öffnungszeiten: 10-17.30 Uhr, So 13.30-17.30 Uhr, Eintritt: 3 €

Cappelle Medicee, 50121 Florenz, Piazza S. Lorenzo, Öffnungszeiten: Mo-Sa 8.15-17.50 Uhr, Eintritt: 7 €

Palazzo Medici Riccardi, 50121 Florenz, Via Cavour 3, Tel. +39 0552760340, Öffnungszeiten: 9-19 Uhr, Mi geschlossen, Eintritt: 5 €

Galleria dell'Accademia, 50121 Florenz, Via Ricasoli 60, Öffnungszeiten: 8.15-18.50 Uhr, Mo geschlossen, Eintritt: 10 €

Museo Archeologico, 50121 Florenz, Piazza SS Annunziata 9b, Öffnungszeiten: Mo 14-19 Uhr, Di, Do 8.30-19 Uhr, Mi, Fr, Sa, So 8.30-14 Uhr, Eintritt: 4 €

San Marco, 50121 Florenz, Piazza S. Marco, Öffnungszeiten: Di–Do 8.15–13.50 Uhr, Fr 8.15–18 Uhr, Sa, So 8.15–19 Uhr, Eintritt: 4 €
Basilica S. Maria Novella, 50121 Florenz, Piazza S. Novella, Öffnungszeiten: Sa–Do 9–17 Uhr, Fr 13–17 Uhr

Man verlässt Florenz in nördlicher Richtung auf der SS65 (auch teilweise mit SR65 bezeichnet). Von ihr geht es rechts ab ins Zentrum von Fiesole.

FIESOLE (10 km – km 43)

Fiesole liegt malerisch oberhalb von Florenz. Hier oben, im angenehmeren Klima, wohnen die betuchten Florentiner. Besonders sehenswert ist die archäologische Zone **(Zona archeologico)** mit einem römischen Theater aus dem 1. Jh. v. Chr., Resten einer Thermenanlage und einem etruskischen Tempel aus dem 4. Jh. v. Chr. Im archäologischen Museum sind Fundstücke von der Antike bis zum Mittelalter ausgestellt. Der schlichte **Dom San Romolo** mit seinem schlanken Turm wurde im 11. Jh. erbaut, inzwischen aber mehrmals umgestaltet. An den Dom grenzt das Domstift mit einem schönen Innenhof an. An der Piazza Mino steht der **Palazzo Pretorio.** Mit dekorativem Säu-

Information

A.P.T., Fiesole, Via Portigiani 3, Tel. +39 055598720, www.comune.fiesole.fi.it, Öffnungszeiten: Mo–Sa 10–19 Uhr, So 10–13 Uhr und 14–18 Uhr

▼ *Bedeutende römische Ausgrabungen am Ortsrand von Fiesole*

158to Abb.: gg

lenportikus, in fröhlichem Gelb verputzt und mit Blumen geschmückt, hebt er sich von den anderen, oft düsteren Rathäusern ab. Das Denkmal in der Mitte der Piazza zeigt König Vittorio Emanuele II. bei einer Begegnung mit dem Freiheitskämpfer Garibaldi.

Steil geht es beim Dom bergauf zum **Kloster San Francesco.** Neben einem kleinen Museum mit allerhand „Mitbringseln“ von Missionaren des Franziskanerordens lockt besonders die schöne Aussicht viele Besucher die steile Gasse hinauf.

158 ***Camping Panoramico, Fiesole (s. S. 253)***

Sehenswertes

Zona archeologico, Öffnungszeiten: Apr.-Sept. Mi-Mo 10-19 Uhr, März, Okt. 10-16 Uhr, Di und Mi geschlossen, Eintritt: 10 €

STELLPLÄTZE ENTLANG DER ROUTE

Camping

154 *Camping Internazionale, Impruneta*

43.72361°N 11.21692°E

Platz mit guter Ausstattung und Restaurant, etwas laut durch die Autobahn, Bus 37 halbstündlich nach Florenz. **Lage/Anfahrt:** 7 km südlich von Florenz am Ortsausgang von Galluzzo; **Platzanzahl:** 280; **Untergrund:** Schotterrasen; **Ver-/Entsorgung:** Strom, Trinkwasser, Abwasser, Chemie-WC; **Sicherheit:** umzäunt, beleuchtet, bewacht; **Preise:** 16-16,80 €/Fahrz., 9,50-10 €/Pers. inkl. Strom; **Geöffnet:** März bis November; **Kontakt:** 50029 Bottai Impruneta, Via San Cristofano 2, Tel. +39 0552374704, www.florencecamping.com.

Stellplatz

155 *Parking Europa, Florenz*

43.75555°N 11.30602°E

Offizielle, separate Stellplätze auf einem Parkplatz auch für Pkws und Busse, relativ ruhig beim Friedhof, direkt an der Bushaltestelle der Linien 23 und 33 zum Zentrum. Für Wohnmobile über 7 m nur wenige Plätze. **Lage/Anfahrt:** Von Greve in Richtung Florenz, an der Peripherie auf der Viale Europa (SP34) in Richtung Bagno a Ripoli und hinter einer Q8-Tankstelle zum Parkplatz abbiegen; **Platzanzahl:** 50; **Untergrund:** Asphalt; **Ver-/Entsorgung:** Trinkwasser, Abwasser, Chemie-WC; **Sicherheit:** beleuchtet; **Preise:** 1,50 €/Fahrz. für 12 Std., Bustransfer 1 € für 12 Std.; **Geöffnet:** ganzjährig; **Kontakt:** 50121 Florenz, Bagno a Ripoli, Viale Europa.

Stellplatz

156 *Certosa, Florenz*

43.75157°N 11.24348°E

Im Ortsteil Certosa, in der Nähe der SR2 nach Florenz, von Häusern umgeben. Bustranfer ins Zentrum mit der Linie 11 (alle 20 Min.). **Lage/Anfahrt:** Im südlichen Ortsteil Certosa von der SR2 (Via Senese) in die Via del Gelsomini, hinter einer Fiatwerkstatt; **Platzanzahl:** 10; **Untergrund:** Asphalt, Rasengitter; **Ver-/Entsorgung:** Trinkwasser, Abwasser, Chemie-WC; **Sicherheit:** beleuchtet; **Preise:** 0,50 €/Fahrz. pro Std.; **Geöffnet:** ganzjährig; **Kontakt:** 50121 Florenz, Certosa, Via del Gelsomino 11, Tel. +39 055363362.

Camping

157 Camping Michelangelo, Florenz

43.76111°N 11.26667°E

Oberhalb der Stadt an der Piazza Michelangelo, einfache Ausstattung, auch nachts nicht gerade ruhig, dafür grandioser Blick auf Florenz und gute Busverbindung ins Zentrum. **Lage/Anfahrt:** Aus allen Richtungen gut ausgeschildert (auch „Piazza Michelangelo"); **Platzanzahl:** 240; **Untergrund:** Schotterrasen; **Ver-/Entsorgung:** Strom, Trinkwasser, Abwasser, Chemie-WC; **Sicherheit:** umzäunt, beleuchtet, bewacht; **Preise:** 12,50–14,20 €/Fahrz., 9,30–10,60 €/Pers.; **Geöffnet:** ganzjährig; **Kontakt:** 50125 Firenze, Viale Michelangelo 80, Tel. +39 0556811977, www.camping.it/toscana/michelangelo.

Camping

158 Camping Panoramico, Fiesole

43.80639°N 11.30639°E

Platz in schöner ruhiger Lage, mit guter Ausstattung, Bar, Pizzeria und Schwimmbad. **Lage/Anfahrt:** In Richtung Olmo durch Fiesole hindurch, ausgeschildert, sehr steile Auffahrt (16 %); **Platzanzahl:** 110; **Untergrund:** Schotterrasen; **Ver-/Entsorgung:** Strom, Trinkwasser, Abwasser, Chemie-WC; **Sicherheit:** umzäunt, beleuchtet, bewacht; **Preise:** 16 €/Fahrz., 11 €/Pers. inkl. Strom; **Geöffnet:** ganzjährig; **Kontakt:** 50014 Fiesole, Via Peramonda 1, Tel. +39 055599069, www.florencecamping.com.

› Landkarte Seiten X und XI

AUF WENIG BEREISTEN PFADEN DURCH DAS MUGELLO UND DAS CASENTINO

Wer von der Toscana spricht, denkt dabei nicht zwangsläufig an das Mugello oder das Casentino, denn diese Regionen, die die Toscana nach Norden und Nordosten abschließen, sind von vielen Touristen noch unentdeckt. Im Mugello wandelt man auf den Spuren der Medici. Etliche Villen und Burgen des florentinischen Herrschergeschlechts zeugen von dessen Wurzeln. Viele gut bezeichnete Wanderwege führen durch die großen Waldgebiete. In den abgelegenen, verträumten Städtchen scheint die Zeit stillzustehen, was die Wohnmobilinfrastruktur angeht, ist die Region dagegen auf dem neusten Stand. Durch das grüne Tal des Casentino folgt die Route dem Arno bis nach Arezzo und durchstreift dabei die Lande der Grafen Guidi, die sich bis in die Mitte des 15. Jh. den Machtgelüsten der Medici widersetzen konnten. Einen Einblick in das Leben hinter einsamen Klostermauern bekommt man beim Besuch des Eremo Camaldoli, des Klosters Bosco ai Frati und des Klosters La Verna. Auf dieser Route finden selbst Toscanakenner noch Unentdecktes.

016to Abb.: gg

ROUTE 10

STRECKENVERLAUF

Strecke:
Fiesole – Borgo San Lorenzo (35 km) – Marradi (34 km) – Scarperia (64 km) – Abstecher nach Sant'Agata (hin und zurück 8 km) – San Piero a Sieve (5 km) – Abstecher: Cafaggiolo und Kloster Bosco ai Frati (hin und zurück 16 km) – Stia (56 km) – Poppi (10 km) – Abstecher: Eremo Camaldoli und Kloster Camaldoli (hin und zurück 35 km) – Kloster la Verna (39 km) – Abstecher nach Caprese Michelangelo (28 km hin und zurück) – Arezzo (47 km)

Streckenlänge:
ohne Abstecher ca. 290 km
mit Abstecher ca. 377 km

Die Reise durch das Mugello führt von Fiesole auf der SP54 mit schöner Aussicht über Olmo nach **Pratolino.** Hier findet man die ersten Spuren der Medici, und zwar im Park der **Villa Demidoff** an der Straße nach Florenz. Der Name ist irreführend, rührt aber daher, dass der russische Prinz Demidoff das ehemalige Medici-Anwesen kaufte. Das große Parkgelände wurde zwischen 1569 und 1581 unter der Regie von Francesco I. de'Medici angelegt. Von der aus der gleichen Zeit stammenden Villa ist nichts mehr zu sehen, sie wurde 1820 auf Geheiß von Ferdinand III. von Lothringen gesprengt. Der wundervoll angelegte Park mit Grotten, Brunnen und Statuen kann besichtigt werden. Am eindrucksvollsten ist die aus einem großen Steinquader gehauene Figur des Apennins, das symbolisch als Riese dargestellt ist (Öffnungszeiten: Mai–Sept. Fr–So 10–19.30 Uhr, Apr., Okt. So 10–18.30 Uhr, Eintritt: frei).

Die bequeme und schnelle Route entlang der Via Bolognese führt über Vaglia nach San Piero a Sieve. Ein kleiner lohnender Umweg auf schmaler Straße führt zum **Kloster Monte Senario.** Es liegt in 800 m Höhe auf einer bewaldeten Bergkuppe, von der die Sicht weit über die Hügel des Mugello reicht. Das im Jahr 1234 von sieben Florentiner Adligen gegründete Kloster ist schon wegen seiner einsamen Lage und seiner mittelalterlichen Außenansicht einen Besuch wert (Öffnungszeiten: 7–12.45 Uhr und 15–19 Uhr).

▼ *Einsam und abgeschieden: das Kloster Monte Senario*

159to Abb.: gg

Über eine schmale Straße geht es vorbei am **Camping Poggio Uccelini** (GPS: 43.90110 ° N 11.30984 ° E, sehr viele Dauercamper) hinunter nach Bivigliano und von hier weiter über Vaglia an der Via Bolognese und an San Piero a Sieve vorbei nach Borgo San Lorenzo.

BORGO SAN LORENZO (35 km - km 35)

Borgo San Lorenzo ist das Zentrum des Mugello. Es ist sinnvoll, die Rundfahrt hier zu beginnen, da die Touristeninformation Reisende bestens mit Material über die gesamte Region versorgt. Man erhält unter anderem eine Broschüre mit zahlreichen Wandervorschlägen („Mugello nature“) und ein Heft mit detailliert beschriebenen Radtouren („Cycling among Chestnut Trees and Vines“). Beide gibt es leider nur in Italienisch und Englisch, sie sind aber trotzdem sehr hilfreich.

Ansonsten kann Borgo San Lorenzo nicht mit spektakulären Sehenswürdigkeiten aufwarten. Die Stadt war seit dem 10. Jahrhundert Bischofssitz und über eine kurze Zeitspanne eine frei Stadt, bevor sie 1290 von den Florentinern übernommen wurde. Von einem Festungsring aus dem 14. Jahrhundert sind kaum noch Reste vorhanden. Die einzigen Zeugen jener Zeit sind die **Porta Fiorentina** und die **Porta dell'Orologio.** Im wappengeschmückten **Palazzo del Podestà** ist heute die Bibliothek untergebracht. Östlich des Stadtkerns steht mitten in einem großen Park die **Villa Pecori Giraldi.** Außer der Touristeninformation findet man hier das **Museo della Manifattura Chini,** in dem die außergewöhnlichen Keramiken der Künstlerfamilie Chini aus der Zeit vom ausgehenden 19. bis zur Mitte des 20. Jahrhunderts zu bewundern sind (Öffnungszeiten wie die der Touristeninformation).

Auffallend viele **Bäckereien** und **Konditoreien** findet man in der verkehrsberuhigten Altstadt. Das Mugello ist berühmt für seine Backwaren, darunter liebevoll verzierte Torten und Törtchen. Eine weitere süße Verführung sind glasierte Maronen. Die Touristeninformation hält sogar einen Süßigkeitenführer durch das Mugello bereit. Das Heftchen „Un Viaggio nel dolce Mugello“ („Eine Reise durch das süße Mugello“) führt alle Konditoreien der Umgebung auf – eine wahrer „Kalorienbombenkatalog“.

Von Borgo San Lorenzo führt die SP302 nach Marradi. Die schmale Straße steigt bis zum 913 m hohen Colle di Casaglia kontinuierlich an. Sie ist gut zu befahren, ein paar Engstellen unterwegs zwingen bei Gegenverkehr allerdings zum Anhalten. Dichte Wälder unterbrochen von ein paar Weideflächen prägen die einsame Landschaft.

Hinter dem Colle di Casaglia (einem Pass) geht es bergab, ständig die parallel führende Bahnlinie Florenz–Ravenna querend. Hinweisschilder locken den Wohnmobilfahrer schon bald nach Marradi. Hier erwartet ihn ein Stellplatz der Spitzenklasse mit Stromanschluss.

Information

Uffizio Informzioni Turistice Mugello, 50032 Borgo San Lorenzo, Villa Pecori Giraldi, Piazza Pecori Giraldi, Tel. +39 0558456230, Öffnungszeiten: Di–So 10–13 Uhr, Fr–So 15–18 Uhr

Essen/Einkaufen

Café Pasticceria Valecchi, 50032 Borgo San Lorenzo, Via G. Mazzini 6, Tel. +39 0558495930. Im gemütlichen Ambiente eines „Wiener Kaffeehauses“ gibt es hier ausgezeichnete Törtchen.

159 Parkplatz, Borgo San Lorenzo *(s. S. 270)*

▼ *Borgo San Lorenzo ist das Zentrum des Mugello*

160to Abb.: gg

MARRADI (34 km - km 69)

Information

Pro Loco, 50034 Marradi, Via Castelnaudary 5, Tel. +39 0558045170, Öffnungszeiten: Juni–Dez. Mo–Sa 9–12 Uhr und 15.30–18.30 Uhr, Mi nur vormittags

160 Piscina, Marradi (s. S. 270)

Einkaufen

Pasticceria Quadalti, 50034 Marradi, Via Talenti 31/33. Lokale Spezialitäten, u. a. Maronenstrudel oder glasierte Maronen.

Marradi gehörte einst den Grafen Guidi, die sich letztendlich aber nicht gegen die Übermacht der Medici zur Wehr setzten konnten. So kam die Stadt im 14. Jh. unter die Herrschaft der Florentiner. Hübsch anzusehen ist die Piazza delle Scalelle mit einigen alten Palästen. Am schönsten ist der **Palazzo Comunale** mit seinen Arkaden.

Wer im Sommer hier ist, wird das schön angelegte Freibad direkt unterhalb des Wohnmobilstellplatzes zu schätzen wissen. Im Oktober findet in Marradi ein großes Kastanienfest statt und an den ersten drei Dezembersonntagen erstrahlen Tausende von Lichtern über dem traditionellen Weihnachtsmarkt.

Essen

Il Camino, 50034 Marradi, Viale Baccarini 38, Tel. +39 0558045069, Mi geschlossen. Typische Küche des Mugello, gemütliches Ambiente, freundlicher Service.

Hinter Marradi führt die kurvenreiche, schmale und durch die wunderschöne einsame Landschaft des Mugello führende SP306 nach Palazzuolo sul Senio. Man sollte für die Fahrt viel Zeit einplanen, nicht nur wegen der Kurven, sondern auch wegen der vielen Fotostopps.

Das malerische **Palazzuolo sul Senio** liegt einsam in der herrlichen Natur des Mugello. Einige hübsche Ecken, einen Palazzo dei Capitani,

Wanderung in Marradi

Kurz bevor die Zufahrtsstraße zum Stellplatz in die Straße nach S. Benedetto einmündet, führt rechts über Treppen ein mit weiß-rotem Zeichen markierter Wanderweg an zwei Häusern vorbei den Berg hinauf. Nach dem zweiten Haus schlüpft man durch ein kleines, provisorisches Tor nach links in eine Kuhweide (Schild Monte Scarabatolle) und kommt auf schmalem Trampelpfad zu einem Steinhaus, an dem man eine schöne Sicht auf Marradi hat. Ab hier windet sich ein breiter Weg bergwärts bis zu einer Freifläche mit drei Antennenmasten. Man geht zwischen den Masten hindurch und folgt auf schmalem Weg weiter der weiß-roten Markierung. Nach 50 Min. Gehzeit führt der Weg nach links und verläuft zunächst eben und dann etwas bergan, bis man aus dem Wald kommt. Nun folgt man dem Bergrücken nach links und hat eine sehr schöne Aussicht auf das Mugello. Jetzt Vorsicht! Wenn man in einer Senke deutlich einen bewaldeten Hügel vor sich sieht, verlässt man die Markierung (zwei rotweiße Striche an einem Stacheldrahtzaun) und steigt nach links über eine Holzleiter auf den auf der anderen Bergseite hinunterführenden Weg ohne Markierung. Der breite Weg führt in Kehren stets bergab, man sieht schon bald deutlich das kleine helle Band der Schotterstraße untem im Talgrund, die das nächste Ziel der Wanderung sein wird. An den vielen Wegverzweigungen in dem schönen Kastanienhain geht man immer bergab, bis man auf das bereits genannte Schottersträßchen trifft. Dieses führt bis zur Straße nach San Benedetto in Alpe. Bei der Einmündung geht man nach links und 800 m die Straße entlang bis zum Stellplatz.

Es handelt sich um eine mittelschwere Wanderung mit steilem Auf- und Abstieg und einem Höhenunterschied von 400 m (Dauer 2:30 Std.).

Abb.: gg 161to

eine gute *osteria* mit erlesenen Weinen und einen Stellplatz: genau das Richtige, um hier sein Wohnmobil über Nacht zu parken.

Zwischen Palazzuolo und Coniale fährt man auf der SP32. Sie ist für Fahrzeuge über 2,50 m Breite und über 5 t Gewicht gesperrt, lässt sich jedoch selbst mit einem großen Fahrzeug befahren. Man muss bei Gegenverkehr langsam fahren oder sogar anhalten. Dafür bekommt man aber immer wieder einen wirklich „atemberaubenden" Ausblick geboten. Es gibt viele kleine Parkmöglichkeiten am Straßenrand, sodass auch der Fahrer die schöne Rundumsicht genießen kann. In Coniale mündet die SP32 in die SP610. In dem kleinen San Pellegrino zieht eine große Baustelle mit Containerdorf die Blicke auf sich: Hier wird an der neuen Schnellbahnstrecke Florenz–Bologna gebaut.

Kurz vor Firenzuola fallen die vielen Stein verarbeitenden Betriebe auf. An den Hängen wird der Pietra Serena abgebaut, ein dunkelgrauer Sandstein, der auch in Florenz viele Palazzi schmückt.

Firenzuola musste im Zweiten Weltkrieg große Zerstörungen hinnehmen. Viele Gebäude wurden in einem nicht sehr ansprechenden „Betonstil" wieder aufgebaut. Besonders die Kirche und einige der Arkadenhäuser wollen überhaupt nicht zu den zwei schönen Stadttoren und der kompakten Burg passen.

Die SP503 schraubt sich hinauf zum Giogo di Scarperia, einem Pass mit 882 m Höhe. Von hier sieht man weit über die bewaldeten Hügel des Mugello. Nach vielen Kehren ist unten im Tal Scarperia erreicht.

Essen

La Bottega dei Portici, 50035 Palazzuolo sul Senio, Piazza Garibaldi 3, Tel. +39 0558046580, Mo geschlossen. Im gemütlichen Gastraum erwarten einen eine riesige Weinauswahl und gute Gerichte.

161 *Parkplatz, Palazzuolo sul Senio* *(s. S. 271)*

162 *Camping il Sorgenti, Palazzuolo sul Senio* *(s. S. 271)*

▲ *Die bewaldeten Hügel des Mugello*

SCARPERIA (64 km - km 133)

Information

Pro Loco, 50038 Scarperia, im Palazzo dei Vicari, Tel. +39 0558468165, www.prolocoscarperia.com, Öffnungszeiten: März-Nov. 9-13 Uhr und 15-19.30 Uhr

Wenn man neue Messer braucht, ist man in Scarperia richtig, denn seit Jahrhunderten wird hier das Handwerk des Messerschmiedens gepflegt. Vom Brieföffner über sämlichte Arten von Küchen- und Taschenmesser bis hin zu futuristisch gestalteten Bestecken findet man alles, was gut und teuer ist. Ein Küchenmesserset kann gut und gerne an die 1000 € kosten. Etliche Meisterbetriebe und vornehm gestaltete Geschäfte werben um Kunden.

Im **Palazzo dei Vicari** aus dem Jahr 1306 ist - wie sollte es auch anders sein - das Museum für Schneidewerkzeuge **(Museo dei Ferri Taglienti)** untergebracht. Die Außenfassade ist mit einer Vielzahl verschiedener Wappen der florentinischen Vikare (Verwalter) verziert. Das Gebäude mit seinem schlanken Turm wirkt wie eine kleinere Ausgabe des Palazzo Vecchio in Florenz.

Sehenswertes

Museo dei Ferri Taglienti, 50038 Scarperia, im Palazzo dei Vicari, Öffnungszeiten: wie Pro Loco

Die Stadt wurde Anfang des 14. Jh. von den Florentinern gegründet und war ein bedeutender Stützpunkt an der Handelsstraße über den Giogopass. Im Jahre 1542 zog ein Erdbeben Scarperia stark in Mitleidenschaft. Die Madonna von Filippo Lippi im **Oratorio della Madonna dei Terremoti** soll weitere Schäden von der Stadt fernhalten.

ABSTECHER NACH SANT'AGATA

(hin und zurück 8 km)

In Scarperia zweigt die SP37 ins 4 km entfernte Sant'Agata ab, das zur Gemeinde Sacarperia gehört. Die romanische Kirche aus dem 11. Jh. hat als einzigen Zierrat an der Fassade ein kleines schachbrettartiges Mosaik aus weißen und schwarzen Steinen. Im Inneren ist das achteckige Taufbecken aus hellem Sandstein sehenswert. In einem schmucklosen Flachdachbau in der Neubausiedlung, zu erreichen über die Via di Montaccianico, ist ein kleines kurioses Museum untergebracht: Das **Museo di Personaggi in Movimento** (Museum „Personen in Bewegung") zeigt Puppenautomaten, die alte Handwerksberufe darstellen (Öffnungszeiten: Mai-Sept. So 15.30-18.30 Uhr, Okt.-Apr. So 15-18 Uhr. Tel. +39 0558406750).

Von Sant'Agata fährt man wieder zurück nach Scarperia und von dort auf der SP503 nach San Piero a Sieve.

SAN PIERO A SIEVE (5 km - km 138)

In San Piero a Sieve schließt sich der Kreis der Mugello-Rundfahrt. Das 4000-Seelen-Dorf ist untrennbar mit dem Hause Medici verbunden. Im alten Ortskern stehen die **Medici-Villen** Schifanioa und Adami. In letzterer ist heute die Bibliothek des Ortes untergebracht. Die

Villa Schifanioa ist leider nur von außen durch ein Tor zu betrachten. An höchster Stelle stehen noch die Reste der gewaltigen Mauern der Zitadelle San Martino, die die Medici im 16. Jh. erbauten. Die Festung ist heute in Privatbesitz und nicht zu besichtigen. Die **Chiesa Pieve di San Piero** an der Via Provinciale birgt in ihrem Inneren ein wundervolles sechseckiges Taufbecken aus Marmor, geschaffen von Luca della Robbia.

Die Töpferwarenmanufaktur **Cestenoli** bietet eine riesige Auswahl an Terrakotta. Hier findet man Vasen, Figuren, Brunnen, Gartenmöbel, Kamine, bemalte und glasierte Dekoartikel: alles, was man sich nur erträumen kann oder seinen Lieben mitbringen möchte. Was nicht ins Wohnmobil passt, wird nach ganz Europa geliefert.

162to Abb.: gg

▲ *Bei Cestenoli ist alles Handarbeit*

163 Centro storico, San Piero a Sieve ***(s. S. 271)***

164 Camping Mugello Verde, San Piero a Sieve ***(s. S. 271)***

Einkaufen

Forno Conti, 50037 San Piero a Sieve, Via Provinciale 42, Tel. +39 055848054. Ungewöhnlich große Bäckerei mit reichhaltigem Angebot an Brot, Brötchen, Pizzen, Foccace, Keksen und Kuchen.

Cestenoli, 50037 San Piero a Sieve, Via Bolognese (ca. 3 km vor dem Ort auf der rechten Seite), Loc. Casenuove Taiuti 45, Tel. +39 055848004. Riesige Auswahl an Terrakotta, ausnehmend freundliches Personal, das auch in Englisch sehr gut berät, sehr zivile Preise und ausgezeichnete Qualität. Das gesamte Sortiment wird in Handarbeit hergestellt. Die Werkstatt kann besichtigt werden. Auf jeden Fall vorbeigehen, es lohnt sich!

ABSTECHER: CAFAGGIOLO UND KLOSTER BOSCO AI FRATI (hin und zurück 16 km)

Man verlässt San Piero a Sieve in Richtung Florenz und fährt am folgenden großen Kreisverkehr in Richtung Bologna bzw. Autobahn. Schon bald taucht rechts der Straße der Turm der Medici-Villa von **Cafaggiolo** auf. Der prächtige Renaissancebau war eine der Lieblingsresidenzen von Lorenzo il Magnifico. Der aus dem Jahre 1450 stammende Bau war sogar Schauplatz eines Mordes. Don Pietro, ebenfalls ein Spross der Medici, erwürgte hier aus Eifersucht seine ihm untreue Gattin Eleonora (Öffnungszeiten: 15. Apr.–15.Okt. Mi, Fr 14.30–18.30 Uhr, Sa, So 10–12 Uhr und 14.30–18.30 Uhr, Tel. +39 0558479293).

Nach weiteren 1,8 km (4,1 km ab dem Kreisverkehr) biegt man nach Galliano bzw. Panna ab und fährt schon nach 600 m bei km O VIII nach rechts. Von hier geht es noch 1 km auf allerdings sehr schmaler Straße zum **Kloster Bosco ai Frati,** das umgeben von Wiesen und Wäldern in völliger Abgeschiedenheit liegt. Mit einer über tausendjährigen Geschichte gehört es zu den ältesten Klöstern der Toscana. Im 14. Jh. wurde es von den Medici erworben. Der Hauptaltar trägt ihr Wappen. Seit einigen Jahren wird das Kloster wieder von Franziskanermönchen bewohnt (GPS: 43.98627°N 11.30332°E, Öffnungszeiten: Do–So 10–13 Uhr und 15–19 Uhr).

Vorbei am schon bekannten Borgo San Lorenzo geht die Fahrt auf der SP551 ins nahe **Vespignano,** dem Geburtsort des Malers Giotto di Bondone. Am Ortsende links und dann noch weitere 1,2 km auf schmaler Straße kommt man zum neu renovierten Geburtshaus **(Casa di Giotto)** des großen Renaissancekünstlers (Öffnungszeiten: Do 10–15 Uhr, Fr 9–15 Uhr, Sa, So 10–13 Uhr und 15–19 Uhr).

Vícchio, der letzte Ort auf der Fahrt durch das Mugello, hat ebenfalls einen berühmten Sohn: Fra Angelico, ein Maler der Frührenaissance, erblickte hier vermutlich 1387 das Licht der Welt. Das Museo Beato Angelico trägt seinen Namen, seine Werke sind darin aber leider nicht zu finden.

Unterwegs gibt es an der SS551 sind noch zwei Campingplätze, die allerdings nur sehr kurz geöffnet haben (Camping Vecchio Ponte, GPS: 43.93114°N 11.46426°E, Mitte Mai bis Anfang September und Camping Valdisieve, GPS: 43.92459°N 11.50357°E, Juni bis Anfang September).

Von Vícchio sind es auf der SS551 nur 9 km bis nach **Dicomano,** einem kleinen Handelszentrum am Sieve. Sehenswert ist allein die romanische Kirche S. Maria (12. Jahrhundert) mit Tafelbildern u. a. von Vasari.

165 ***Campi sportivi, Dicomano (s. S. 271)***

Man fährt 3,5 km auf der SP67, um dann nach links in Richtung Stia abzubiegen. Vorbei an Londa mit seinen hübschen bunten Häusern windet sich die SP556 hinauf nach Fornace. Der Panoramablick auf die bewaldeten, welligen Hügel und zum Monte Falterone (1684 m) ist besonders im Herbst sehr schön.

166 ***Campo All'Oca, Londa (s. S. 272)***

Auf der SS556 führt die Route durch das liebliche Casentino in 28 km nach Stia.

STIA (56 km – km 194)

Das biltzsaubere hübsche Casentino-Städtchen Stia muss man einfach besuchen. Schon der schön angelegte Stellplatz mit kostenlosen Stromanschlüssen ist bewerkenswert und auch auf der hübschen, von malerischen Arkadengängen gesäumten **Piazza Tanucci** fühlt man sich richtig wohl.

Unten an der abfallenden Piazza steht die **Chiesa Santa Maria Assunta** aus dem 12. Jh. In der linken Seitenkapelle versteckt sich ein kunstvolles Tonrelief von Andrea della Robbia: „Madonna mit Kind“.

Oberhalb des Stellplatzes erhebt sich das **Castello di Porciano,** eine Burg des Geschlechts der Guidi. Da die Parkplätze oben knapp sind, sollte man den einen Kilometer hinauf zu Fuß gehen. Zuerst auf der Straße und hinter den letzten Häusern immer wieder auf Feldwegen die Straße abkürzend, ist man bald oben. Der Weg lohnt sich we-

167 ***Centro storico, Stia (s. S. 272)***

gen der schönen Aussicht, aber auch wegen der romantischen Burg und dem winzigen kleinen Dorf Porciano, das zu Stia gehört.

Essen

Trattoria Falterona Gliaccaniti, 52017 Stia, Piazza Tanucci 9, Tel. +39 0575581212. Etwas kühle Atmosphäre, aber gute schnörkelfreie Gerichte.

Einkaufen

Moda TACS, 52017 Stia, Via Sanarelli 49. Hier gibt es farbenfrohe Jacken, Taschen, Hüte u. v. a. m. aus gewalktem Tuch. Örtliche Produktion.

163to Abb.: gg

▲ *Eine kleine Welt für sich: das Dörfchen Porciano mit seiner Burg*

Die Städtchen Stia und Pratovecchio gehen nahezu direkt ineinander über (1,6 km auf der SP310).

Das Zentrum der Stadt **Pratovecchio,** die Piazza Paolo Uccello, wurde nach dem hier geborenen Renaissancemaler benannt. Nicht nur hier, sondern auch an der Piazza Landino fallen die schönen bunten Häuser mit Arkadengängen ins Auge.

Gleich beim Stellplatz (s. S. 272) zweigt die Straße zum **Castello di Romeno** ab, der schönsten Burg im Casentino. Auch sie wurde von den Grafen Guidi zum Schutz gegen die Florentiner erbaut. Vom Parkplatz spaziert man die schöne Zypressenallee entlang bis zum Burgtor (Öffnungszeiten: März–Ende Sept. Do–So 10–13 Uhr und 16–18 Uhr). Die ebenfalls sehr sehenswerte romanische Kirche **Pieve di Romena** aus dem 12. Jahrhundert liegt 1 km unterhalb der Burg. Die idyllische Lage und ihre harmonische Form lohnen den Besuch. Besitzer großer Wohnmobile sollten ihr Fahrzeug beim Castello stehen lassen und hinunterwandern.

Im Arnotal ist man nach 8 km auf der SP310 in Poppi.

168 Centro storico, Pratovecchio **(s. S. 272)**

POPPI (10 km – km 204)

Wie im gesamten Casentino haben auch in Poppi die Grafen Guidi ihre Spuren hinterlassen. Die prächtigste Burg **(Castello dei Conti Guidi)** dieses Adelsgeschlechts steht an der Piazza Repubblica, dem höchsten Punkt der Stadt. Man sollte es nicht versäumen, das Innere der Burg zu besichtigen. Die Rilliana-Bibliothek enthält Hunderte mittelalterliche Schriftstücke und Bücher und die kleine Burgkapelle wurde von Taddeo Gaddi, einem Schüler Giottos, mit wundervollen Fresken dekoriert.

Information

A.P.T., 52014 Poppi, Palazzo Giorgi, Via Battisti 23, Tel. +39 05755021, Öffnungszeiten: 10–13 Uhr und 15–18 Uhr, Mo geschlossen

Parken

Ausreichend Parkplätze findet man auf dem offiziellen Stellplatz.

169 **Centro storico, Poppi (s. S. 272)**

170 **Camping La Pineta, Poppi (s. S. 272)**

Die arkadengesäumte Hauptstraße endet auf der einen Seite am hübschen **Oratorio Madonna del Morbo** aus dem 17. Jh. mit seinem hexagonalen Grundriss, an der anderen Seite an der romanischen Abteikirche **San Fedele.** Zahlreiche Werke aus der Schule Giottos und eine Goldbüste des heiligen Torello, der hier auch bestattet liegt, gibt es im Kircheninneren zu sehen.

Sehenswertes

Castello dei Conti Guidi, Tel. +39 0575520516, Öffnungszeiten: Okt.-Apr. Do-So 10-17 Uhr, Mai-Sept. täglich 10-18.30 Uhr, Eintritt: 4 €

ABSTECHER: EREMO CAMALDOLI UND KLOSTER CAMALDOLI (hin und zurück 35 km)

Von Poppi führt eine gut ausgebaute Straße zu der in den hügeligen Wäldern des Naturparks Casentino versteckten Kamaldulenser-Einsiedelei **Eremo Camaldoli.** Das Motto „Ora et Labora" („Bete und arbeite") bestimmt auch heute noch den Tagesablauf der Mönche, die hier in relativer Abgeschiedenheit leben. Sie wohnen in kleinen Häusern mit je einer Gartenparzelle. Das ganze Areal ist umgeben

▼ *Der Eremo Camaldoli versteckt sich hinter hohen Mauern*

164to Abb.: gg

von einer hohen Mauer und für Besucher nicht zugänglich. Die mit üppigem Barock geschmückte Kirche kann man allerdings besichtigen und an einer Messe teilnehmen (Öffnungszeiten: 8.30–11.15 Uhr und 15–18 Uhr). Wem dies mehr liegt, der kann die meditative Stille auch bei einem kleinen Spaziergang in den Wäldern rund um das Kloster finden.

Zunächst muss man die letzten Kilometer zurückfahren, um dann auf die SP67 Richtung **Kloster Camaldoli** zu kommen. Sehenswert ist hier besonders die antike Apotheke. In alten Vitrinen wird vom Shampoo über diverse Cremes bis zum Likör alles angeboten, was im Kloster produziert wird (Öffnungszeiten: 9–12.30 Uhr und 14.30–18 Uhr).

300 m vom Kloster Camaldoli entfernt, befindet sich an der Straße in Richtung Eremo Camaldoli der naturbelassene **Campingplatz Fonte dell Menchino** (GPS: 43.78624°N 11.81926°E), der allerdings nur von Mitte Juni bis Anfang September geöffnet ist.

Die Straße vom Kloster Camaldoli bis zur Einmündung in die SR71 ist recht schmal. An der Einmündung fährt man nach rechts in Richtung Arezzo und Florenz und ist nach 10 km in Bibbiena.

Parken in Bibbiena (P5)
GPS: 43.69411°N 11.82008°E

Bibbiena ist mit seinen 10.000 Einwohnern der größte und wichtigste Ort des Casentinotals. In den engen Gassen des historischen Stadtkerns stößt man immer wieder auf schöne Adelspaläste. Das **Oratorium San Francesco** wurde innen im für die Toscana einzigartigen Rokokostil ausgebaut. Die prunkvolle goldene Kassettendecke, pausbäckige Putten und viele Stuckornamente kann man aber nur durch die gläserne Eingangstür bestaunen. Von einer Aussichtsterrasse an der **Piazza Tarlati** hat man eine weite Sicht über das Arnotal bis nach Poppi. Unter den Arkaden lädt die Bar Le Logge del Tarlati zu einer gemütlichen Pause ein.

171 Agriturismo Agricola Casentinese, Bibbiena ***(s. S. 273)***

Von Bibbiena geht es noch einmal über viele Serpentinen hinauf auf die Höhen des Monte La Verna. Unterwegs kommt man am einmalig schön gelegenen Agriturismo Agricola Casentinese vorbei.

Die Straße windet sich über Chiusi della Verna weiter hinauf zum Kloster La Verna.

KLOSTER LA VERNA (39 km – km 243)

Als sich Franziskus im Spätsommer des Jahres 1224 auf den Berg La Verna zurückzog, wurden der Legende nach bei ihm Wundmale sichtbar. Die Felsengrotte, in der sich die Stigmatisierung vollzog, liegt hinter einer Tür im Wandelgang des Klosters. In der Cappella della Stigmata gibt es ein prunkvolles Chorgestühl mit Intarsienarbeiten und einen Terrakottaaltar von Andrea della Robbia zu besichtigen.

Im Wandelgang vor der Kapelle wird in einer Bildergeschichte das Leben und Wirken von Franz von Assisi erzählt und in den Wäldern rund um das Kloster kann man auf bezeichneten Wegen sehr schöne Wanderungen unternehmen.

172 Camping La Verna, Chiusi della Verna ***(s. S. 273)***

Nachdem man wieder in Chiusi della Verna angekommen ist, fährt man nun in Richtung Chitignano. Kunstinteressierte werden sicherlich die 28 km Umweg nicht scheuen, um zum Geburtsort von Michelangelo zu fahren.

ABSTECHER NACH CAPRESE MICHELANGELO (28 km hin und zurück)

In dem kleinen Weiler Caprese Michelangelo erblickte der große Meister der italienischen Renaissance am 6. März 1475 das Licht der Welt. Sein **Geburtshaus, der Palazzo del Podestà,** liegt neben den Resten des alten Kastells hoch oben auf einer Hügelkuppe. In seinem Inneren und in den Räumen des Castellos ist eine Ausstellung von Duplikaten und Bildern der wichtigsten Werke Michelangelos zu sehen.

173 ***Campeggio Michelangelo, Caprese Michelangelo (s. S. 273)***

In einer Vitrine liegt die Geburtsurkunde, die sein Vater, seinerzeit Bürgermeister von Caprese, eigenhändig ausgestellt hat. Ein Audioguide führt die Besucher auch in deutscher Sprache durch das interessant gestaltete Museum (Öffnungszeiten: Mai–Okt. Mi–Mo 11–17 Uhr, Juni–Aug. bis 19.30 Uhr, Eintritt: 4 €).

174 ***Neubaugebiet, Chitignano (s. S. 273)***

Auf dem Weg zur SR71 kommt man in Chitignano noch an einem Stellplatz mit Entsorgung vorbei (s. S. 273) und in Rassina mündet die Straße in die gut ausgebaute SR71, von hier sind es noch 26 km bis Arezzo.

AREZZO (47 km – km 290)

Information

A.P.T., Piazetta Amiciclo G. Paolo II, 52100 Arezzo, Tel. +39 05751822770, Öffnungszeiten: 8–19 Uhr

A.P.T., Piazza della Repubblica 28, 52100 Arezzo, Tel. +39 0575377678, Öffnungszeiten: täglich 9–13 Uhr und 15–19 Uhr

Parkplatz Pietri

Direkt an der Stadtmauer, aber häufig voll (dann auf den Stellplatz ausweichen). GPS: 43.47055°N 11.88222°E

Der Endpunkt dieser Toscanarundreise ist Arezzo. Die Stadt mit ihren 95.000 Einwohnern ist das Bindeglied zwischen diesem Band und dem Wohnmobil-Tourguide „Die schönsten Routen durch Umbrien und die Marken", ebenfalls aus dem Reise Know-How Verlag.

Arezzo mit seinen **Sakralbauten** und den wunderschönen **Palazzi** (Palästen) ist ein mittelalterliches Juwel, das auf eine frühe etruskische Siedlung zurückgeht.

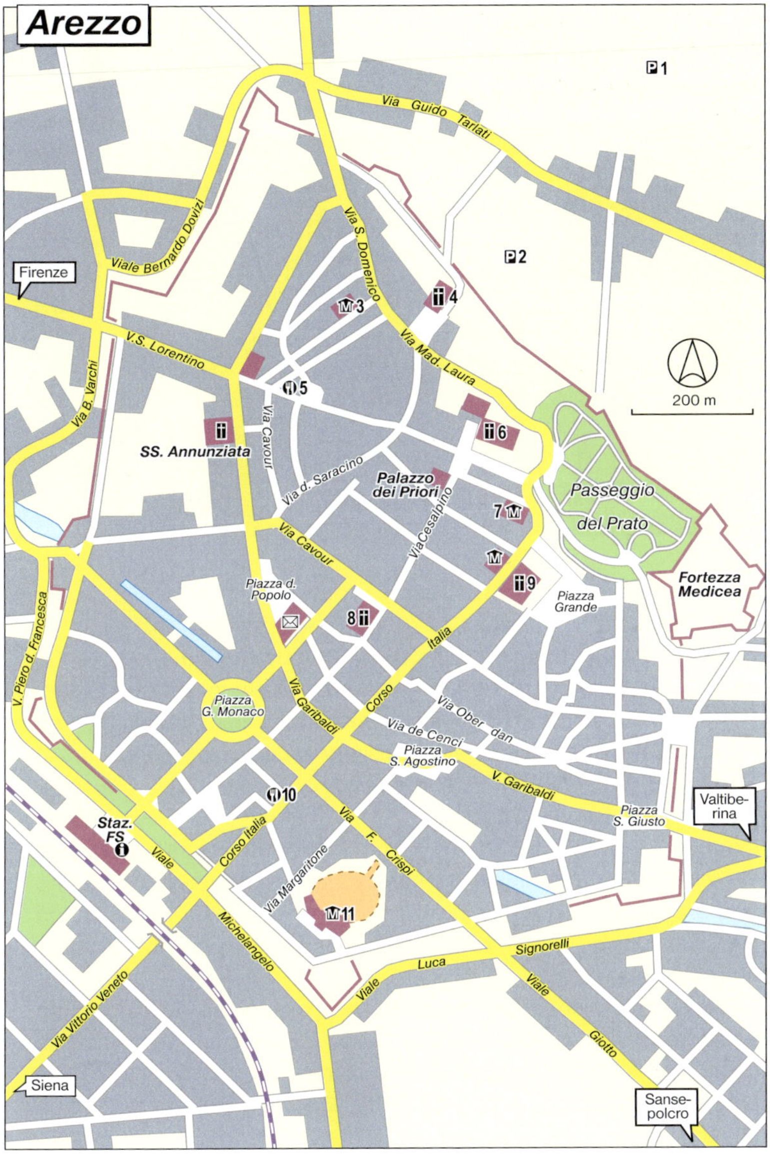

- P 1 Stellplatz Campo sportivo
- P 2 Parkplatz Pietri
- M 3 Casa di Giórgio Vasari
- 4 Chiesa San Domenica
- 5 Mazzoni
- 6 Duomo San Donato
- M 7 Casa del Petrarca
- 8 Basilica San Francesco
- 9 Chiesa San Maria della Pieve
- 10 Ristorante Cecco
- M 11 Museo Archeologico Mecenate

Vom Parkplatz Pietri beginnt man den Stadtspaziergang über die Salita Piero Magi, von hier kann man bequem mit der Rolltreppe die Strecke bis zum Domplatz überwinden. Unterwegs kommt man an der Touristeninformation vorbei, in der man sich mit Prospekten zur Stadterkundung eindecken kann.

Oben angekommen, erhebt sich auf der weitläufigen Piazza del Duomo der gotische **Dom San Donato.** Auf der breiten Treppe, die zum romanisch-gotischen Portal hinaufführt, steht das Denkmal Ferdinands I. Das etwas düster wirkende Innere des Doms wird belebt durch die herrlich bunten Glasfenster von Fra Guillaume de Marcillat.

▶ *Der Corso Italia, die Haupteinkaufsstraße von Arezzo*

Links neben dem Altar ruhen die sterblichen Überreste von Papst Gregor X., der am 10. Januar 1276 hier in Arezzo verstarb.

Weiter geht der Rundgang zur **Chiesa San Domenico.** Der gotische Bau stammt aus dem 13. Jh. und beherbergt ein in warmen Braun- und Rottönen mit viel Gold gehaltenes Kruzifix vom Cimabue. Diesem Maler der Frührenaissance gelang als einem der ersten die lebendige Darstellung der gemalten Personen.

In der **Casa Giórgio Vasari** (Haus Nr. 55 in der Via XX Settembre), dem ehemaligen Wohnsitz des Malers und Baumeisters Vasari, sind Werke von ihm und einigen seiner Zeitgenossen ausgestellt. Seine Biografien über florentinische Künstler wie Cimabue, Leonardo da Vinci, Raffael und Michelangelo sind auch heute noch eine wichtige Informationsquelle.

Von hier erreicht man in wenigen Minuten die **Basilica San Francesco** mit ihrer eher unscheinbaren Fassade. Im 14. Jh. wurde dieses Gotteshaus – ganz im Sinne von Franz von Assisi – als schlichte Bettelordenskirche errichtet. In der **Bacci-Kapelle** verbirgt sich ein kunsthistorisch wertvoller Schatz: der Freskenzyklus „La Leggenda della Vera Croce" von Piero della Francesca. Zehn Bilder zeigen die Geschichte des Kreuzes Christi von der Pflanzung des Baumes, aus dem es geschaffen wurde, über den Raub desselben durch den Perserkönig Chosrau II. bis zu seiner Rückkehr nach Jerusalem. Die Fresken beeindrucken durch die Kraft der Farben und ihrer klaren Linienführung noch heute den Betrachter. Karten für die Besichtigung müssen vorher telefonisch oder im Internet reserviert werden (s. S. 269). Vor der Kirche auf der **Piazza San Francesco** gibt es einige einladende Cafés.

Am aufsteigenden Corso Italia steht die **Chiesa Santa Maria della Pieve.** Sie wurde im 12. Jh. begonnen, konnte aber erst im 14. Jh.

vollendet werden. Die Kirche zählt zu den schönsten sakralen Bauwerken der Region. „Turm der 100 Löcher“ wird der Kampanile wegen seiner vielen Doppelfenster im Volksmund genannt. Pietro Lorenzetti fertigte den Flügelaltar um 1320. Dieses überaus sehenswerte Kunstwerk zeigt Maria mit dem Kind und die 12 Apostel in leuchtenden Farben vor goldenem Hintergrund.

Die anschließende **Piazza Grande** ist das Zentrum von Arezzo. An dem trapezförmigen, leicht abfallenden Platz steht der Gerichtshof **(Palazzo del Tribunale)** mit seiner Freitreppe aus dem 17. Jh. und anschließend der **Palazzetto della Fraternita dei Laici** (Haus der Laienbruderschaft). Das Gebäude besitzt eine wunderschöne Fassade und ein Glockentürmchen mit einer astronomischen Uhr. An der Nordseite schließt sich die **Logge Vasari,** ein langer Arkadengang, an. In einem der zahlreichen Restaurants und Bars sollte man sich eine kleine Pause gönnen und gemütlich dem Treiben auf der Piazza zuschauen.

Über den steil ansteigenden Corso Italia führt der weitere Stadtrundgang am Palazzo Albergotti vorbei zum **Palazzo Pretorio** (Haus des Statthalters). Viele in Stein gehauene Wappen schmücken die Fassade.

Dahinter links steht in der Via dell’Orto die frisch renovierte **Casa Petrarca.** Dort wurde am 20. Juli 1304 Francesco Petrarca geboren, verließ allerdings Arezzo bereits im Alter von sieben Jahren. Petrarca gilt als (Mit-)Begründer des Humanismus und als einer der bedeutendsten Dichter Italiens. Sein Gedichtzyklus „Canzoniere“ enthält 366 Gedichte, in denen er die reine Liebe beschreibt, aber auch religiöse und politische Themen verarbeitet.

Vom **Parco Passegio del Prato** (Stadtpark) hat man eine schöne Sicht ins Umland. Treppen führen von hier zurück zum Parkplatz Pietri.

Am südöstlichen Altstadtrand, in der Via Anfiteatro, finden sich die Überreste eines **römischen Amphitheaters** und das **archäologische Museum** (Museo Archeologico Mecenate). In dessen Ausstellungsräumen wird eine umfangreiche Sammlung etruskischer Bronzeskulpturen, Münzen und griechischer Vasen gezeigt.

Sehenswertes

Basilica San Francesco, 52100 Arezzo, Via San Francesco, Tel. +39 0575352727, pierodellafrancesca@apt.arezzo.it (auch in deutscher Sprache), Öffnungszeiten: Nov.-März 9-18 Uhr, Apr.-Okt. 9-19 Uhr, Eintritt: 6 € (Reservierungspflicht)

Chiesa Santa Maria della Pieve, 52100 Arezzo, Corso Italia, Öffnungszeiten: Mai-Sept. 8-13 und 15-19 Uhr, Okt.-Apr. 8-12 Uhr und 15-18 Uhr

Duomo San Donato, 52100 Arezzo, Piazza del Duomo, Öffnungszeiten: täglich 7-12.30 und 15-18.30 Uhr

Chiesa San Domenico, 52100 Arezzo, Piazza San Domenico, Öffnungszeiten: täglich 7-13 und 14.30-18.30 Uhr

Casa di Giórgio Vasari, 52100 Arezzo, Via XX Settembre 55, Öffnungszeiten: Mo-Sa 9.30-19.30 Uhr, So 9-13 Uhr, Di geschlossen

Casa del Petrarca, 52100 Arezzo, Via dell'Orto 2, Öffnungszeiten: 10–12 und 15–17 Uhr

Museo Archeologico Mecenate, 52100 Arezzo, Via dell'Anfiteatro, Öffnungszeiten: Di–Sa 9–14 Uhr, So 9–13 Uhr.

175 Campo sportivo, Arezzo (s. S. 273)

176 Camping Le Ginestre, Arezzo (s. S. 273)

Essen

Ristorante Cecco, 52100 Arezzo, Corso Italia 215, Tel. +39 057520986. Verschiedene Menüs von 14 bis 27 €.

Mazzoni, 52100 Arezzo, Canto alla Croce 1, Tel. +39 057526857. Kleine gemütliche Trattoria etwas abseits, gutes Preis-Leistungs-Verhältnis.

STELLPLÄTZE ENTLANG DER ROUTE

Stellplatz

159 Parkplatz, Borgo San Lorenzo

43.95145°N 11.38537°E

Offizieller Stellplatz auf dem separaten Teil eines dreigeteilten großen Parkplatzes am Ortsrand, ca. 300 m zum Zentrum. **Lage/Anfahrt:** Aus Richtung San Piero a Sieve ab Ortsanfang ausgeschildert; **Platzanzahl:** 10; **Untergrund:** Asphalt; **Ver-/Entsorgung:** Trinkwasser, Abwasser, Chemie-WC; **Sicherheit:** beleuchtet; **Preise:** kostenlos; **Geöffnet:** frei zugänglich.

Stellplatz

160 Piscina, Marradi

44.07265°N 11.61108°E

Ruhiger, schön in Terrassen angelegter offizieller Stellplatz mit Stromanschluss, ca. 300 m bis zum Zentrum. **Lage/Anfahrt:** Vor dem Ort rechts nach S. Benedetto abzweigen, dann sofort wieder rechts bergauf (ausgeschildert); **Platzanzahl:** 12; **Untergrund:** Rasengitter; **Ver-/Entsorgung:** Strom, Trinkwasser, Abwasser, Chemie-WC; **Sicherheit:** beleuchtet; **Preise:** Platz kostenlos, Strom 5 € für 8 kWh, Chipkarte für Strom und Wasser im Ort zu kaufen (siehe Aushang); **Max. Stand:** 5 Nächte; **Geöffnet:** frei zugänglich.

▶ *Ruhig, zentrumsnah und mit guter Ver- und Entsorgung: der Stellplatz von Marradi*

166to Abb.: gg

Stellplatz

161 *Parkplatz, Palazzuolo sul Senio*

44.11037°N 11.54953°E

Ruhiger, offizieller Stellplatz auf einem gekennzeichneten Teil eines großen, von Wiesen umgebenen Parkplatzes, 100 m bis zum Ort; **Lage/Anfahrt:** Von Marradi kommend am Ortsbeginn links, ausgeschildert; **Platzanzahl:** 10; **Untergrund:** Asphalt; **Ver-/Entsorgung:** Trinkwasser, Abwasser; **Sicherheit:** beleuchtet; **Preise:** kostenlos; **Geöffnet:** frei zugänglich; **Kontakt:** 50035 Palazzuolo sul Senio, Via del Casone.

Camping

162 *Camping il Sorgenti, Palazzuolo sul Senio*

44.11719°N 11.53622°E

Terrassierter Platz mit einfacher Sanitärausstattung in schöner ruhiger Lage. **Lage/Anfahrt:** Von Palazzuolo in Richtung Firenzuola, hinter der Abzweigung nach Visano links zum Platz; **Platzanzahl:** 40; **Untergrund:** Schotterrasen, Wiese; **Ver-/Entsorgung:** Strom, Trinkwasser, Abwasser, Chemie-WC; **Sicherheit:** umzäunt, beleuchtet, bewacht; **Preise:** 8 €/Fahrz., 5,50 €/Pers.; **Geöffnet:** Juni bis Mitte September sowie bis Ende Oktober an Wochenenden; **Kontakt:** 50035 Palazzuolo sul Senio, Via della Faggiola, Tel. +39 0558046106.

Stellplatz

163 *Centro storico, San Piero a Sieve*

43.96228°N 11.32736°E

Offizieller Stellplatz an einem großen Wiesengelände. **Lage/Anfahrt:** Aus Richtung Scarperia im Ort links (ausgeschildert), nach 150 m rechts zum Platz abbiegen; **Platzanzahl:** 10; **Untergrund:** Rasengitter; **Ver-/Entsorgung:** 2 € (Trinkwasser, Abwasser, Chemie-WC); **Sicherheit:** beleuchtet; **Preise:** kostenlos; **Geöffnet:** frei zugänglich:

Camping

164 *Camping Mugello Verde, San Piero a Sieve*

43.96119°N 11.31008°E

Platz auf einem terrassierten Waldgelände mit befriedigender Ausstattung, Schwimmbad und Restaurant, ca. 2 km von San Piero a Sieve entfernt, Bus- und Zugverbindung nach Florenz. **Lage/Anfahrt:** Von der SS65 in Richtung Bologna bei km 26 abbiegen, ausgeschildert; **Platzanzahl:** 110; **Untergrund:** Schotterrasen; **Ver-/Entsorgung:** Strom, Trinkwasser, Abwasser, Chemie-WC; **Sicherheit:** umzäunt, beleuchtet, bewacht; **Preise:** 12–14 €/Fahrz., 7–8,50 €/Pers. inkl. Strom; **Geöffnet:** ganzjährig; **Kontakt:** 50037 San Piero a Sieve, Via Massorondinaio 39, Tel. +39 055848511, www.florencecamping.com.

Stellplatz

165 *Campi sportivi, Dicomano*

43.88958°N 11.52168°E

Der offizielle Stellplatz der Stadt befindet sich an den Sportanlagen, umgeben von Häusern, 300 m bis zum Zentrum. **Lage/Anfahrt:** Ausgeschildert mit „Campi sportivi" und Wohnmobilpiktogramm; **Platzanzahl:** 10; **Untergrund:** Asphalt; **Ver-/Entsorgung:** Trinkwasser, Abwasser, Chemie-WC; **Sicherheit:** beleuchtet.

Camping

166 *Campo All'Oca, Londa*

43.86671°N 11.61812°E

Wunderschöne Lage am Rand des Naturschutzgebiets, einfache Sanitärausstattung. **Lage/Anfahrt:** Von der SP556 zwischen km 15 I und II rechts abbiegen. Für Wohnmobile gibt es eine Einfahrt direkt an der Abzweigung von der Straße, deshalb nicht bis zur Rezeption hinunterfahren, da dort kaum genügend Platz zum Wenden ist; **Untergrund:** Wiese; fest; **Ver-/Entsorgung:** Strom, Trinkwasser, Abwasser, Chemie-WC; **Sicherheit:** umzäunt, beleuchtet, bewacht; **Preise:** 8–10 €/Fahrz., 7–8 €/Pers.; **Geöffnet:** April bis September sowie Oktober bis Mitte November an Wochenenden; **Kontakt:** 50060 Londa, Loc. Mandri SS556, Tel. +39 0558354060, www.campeggi.com\campoalloca.

Stellplatz

167 *Centro storico, Stia*

43.80386°N 11.70319°E

Offizieller Stellplatz in schöner Lage im Wald, ca. 300 m bis ins Zentrum, an den Wochenenden stark besucht. **Lage/Anfahrt:** Hinter dem Ortsschild rechts steil hinunter zum Platz; **Platzanzahl:** 12; **Untergrund:** Schotter; **Ver-/Entsorgung:** Strom, Trinkwasser, Abwasser, Chemie-WC; **Sicherheit:** beleuchtet; **Preise:** kostenlos; **Geöffnet:** frei zugänglich.

Stellplatz

168 *Centro storico, Pratovecchio*

43.78658°N 11.71932°E

Offizieller Stellplatz auf einem separaten Parkplatz nur für Womos, begrenzt von Häusern, einem kleinen Park und einem Bach, 100 m bis ins Zentrum, kostenloser Stromanschluss. **Lage/Anfahrt:** ausgeschildert; **Platzanzahl:** 15; **Untergrund:** Asphalt; **Ver-/Entsorgung:** Strom, Trinkwasser, Abwasser, Chemie-WC; **Sicherheit:** beleuchtet; **Preise:** kostenlos; **Geöffnet:** frei zugänglich; **Kontakt:** 52015 Pratovecchio, Via Uffenheim.

Stellplatz

169 *Centro storico, Poppi*

43.71939°N 11.76536°E

Offizieller Stellplatz auf einem auch für Pkws geöffneten Parkplatz, der untere Teil ist sehr schräg, 150 m bis zum Zentrum. **Lage/Anfahrt:** Man umfährt Poppi auf der Umgehungsstraße bis zum Schulzentrum, ab der Ausfahrt der SP310 ausgeschildert; **Platzanzahl:** 12; **Untergrund:** Schotter; **Ver-/Entsorgung:** Strom; **Sicherheit:** beleuchtet; **Preise:** kostenlos, Münzeinwurf für Strom 0,30 €/1KWh; **Geöffnet:** frei zugänglich; **Kontakt:** 52014 Poppi, Via dei Pini.

Camping

170 *Camping La Pineta, Poppi*

43.73667°N 11.73667°E

Platz mit befriedigender Ausstattung und Schwimmbad in schöner, ruhiger Lage. **Lage/Anfahrt:** An der Straße nach Camaldoli, ausgeschildert; **Platzanzahl:** 100; **Untergrund:** Wiese; fest; **Ver-/Entsorgung:** Strom, Trinkwasser, Abwasser, Chemie-WC; **Sicherheit:** umzäunt, beleuchtet, bewacht; **Preise:** 6 €/Fahrz., 5,50–6 €/Pers.; **Geöffnet:** April bis Ende September; **Kontakt:** 5013 Avena, Poppi, Via Camaldolese 33, Tel. +39 0575529082, www.campinglapineta.net.

Stellplatz

⑰① *Agriturismo Agricola Casentinese, Bibbiena*

43.71713°N 11.85213°E

Sehr schöner Privatplatz bei einem Bauernhof mit traumhaftem Rundumblick, Schwimmbad, Restaurant, Bar, Quad- und Mountainbikeverleih sowie Reitpferden. **Lage/Anfahrt:** Von der SP208 aus Richtung Bibbiena nach La Verna bei km 7 l abbiegen; **Platzanzahl:** 20; **Untergrund:** Schotterrasen; **Ver-/Entsorgung:** Strom, Trinkwasser, Abwasser, Chemie-WC, Dusche; **Sicherheit:** umzäunt, beleuchtet, bewacht; **Preise:** 12–18 €/Fahrz., inkl. 2 Pers. und Strom; **Geöffnet:** März bis Dezember; **Kontakt:** 52012 Bibbiena, Loc. Casanova 63, Tel. +39 0575594806, www.agricolacasentinese.it.

Camping

⑰② *Camping La Verna, Chiusi della Verna*

43.69695°N 11.92472°E

Schöne, ruhige Lage und ausreichende Austattung, Schwimmbad und Pizzeria. **Lage/Anfahrt:** Ab Chiusi della Verna ausgeschildert; **Platzanzahl:** 90; **Untergrund:** Wiese; **Ver-/Entsorgung:** Strom, Trinkwasser, Abwasser, Chemie-WC; **Sicherheit:** umzäunt, beleuchtet, bewacht; **Preise:** 7–8,50 €/Fahrz., 5,50–7 €/Pers. inkl. Strom; **Geöffnet:** 1. April bis Anfang Oktober; **Kontakt:** Camping La Verna, 52010 Chiusi della Verna, Loc. Vezzano, Tel. +39 0575532121, www.campinglaverna.it.

Camping

⑰③ *Campeggio Michelangelo, Caprese Michelangelo*

43.63656°N 11.98769°E

Einfache Austattung, ruhige und schöne Lage. **Lage/Anfahrt:** Vom Geburtshaus Michelangelos ca. 2 km auf der SP47 in Richtung Sansepolcro, ausgeschildert; **Platzanzahl:** 50; **Untergrund:** Wiese; fest; **Ver-/Entsorgung:** Strom, Trinkwasser, Abwasser, Chemie-WC; **Sicherheit:** umzäunt, beleuchtet, bewacht; **Preise:** 7–10 €/Fahrz., 6–8 €/Pers.; **Geöffnet:** 1. April bis 31. Oktober; **Kontakt:** Campeggio Michelangelo, 52033 Zenzano, Caprese Michelangelo, Tel. +39 0575793886.

Stellplatz

⑰④ *Neubaugebiet, Chitignano*

43.66404°N 11.88063°E

Offizieller Stellplatz am Rande eines Neubaugebiets bei den Tennisplätzen. **Lage/Anfahrt:** Von der Piazza Manzzini am Ortsanfang rechts in die Via Verna, ausgeschildert; **Platzanzahl:** 5; **Untergrund:** Asphalt; **Ver-/Entsorgung:** Abwasser, Chemie-WC; **Sicherheit:** beleuchtet; **Preise:** kostenlos; **Geöffnet:** frei zugänglich.

Stellplatz

⑰⑤ *Campo sportivo, Arezzo*

43.47167°N 11.88778°E

Offizieller Stellplatz für Wohnmobile bei den Sportplätzen, ca. 300 m zur Rolltreppe beim Dom. **Lage/Anfahrt:** In Arezzo der Beschilderung „P Pietri" folgen, aber nicht zum Parkplatz abbiegen, sondern weiter geradeaus und über die Via P. Palestrina zum Platz fahren (ausgeschildert); **Platzanzahl:** ca. 20; **Untergrund:** Pflaster; **Ver-/Entsorgung:** Trinkwasser, Chemie-WC; **Sicherheit:** beleuchtet; **Preise:** kostenlos; **Geöffnet:** frei zugänglich.

Camping

⑰⑥ *Camping Le Ginestre, Arezzo*

43.44972°N 11.78972°E

Befriedigende Ausstattung, Restaurant, 2 km von Arezzo entfernt. **Lage/Anfahrt:** Vom Ort westlich in Richtung Autobahn (A1) und Ruscello, ab Arezzo ausgeschildert; **Platzanzahl:** 40; **Untergrund:** Wiese; **Ver-/Entsorgung:** Strom, Trinkwasser, Abwasser, Chemie-WC; **Sicherheit:** umzäunt, beleuchtet, bewacht; **Preise:** 13 €/Fahrz., 8 €/Pers. inkl. Strom; **Geöffnet:** ganzjährig; **Kontakt:** 52100 Arezzo, Loc. Ruscello, Tel. +39 0575363566, www.campingleginestre.it.

044to Abb.: gg

017to Abb.: gg

ANHANG

ÜBERSICHT STELL- UND CAMPINGPLÄTZE

GPS-Koordinaten der im Buch beschriebenen Stellplätze (Kartendatum WGS84)
Die aufgeführten Stell- und Campingplätze können als Waypoint-Liste auf der Produktseite dieses Buches unter www.reise-know-how.de heruntergeladen werden.

Route 1:

Nr.	Name, Ort	Koordinaten	Seite
1	Piazza Mercato Nuovo, Prato	43.88734°N 11.10123°E	71
2	Stadio, Pistóia	43.94398°N 10.91594°E	71
3	Camping Barco Reale, San Baronto	43.84278°N 10.91167°E	71
4	Sportplatz, Vinci	43.78085°N 10.92819°E	72
5	Friedhof, Montecatini Alto	43.90081°N 10.78967°E	72
6	Camping Belsito, Montecatini Alto	43.90518°N 10.78967°E	72
7	Centro storico, Pescia	43.90541°N 10.69196°E	72
8	Viale Luporini, Lucca	43.84002°N 10.48828°E	73
9	Il Serchi, Lucca	43.85015°N 10.48600°E	73
10	Campo sportivo, Bagni di Lucca	44.00954°N 10.57006°E	73
11	Centro storico, Barga	44.07232°N 10.48130°E	73
12	Piscina, Barga	44.06985°N 10.47175°E	74
13	Campo sportivo, Castelnuovo di Garfagnana	44.11430°N 10.40313°E	74
14	Camping La Piella, Castelnuovo di Garfagnana	44.12008°N 10.42062°E	74
15	Camping Il Prato, Camporgiano	44.15935°N 10.34087°E	74
16	Dampflokomotive, Piazza al Serchio	44.18293°N 10.30359°E	75
17	Camping Argegna, Giuncugnano	44.20662°N 10.23509°E	75
18	Parkplatz Therme, Equi Terme	44.17009°N 10.15603°E	75
19	Campo sportivo, Fosdinovo	44.13779°N 10.02303°E	75

Route 2:

Nr.	Name, Ort	Koordinaten	Seite
20	Via D. Aligheri, Lido di Camaiore	43.90878°N 10.21819°E	93
21	Bixio, Viaréggio	43.88321°N 10.24907°E	93
22	Camping Paradiso, Viaréggio	43.84985°N 10.26443°E	93
23	Campeggio Bosco Verde, Torre del Lago Pucchini	43.83075°N 10.30346°E	94
24	Via Pietrasantina, Pisa	43.72805°N 10.38528°E	94
25	Via Paparelli, Pisa	43.72170°N 10.42030°E	95
26	Camping Torre Pendente, Pisa	43.72417°N 10.38306°E	95
27	Camping International, Tirrenia	43.64950°N 10.28566°E	95
28	Camping Mare e Sole, Tirrenia	43.58701°N 10.29944°E	95
29	Viale di Antignano, Livorno	43.50087°N 10.32160°E	95

30	Parkplatz, Montenero	43.49885°N 10.34254°E	96
31	Camping Collina 1, Castellaccio Montenero	43.47797°N 10.36384°E	96
32	Fortullino, Castiglioncello	43.42938°N 10.39751°E	96
33	Stellplatz, Rosignano Solvay	43.39863°N 10.42828°E	96
34	Strand, Spiagge Bianche	43.37570°N 10.44681°E	96
35	Tennisplatz, Vada	43.35212°N 10.45209°E	97
36	Camping Tripesce, Vada	43.34310°N 10.45831°E	97

Route 3:

Nr.	Name, Ort	Koordinaten	Seite
37	Centro storico, Vicopisano	43.70092°N 10.58796°E	116
38	Schule, Vicopisano	43.69027°N 10.58352°E	117
39	Industriegebiet, S. Miniato Bassa	43.69427°N 10.83579°E	117
40	Via delle Casine, S. Miniato Alto	43.67931°N 10.83862°E	117
41	Piazza Macelli, Certaldo Bassa	43.54625°N 11.04571°E	118
42	Area attrezza S. Chiara, San Gimignano	43.45572°N 11.03474°E	118
43	SP47, San Gimignano	43.45657°N 11.03552°E	118
44	Salva della Torre, San Gimignano	43.45174°N 11.05595°E	118
45	Camping Boschetto di Piemma, San Gimignano	43.45337°N 11.05360°E	118
46	Azienda Agraria Casale, Colle di Val d'Elsa	43.34501°N 11.11474°E	119
47	P3 Fonti di Docciola, Volterra	43.40331°N 10.86403°E	119
48	Camping Le Balze, Volterra	43.41167°N 10.85000°E	119
49	Parkplatz, Mazzante	43.32828°N 10.46006°E	119
50	Area Via Tevere, Marina di Cécina	43.30011°N 10.50088°E	120
51	Area di Sosta Camper, Marina di Cécina	43.29278°N 10.50861°E	120
52	Piazza del Gineprino, Marina di Bibbona	43.23318°N 10.53430°E	120
53	Parkplatz, Bólgheri	43.23336°N 10.61272°E	120
54	Parkplatz, Castagneto Carducci	43.16088°N 10.61247°E	120
55	Il Seggio, Marina di Castagneto	43.19333°N 10.54177°E	120
56	Coop, San Vincenzo	43.08789°N 10.54128°E	121
57	L'Oasi, Populónia	43.01437°N 10.52244°E	121
58	Parkplatz, Populónia	43.00202°N 10.52836°E	121

Route 4:

Nr.	Name, Ort	Koordinaten	Seite
59	Camping La Sorgente, Portoferraio	42.82145°N 10.28012°E	137
60	Camping Scaglieri, Portoferraio	42.80361°N 10.27083°E	138
61	Literno, Prócchio	42.77565°N 10.25110°E	138
62	Seilbahn, Marciana	42.78606°N 10.16768°E	138

63	Parcheggio del Sole, Cavoli	42.73778°N 10.18415°E	138
64	Camping La Foce, Marina di Campo	42.74959°N 10.24550°E	138
65	Camping Ville degli Ulivi, Marina di Campo	42.75179°N 10.24522°E	139
66	Campo sportivo, Marina di Campo	42.75871°N 10.23652°E	139
67	Camping Laconella, Lacona	42.76099°N 10.29748°E	139
68	Camping Valle Santa Maria, Lacona	42.76099°N 10.30211°E	139
69	Agritursmo Orti di Mare, Lacona	42.76493°N 10.30923°E	140
70	Steilküste, Lacona	42.76460°N 10.33759°E	140
71	Parkplatz, Capoliveri	42.74849°N 10.38144°E	140
72	Camping Europa, Lido di Capoliveri	42.76194°N 10.35805°E	140
73	Bioelba, Straccoligno	42.74405°N 10.40827°E	140
74	P4, Porto Azzurro	42.77107°N 10.39991°E	141
75	Camping Da Mario, Porto Azzurro	42.77065°N 10.40615°E	141
76	Camping Arrighi, Porto Azzurro	42.77059°N 10.40753°E	141
77	Erzverladestation, Rio Marina	42.81967°N 10.42906°E	141
78	Area di Sosta Camper, Cavo	42.85452°N 10.42287°E	141

Route 5:

Nr.	Name, Ort	Koordinaten	Seite
79	Centro storico, Campíglia Maríttima	43.05668°N 10.61466°E	160
80	Centro storico, Suvereto	43.07572°N 10.67802°E	160
81	Via Risorgimento, Massa Maríttima	43.04554°N 10.89030°E	160
82	Parkplatz, Montieri	43.13261°N 11.01635°E	160
83	Rifugio Prategliano, Montieri	43.13331°N 11.01261°E	161
84	Parkplatz, San Galgano	43.15303°N 11.15090°E	161
85	Wanderparkplatz, Monticiano	43.14106°N 11.17531°E	161
86	Parkplatz, Sticciano Scalo	42.92855°N 11.11832°E	161
87	Campo Sportivi, Castiglione della Pescaia	42.77495°N 10.84298°E	161
88	Hafen, Castiglione della Pescaia	42.76405°N 10.88905°E	162
89	Camping Stella del Mare, Castiglione della Pescaia	42.77945°N 10.82583°E	162
90	La Rocchette, Castiglione della Pescaia	42.77970°N 10.79955°E	162
91	Ristorante Magnificate, Marina di Grosseto	42.73706°N 10.96440°E	162
92	L'Oasi di Fantoni, Marina di Grosseto	42.73481°N 10.97509°E	162
93	Edilgarden e Oasi di Maremma, Marina di Grosseto	42.72670°N 10.99149°E	163
94	Via India, Grosseto	42.77910°N 11.10753°E	163
95	Parkplatz, Roselle	42.82734°N 11.16337°E	163
96	Parkplatz, Alberese	42.66974°N 11.10458°E	163
97	Camping Village Talamone, Talamone	42.56472°N 11.13917°E	163
98	Fonteblanda, Talamone	42.56337°N 11.15703°E	164

99	Ai Delfini, Albinia	42.50861°N 11.19389°E	164
100	Lanini Parco Sosta, Orbetello	42.43354°N 11.15957°E	164
101	Parcheggio Idealviaggi, Porto Ércole	42.41566°N 11.20685°E	165
102	Parcheggio da Renzo, Porto Ércole	42.41501°N 11.20765°E	165
103	Area Sosta Camper Le Miniere, Porto Ércole	42.41752°N 11.20401°E	165

Route 6:

Nr.	Name, Ort	Koordinaten	Seite
104	Parkplatz, Magliano in Toscana	42.59726°N 11.29270°E	179
105	Lé Alveare dei Pinzi, Satúrnia	42.65597°N 11.50346°E	179
106	La Quercia, Satúrnia	42.66731°N 11.50444°E	179
107	Parkplatz, Sovana	42.65762°N 11.64315°E	179
108	Piazza P. Nenni, Pitigliano	42.63731°N 11.67985°E	179
109	Il Pantano, Pitigliano	42.62688°N 11.70096°E	180
110	Agricamping Poggio del Castagno, Pitigliano	42.61983°N 11.71166°E	180
111	Parkplatz, Sorano	42.68089°N 11.71079°E	180
112	Camping Pineta, Bolsena	42.64418°N 11.97678°E	180
113	Guadetto, Bolsena	42.63686°N 11.98755°E	181
114	Lungolago, Bolsena	42.63652°N 11.98484°E	181
115	Agriturismo Le Calle, Bolsena	42.62861°N 11.99778°E	181

Route 7:

Nr.	Name, Ort	Koordinaten	Seite
116	Parkplatz, Radicofani	42.89457°N 11.77528°E	207
117	Centro storico, Vivo d'Orcia	42.93351°N 11.64188°E	207
118	Fosso Canali, Abbadia San Salvatore	42.87862°N 11.67187°E	207
119	Parkplatz, Vetta Amiata	42.89122°N 11.62740°E	208
120	Centro storico, Santa Fiora	42.83531°N 11.58359°E	208
121	Parco Faunistico, Arcidosso	42.83747°N 11.52903°E	208
122	Via Po, Castel del Piano	42.88861°N 11.53811°E	208
123	Camping Amiata, Castel del Piano	42.88539°N 11.53778°E	208
124	Stellplatz, Montalcino	43.04911°N 11.48771°E	209
125	Campo sportivo, San Quirico d'Orcia	43.05592°N 11.60685°E	209
126	Bagno Vignoni, San Quirico d'Orcia	43.02979°N 11.62018°E	209
127	Pro Loco, Castiglione d'Orcia	43.00280°N 11.61571°E	209
128	Centro storico, Pienza	43.07832°N 11.68047°E	209
129	Bus turistici, Pienza	43.07998°N 11.67319°E	210
130	Via Verde, Pienza	43.07887°N 11.67336°E	210
131	Marktplatz, Montepulciano	43.09553°N 11.78786°E	210

132	Sosta bus turistici, Montepulciano	43.09506°N 11.78710°E	210
133	Stadion, Sarteano	42.98562°N 11.87082°E	210
134	Camping Parco della Piscine, Sarteano	42.98722°N 11.86472°E	211
135	Scuole media, Cetona	42.96708°N 11.90080°E	211
136	Via Torri del Fornello, Chiusi	43.01455°N 11.94989°E	211
137	Camping La Fattoria, Chiusi	43.03000°N 11.92889°E	211
138	Strand, Castiglione del Lago	43.12305°N 12.05006°E	211
139	Camping Listro, Castiglione del Lago	43.13339°N 12.04444°E	211

Route 8:

Nr.	Name, Ort	Koordinaten	Seite
140	Centro storico, Trequanda	43.18811°N 11.66576°E	232
141	Impiativi sportivi, Montisi	43.15358°N 11.64281°E	232
142	Stazione, San Giovanni d'Asso	43.15224°N 11.59201°E	232
143	Parkplatz, Asciano	43.23657°N 11.55683°E	232
144	Il Fagiolone, Siena	43.31419°N 11.31753°E	232
145	Palasport, Siena	43.33343°N 11.31691°E	233
146	Stellplatz, Monteriggioni	43.38839°N 11.22565°E	233
147	Parkplatz, Lecchi	43.43325°N 11.39916°E	233
148	Centro storico, Radda in Chianti	43.48611°N 11.37556°E	233
149	Camping Piano Orlando, Cavriglia	43.53806°N 11.41502°E	234
150	Parkplatz, Volpáia	43.51624°N 11.38112°E	234
151	Parkplatz, Castellina in Chianti	43.47332°N 11.28811°E	235
152	Centro storico, Panzano	43.38839°N 11.31060°E	235
153	Piscina, Greve	43.59067°N 11.31371°E	235

Route 9:

Nr.	Name, Ort	Koordinaten	Seite
154	Camping Internazionale, Impruneta	43.72361°N 11.21692°E	252
155	Parking Europa, Florenz	43.75555°N 11.30602°E	252
156	Certosa, Florenz	43.75157°N 11.24348°E	252
157	Camping Michelangelo, Florenz	43.76111°N 11.26667°E	253
158	Camping Panoramico, Fiesole	43.80639°N 11.30639°E	253

Route 10:

Nr.	Name, Ort	Koordinaten	Seite
159	Parkplatz, Borgo San Lorenzo	43.95145°N 11.38537°E	270
160	Piscina, Marradi	44.07265°N 11.61108°E	270
161	Parkplatz, Palazzuolo sul Senio	44.11037°N 11.54953°E	271

162	Camping il Sorgenti, Palazzuolo sul Senio	44.11719°N 11.53622°E	271
163	Centro storico, San Piero a Sieve	43.96228°N 11.32736°E	271
164	Camping Mugello Verde, San Piero a Sieve	43.96119°N 11.31008°E	271
165	Campi sportivi, Dicomano	43.88958°N 11.52168°E	271
166	Campo All'Oca, Londa	43.86671°N 11.61812°E	272
167	Centro storico, Stia	43.80386°N 11.70319°E	272
168	Centro storico, Pratovecchio	43.78658°N 11.71932°E	272
169	Centro storico, Poppi	43.71939°N 11.76536°E	272
170	Camping La Pineta, Poppi	43.73667°N 11.73667°E	272
171	Agriturismo Agricola Casentinese, Bibbiena	43.71713°N 11.85213°E	273
172	Camping La Verna, Chiusi della Verna	43.69695°N 11.92472°E	273
173	Campeggio Michelangelo, Caprese Michelangelo	43.63656°N 11.98769°E	273
174	Neubaugebiet, Chitignano	43.66404°N 11.88063°E	273
175	Campo sportivo, Arezzo	43.47167°N 11.88778°E	273
176	Camping Le Ginestre, Arezzo	43.44972°N 11.78972°E	273

WOMO-WÖRTERLISTE DEUTSCH – ITALIENISCH

A

Abblendlicht	*anabbagliante*
abdichten	*impermeabilizzare*
abschleppen	*rimorciare*
Abschleppseil	*cavo di rimorchio*
Abwasser	*acque di rifiuto*
abstellen/parken	*parcheggiare*
Achse	*asse*
Ampel	*semaforo*
Anlasser (Motor anlassen)	*avviare il motore*
Anschluss/Adapter	*adattatore*
aufgebrochen	*forzare*
Auspuff	*tubo di scappamento*
Auto	*macchina*

B

Batterie (laden)	*batteria (ricaricare)*
(nicht) befahrbar	*(non) transitabile*
Benzin	*benzina*
Benzinpumpe	*pompa benzina*
beschädigt	*danneggiato*
bleifrei	*senza piombo*
Blinker	*freccia*
Breite	*larghezza*
Bremsbelag	*pastiglia di freni*
Bremsen	*freni*
Bremsflüssigkeit	*olio dei freni*

C

Chemie-Toilette	*WC chimico*

D

defekt	*difettoso*
Dichtung	*guarnizione*
Diesel	*gasolio/diesel*
Differenzial	*differenziale*

E

(Einspritz-)Pumpe	*pompa (d'iniezione)*
eng/schmal	*stretto*
entleeren/entsorgen	*svuotare*
erlaubt	*permesso*
Ersatzrad	*ruota di scorta*
Ersatzteil	*il pezzo di ricambio*

F

Feder	*molla*
Fernlicht	*fari abbaglianti*
Feuerlöscher	*estintore*

Frostschutzmittel	*antigelo*
Führerschein	*patente di guida*

G

Gang	*marcia*
Gasflasche	*bombola del gas*
gebrochen	*rotto*
geöffnet	*aperto*
Gepäckträger	*portabagagli*
geradeaus	*sempre dritto*
geschlossen	*chiuso*
Geschwindigkeit	*velocità*
gesperrt	*chiuso*
gestohlen	*rubato*
Getriebe	*cambio della marce*
Gewicht	*peso*
Glühbirne	*lampadina*
Grauwasser	*acqua nero*

H

Handbremse	*freno mano*
Hebel	*leva*
Heizung	*riscaldamento*
Hilfe	*aiuto*
Höhe	*altezza*
Hupe	*clacson*

K

Kabel	*cavo*
(Benzin-)Kanister	*tanica di benzina*
Kardanwelle (Antriebswelle)	*albero motore*
Karrosserie	*carrozzeria*
Keilriemen	*cinghia trapezoidale*
Kfz-Kennzeichen	*sigla automobilistica*
Kolben	*pistone*
Kreuzung	*bivio*
Kugellager	*cuscinetto*
Kühler	*radiatore*
Kühlschrank	*frigorifero*
Kupplung	*frizione*
Kurve	*curva*
Kurzschluss	*corto circuito*

L

Länge	*lunghezza*
Langsames Fahrzeug	*veicolo lento*
leer	*scarico/vuoto*
Lenkung	*zerzare*
Lenkrad	*volante*
Licht	*luce*
Licht ein-/ausschalten	*accendere la luce, spegnere la luce*
Lichtmaschine	*dinamo*
links	*sinistra*
Luftfilter	*filtro aria*
Lüftung	*ventilazione*

M

Messstab	*asta di livello*
Motor	*motore*
(Schrauben-)Mutter	*dado*

N

niedrig	*basso*

O

Ölwechsel	*cambio olio*

P

Parkplatz	*parcheggi*
Propangas	*gas propano*

R

Rad	*ruota*
Radkappe	*pattana*
Radkreuz	*chiave la croce*
Radmutter	*bulloni*
Radwechsel	*cambio ruota*
Rastplatz	*piazzuola di sosta*
rechts	*a destra*
Reifen	*gomma*
Reifendruck	*pressione pneumatica*
reparieren	*riparare*
Reserverad	*ruota di scorta*
(Rück-)Licht	*fanalino di coda*
(Rück-)Spiegel	*specchio (retrovisore)*

S

Scheibenwischer	*tergicristallo*
Scheinwerfer	*fari*
Schlauch	*camera d'aria*
Schlüssel	*chiave*

Schmutzwasser	*acqua nero*
Schraubenschlüssel	*ciave per dadi*
Schraubenzieher	*cacciavite*
Sicherung	*fusibile*
Starthilfekabel	*cavi per ponte batteria*
Stecker	*spina*
Steckdose	*presa di corrente*
steil	*ripido*
Stoßdämpfer	*ammortizzatore*
Strom	*corrente*
Super	*benzina super*

T

Tank	*serbatoio*
Tankstelle	*stazione di servicio*
Tempolimit	*limite di velocità*
Trinkwasser	*acqua potabile*
(voll-)tanken	*fare benzina (tanken)* *pieno (volltanken)*

U

übernachten	*pernottare*
undicht	*non impermeabile*
Unfall	*incidente*
Unfallprotokoll	*il verbale dell'incidente*

V

Ventil	*valvola*
Ventilator	*ventilatore*
verboten	*vietato*
Ver-/Entsorgung	*carico/scarico*
Vergaser	*carburatore*
(Schwer-)Verletzte	*ferito (grave)*
Versicherung	*assicurazione*
Vorfahrt	*precedenza*

W

Wagenheber	*cric*
Wasserpumpe	*pompa di acqua*
Wassertank	*serbatoio di acqua*
Werkstatt	*officina*
Werkzeug	*gli attrezzi*
Wie weit ist es nach ...?	*Quanto è distante ...?*
Wo ist die nächste Werkstatt?	*Dove è l'officina più?*
Wo ist die nächste Tankstelle?	*Dove è il distributore di benzina?*
Wohnmobil	*camper*
Wohnmobil-Stellplatz	*area di sosta camper*

Z

Zündkerze	*la candela*
(Zünd-)Schlüssel	*chiave di accensione*
Zündung	*accensione*
Zusammenstoß	*la collisione*
Zylinder(kopf)	*(testa di) cilindro*

sound trip®
Neu bei
Reise Know-How
Reise Know-How
ISBN 978-3-8317-5101-3
Australia
ISBN 978-3-8317-5106-8
Argentina
ISBN 978-3-8317-5109-9
China
ISBN 978-3-8317-5102-0
Finland
ISBN 978-3-8317-5108-2
Japan
ISBN 978-3-8317-5105-1
Cuba
ISBN 978-3-8317-5104-4
Switzerland
ISBN 978-3-8317-5103-7
The Balkans
ISBN 978-3-8317-5107-5
Northeast Brazil
ISBN 978-3-8317-5110-5
Northern Africa
ISBN 978-3-8317-5111-2
The Andes
Peru, Bolivia, Chile
ISBN 978-3-8317-5114-3
Iceland
ISBN 978-3-8317-5118-1
Scotland
ISBN 978-3-8317-5119-8
South Africa
ISBN 978-3-8317-5120-4
Turkey
Die Compilations der CD-Reihe sound))trip stellen die aktuelle, typische Musik eines Landes oder einer Region vor.
Im Buchhandel erhältlich.
Jede CD 50–60 Minuten.
22- oder 46-seitiges Booklet.
Unverbindl. Preisempf.:
15,90 € [D]
Kostenlose Hörprobe im Internet unter:
in cooperation with
((piranha))
www.reise-know-how.de

REGISTER

H

I

K

L

M

N, O

P

167to Abb.: gg

DIE AUTORIN

Gaby Gölz wurde 1952 in Stuttgart geboren, wo sie auch aufwuchs. Nach Abschluss von Schul- und Berufsausbildung arbeitete sie einige Jahre im Angestelltenverhältnis. 1973 heiratete sie und widmete sich fortan ihren vier Kindern. Nachdem diese zunehmend selbstständig wurden, erfüllte sie sich einen lang gehegten Wunsch und gründete ihre eigene Videoproduktionsfirma, die gh-kellerfilm Videoproduktion. Schon bald verband sie ihr technisches und künstlerisches Know-how mit ihrer Leidenschaft, dem Reisen. Dabei entstanden unter anderem Filme über Nepal, Südamerika, Südafrika, aber auch über so unbekannte Flecken dieser Erde wie den westafrikanischen Inselstaat Sao Tomé e Principe. An Wohnmobil-Videos erschienen unter ihrer Regie: „Norwegen – eine Winterreise“ und „Abenteuer Marokko“. Begleitet wird Gaby Gölz auf ihren zahlreichen Reisen von ihrem Ehemann Hans.

Seit einigen Jahren ist Gaby Gölz auch als Reisebuchautorin im Reise Know-How Verlag tätig. Die engagierte Reisejournalistin und -filmerin bringt mit diesem Band ihr drittes Buch in der Reihe der Wohnmobil-Tourguides heraus.

Eine ganz besondere Liebe entwickelte sie schon vor vielen Jahren zu Italien. Seit über 30 Jahren führen sie Wohnmobiltouren nach Umbrien, in die Marken, in die Toscana und nach Sizilien.

„Die schönsten Routen durch Sizilien“, „Die schönsten Routen durch Umbrien und die Marken“ und „Die schönsten Routen durch die Toscana“ sind Begleitvideos zu den von ihr verfassten gleichnamigen Wohnmobil-Tourguides. Die Videos sind inhaltlich auf die Bücher abgestimmt und zeigen alle Routen auf einer DVD (s. S. 287).

Gaby Gölz lebt und arbeitet – sofern sie nicht mit dem Wohnmobil auf Tour geht – seit über vier Jahren zusammen mit ihrem Ehemann und der Hündin Resi auf einem dreihundert Jahre alten ehemaligen Bergbauernhof in Tirol.

Ísola d'Elba
Canale di Piombino
Piombino
Portoferraio
Porto Azzurro
Marciana Marina
Marina di Campo
Campo nell'Elba
Monte Capanne
1018
Capoliveri
Rio Marina
Rio nell'Elba
Cavo
Lacona
Procchio
Marciana
Poggio
Pomonte
Chiessi
Fetováia
Seccheto
Sant'Andrea
Sant'Ilário in Campo
San Piero in Campo
Porto Longone
Fortezza di Portolongone
Villa Napoleone
Castello di Volterráio
Madonna del Monte
Madonna di Monserrato
Madonna delle Grazie
Aeroporto di Marina di Campo
Parco Nazionale dell'Arcipelago Toscano
Ísola Palmaiola
Ísola Cérboli
Ísola Topi
Ísole Gémini
Golfo di Procchio
Golfo della Biodola
Golfo di Viticcio
Golfo della Lacona
Golfo Stella
Golfo di Campo
Capo d'Énfola
Capo della Vita
Capo Pero
Capo Ortano
Capo della Stella
Capo di Poro
Punta di Fetováia
Punta le Tombe
Punta Nera
Punta Polveráia
Capo Santo Andrea
Punta dei Ripalti
Punta delle Cannelle
Punta di Nisporto
Nisporto
Bagnáia
Salivoli
Marina di Salivoli
Porto Vécchio
la Rocchetta
Foce della Cornia Vecchia
116
127
128
130
131
133
135
136
0 km
2 km
4 km
6 km
XX
12
13
C
D
E
F
50'
FIRENZE
PRATO
PISA
LIVORNO
Ísola d'Elba
Porto Azzurro

E
F
G
Fivizzano
Verrúcola
Certárdola
Turlago
Novegígola
Brunella
Aulla
Podenzana
Metti
Pallerone
Piano di Collécchia
Soliera
Moncigoli
Montecurto
Spicciano
Mazzola
Tenzano
Vigneta
Réusa
Monte Peci
Montefiore
Parco Nat. Argegna
Magliano
Rometta
Gassano
Luscignano
Casola in Lunigiana
Codiponte
Antognano
Sermezzana
Piave
San Lorenzo
Canova
Cesenaro
Colla
Gragnola
Fazzano
Bibola
Gorasco
Monte Grosso 663
Vecchietto
Albiano
Caprígliola
Bardine
San Terenzo
Vezzanello
San Terenzo
Monte Bianchi
Mezzana
Grotta Buca del Cane
Equi Terme
Ugliancaldo
Agliano
Minucciano
44°10'
San Stéfano di Magra
Ponzanello 657
Monte Carbolo
Ponzana Suoeriore
Carignano
Tendola
Cécina
Monzone
Tenerano
Gramolazzo
1007
Monte Castri
Gorfigliano
Madonna di Castiglione
Falcinello
S. Burlanda
Giucano
Foce il Cocco 514
Púlica
Marciaso
Maestá della Villa
Vinca
1781
Pizzo d'Uccello
Monte Pisanino
1945
Ponzano Magra
Fosdinovo
la Foce 560
Santa Caterina
Fortezza di Sarzanello
Parco Nat.
Arcola
Sarzana
Malaspina
Forte Monte Bastione
la Pizza
951
Castelpóggio
Rif. Belvedere
M. Borla 1469
M. Sagro 1749
Rif. Garnerone
Rif. Donegani
Passo della Focolàccia
1642
Monte Tambura
Rif. Aronte
1889
Trebiano
Caniparola
Santa Maria Maddalena
Castelnuovo Magra
Casano
Lama
Ortonovo
Gragnana
Piastra
Torano
Casale del Vergheto
Parco
1723
Alto di Selta
Romito
San Lorenzo
Pugliola
Molicciara
Nicola
Ísola
Sorgnano
Fóntia
Carrara
Cave di Marmo
Colonnata
Forno
Resceto
Lérici
Serra
Montemarcello
Améglia
Fiumaretta di Améglia
Luni
Fossola
Dogana
Bedizzano
Códena
M. Burgiano
Casette
Guadine
Gronda
Rif. Pietrasanta
Fiascherino
Tellaro
le Figarole
Magra
Santa Croce
San Luca
Foscalina
975
Redicesi
Rif. Città di Massa
Passo del Vestito
Arni
Canevara
Bérgiola Maggiore
Antona
Altagnana
Monte Altissimo
1589
Golfo della Spézia
Montemarcello
Capo Corvo
Punta Bianca
Bocca di Magra
Marinella di Sarzana
Nazzano
Via Aurélia
Avenza
Mirteto
San Carlo Terme 895
Orto Botanico delle Alpi Apuane
Rif. Alb. Pasquilio
Marina di Carrara
Massa
Malaspina
Monte Belvedere
Casale del Giardino
Turano
Monte Folgorito
911
Azzano
Riviera Apuana
Querciola
Rocca Malaspina
Montignoso
Capanne
Cánsoli
Fabbiano
44°00'
Marina di Massa
Marina di Ronchi
Porta
Strettóia
Seravezza
Corvaia
Ripa
MARE LÍGURE
Cinquale
San Francesco
Vallecchia
Marina di Montignoso
Querceta
Pozzi
Soláio
Rocca di Sala
Vittória Apuana
Pietrasanta
Forte dei Marmi
la Capannina
Fiumetto
Marina di Pietrasanta
Tónfano
Motrone di Versilia
le Focette
Lido di Camaiore
Viaréggio
Macchia
0 km
2 km
4 km
6 km
Sarzana
Massa
Viaréggio
Lucca
Pistóia
PRATO
Scarperia
Borgo S. Lorenzo
Marradi
FIRENZE
PISA
S. Miniato
LIVORNO
Certaldo
Greve
S. Gimignano
Caprese Michelangelo
Arezzo
Monteriggioni
Rosignano Marittimo
Volterra
Siena
Bivio del Madonnino
Castiglione del Lago
Montalcino
Massa Marittima
Chiusi
Ísola d'Elba
Grosseto
Porto Azzurro
Semproniano
Magliano in Toscana
Pitigliano

G
H
J
4
5
6
Castelletto
Magliano
Giuncugnano
Varliano
Sillano
Monte Frignone
1331
Borsigliana
Livignano
Sant'Anastasio
Gragnana
Cápoli
Nicciano
Castagnola
Piazza al Sérchio
San Donnino
Caprignana
Vibbiana
Petrognano
Casciana
Cascianella
Camporgiano
Casatico
Verrucolette
Vitoio
Poggio
Rfs. Nat. Lamarossa
1846
Orecchiella
Orecchiella
Campaiana
1602
Pania di Confirmo
Salera
Casone di Profécchia
Monte Alto
1538
Corfino
San Romano in Garfagnana
Orto Botanico di Pania di Corfino
Sillicagnana
Massa
Magnano
Villa Collemandina
Foce di Terrarossa
1141
Valbona
Ceragetto
T. Castiglione
Passo delle Forbici
Alpicella delle Radici
1682
Passo delle Radici
1529
Alpe San Pellegrino
1700
Donini
San Pellegrino in Alpe
Case Boccáia
Cerasa
Macchione
Sasso Tignoso
1492
Cà di Quattro
Sant'Andrea Pélago
Piella
Roccapélago
Sant'Anna Pélago
Cadágnolo
Monte Albano
1694
Monte Romecchio
1702
Parco Regionale dell'Alto Appennino Modenese
1775 Monte Nuda
Cima dell'Omo
1859
Monte Giovo
1991
Cime di Vetricia
1325
Monte Umbriano
1232
Róggio
Puglianella
Pian di Cerreto
Castiglione di Garfagnana
Cámporì
Torrente Sillico
Capráia
Piandagli
Filicaia
Pieve Fosciana
Sillico
la Villa Ceserana
l'Uccelliera
1270
Rubiscioli
Fosciandora
Lupinája
Vagli Sopra
Lago di Vagli
Sillicano
Caréggine
Antisciana
Colle
Vagli Sotto
Monte Volsci
1267
Castelnuovo di Garfagnana
Riana
Renáio
Piazzano
Monte Rondinaio
Monte Sumbra
1765
Monte Grotti
1329
Vianova
Porreta
Rontano
Capricchia
Colli
Tórrite
Pérpoli
Sassi
Églio
Cáscio
Molazzana
Ponte di Campia
Albiano
Sommocolonia
Ponte di Catagnana
Castelvécchio Páscoli
Barga
Monte Saltoio
1157
Scarpello
Pracchia
Pian Biagetto
Coréglia Antelminelli
Tíglio
Isolasanta
Capanne di Caréggina
Torrente Túrrite Secca
Brucciano
Calómini
Gallicano
Pieve di Santa Maria
Fornaci di Barga
Lóppia
Séggio
Gromignana
Terréglia
Lucignana
Campagrina
Campaccio
Colle di Favilla
Alpe Sant'António
Rif. Pietrasanta
Arni
Culáccio
la Torretta
Rif. E. Rossi
Pánia della Croce
1858
Grotta del Vento
Vergémoli
T. Túrrite di Gallicano
Verni
Trassílico
Bolognana
Piano di Coréglia
Ghivizzano
Vitiana
Calavorno
Monte Palódina
1171
Vállico di Sopra
Cardoso
Rif. Pietrepana
Levigliani
Fornovolasco
Visperéglia
San Pellegrinetto
San Romano
Granaiola
Fórnoli
Terrinca
Pruno
Cardoso
Retignano
Volegno
Foce di Porchette
982
Campolémis
Vállico di Sotto
Gragliana
T. Túrrite Cava
Motrone
Gioviano
Piano di Rocca
Chifenti
Lugliano
Ruosina
Ponte Stazzemese
Stazzema
Gallena
Mulina
Farnocchia
Monte Matanna
1317
Pomezzana
Pascoso
Fócchia
Fábbriche di Vállico
Colognora
Vetriano
Oneta
Cune
Borgo a Mozzano
Ponte del Diavolo
Sant'Anna
San Rocchino
San Rocco
Pescáglia
Monte Gábbri
1109
Rif. Gábberi
Monte Piglione
1232
Celle
Piazzanello
Pedogna
Santa María
Diécimo
Corsagna
Anchiano
Capríglia
Capezzano
Cásoli
Valdicastello Carducci
Lómbrici
Monte Prano
1220
Villabuona
Piegáio
Partigliano
Valdottavo
Montéggiori
Fortezza di Rotaio
Vado
Camaiore
Capezzano Pianore
Monte Pedone
1011
San Giuseppe
Convalle
Fiano
T. Pedogna
Piaggione
Piave di Bráncoli
Piazza di Bráncoli
Ombréglio
Déccio
Monte Pietra Pertusa
969
Pieve
Torcigliano
Fibbiana
Loppéglia
Torcigliano
San Donato
Gugliano
Vinchiana
Colle
Convento di Angelo
Pedona
Mómmio Castello
Mómmio Piano
Pontemazzori
Nocchi
Gombitelli
Orbicciano
San Martino in Freddana
Torre
Aquilea
Mastiano
Ponte a Moriano
Valgiano
Matráia
Villa Reale
San Colombano
Bargécchia
Stiava
Valpromaro
Monsagrati
Villa Forci
Querce
Capella
Arsina
Gualdo
Piazzano
San Macário in Monte
San Stéfano
San Quirico di Moriano
Márlia
Piaggiori
Pieve a Élici
Miglianello
Fibbiala
Mutigliano
Lámmari
Viaréggio
San Rocchino
Massarosa
Valenzana
Chiatri
la Certosa
San Macário in Piano
San Alessio
Santíssima Annunziata
Segromigno in Piano
Macchia
Bozzano
Quiesa
la Piaggetta
Compignano
Arliano
Ponte San Pietro
Montuolo
Nave
VIII
0 km
2 km
4 km
6 km

J
K
L
4
5
6
Monte Cervarola
1623
Giardino Alpino Esperia
Monte Calvanella
1529
Riolunato
Casella
Pievepélago
Le Polle
Monte Cimone
Osservatorio Meteorologico
2165
Canevare
Fanano
Serrazzone
Trignano
Fellicarolo
Fiumalbo
Parco Regionale
Cesulie
Monte Lancio
1540
Piano della Fárnia
Chiesina
Vidiciá
Monte Lagoni
1962
dell'Alto
Appennino
i Taburri
Poggiolforato
Rotari
Dogana Nuova
Faidello
Ospitale
1452
Monte Mancinello
Palai
Libro Aperto
1937
1799
Cima Tauffi
Lizzano in Belvedere
Villaggio Europa
Casale
Monte Grande
1552
Casa Tassone
Madonna dell'Acero
Rif. Fiamminéda
Pianáccio
Castellúcio
Serrabassa
Ris. Nat. dell'Abetone
Abetone
Bicchiere
Giardino Aquilegia d. Abetone
Modenese
Passo d. Croce Arcana
1525
Rif. Duca d. Abr.
Rif. Cavone
Parco Reg.
Monteacuto del Alpi
Monte Tresca
1474
Rif. Marchetti
Monte Gómito
1892
le Regine
Rivoreta
Melo
Rif. Sega Vecchia
Madonna d. Fàggio
Granaglione
Foce a Giovo
1674
1940
Alpe Tre Potenze
Orto Botanico Forestale dell'Abetone
Pianisinático
Pian di Novello
Rif. Doganáccia
1945
del Corno
Corno alle Scale
Rif. Monti Grossi
Tre Croci
1281
Ris. Nat. di Campolino
Ris. Nat. di Piano degli Ontani
Ponte Sestaione
Cutigliano
alle Scale
Monte Orsigna
1555
Calistri
Póggio
Rif. Casentini
Piano degli Ontani
Capanna di Sivíglioli
1481
Trogoni
Boni
Biagioni
Ris. Nat. dell'Orrido di Botri
Casotti
Vizzaneta
Corrieri
Botri
1480
Monte Mosca
Monte Caligi
1457
Lizzano
Lancisa
Spignana
Piano di Pratorsi
Lavacchini
Pulledrari
Áldria
Orsigna
1463
Montefegatesi
la Lima
San Marcello Pistoiese
Vizzero
Frassignoni
Madonna della Costa
Vico
Limano
Mammiano Basso
Mammiano
Gavinana
Prácchia
Monte Prato Fiorito
1297
Capella
Coccíglia
Popíglio
Passo di Oppio
821
Maresca
Scesta
Cásoli
Lúcchio
Migliorini
Limestre
1101
Bardalone
Campo Tizzoro
Pontepetri
San Cassiano
San Gemignano
Piteglio
Sasso del Romito
Savaiana
Penna di Lúcchio
1176
Prataccio
Sammomme
Passo della Collina
932
60
Controne
Fábbriche
Bagni di Lucca
Casabasciana
Croce a Véglia
Capanne di Sotto
Casamarcone
Fori
Prombialla
Crasciana
la Bastia
1107
Prunetta
Piástre
Fiume Reno
le Grázie
Pitéccio
Benábbio
Brandéglio
Casadimonte
1077
Signorino
Stiappa
Pontito
Póggiobello
Ciréglio
Croce a Uzzo
Monte Battifolle
1109
Lanciole
Créspole
Calamecca
Márgine di Momigno
Borghetto
San Felice
Brana
Petrucci
Foce del Trébbio
735
Castelvécchio
Serra Pistoiese
Campiglio
Valdibrana
Bovéglio
San Quírico
Momigno
Sarrípoli
Piazza
Crocione
1022
Cológnora
Sorana
Femminamorta
Gello
Capostrada
Monte Barbona
1026
Ponte di Sorana
Panicágliora
Áramo
Vellano
Avaglio
Montagnana
Arcigliano
Pariana
Fibbialla
Goraiola
Celle
Medicina
Pontoro
Marliana
46
Pistoia
Romitório
Pietrabuona
Cásore del Monte
la Vérgine
Villa Basilica
Malócchio
Castellina
Pontelungo
Canfittori
Cozzile
Massa
Serravalle Pistoiese
Spazzavento
Barile
Monte a Péscia
Bonelle
San Pietro
Petrognano
Villa Garzoni
54
53
Péscia
Vico
Ponte di Serravalle
Collina
Rámini
Villa Mansi
Collodi
Grotta
51
5
6
Tucci
Montesecco
Uzzano
Montecatini Terme
Parco di Pinocchio
San Gennaro
Villa Torrigiani
Buggiano
Santa Lucia
Montecatini Valdinievole
Fedi
Ponte Stella
Gragnano
Alberghi
Vinacciano
Pieve a Niévole
Grotta Parlanti
Pontássio
Portici
Borgo a Buggiano
Santa Maria
Monsummano Terme
Cantagrillo
Pianacce
San Martino in Colle
San Piero in Campo
Ca'al Vento
Casalguidi
Grotta Giusti
IX
Terzo
Montevettolini
Frattina
Capannori
Montecarlo
San Salvatore
Molino Nuovo
Albinático
Cintolese
Cécina
Uzzanese
Larciano
Fabbri
Sestola
S12
S324
S66
S632
S633
S64
S435
S436
E76
Torrente Stella
T. Lima
T. Liesina
Sarzana
Massa
Viareggio
Lucca
Pistóia
Marradi
Scarperia
Borgo S. Lorenzo
PRATO
FIRENZE
PISA
S. Miniato
Certaldo
Greve
Caprese Michelangelo
LIVORNO
S. Gimignano
Monteriggioni
Arezzo
Rosignano Marittimo
Volterra
Siena
Castiglione del Lago
Bivio del Madonnino
Montalcino
Chiusi
Ísola d'Elba
Massa Marittima
Porto Azzurro
Grosseto
Semproniano
Magliano in Toscana
Pitigliano

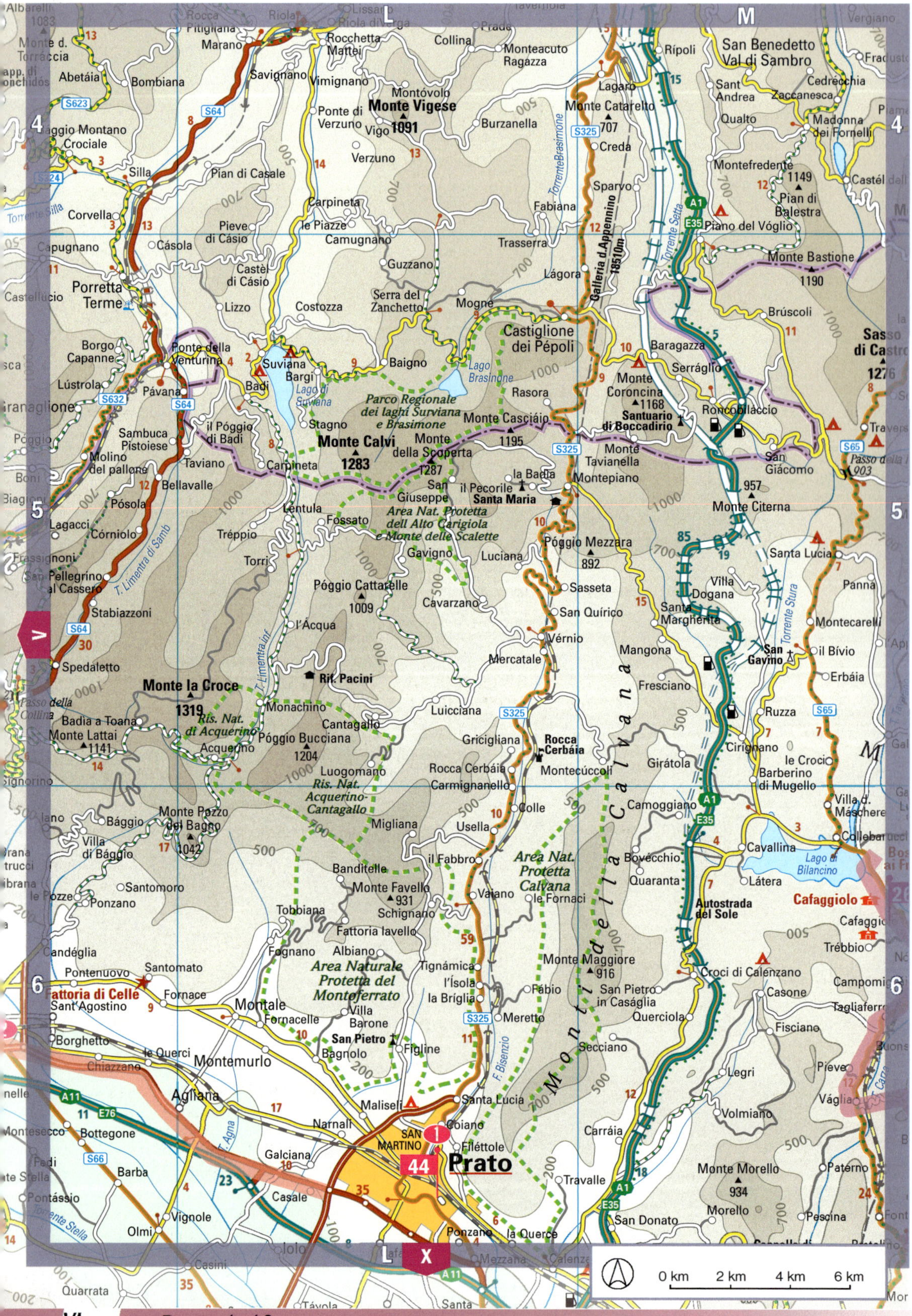
L
M
4
5
6
V
X
Rocca Pitigliana
Riola
Lissano
Riola di Vergato
Prada
Marano
Rocchetta Mattei
Collina
Monteacuto Ragazza
Rípoli
San Benedetto Val di Sambro
Monte d. Torráccia
Abetáia
Bombiana
Savignano
Vimignano
Montóvolo
Monte Vigese
1091
Lagaro
Sant Andrea
Zaccanesca
Cedrécchia
Ponte di Verzuno
Vigo
Burzanella
Monte Catarelto
707
Qualto
Madonna dei Fornelli
Poggio Montano
Crociale
Creda
Verzuno
Torrente Brasimone
Silla
Pian di Casale
Sparvo
Montefredente
1149
Pian di Balestra
Castel dell'Alpi
Corvella
Carpineta
Fabiana
Piano del Vóglio
Torrente Silla
Pieve di Cásio
le Piazze
Galleria d.Appennino
18510m
Torrente Setta
Capugnano
Cásola
Camugnano
Trasserra
Monte Bastione
1190
Castèl di Cásio
Guzzano
Lágora
Porretta Terme
Serra del Zanchetto
Castelluccio
Lizzo
Costozza
Mogne
Brúscoli
Castiglione dei Pépoli
Sasso di Castro
1276
Borgo Capanne
Ponte della Venturina
Suviana
Baigno
Baragazza
Lago Brasimone
Serráglio
Bargi
Lago di Suviana
Badi
Monte Coronçina
1168
Lústrola
Pávana
Rasora
Parco Regionale dei laghi Surviana e Brasimone
Roncobilàccio
Granaglione
Stagno
Monte Casciáio
Santuario di Boccadirio
il Póggio di Badi
Monte Calvi
1283
Monte della Scoperta
1195
Traversa
Passo della Futa
903
Sambuca Pistoiese
Monte Tavianella
San Giácomo
Molino del pallone
Taviano
Carpineta
1287
la Badia
Montepiano
Bellavalle
San Giuseppe
il Pecorile
Santa Maria
957
Pósola
Lentula
Monte Citerna
Lagacci
Fossato
Area Nat. Protetta dell'Alto Carigiola e Monte delle Scalette
Córniolo
Tréppio
Póggio Mezzara
892
Frassignoni
T. Limentra di Samb.
Gavigno
Luciana
Santa Lucia
Torri
San Pellegrino al Cassero
Villa Dogana
Panna
Póggio Cattarelle
1009
Sasseta
Stabiazzoni
Cavarzano
Santa Margherita
Torrente Stura
San Quírico
Montecarelli
l'Ácqua
Vérnio
San Gavino
il Bívio
Spedaletto
Mercatale
Mangona
Erbáia
T. Limentra inf.
Rif. Pacini
Monte la Croce
1319
Passo della Collina
Monachino
Fresciano
Monti della Calvana
Badia a Toana
Ris. Nat. di Acquerino
Cantagallo
Luicciana
Ruzza
Monte Lattai
1141
Póggio Bucciana
1204
Griciglíana
Rocca Cerbáia
Acquerino
Cirignano
le Croci
Luogomano
Rocca Cerbáia
Montecúccioli
Girátola
Barberino di Mugello
Signorino
Ris. Nat. Acquerino-Cantagallo
Carmignanello
Monte Pozzo del Bagno
1042
Bággio
Migliana
Colle
Camoggiano
Villa d. Máschere
Villa di Bággio
Usella
Cavallina
Collebarucci
Area Nat. Protetta Calvana
Bovécchio
Lago di Bilancino
Banditelle
il Fabbro
Látera
Santomoro
Monte Favello
931
Vaiano
Quaranta
Cafaggiolo
le Pozze
Ponzano
Schignano
le Fornaci
Autostrada del Sole
Tobbiana
Fattoria Iavello
Trébbio
Candéglia
Fognano
Albiano
Monte Maggiore
916
Croci di Calenzano
Area Naturale Protetta del Monteferrato
Tignámica
Pontenuovo
Santomato
l'Ísola
Fábio
San Pietro in Caságlia
Casone
Campomigliaio
Fattoria di Celle
Fornace
Montale
la Bríglia
Sant'Agostino
Villa Barone
Meretto
Querciola
Tagliaferro
Fornacelle
Borghetto
San Pietro
Figline
Fisciano
le Querci
Bagnolo
Secciano
Montemurlo
F. Bisenzio
Chiazzano
Pieve
Legri
Agliana
Maliseti
Santa Lucia
Vaglia
Volmiano
Narnali
Coiano
Bottegone
T. Agna
San Martino
Carráia
Filettole
Galciana
Prato
Monte Morello
934
Paterno
Barba
Travalle
Morello
Pontássio
Casale
San Donato
Pescina
Vignole
Olmi
Ponzano
la Querce
Torrente Stella
Iolo
Mezzana
Calenzano
Casini
Quarrata
Távola
Santa
Capalle
Tizzano
San Giórgio
Sesto Fiorentino
A1
A11
E35
E76
S64
S623
S324
S325
S632
S65
S66
0 km
2 km
4 km
6 km

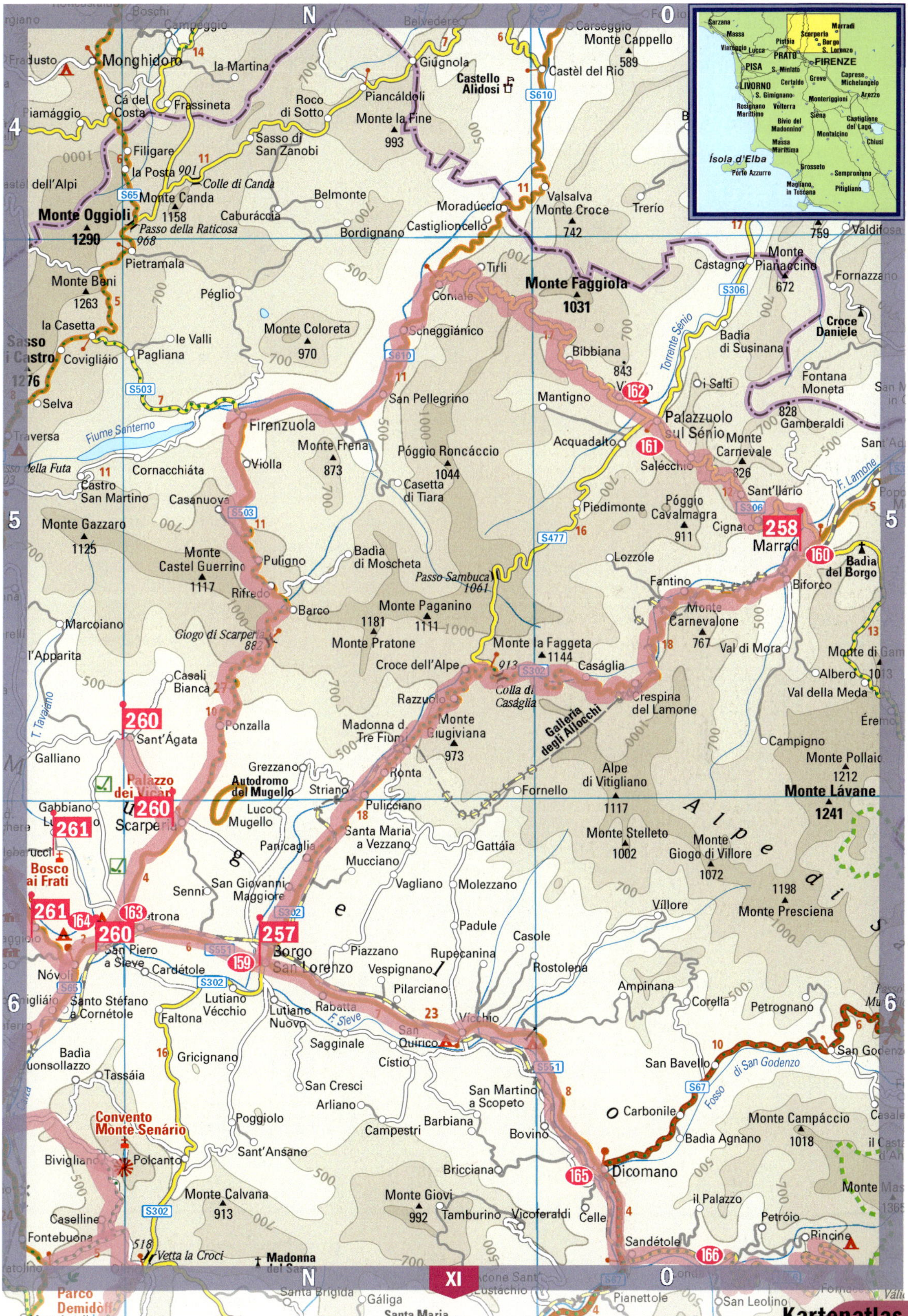
N
O
4
5
6
Monghidoro
Campeggio
la Martina
Giugnola
Castello Alidosi
Carséggio
Monte Cappello
589
Castèl del Rio
Cá del Costa
Frassineta
Roco di Sotto
Piancáldoli
Monte la Fine
993
Piamággio
Filigare
Sasso di San Zanobi
la Posta 901
Colle di Canda
Monte Canda
1158
Monte Oggioli
1290
Passo della Raticosa
968
Caburáccia
Belmonte
Bordignano
Moradúccio
Castiglioncello
Valsalva
Monte Croce
742
Trerío
Pietramala
Monte Beni
1263
Péglio
Tirli
Coniale
Monte Faggiola
1031
Castagno
Monte Pianaccino
672
Fornazzano
Croce Daniele
la Casetta
le Valli
Monte Coloreta
970
Scheggiánico
Bibbiana
843
Badia di Susinana
Sasso di Castro
1276
Coviglláio
Pagliana
i Salti
Fontana Moneta
Selva
San Pellegrino
Mantigno
Palazzuolo sul Sénio
828
Gamberaldi
Torrente Sénio
Fiume Santerno
Firenzuola
Traversa
Monte Frena
873
Póggio Roncáccio
1044
Acquadalto
Saléccchio
Monte Carnevale
826
Violla
Cornacchiáta
Castro San Martino
Casetta di Tiara
Sant'Ilário
F. Lamone
Casanuova
Piedimonte
Póggio Cavalmagra
911
Cignato
Marradi
Monte Gazzaro
1125
Badia del Borgo
Monte Castel Guerrino
1117
Pulígno
Badía di Moscheta
Lozzole
Fantino
Rifredo
Passo Sambuca 1061
Biforco
Barco
Monte Paganino
1111
Monte Carnevalone
767
Marcoiano
1181
Monte Pratone
Giogo di Scarperia 882
Monte la Faggeta
1144
Val di Mora
l'Apparita
Croce dell'Alpe
Caságlia
Albero
Casali Bianca
Colla di Caságlia
Crespina del Lamone
Val della Meda
Razzuolo
Ponzalla
Madonna d. Tre Fiumi
Monte Giugiviana
973
Galleria degli Allocchi
Sant'Ágata
Galliano
Campigno
Monte Pollaio
1212
Palazzo dei Vicari
Grezzano
Autodromo del Mugello
Striano
Ronta
Alpe di Vitigliano
1117
Fornello
Monte Lávane
1241
Gabbiano
Luco Mugello
Scarperia
Pulicciano
Santa Maria a Vezzano
Gattáia
Monte Stelleto
1002
Monte Giogo di Villore
1072
Alpe di S
Bosco ai Frati
Panicaglia
Mucciano
Senni
San Giovanni Maggiore
Vagliano
Molezzano
1198
Monte Presciena
Villore
Mugello
San Piero a Sieve
Cardétole
Borgo San Lorenzo
Padule
Casole
Piazzano
Rupecanina
Vespignano
Rostolena
Nóvoli
Santo Stéfano a Cornétole
Lutiano Vécchio
Lutiano Nuovo
Rabatta
F. Sieve
Pilarciano
Ampinana
Corella
Petrognano
Faltona
Vicchio
San Quirico
Badia Buonsollazzo
Gricignano
Sagginale
Cístio
San Bavello
San Godenzo
Tassáia
San Cresci
San Martino a Scopeto
Fosso di San Godenzo
Carbonile
Convento Monte Senário
Poggiolo
Arliano
Barbiana
Monte Campáccio
1018
Campestri
Bovino
Badia Agnano
Bivigliano
Polcanto
Sant'Ansano
Bricciana
Dicomano
Monte Calvana
913
Monte Giovi
992
Tamburino
Vicoferaldi
Celle
il Palazzo
Petrório
Caselline
Fontebuona
Sandétole
Rincine
Vetta la Croci
518
Madonna del Sasso
Parco Demidoff
Santa Brigida
Gáliga
Santa Maria Acone
Pianettole
San Leolino
Montórsoli
Scopeti
il Pratone
Montebonello
Vierle
XI
Monte di Gamogna
Éremo
Sarzana
Massa
Viareggio
Lucca
Pistoia
Scarperia
Borgo
S. Lorenzo
Marradi
PRATO
PISA
S. Miniato
FIRENZE
Certaldo
Greve
Caprese Michelangelo
LIVORNO
S. Gimignano
Monteriggioni
Arezzo
Rosignano Marittimo
Volterra
Siena
Bivio del Madonnino
Castiglione del Lago
Massa Marittima
Montalcino
Chiusi
Ísola d'Elba
Grosseto
Semproniano
Porto Azzurro
Magliano in Toscana
Pitigliano

Viaréggio
Massarosa
Valenzana
Chiatri
Mutigliano
Lámmari
G
IV
H
Bozzano
Maggiano
San Macario in Piano
San Alessio
Sant'Alessio
55
San Vito
Lucca
Lunata
Macchia
Quiesa
Nave
San Cassiano
la Piaggetta
Compignano
Arliano
Ponte San Pietro
Montuolo
Antráccoli
Capannori
Lucchese
Villa Puccini
Lago di Massaciúccoli
Massaciúccoli
le Cotri
Nozzano
San Filippo
Toringo
Balbano
Sorbano
83
Villa Orlando
Meati
Castiglioncello
Cerasomma
Pontetetto
Verciano
Carrára
Marina di Torre del Lago
Torre del Lago Puccini
Filéttole
Ripafratta
Pozzuolo
Parco Naturale
Mácchia di Migliarino
Cológnole
Casa Quattro Venti
Guamo
San Quírico
San Leonardo
Molina di Quosa
San Lorenzo a Váccoli
San Giusto
Patrignone
Avane
Badia Cantignano
Valle
Nodica
Rigoli
Santa Maria del Giúdice
Vorno
Sant'Andrea di Cómpito
Pieve di Cómpito
Pontasserchio
Vecchiano
Orzignano
Cima di Vorno
Monte del Carrara
604
Colle di Cómpito
Sant'Andrea in Pescaiola
San Martino a Ulm.
Metato
Fiume Sérchio
Migliarino
San Giuliano Terme
Monte Faeta
831
Ruota
Gello
Giannone
Monte Pisano
Torre Riccardi
Migliarino-
Isola
Asciano
Monte Serra
917
Castelmaggiore
Tre Colli
Sterpáia
Madonna dell'Acqua
Agnano
Tenuta di
Gombo
Cascine Vécchie
Ghezzano
Mezzana
Gabella
Calci
Buti
84
Pisa
Montemagno
Castel di Nocco
Rípoli
Certosa di Pisa
Campo
San Rossore
Musigliano
San Iacopo
Caprona
Sant'Ilario
100
Vicopisano
San Rossore
Cascine Nuove
San Giusto
Riglione
Oratóio
San Lorenzo alle Corti
Navácchio
Uliveto Terme
Lugnano
la Palazzina
la Véttola
Bocca d'Arno
Fiume Arno
San Piero a Grado
Ospedaletto
Putignano
Visignano
San Benedetto
Cáscina
San Giovanni alla Vena
Aeroporto Int. Pisa-San Giusto Galileo Galilei
Marina di Pisa
San Lorenzo a Pagnático
Fornacette
Marciana
Ferrucci
Tenuta
Macerata
Latignano
Massaciúccoli
Arnáccio
Santo Stéfano a Macerata
la Fonte
di
Tenuta di
Palazzi
Tirrénia
Canale Scolmatore
Gello
Lavaiano
Tombolo
Laroria
Coltano
Grecciano
Lavoria
Calambrone
Valtriano
Vicarello
Mortaiolo
Perignano
Cenáia
le Casine
Stagno
Fosso Reale
Guasticce
Ceppaiano
Villa Cheloni
Collesalvetti
Spinelli
8
Siberia
Aiáccio
Núgola
Casa Ferri
Piazza
Colle
Torre del Marzocco
Pian di Rota
Sorbo
Fáuglia
Tripalle
Créspina
le Querciole
89
Livorno
Condotti Vecchi
Póggio Corbolone
Castell'Anselmo
Torretta
Acciáiolo
269
Tremoleto
Usigliano
Salviano
Monte la Póggia
Parrana San Martino
Luciana
Láura
San Frediano
384
Sant'Ermo
Limoncino
Valle Benedetta
San Régolo
Lorenzana
Ceppato
la Leccia
Parrana San Giusto
Crespina
Casa Pagliana
Perlascio
Ardenza
Parco delle Colline Livornesi
Colognole
Gello Mattaccino
Collemontanino
Póggio Caprone
Marmiglia
Antignano
334
Pieve Vécchia
Monte Alto
Montenero
la Malavolta
XIV
Monte Burrone
193
Gorgo
Gabbro
Calafúria
0 km
2 km
4 km
6 km
7
8

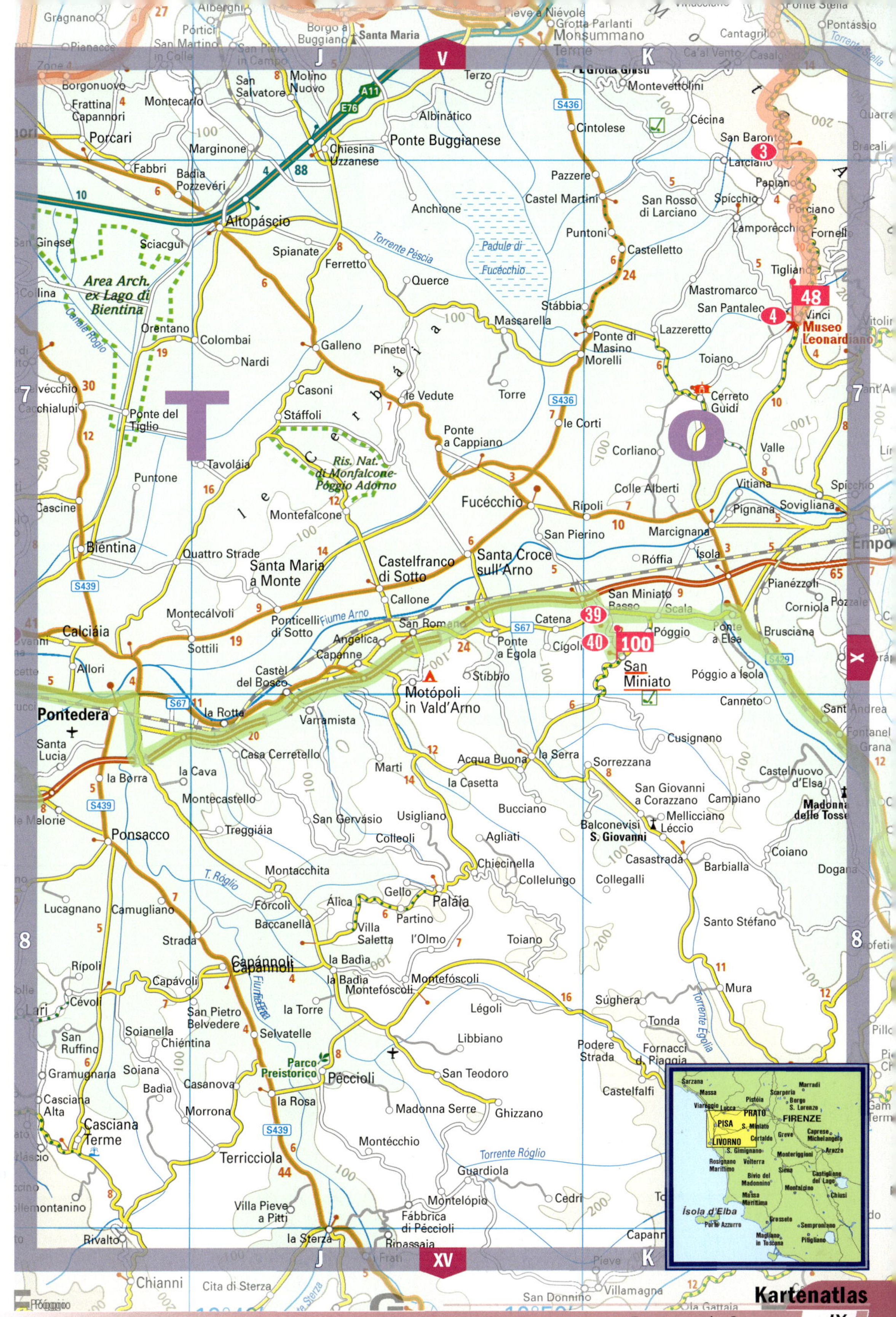

V
J
K
Gragnano
Alberghi
Porcari
Pieve a Niévole
Grotta Parlanti
Monsummano Terme
Borgo a Buggiano
Santa Maria
Pontássio
Cantagrillo
San Martino in Colle
San Piero in Campo
Pórtici
Borgonuovo
Frattina
Capannori
Montecarlo
San Salvatore
Molino Nuovo
Terzo
Grotta Giusti
Montevettolini
A11
E76
Albinático
Cintolese
Cécina
San Baronto
Larciano
Ponte Buggianese
Marginone
Chiesina Uzzanese
Fabbri
Badia Pozzevéri
Pazzere
Papiano
Castel Martini
San Rosso di Larciano
Spícchio
Porciano
Anchione
Lamporecchio
Fornelli
Altopáscio
Puntoni
Castelletto
Padule di Fucecchio
Torrente Péscia
San Ginese
Sciacguì
Spianate
Ferretto
Tigliano
Mastromarco
Querce
Area Arch. ex Lago di Bientina
Canale Rogio
Colline
Stábbia
San Pantaleo
48
Vinci
Museo Leonardiano
Orentano
Colombai
Massarella
Lazzeretto
Ponte di Masino
Morelli
Galleno
Pinete
Nardi
Toiano
Cerreto Guidi
Cerbáia
Vécchio
Casoni
le Vedute
Torre
Cacchialupi
Stáffoli
S436
Ponte del Tiglio
le Corti
Valle
Ponte a Cappiano
Corliano
T
O
Tavoláia
Ris. Nat. di Monfalcone-Póggio Adorno
Vitiana
Puntone
Colle Alberti
Spicchio
Fucécchio
Rípoli
Pignana
Sovigliana
Cascine
Montefalcone
Marcignana
San Pierino
Bientina
Quattro Strade
Santa Croce sull'Arno
Róffia
Ísola
Castelfranco di Sotto
Empoli
Santa Maria a Monte
S439
Pianézzoli
Callone
San Miniato Basso
Scala
Corniola
Montecálvoli
Ponticelli di Sotto
Fiume Arno
39
Calciáia
San Romano
Catena
Póggio
Ponte a Elsa
Brusciana
Sottili
Angélica
S67
Ponte a Egola
Cígoli
40
100
Capanne
S429
Allori
Castèl del Bosco
Stíbbio
San Miniato
Póggio a Ísola
Motópoli in Vald'Arno
Canneto
Pontedera
la Rotta
Varramista
Sant'Andrea
Santa Lucia
Fontanella
Grana
Casa Cerretello
Cusignano
Acqua Buona
la Serra
Sorrezzana
Castelnuovo d'Elsa
la Borra
la Cava
Marti
la Casetta
San Giovanni a Corazzano
Campiano
Madonna delle Tosse
Montecastello
Melorie
Bucciano
Mellicciano
Léccio
San Gervásio
Usigliano
Balconevisi
S. Giovanni
Ponsacco
Treggiáia
Colleoli
Agliati
Coiano
Casastrada
Barbialla
Dogana
Chiecinella
Montacchita
Collelungo
Collegalli
T. Róglio
Gello
Lucagnano
Camugliano
Fórcoli
Álica
Paláia
Partino
Baccanella
Villa Saletta
Santo Stéfano
Strada
l'Olmo
Toiano
Rípoli
Capánnoli
la Badìa
Capávoli
Montefóscoli
Mura
Cévoli
Lari
San Pietro Belvedere
la Torre
Légoli
Súghera
Soianella
Chiéntina
Selvatelle
Tonda
San Ruffino
Libbiano
Podere Strada
Fornacci d. Piaggia
Torrente Egola
Gramugnana
Soiana
Parco Preistorico
Péccioli
San Teodoro
Badìa
Casanova
Castelfalfi
Casciana Alta
Morrona
la Rosa
Madonna Serre
Ghizzano
Casciana Terme
Terricciola
Montécchio
Torrente Róglio
Guardiola
Villa Pieve a Pitti
Montelópio
Cedri
Fábbrica di Péccioli
Rivalto
la Sterza
Ripassaia
Capannoli
XV
Chianni
Cita di Sterza
Pieve
San Donnino
Villamagna
Sarzana
Massa
Viareggio
Lucca
Pistóia
PRATO
FIRENZE
PISA
S. Miniato
LIVORNO
Certaldo
S. Gimignano
Rosignano Marittimo
Volterra
Siena
Bivio del Madonnino
Massa Marittima
Grosseto
Ísola d'Elba
Porto Azzurro
Magliano in Toscana
Pitigliano
Marradi
Scarperia
Borgo S. Lorenzo
Greve
Montalcino
Arezzo
Chiusi

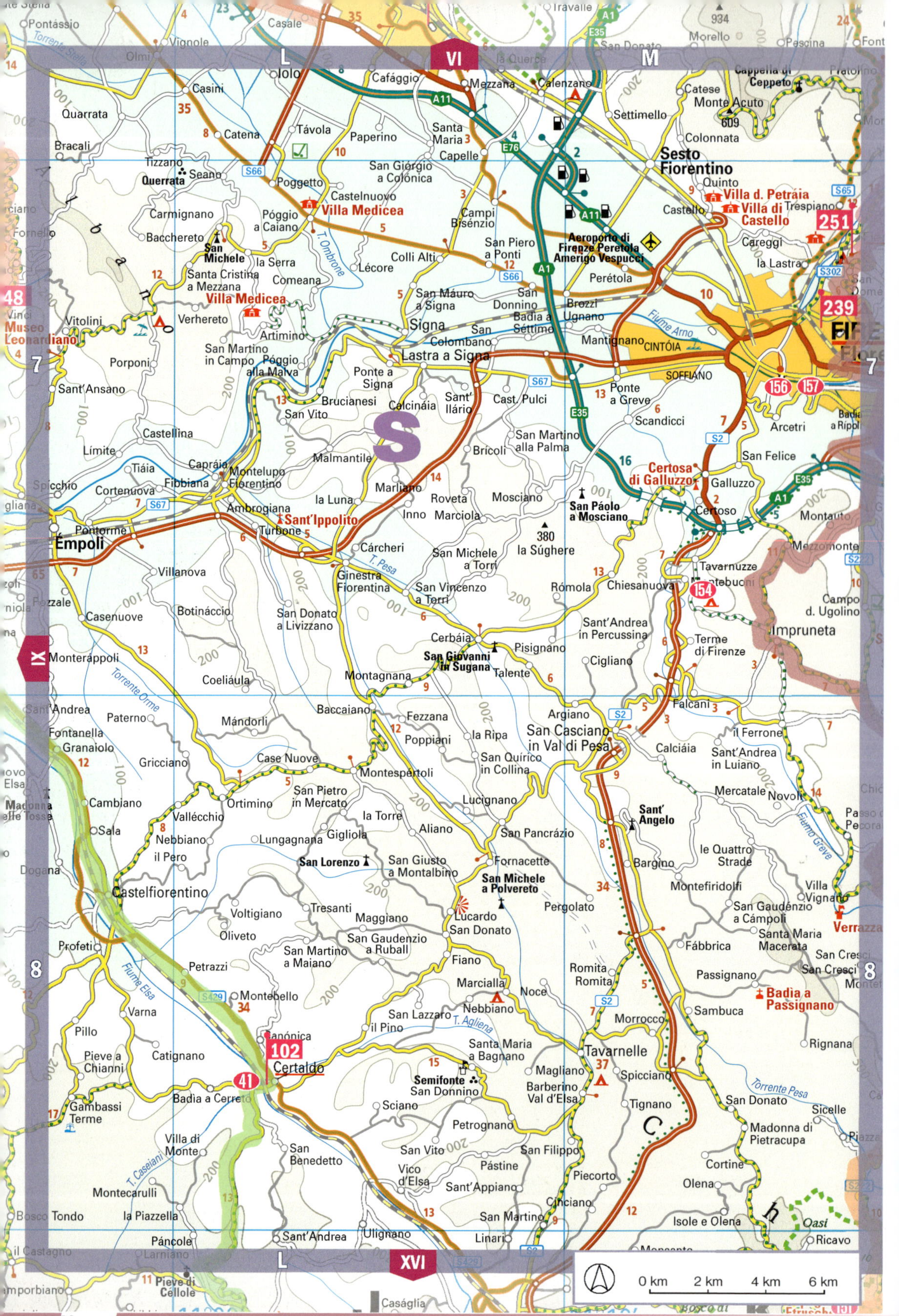
VI
L
M
XVI
IX
7
8
Iolo
Cafággio
Mezzana
Calenzano
Settimello
Catese
Monte Acuto
609
Colonnata
Sesto Fiorentino
Quinto
Villa d. Petraia
Villa di Castello
Castello
Trespiano
251
Careggi
la Lastra
239
Casini
Quarrata
Catena
Távola
Paperino
Santa Maria
Capelle
Bracali
Tizzano
Seano
Querrata
Poggetto
San Giorgio a Colonica
Castelnuovo
Villa Medicea
Póggio a Caiano
Campi Bisénzio
Carmignano
Bacchereto
San Michele
la Serra
Colli Alti
Lécore
San Piero a Ponti
Aeroporto di Firenze Peretola Amerigo Vespucci
Perétola
Santa Cristina a Mezzana
Comeana
T. Ombrone
Villa Medicea
Verhereto
Artimino
San Máuro a Signa
San Donnino
Badia a Séttimo
Brozzi
Ugnano
Vinci
Museo Leonardiano
Vitolini
Signa
San Colombano
Mantignano
CINTÓIA
Fiume Arno
San Martino in Campo
Póggio alla Malva
Porponi
Lastra a Signa
SOFFIANO
Sant'Ansano
Ponte a Signa
Brucianesi
Calcináia
Sant' Ilário
Cast. Pulci
Ponte a Greve
San Vito
Scandicci
156
157
Arcetri
Castellina
Malmantile
San Martino alla Palma
Límite
Tiáia
Caprája
Montelupo Fiorentino
Brícoli
San Felice
Certosa di Galluzzo
Galluzzo
Spicchio
Cortenuova
Fibbiana
Marliano
la Luna
Roveta
Mosciano
San Páolo a Mosciano
Certoso
Montauto
Ambrogiana
Sant'Ippolito
Inno
Marciola
Pontorme
Empoli
Turbone
380
la Súghere
Mezzomonte
Cárcheri
San Michele a Torri
Tavarnuzze
Villanova
Ginestra Fiorentina
T. Pesa
San Vincenzo a Torri
Rómola
Chiesanuova
154
Campo d. Ugolino
Casenuove
Botináccio
San Donato a Livizzano
Sant'Andrea in Percussina
Impruneta
Cerbáia
Pisignano
Terme di Firenze
Monterappoli
San Giovanni in Sugana
Talente
Cigliano
Coeliáula
Montagnana
Torrente Orme
Sant'Andrea
Paterno
Mándorli
Baccaiano
Fezzana
Argiano
San Casciano in Val di Pesa
Falcani
Fontanella
Granaiolo
Poppiani
la Ripa
il Ferrone
Gricciano
Case Nuove
San Quírico in Collina
Calciáia
Sant'Andrea in Luiano
Montespértoli
San Pietro in Mercato
Mercatale
Novoli
Cambiano
Ortimino
Lucignano
Sant' Angelo
Fiume Greve
Vallécchio
la Torre
Aliano
Sala
Nebbiano
Lungagnana
Gigliola
San Pancrázio
le Quattro Strade
il Pero
San Lorenzo
San Giusto a Montalbino
Fornacette
Bargino
Dogana
San Michele a Polvereto
Montefiridolfi
Villa Vignano
Castelfiorentino
Tresanti
Pergolato
San Gaudénzio a Cámpoli
Voltigiano
Maggiano
Lucardo
Santa Maria Macerata
Verrazza
Oliveto
San Donato
Fábbrica
Profeti
San Martino a Maiano
San Gaudenzio a Ruball
San Cresci
Fiano
Romita
Passignano
Petrazzi
Marciaila
Noce
Badia a Passignano
Fiume Elsa
Montebello
Nebbiano
Sambuca
Varna
San Lazzaro
Morrocco
Pillo
il Pino
T. Agliena
Canónica
Santa Maria a Bagnano
Tavarnelle
Rignana
Pieve a Chianni
Catignano
102
Certaldo
Semifonte
Magliano
Spicciano
San Donnino
Barberino Val d'Elsa
Torrente Pesa
41
Badia a Cerreto
Sciano
Tignano
San Donato
Sicelle
Gambassi Terme
Petrognano
Madonna di Pietracupa
Villa di Monte
San Benedetto
San Vito
San Filippo
T. Caseiani
Pástine
Cortine
Vico d'Elsa
Piecorto
Olena
Montecarulli
Sant'Appiano
Cinciano
Bosco Tondo
la Piazzella
San Martino
Isole e Olena
Oasi
Sant'Andrea
Ulignano
Linari
Ricavo
Páncole
Larniano
Pieve di Céllole
Caságlia
0 km
2 km
4 km
6 km

VII
XII
XVII
N
O
Firenze
Florence
Fiesole
Parco Demidoff
Montórsoli
Monteréggi
Il Pratone
Caldine
Maiano
Ontignano
Valle
Monteloro
Décima
Molino del Piano
Sieci
Copiobbi
Anchetta
Vallina
Rovezzano
Bagno a Ripoli
Candeli
Villamagna
Póggio Alberáccio
Rosano
Pontassieve
Fiume Arno
Convento dell'Incontro
Meoste
Terzano
San Piero a Ema
Osteria Nuova
Grássina
Antella
Bálatro
Villa Duprè
Torre a Cona
San Donato in Collina
Troghi
Sant'Andrea a Morgiano
Capannúccia
Monte Masso
Santo Stéfano a Tizzano
San Polo in Chianti
Monte Muro
Strada
Linari
Sezzate
Chiócchio
Cintóia
Póggio Tondo
Fattoria Monte Scalari
Carpignalle
Póggio di Rugliana
Cintóia alta
Rugliana
Uzzano
Greve
Dudda
Canónica
Lucolena
Vignamaggio
le Corti
Cásole
Monte San Michele
Lámole
la Villa
Badiáccia Montemuro
Monte Querciabella
San-Leolino
Panzano
Pieve di Panzano
Sala
Lucarelli
Castelvécchi
Oasi
Convento di Santa Maria
Volpáia
Álbola
Monte Maione
Bugialla
Badia a Coltibuono
Montegonzi
Montálo
Cavríglia
Castelnuovo dei Sabbioni
Parco Nat. Attrezzato di Cavríglia
San Martino
Meleto
Santa Bárbara
San Giovanni Valdarno
Convento di Montecarlo
Ricásoli
Monastero
Molino Camenata
Santa Tomm
San Marco
Terranuova Bracciolini
Ville
Gaingheretto
Penna
Montemarchiano
Poggitazzi
Persignano
Malva
Certignano
Pian travigne
Castelfranco di Sopra
Faella
Caspri
Póggio di Loro
Módine
la Lama
Pulicciano
Plan di Scó
Cánova
Casamora
Menzano
Reggello
Cáscia
Fognano
Óstina
Montanino
Torre d. Castellano
Incisa in Val d'Arno
Loppiano
Borri
Póggio alla Croce
San Piero
Massa
Brollo
Viesca
Vággio
Malassino
Ponteresso
San Martino a Toreggi
Figline Valdarno
Celle
Sant'Andrea a Campiglia
Ponte agli Stolti
Pevelli
Gaville
Restone
Porcellino
Renacci
Rota
Villa Pitti
Léccio
Búrchio
Palazzolo
Sanmezzano
San Clemente
Rignano sull'Arno
Bombone
Sant'Ellero
Donnini
Pieve a Patiana
San Donato
Sant'Ágata
Pietrapiana
Portifogno
Cancelli
Saltino
Vallombrosa
Monte Secchieta 1449
Rif. Monte Secchieta
Croce al Cardeto
Varco di Reggello 1357
Póggio Uomo di Sasso 1538
Varco di Gastra 1393
Gastra
Croce di Pratomagno
Fornello
Montemignaio
San Miniati in Alpe
Tosi
Ris. Nat. di Vallombrosa
Paterno
Altomena
Carbonile
Fontisterni
Lucente
Pélago
Diacceto
Ferrano
Passo della Consuma 1060
Consuma
Borselli
Castelnuovo
Madonna di Fossi
Gualdo
Monte Cucco 1137
Póggio Nato Costato 1062
Bucigna
Cigliano
Vierle
Pomino
Petrognano
Castiglioni
Rugiano
Rata
Pianettole
Scopeti
Rúfina
Montebonello
San Pietro a Strada
Masseto
Falgano
Bibbiano
Montefiésole
Pievécchia
San Francesco
Tigliano
Dóccia
Fornello
Santa Brígida
Gáliga
Santa Maria Acone
Acone Sant'Eustáchio
Londa
San Leolino
Valdaléna
Fornace
Volognano
Petriolo
Torri
Moriano
Prato Magno
Valdarno
Monti del Chianti
a
c
Sarzana
Massa
Viareggio
Lucca
Pistóia
Prato
Firenze
Pisa
Livorno
Greve
Siena
Volterra
Isola d'Elba
Grosseto
Marradi
Arezzo
Montalcino
Pitigliano

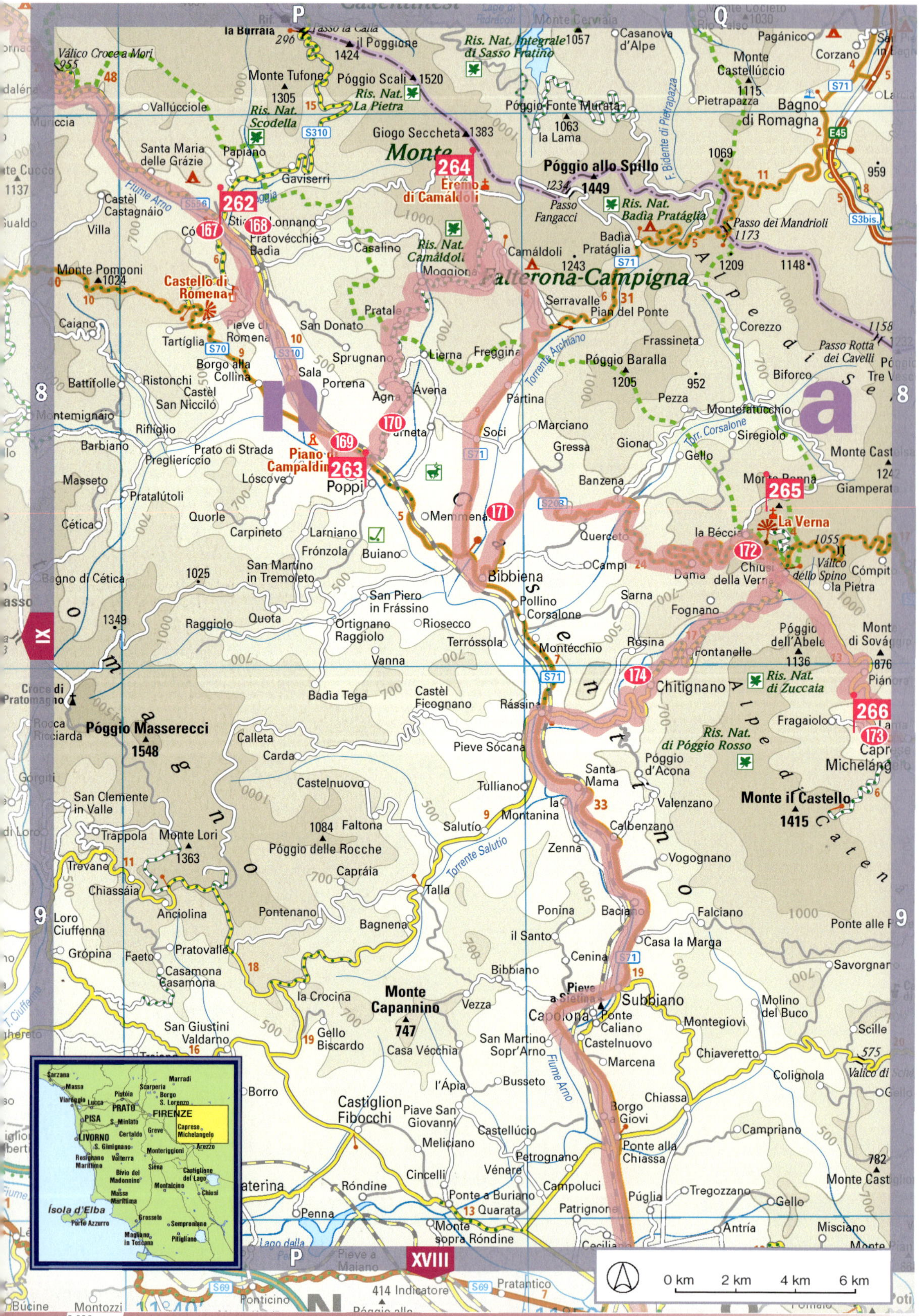
P
Q
la Burraia
Passo la Calla
il Póggione
1424
Ris. Nat. Integrale di Sasso Fratino
1057
Monte Cerviaia
Casanova d'Alpe
Monte Castellúccio
1115
Pagánico
Corzano
Válico Croce a Mori
955
Vallúcciole
Monte Tufone
1305
Póggio Scali
1520
Ris. Nat. La Pietra
Ris. Nat. Scodella
Giogo Seccheta
1383
Póggio Fonte Murata
1063
la Lama
Pietrapazza
Bagno di Romagna
Santa Maria delle Grázie
Papiano
Monte
264
Eremo di Camáldoli
Póggio allo Spillo
1449
1069
Gaviserri
262
Castèl Castagnáio
Villa
Cò
167
Stia
168
Lonnano
Fratovécchio
Badia
Casalino
Ris. Nat. Camáldoli
Moggiona
Camáldoli
Passo Fangacci
Ris. Nat. Badia Pratáglia
Badia Pratáglia
1243
Passo dei Mandrioli
1173
1209
1148
Monte Pomponi
1024
Castello di Romena
Falterona-Campigna
Serravalle
Pian del Ponte
Caiano
Pieve di Romena
San Donato
Pratale
Corezzo
Tartíglia
Borgo alla Collina
Castèl San Niccolò
Sala
Sprugnano
Lierna
Freggina
Torrente Archiano
Póggio Baralla
1205
952
Frassineta
Passo Rotta dei Cavelli
Battifolle
Ristonchi
Porrena
Agna
Ávena
Pártina
Pezza
Biforco
Montemignáio
Rifíglio
170
Garneta
Soci
Marciano
Montefatúcchio
Barbiano
Preglieríccio
Prato di Strada
169
Piano di Campaldino
263
Poppi
Lóscove
Gressa
Giona
Torr. Corsalone
Siregiolo
Gello
Monte Castelsanto
Masseto
Pratalútoli
Quorle
Memmenano
171
Banzena
Passo
Monte Penna
265
La Verna
Giamperata
Cética
Carpineto
Larniano
Frónzola
Buiano
Querceto
la Béccia
172
Chiusi della Verna
Dama
Válico dello Spino
la Pietra
Bagno di Cética
1025
San Martino in Tremoleto
Bibbiena
Campi
Sarna
Fognano
San Piero in Frássino
Pollino
Corsalone
1349
Raggiolo
Quota
Ortignano Raggiolo
Riosecco
Terróssola
Montécchio
Rosina
Póggio dell'Abele
1136
Fontanelle
IX
Vanna
174
Chitignano
Ris. Nat. di Zuccaia
Croce di Pratomagno
Badia Tega
Castèl Ficognano
Rássina
266
Fragaiolo
Rocca Ricciarda
Póggio Masserecci
1548
Calletta
Carda
Pieve Sòcana
Ris. Nat. di Póggio Rosso
173
Caprese Michelángelo
Póggio d'Acona
Santa Mama
Castelnuovo
Tulliano
Gorgiti
San Clemente in Valle
Monte il Castello
1415
Valenzano
Montanina
Trappola
Monte Lori
1363
1084
Faltona
Salutío
Calbenzano
Póggio delle Rocche
Zenna
Torrente Salutio
Vogognano
Trevane
Chiassáia
Cápraia
Talla
Loro Ciuffenna
Anciolina
Pontenano
Bagnena
Ponina
Bacia
Falciano
Ponte alle Forche
Grópina
Faeto
Pratovalle
il Santo
Casa la Marga
Cenina
Casamona
Bibbiano
Savorgnano
la Crocina
Monte Capannino
747
Vezza
Pieve a Sócana
Subbiano
Molino del Buco
Capolona
Ponte Caliano
Montegiovi
Scille
San Giustini Valdarno
Gello Biscardo
Casa Vécchia
San Martino Sopr'Arno
Castelnuovo
Chiaveretto
575
Marcena
Valico di Scheggia
Colignola
Borro
l'Ápia
Busseto
Fiume Arno
Castiglion Fibocchi
Piave San Giovanni
Borgo a Giovi
Chiassa
Campriano
Castellúcio
Meliciano
Ponte alla Chiassa
Petrognano
782
Monte Castiglione
Cincelli
Vénere
Púglia
Tregozzano
Gello
Rondine
Campoluci
Ponte a Buriano
Quarata
Patrignone
Penna
Monte sopra Rondine
Antría
Misciano
Cecilia
XVIII
Pieve a Maiano
Lago della Penna
414 Indicatore
Pratantico
Búcine
Montozzi
Ponticino
0 km
2 km
4 km
6 km
8
9
Sarzana
Massa
Viareggio
Lucca
Pistoia
Scarperia
Marradi
Borgo S. Lorenzo
PISA
PRATO
S. Miniato
FIRENZE
Caprese Michelangelo
LIVORNO
Certaldo
Greve
S. Gimignano
Arezzo
Volterra
Monteriggioni
Rosignano Marittimo
Siena
Bivio del Madonnino
Castiglione del Lago
Montalcino
Chiusi
Massa Marittima
Ísola d'Elba
Grosseto
Porto Azzurro
Semproniano
Magliano in Toscana
Pitigliano

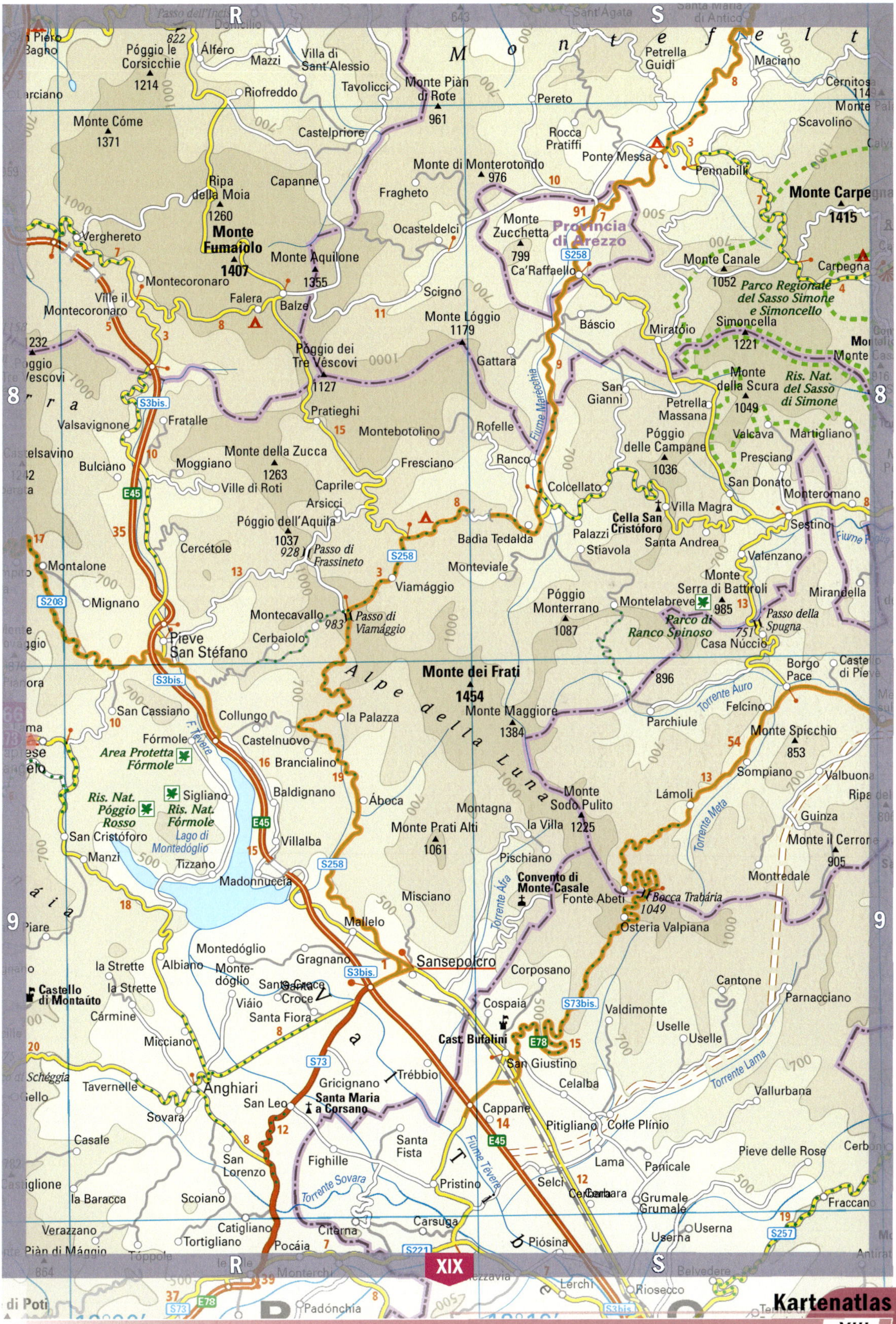
R
S
XIX
Montefeltro
Póggio le Corsicchie 1214
Álfero
Mazzi
Villa di Sant'Alessio
Tavolicci
Monte Piàn di Rote 961
Pereto
Petrella Guidi
Maciano
Cernitosa
Monte Cóme 1371
Riofreddo
Castelpriore
Rocca Pratiffi
Ponte Messa
Pennabilli
Scavolino
Monte Carpegna 1415
Monte di Monterotondo 976
Ripa della Moia 1260
Capanne
Fragheto
Monte Fumaiolo 1407
Verghereto
Monte Aquilone 1355
Ocasteldelci
Monte Zucchetta 799
Provincia di Arezzo
Ca'Raffaello
Monte Canale 1052
Carpegna
Parco Regionale del Sasso Simone e Simoncello
Montecoronaro
Ville il Montecoronaro
Falera
Balze
Scigno
Monte Lóggio 1179
Báscio
Miratoio
Simoncella 1221
Póggio dei Tre Vescovi 1127
Gattara
Fiume Marecchia
San Gianni
Petrella Massana
Monte della Scura 1049
Ris. Nat. del Sasso di Simone
Fratalle
Valsavignone
Pratieghi
Montebotolino
Rofelle
Póggio delle Campane 1036
Valcava
Martigliano
Castelsavino
Bulciano
Moggiano
Monte della Zucca 1263
Fresciano
Ranco
Presciano
Ville di Roti
Caprile
Colcellato
San Donato
Monteromano
Arsicci
Villa Magra
Póggio dell'Aquila 1037
Cella San Cristóforo
Palazzi
Sestino
Badia Tedalda
Santa Andrea
Cercétole
Passo di Frassineto 928
Stiavola
Valenzano
Montalone
Monteviale
Viamággio
Monte Serra di Battiroli 985
Mirandella
Mignano
Póggio Monterrano 1087
Montelabreve
Montecavallo
Passo di Viamággio 983
Parco di Ranco Spinoso
Passo della Spugna 751
Casa Núccio
Pieve San Stéfano
Cerbaiolo
Monte dei Frati 1454
Borgo Pace
Castello di Pieve
Alpe della Luna
896
Torrente Auro
San Cassiano
Collungo
Monte Maggiore 1384
Felcino
la Palazza
Parchiule
Fórmole
Castelnuovo
Monte Spícchio 853
Area Protetta Fórmole
Brancialino
Sompiano
Valbuona
Sigliano
Baldignano
Monte Sodo Pulito 1225
Lámoli
Ris. Nat. Póggio Rosso
Ris. Nat. Fórmole
Ábocca
Montagna
Torrente Meta
Guinza
San Cristóforo
Lago di Montedóglio
Villalba
Monte Prati Alti 1061
la Villa
Monte il Cerrone 905
Manzi
Tizzano
Pischiano
Convento di Monte Casale
Montredale
Madonnuccia
Fonte Abeti
Bocca Trabária 1049
Misciano
Mallelo
Osteria Valpiana
Piare
Montedóglio
Gragnano
Sansepolcro
Corposano
Cantone
la Strette
Albiano
Santa Croce
Castello di Montaúto
Viáio
Cospaia
Parnacciano
Cármine
Santa Fiora
Valdimonte
Uselle
Micciano
Cast. Bufalini
San Giustino
Tavernelle
Anghiari
Gricignano
Trébbio
Celalba
Torrente Lama
Vallurbana
Sovara
San Leo
Santa Maria a Corsano
Cappane
Pitigliano
Colle Plínio
Casale
Santa Fista
Lama
Pieve delle Rose
Fighille
Panicale
San Lorenzo
Torrente Sovara
Pristino
Fiume Tévere
Selci
Cerbara
Grumale
Castiglione
la Baracca
Scoiano
Fraccano
Verazzano
Catigliano
Citerna
Carsuga
Userna
Piàn di Mággio
Tortigliano
Pocáia
Piósina
Toppole
Monterchi
Belvedere
Lerchi
Riosecco
Padónchia
Valtiberina
E45
E78
S258
S3bis.
S208
S73
S73bis.
S221
S257
8
9

Antignano
Montenero
Monte Burrone
193
Fondacci
Póggio Caprone
334
Monte Nero
la Malavolta
Gorgo
Parco delle Colline Livornesi
Colognole
Marmigliáio
Calafúria
Ris. Nat. Calafuria
Villa del Romito
Quercianella
Gabbro
Case le Pinete
Nibbiáia
Paltrático
Chioma
Monte Pelato
378
Castelnuovo di Misericórdia
Fortullino
Chiappino
Pieve Vécchia
Orciani Pisano
Monte Alto
397
Pieve di Santa Luce
Santa Luce
Pástina
Case Colombáie
Lago di Santa Luca
Pomáia
la Casine
la Banditelle
Valdiperga
Póggio
Castellina Maríttima
Strada del Vino
Vigna Maggiore
Nocolino
Malandrone
Terríccio
Rosignano Maríttimo
Castiglioncello
Caletta
Rosignano Solvay
Villaggio Aniene
Via Aurélia
Secche di Vada
Vada
Bonaposta
San Giuseppe
Collemezzano
La Strada del Vino
San Martino
Casa Giusti
La Strada
Casa Ceciáia
Fiume Cécina
Mazzanta
San Pietro in Palazzi
la Bandita
Cécina
Ris. Nat.
Marina di Céci
di Tómbolo
di Cécina
Casale Maríttima
Maccheroni
la Califórnia
Bibbona
Marina di Bibbona
Oasi di Bólgheri
San Guido
Via Aurélia
il Palone
Villa le Sabine
Casone
Marina di Castagneto-Donorático
Villa Margherita
Donorático
Casone
Casa Rossa
Castello d. Donorático
Podere Pianali
Monte
San Vincenzo
San Carlo
Riviera degli Etruschi
Mar Tirreno
E
F
VIII
XX
10
11
Sarzana
Massa
Marradi
Viareggio
Lucca
Pistóia
Scarperia
Borgo S. Lorenzo
PISA
PRATO
FIRENZE
S. Miniato
LIVORNO
Certaldo
Greve
Caprese Michelangelo
S. Gimignano
Rosignano Maríttimo
Volterra
Monteriggioni
Arezzo
Bivio del Madonnino
Siena
Castiglione del Lago
Montalcino
Chiusi
Massa Maríttima
Ísola d'Elba
Porto Azzurro
Grosseto
Semproniano
Magliano in Toscana
Pitigliano

G
H
IX
XXI
XIV
10
11
Rivalto
Chianni
Villa Pieve a Pitti
la Sterza
Ripassaia
i Frati
Montelópio
Cedri
Torri
Marado
Bosco Tondo
Capanna
Palágio
Montignoso
il Castagno
Camporbiano
Bagni di Mommialla
Pieve
San Donnino
Villamagna
la Gattaia
Vicarello
Cozzano
Cita di Sterza
Torrente Sterza
Laiático
Póggio Brancanelle
590
Garetto
Podere Sterza
Póggio delle Cataste
450
Monte Vaso
634
Villa Rosavita
Osteria
Orciático
Quercoli
Spedaletto
S439
Montaperti
Sant'Ottaviano
San Cipriano
Pod.e Lischeto
Prato d'Era
Ulignano
Podere Vitalba
Podere Pecchia
Póggio Vitalba
674
Póggio di Mela
654
Miemo
Fontemigliari
Montebradoni
108
Volterra
48
47
Le Balze
Monte Voltráio
458
Palagione
Sant'Anastásio
San Paolo
Podore Pietrafiláia
Póggio la Croce
591
Montecatini Val di Cécina
Villa delle Mónache
la Chiostra
Roncolla
Podere la
Casanuova
Póggio Feudi
305
Riparbella
Fattoria Mocáio
Buriano
S68
Mazzolla
Casa Gáttera
Saline di Volterra
Caságlia
Dispensa di
Gello
Castellucio
Casa San Lorenzo
Póggio
556
Ponteginori
Martino
Casino di Terra
Monte Soldano
Res. Nat. Foresta
di Berignone
La Strada del Vino
Montescudáio
Molino di Rufione
La Strada del Vino
Montegémoli
San Sebastiano
Torrente Trossa
Serra
Palagio
l'Agresto
Guardistallo
Pomarance
Fiume Cecina
Casale Maríttima
Pecoraleccia
Querceto
Monte Aneo
525
Lanciáia
Monte Pozzáchera
382
Ris. Nat. di Bibbona
Bibbona
Póggio Terrerosse
371
Micciano
Poderino
Libbiano
San Giuseppe
Terme di San Michele
Croce Bulera
Rocca di Sillano
Madonna della Póggio al Pruno
Sassa
Ris. Nat. Foresta di Póggio a Gábbia
509
San Dalmázio
La Strada del Vino
Póggio al Pruno
619
Monterúfoli-Caselli
Sant'Ippólito
Macchia della Magona
Póggio di Carnovale
558
Montecérboli
Larderello
113
53
Póggio dei Pecciono
525
Villa di Póggio
Bagno la Perla
Monte Santa Lucia
646
Póggio al Bastione
475
Castiglioncello
Ris. Nat. di Caselli
S329
Bagno al Morbo
Serrazzano
Monte Vado la Lepre
807
Áia dei Dávoli
875
Castelnuovo di Val di Cécina
Colline Metallifere
Grottine
Canetto
Monte di Canneto
554
Léccia
Lustignano
Castello di Bruciano
Torrente Pavone
Lagoni di Sasso
Segalari
Monteverdi Maríttimo
Ris. Nat. le Cornate Fosini
Fosini
113
Lagoni Rossi
Sasso Pisano
Póggio Mutti
808
le Cornate
1060
Castagneto Carducci
Ponte d'Oro
Brancorsi
Terme di Bagnolo
Lagon
Campo al Ciotolo
Macchie Lupaia
215
Lago Boracífero
Capo di Monte
522
Póggio San Martino
248
R. Secco
S398
Monterotondo Maríttimo
Monte Santa Croce
764
Casino
i Boschetti
Macchia al Toro
474
Frássine
0 km
2 km
4 km
6 km

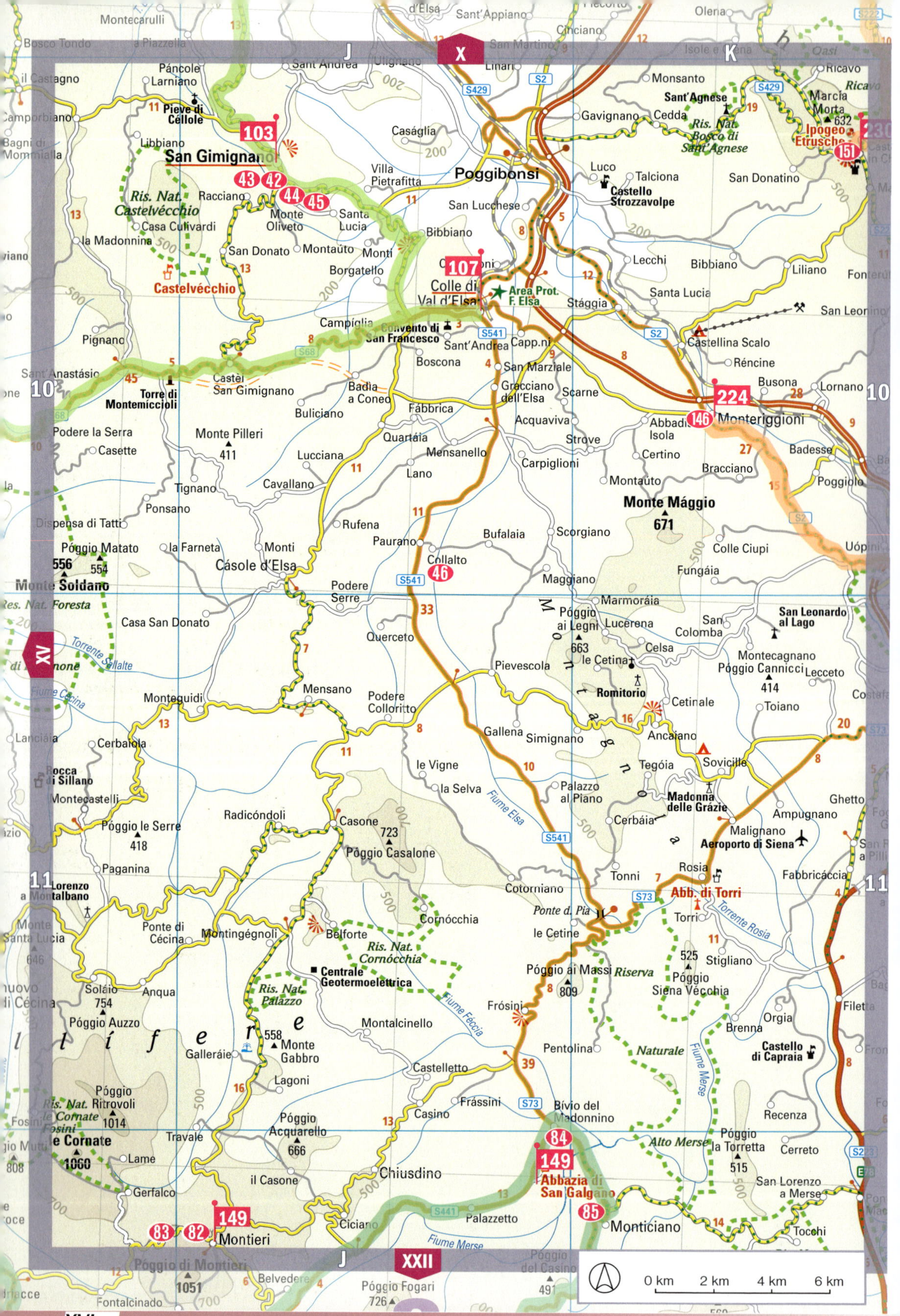
J
X
K
San Gimignano
103
43
42
44
45
Ris. Nat. Castelvécchio
Castelvécchio
Pieve di Céllole
Poggibonsi
107
Colle di Val d'Elsa
Area Prot. F. Elsa
Convento di San Francesco
Staggia
Castellina Scalo
224
146
Monteriggioni
Monte Màggio
671
Sant'Agnese
Ris. Nat. Bosco di Sant'Agnese
Ipogeo Etrusche
151
Castello Strozzavolpe
Torre di Montemicciòli
Castèl San Gimignano
Monte Pilleri
411
Cásole d'Elsa
Monte Soldano
Collalto
46
Querceto
Pievescola
Romitorio
Montagnola
Sovicille
Madonna delle Grázie
Aeroporto di Siena
Rosia
Abb. di Torri
Radicóndoli
Póggio Casalone
723
Belforte
Ris. Nat. Cornócchia
Centrale Geotermoelettrica
Ris. Nat. Palazzo
Monte Gabbro
Póggio Ritrovoli
1014
Ris. Nat. Cornate Fosini
le Cornate
1060
149
83
82
Montieri
Póggio di Montieri
Chiusdino
84
149
Abbazia di San Galgano
85
Monticiano
Frósini
Póggio ai Massi
809
Riserva Naturale
Alto Merse
Póggio Siena Vécchia
Castello di Capraia
Póggio la Torretta
XV
XXII
10
11
Fiume Elsa
Fiume Cécina
Fiume Merse
Fiume Féccia
Torrente Rosia
S2
S68
S73
S222
S223
S429
S441
S541
0 km
2 km
4 km
6 km

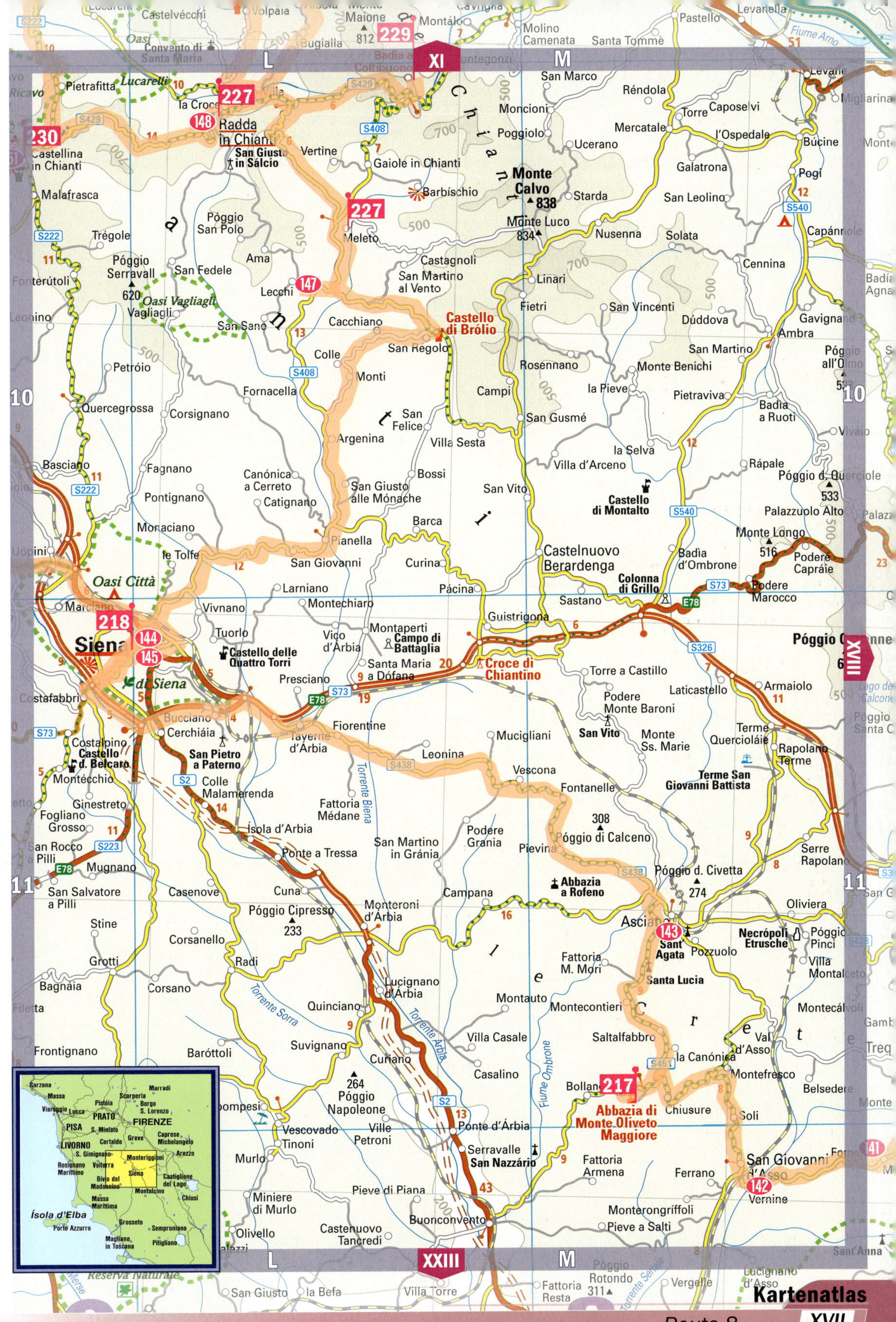

Kartenatlas
XVII

Arezzo
Autostrada del Sole
Civitella in Val di Chiana
Monte San Savino
Castiglion Fiorentino
Castello di Montecchio Vesponi
Marciano della Chiana
Foiano della Chiana
Sinalunga
Torrita di Siena
Trequanda
Lucignano
Abbazia di Farneta
Abbazia a Sicille
Val di Chiana
Canale Maestro della Chiana
Montepulciano
Laterina
Rondine
Cincelli
Ponte a Buriano
Campoluci
Patrignone
Pùglia
Tregozzano
Gello
Monte Castiglion
Penna
Lago della Penna
Pieve a Maiano
Indicatore
Pratantico
Ceciliano
San Polo
Pomàio
Alpe di Poti
974
Molinelli
Staggiano
Santa Fiora
Peneto
Ponticino
Montalfoni
Casacce
Póggio alle Forche
Chianni
Pόggiola
Molin Bianco
Ruscello
Battifolle
San Martino in Pόggio
Viciomaggio
Ponte alla Neve
Agazzi
San Zeno
Santa Firmina
San Firenze
Foce di Scopetone
Olmo
Monistero
Bagnoro
Saccione
Grangone
Bossi
Palazzo del Pero
Badia Agnano
Cacciano
Chiesino
Tuori
Mugliano
Pieve al Toppo
Fontiano
Monte Lignano
838
Calbi
Gavignano
Póggio all'Olmo
San Pancrázio
Badia al Pino
Tagoleto
Villa Ninci
Cόrnia
Oliveto
Puliciano
Pieve di Rigutino
Badicroce
Póggio Caradenti
855
Viváio
Villa Montaltuzzo
Rigutino
Vitiano Vécchio
Alberoro
Cozzano
Mammi
Ciggiano
Vitiano
Palazzuolo
Verniana
Fonte al Rocco
Frassineto
Collesecco
Senáia
Montagnano
Gargonza
Santa Maria delle Vertighe
San Giovanni
Manciano
Misericórdia
Casalino
Orzale
Pozzo Nuovo
Badia
Ristόnchia
Capanne
Cesa
la Nave
Montécchio
Lago del Calcone
le Gorghe
Pescáia
Podere Venanzi
Castroncello
Fábbriche
Mezzavia
Póggio Santa Cecília
Calcione
Pozzo
Fontelunga
le Capannacce
Cegliolo
Madonna delle Querce
Brόlio
Santa Caterina
Molina d. Calcione
Fratta
Ipogei Etrusche
Lucignano
Pieve Vécchia
Santa Luce
Sant'Ágata
Modanella
Rigomagno
Camucia
Ronzano
la Pace
Croce
Creti
Serre Rapolano
Fratticciola
Monsigliolo
San Gimignanello
Farnetella
la Selce
Manzano
Villa Boschi
Montécchio
Múchia
la Castellina
Scrofiano
Casabianca
Farneta
Borgonuovo
Appalto
San Lo
Pieve
Guazzino
Bettolle
Castelnuovo Grilli
Cignano
Madonna del Gallo
Gamberáia
Fattoria dell'Amorosa
la Fratta
Lóggio
Centόia
Chianacce
Colle
Porto
Barullo
Belsedere
Fattoria Petriolo
Pino
Montelifré
il Santo
Gabbiano Vécchio
Fattoria Capezzine
Piano
il Torrione
Fasciano
Sicille
Madonnino
Villa Bastogi
Petrignano
Montisi
Villa Salimbeni
le Rotelle
Ciliano
Abbadia
Valiano
Castelmúzio
Petrόio
503
Ascianello
Póggio della Cava
San Valentino
Gracciano
Sant'Anna
Montefollόnico
San Francesco
Nόllola
Sant' Ambrόgio
Palazzone
Madonna
Ciarliana
Acquaviva
Massaini
XII
XVII
XXIV
N
O
10
11
0 km
2 km
4 km
6 km
Firenze
Prato
Pisa
Livorno
Siena
Grosseto
Ísola d'Elba
Arezzo
Chiusi
Castiglione del Lago
Marradi
Massa
Sarzana
Viareggio
Lucca
Pistόia
Scarperia
Borgo S. Lorenzo
S. Miniato
Certaldo
Greve
Caprese Michelangelo
S. Gimignano
Monteriggioni
Rosignano Marittimo
Volterra
Bivio del Madonnino
Massa Marittima
Montalcino
Porto Azzurro
Magliano in Toscana
Pitigliano
Semproniano

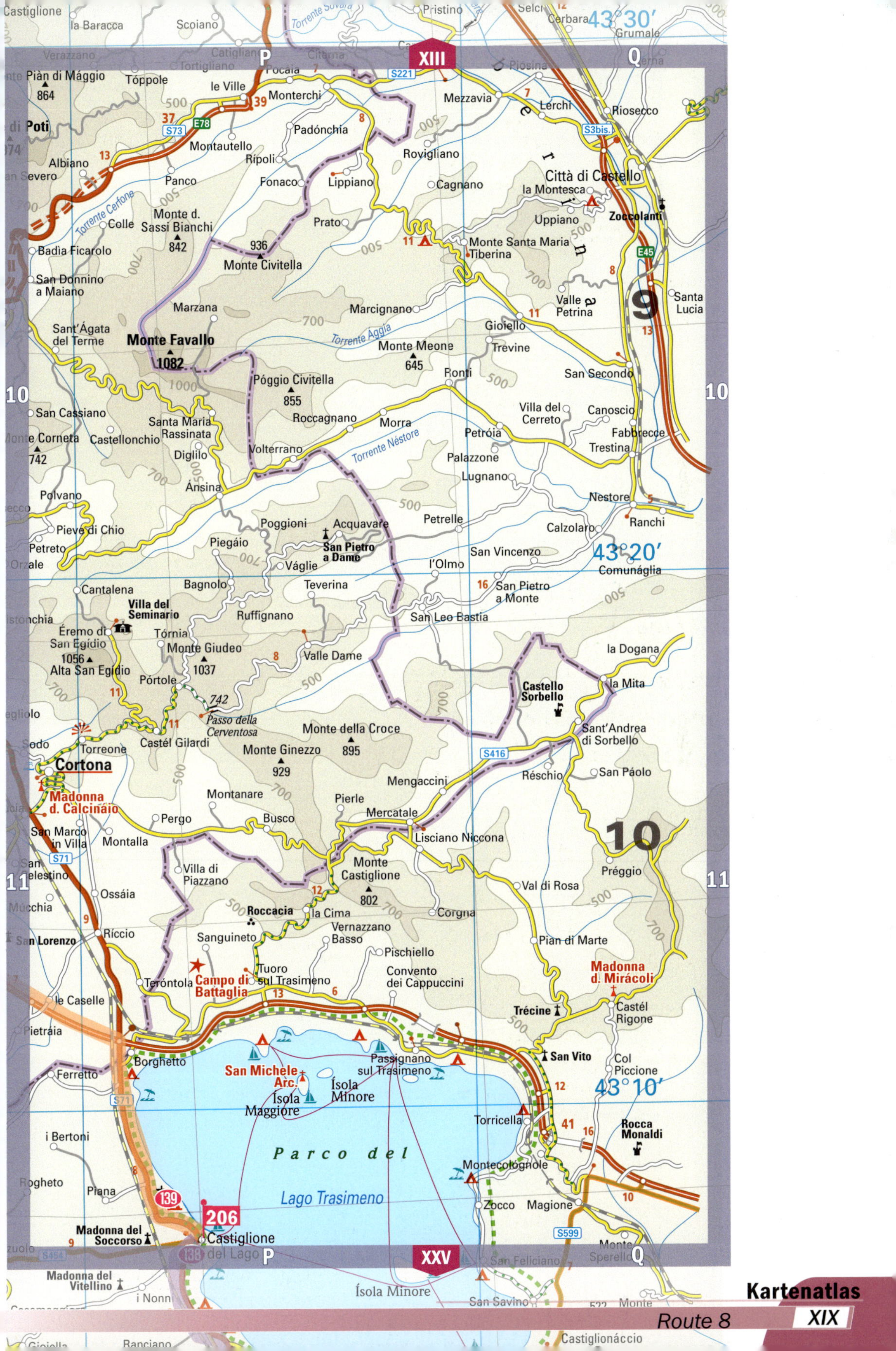

Castiglione
la Baracca
Scoiano
Pristino
Selci
Cerbara
43°30'
Grumale
Verazzano
Catigliano
Tortigliano
P
Citerna
XIII
Piosina
Q
Piàn di Màggio
864
Tòppole
le Ville
Pocaia
Monterchi
S221
Mezzavia
Lerchi
Riosecco
Poti
S73
E78
Padónchia
S3bis.
Albiano
Montautello
Rípoli
Rovigliano
Severo
Panco
Fonaco
Lippiano
Cagnano
Città di Castello
la Montesca
Torrente Cerfone
Colle
Monte d. Sassi Bianchi
842
Prato
Uppiano
Zoccolanti
Badia Ficarolo
936
Monte Civitella
Monte Santa Maria Tiberina
E45
San Donnino a Maiano
Valle Petrina
Santa Lucia
Marzana
Marcignano
Sant'Àgata del Terme
Monte Favallo
1082
Torrente Aggia
Gioiello
Monte Meone
645
Trevine
Ronti
San Secondo
10
Póggio Civitella
855
San Cassiano
Santa Maria Rassinata
Roccagnano
Morra
Villa del Cerreto
Canoscio
Monte Corneta
742
Castellonchio
Diglilo
Volterrano
Torrente Néstore
Petróia
Fabbrecce
Trestina
Palazzone
Ánsina
Lugnano
Polvano
Nestore
Ranchi
Poggioni
Acquavare
Petrelle
Calzolaro
Pieve di Chio
Piegáio
San Pietro a Dame
Petreto
Váglie
San Vincenzo
43°20'
Orzale
l'Olmo
Comunáglia
Cantalena
Bagnolo
Teverina
San Pietro a Monte
Villa del Seminario
Ruffignano
San Leo Bastia
Éremo di San Egídio
Tórnia
Monte Giudeo
1056
1037
la Dogana
Alta San Egídio
Valle Dame
la Mita
Pórtole
Castello Sorbello
742
Passo della Cerventosa
Sant'Andrea di Sorbello
Monte della Croce
895
Torreone
Castél Gilardi
Monte Ginezzo
929
S416
Réschio
San Páolo
Cortona
Mengaccini
Madonna d. Calcináio
Montanare
Pierle
Pergo
Mercatale
Busco
Lisciano Niccona
San Marco in Villa
Montalla
S71
Villa di Piazzano
Monte Castiglione
802
Préggio
Ossáia
Val di Rosa
Roccacia
la Cima
Corgna
Vernazzano Basso
Ríccio
Sanguineto
San Lorenzo
Pian di Marte
Pischiello
Tuoro sul Trasimeno
Convento dei Cappuccini
Madonna d. Miràcoli
Terόntola
Campo di Battaglia
le Caselle
Trécine
Castél Rigone
Pietráia
Passignano sul Trasimeno
San Vito
Borghetto
Col Piccione
Ferretto
San Michele Arc.
Ísola Minore
Ísola Maggiore
43°10'
Torricella
i Bertoni
Rocca Monaldi
Parco del
Montecolognole
Rogheto
Piana
Lago Trasimeno
Zocco
Magione
139
206
Madonna del Soccorso
Castiglione del Lago
S599
Monte Sperello
XXV
San Feliciano
Madonna del Vitellino
i Nonni
Ísola Minore
San Savino
Castiglionáccio
Gioiella
Ranciano

E
XIV
F
11
12
13
Sarzana
Massa
Viareggio
Lucca
Pistóia
PRATO
Scarperia
Borgo S. Lorenzo
Marradi
PISA
S. Miniato
FIRENZE
LIVORNO
Certaldo
Greve
Caprese Michelangelo
S. Gimignano
Monteriggioni
Arezzo
Rosignano Marittimo
Volterra
Siena
Castiglione del Lago
Bivio del Madonnino
Montalcino
Massa Marittima
Chiusi
Ísola d'Elba
Porto Azzurro
Grosseto
Semproniano
Magliano in Toscana
Pitigliano
Casone
Casa Rossa
Castello d. Donorático
Podere Pianali
San Vincenzo
San Carlo
Rocca di San Silvestro
E80
Via Aurélia
Riva degli Etruschi
Botro ai Marmi
Casa Cavalleggeri
Campalto
Rimigliano
Lumiere
S1
Caldana
la Torráccia
Póggio all'Agnello
Golfo di Baratti
Baratti
Populónia
S398
Parco Archeologico di Baratti e Populonia
Tombe Etrusche
la Sdriscia
Fiume Cornia
Monte Massoncello
286
Colmata
Punta Rio Fanale
Asca
Monte Santa Maria
208
Torre del Sala
Salívoli
Foce della Cornia Vécchia
Marina di Salívoli
Porto Vécchio
Piombino
la Rocchetta
a g o
Canale di Piombino
Golf
0,5-1h
Capo della Vita
Ísola Topi
Cavo
Cala Mandriola
Monte Grosso
347
Ísola Palmaiola
Parco Nazionale dell'Arcipelago Toscano
Ísola Cérboli
Parco Nazionale dell'Arcipelago Toscano
Cala del Telegrafo
Cala dell' Inferno
Capo Pero
0,75h
Parco Nazionale
Ísola d'Elba
Nisportino
Monte Serra
422
Punta di Nisporto
Viticcio
Monte Poppe
248
Portoferráio
Bagnáia
Rio nell'Elba
Rio Marina
Castello di Volterráio
il Porticciolo
Carpani
Monte Arco
268
Capo Ortano
Villa Romana delle Grotte
Ottone
Cima del Monte
516
le Grotte
San Martino
Madonna di Monserrato
Monte Arco
278
Villa Napoleone
377
Monte S. Marino
365
Monte Orello
Punta delle Cannelle
1,5h
Lacona
Porto Azzurro
56
57
58
115
116
136
78
136
77
59
127
60
128
135
74
75
76
69
70
67
68
0 km
2 km
4 km
6 km

XV
XXII
G
H
11
12
13
T
O
S
p
i
s
a
n
a
Sassetta
Monte Ceci
393
Monte Coronato
553
Capo di Monte
522
Casino
Macchie Lupaia
215
Poggio San Martino
248
Frássine
Consalvo
Belvedere
Prata
Suvereto
Monte Calvi
145
Parco Arch. Marinerio di S. Silvestra
80
Madonna di Fucináia
Campíglia Maríttima
79
Monte Peloso
134
Forni
Cafággio
Montioncello
Venturina
Calidario
Bandita
Forni
Casalappi Ruschi
San Lorenzo
Macchion de Lupi
211
Parco
Póggio Castellaccia
154
Montioni
Provinciale
di Montioni
Póggio al Chiecco
308
Ris. Nat. Póggio Tre Cancelli
Póggio all'Olivo
213
Banditelle
Riotorto
Vignale
Sdriscia
Oasi della Palude degli Orti-Bottagone
Casa Vignarca
Parco della Sterpaia
Carbonifera
Foce San Martino
Prato Ranieri
Lido di Follónica
Follónica
Rondelli
Via Aurélia
Vetricella
la Marlina
Scarlino Scalo
Forni di Gavorrano
Bagno di Gavorrano
Filare
Gavorrano
Monte Calvo
469
Ravi
Bívio di Ravi
i Pogetti
Casone di Scarlino
Imposto
Scarlino
Ris. Biogenetica Tomboli di Follónica
Ris. Biogenetica di Scarlino
Caldana
Bivio di Caldana
Golfo di Follónica
Monte d'Alma
559
Portiglione
Ris. Biogenetica di Póggio Spedaletto
Póggio Scodella
355
Póggio Guardia
213
Casa Follona
Sant'Anna
Zinghera
152
Vetulónia
Punta Martina
Podere Serrate
Póggio Spada
540
Tirli
Torre Civette
Pian d'Alma
Fiume Alma
Casa Toninel
Póggio Ballone
631
Capanna Civinini
Torrente Ampio
Punta Hidalgo
il Gualdo
Póggio Palazzelle
439
Scóglio dello Sparviero
Punta Ala
Punta Ala
Póggio Peroni
350
Pian di Rocca
Fosso la Valle
Casa Rombaia
le Rocchette
90
89
Roccamare
Póggio Petríccio
342
153
Foce del Tonfone
Riva del Sole
87
88
Castiglione della Pescáia
Oasi Diaccia Botrona
Badiola
Monterotondo Maríttimo
Monte Santa Croce
764
i Boschetti
Macchia al Toro
474
Póggio Mandriacce
546
Ponte Ritorto
Póggio C
Monte Arsenti
561
Nicciolata
Podere Pian Múcini
Casa Pà
147
Massa Maríttima
81
Ghirlanda
Bellavista
381
Póggio al Montone
Montebámboli
Torrente Milia
Fiume Cornia
Castello della Marsiliana
Oasi per la protezione delle Tartarughe »Carapax«
Fattoria Marsiliana
Ris. Nat. Marsiliana
Valpiana
Capanne
Póggio Tondo
201
Pesta
Lago dell'Accesa
Podere del Monte
Forni dell'Accesa
Póggibano
Cura Nuova
Fiume Pécora
S1
E80
S439
S398
S322
S441
Castel di Pi

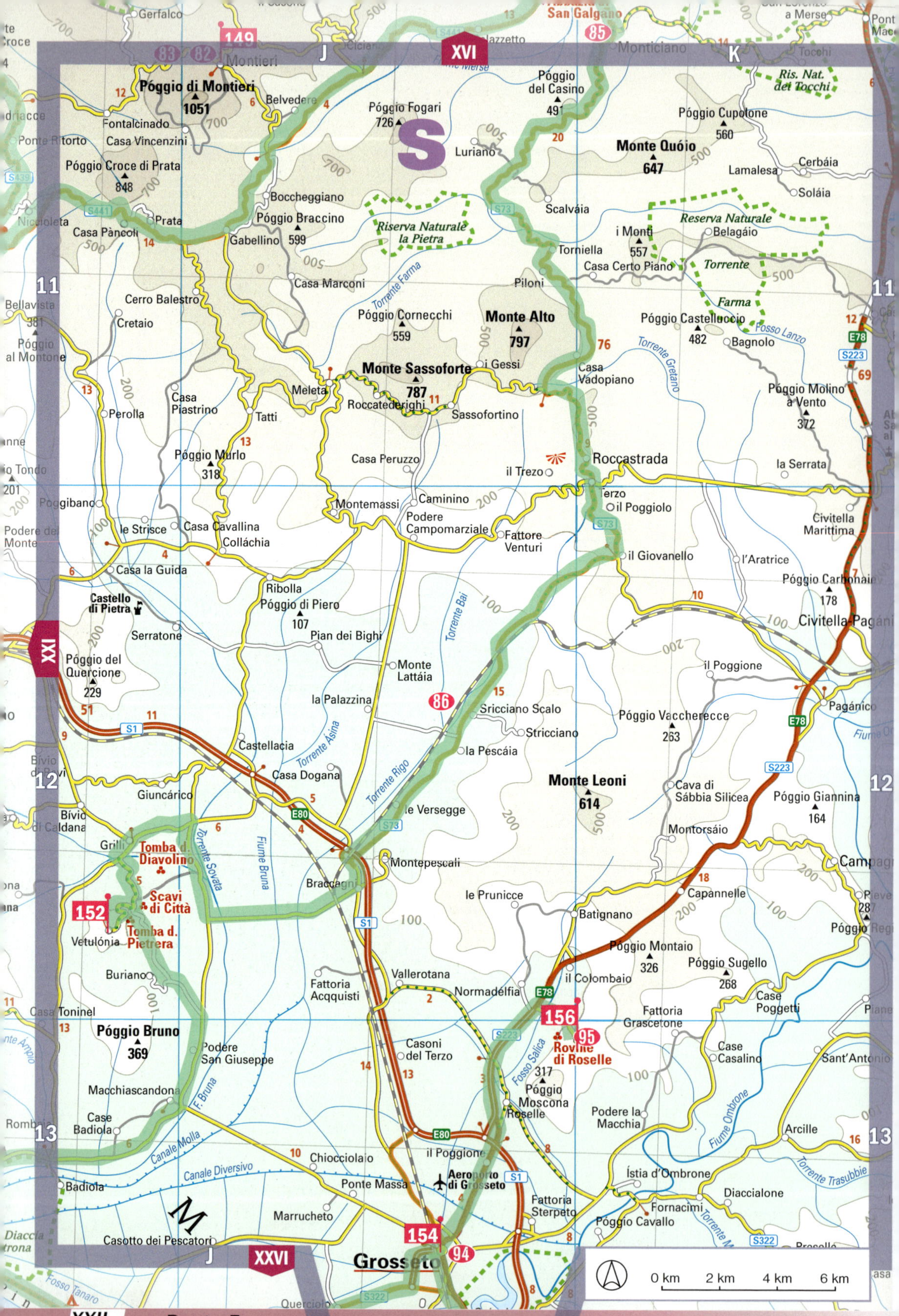

Póggio di Montieri
1051
Montieri
Fontalcinado
Casa Vincenzini
Póggio Croce di Prata
848
Prata
Casa Pàncoli
Belvedere
Póggio Fogari
726
Luriano
Póggio del Casino
491
Monte Quóio
647
Póggio Cupolone
560
Lamalesa
Cerbáia
Soláia
Scalváia
Boccheggiano
Póggio Braccino
599
Gabellino
Riserva Naturale la Pietra
Reserva Naturale Torrente Farma
Ris. Nat. dei Tocchi
i Monti
557
Belagáio
Torniella
Casa Certo Piano
Casa Marconi
Piloni
Cerro Balestro
Cretaio
Póggio Cornecchi
559
Monte Alto
797
Póggio Castelluccio
482
Bagnolo
Monte Sassoforte
787
i Gessi
Casa Vadopiano
Meleta
Roccatederighi
Sassofortino
Casa Piastrino
Tatti
Perolla
Póggio Molino a Vento
372
Póggio Murlo
318
Casa Peruzzo
il Trezo
Roccastrada
la Serrata
Montemassi
Caminino
Terzo
il Poggiolo
Poggibano
le Strisce
Casa Cavallina
Colláchia
Podere Campomarziale
Fattore Venturi
Civitella Marittima
il Giovanello
l'Aratrice
Casa la Guida
Castello di Pietra
Ribolla
Póggio di Piero
107
Póggio Carbonaia
178
Civitella-Pagánico
Serratone
Pian dei Bighi
Monte Lattáia
il Poggione
Póggio del Quercione
229
la Palazzina
Sricciano Scalo
Stricciano
la Pescáia
Pagánico
Póggio Vaccherecce
263
Castellacia
Casa Dogana
Monte Leoni
614
Cava di Sábbia Silicea
Póggio Giannina
164
Giuncárico
le Versegge
Montorsáio
Grilli
Tomba d. Diavolino
Montepescali
Braccagni
Scavi di Città
Tomba d. Pietrera
Vetulónia
le Prunicce
Batignano
Capannelle
Buriano
Póggio Montaio
326
Póggio Sugello
268
Fattoria Acqquisti
Vallerotana
Normadelfia
il Colombaio
Case Poggetti
Casa Toninel
Póggio Bruno
369
Podere San Giuseppe
Casoni del Terzo
Rovine di Roselle
Fattoria Grascetone
Case Casalino
Sant'Antonio
Macchiascandona
Póggio Moscona
317
Roselle
Podere la Macchia
Case Badiola
Arcille
il Poggione
Chiocciolaio
Badiola
Ponte Massa
Aeroporto di Grosseto
Ístia d'Ombrone
Diaccialone
Marrucheto
Fattoria Sterpeto
Fornacimi
Póggio Cavallo
Casotto dei Pescatori
Grosseto
Torrente Farma
Torrente Gretano
Torrente Bai
Torrente Ásina
Torrente Rigo
Torrente Sovata
Fiume Bruna
Fosso Salica
Fiume Ombrone
Torrente Trasubbie
Canale Molla
Canale Diversivo
0 km
2 km
4 km
6 km

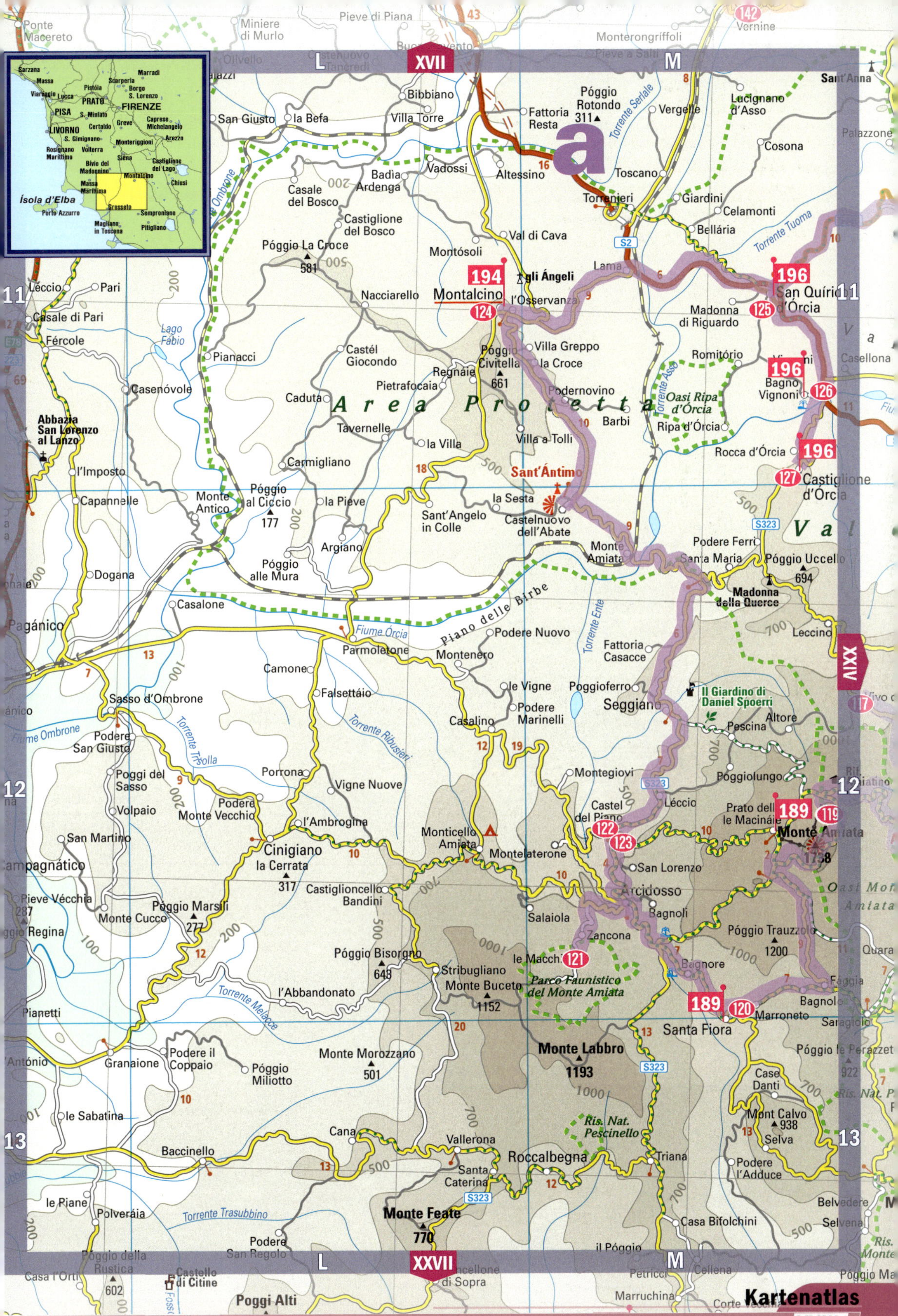
Sarzana
Massa
Viareggio
Lucca
Pistóia
PRATO
Scarperia
Marradi
Borgo S. Lorenzo
FIRENZE
PISA
LIVORNO
S. Miniato
Certaldo
Greve
Caprese Michelangelo
Arezzo
S. Gimignano
Monteriggioni
Rosignano Marittimo
Volterra
Siena
Castiglione del Lago
Bivio del Madonnino
Montalcino
Chiusi
Massa Maríttima
Ísola d'Elba
Porto Azzurro
Grosseto
Semproniano
Magliano in Toscana
Pitigliano
Ponte Macereto
Miniere di Murlo
Pieve di Piana
Buonconvento
Monterongriffoli
Vernine
Castelnuovo Tancredi
Olivello
Pieve a Salti
XVII
L
M
Sant'Anna
Bibbiano
Villa Torre
Póggio Rotondo 311
Fattoria Resta
Vergelle
Lucignano d'Asso
Torrente Serlate
San Giusto
la Befa
Cosona
Palazzone
Vadossi
Badìa Ardenga
Altessino
Toscano
Casale del Bosco
Torrenieri
Giardini
Celamonti
Castiglione del Bosco
Bellária
Val di Cava
Torrente Tuoma
Póggio La Croce 581
Montósoli
Lama
194
196
Léccio
Pari
Montalcino
gli Ángeli
San Quírico d'Órcia
Nacciarello
124
l'Osservanza
Madonna di Riguardo
125
Casale di Pari
Fércole
Lago Fabio
Villa Greppo
Castél Giocondo
Poggio Civitella 661
la Croce
Romitório
Pianacci
Regnaie
Bagno Vignoni
Casellona
Casenóvole
Pietrafocaia
Podernovino
126
Caduta
Area Protetta
Torrente Asso
Oasi Ripa d'Órcia
Barbi
Abbazia San Lorenzo al Lanzo
Tavernelle
Villa a Tolli
Ripa d'Órcia
la Villa
Rocca d'Órcia
Carmigliano
Sant'Ántimo
127
Castiglione d'Órcia
l'Imposto
Póggio al Ciccio 177
Monte Antico
Capannelle
la Pieve
la Sesta
Sant'Angelo in Colle
Castelnuovo dell'Abate
Val
Podere Ferri
Argiano
Monte Amiata
Santa Maria
Póggio Uccello 694
Dogana
Póggio alle Mura
Madonna della Querce
Casalone
Piano delle Birbe
Pagánico
Fiume Órcia
Podere Nuovo
Torrente Ente
Leccino
Parmoletone
Montenero
Fattoria Casacce
XXIV
Camone
Le Vigne
Poggioferro
Seggiano
Il Giardino di Daniel Spoerri
Sasso d'Ombrone
Falsettáio
Podere Marinelli
Fiume Ombrone
Torrente Ribusieri
Podere San Giusto
Casalino
Altore
Pescina
Torrente Trasolla
Porrona
Montegiovi
Poggiolungo
Poggi del Sasso
Vigne Nuove
Volpaio
Podere Monte Vecchio
Castel del Piano
Léccio
Prato delle Macináie
189
l'Ambrogina
San Martino
Cinigiano
Monticello Amiata
Monte Amiata 1738
Montelaterone
la Cerrata 317
122
123
San Lorenzo
Campagnático
Castiglioncello Bandini
Arcidosso
Pieve Vécchia 287
Póggio Marsili 277
Monte Cucco
Bagnoli
Oasi Monte Amiata
Regina
Salaiola
Zancona
Póggio Trauzzolo 1200
Póggio Bisorgno 648
le Macchie
121
Stribugliano
Monte Buceto 1152
Bagnore
Parco Faunistico del Monte Amiata
Faggia
l'Abbandonato
Torrente Melacce
Pianetti
Bagnolo
Marroneto
Santa Fiora
120
Saragiolo
António
Granaione
Podere il Coppaio
Póggio Miliotto
Monte Morozzano 501
Monte Labbro 1193
Póggio le Perazzet 922
Case Danti
Ris. Nat. Pescinello
Mont Calvo 938
Selva
le Sabatina
Cana
Vallerona
Baccinello
Roccalbegna
Triana
Podere l'Adduce
Santa Caterina
le Piane
Polveráia
Torrente Trasubbino
Monte Feate 770
Casa Bifolchini
Belvedere
Selvena
Podere San Regolo
XXVII
il Póggio
Póggio della Rustica 602
Castello di Citine
Cellena
Casa l'Orti
Petricci
Poggi Alti
Marruchina
Corte Vecchia
Póggio Ma

XVIII
N
O
n
a
Montepulciano
Pienza
Chianciano Terme
Sorgente S. Elena
Bagni di Silene
Terme di Montepulciano
Sant'Albino
Croce di Febo
Madonna delle Grazie
San Biágio
Madonna delle Querce
Acquaviva
Salcheto
Sant'Adele
Cozzano
Ris. Nat. Lago di Montepulciano
Lago di Montepulciano
Valiano
Abbadia
Ascianello
San Valentino
Montefollonico
San Francesco
Cággiole
Nóllola
Ciarliana
Villa di Bossona
Cervognano
Argiano
Villa la Capella
Abbazia a Sicille
Petroio 503
Castelmúzio
Póggio della Cava
Sant'Anna
Sant' Ambrógio
Palazzone
San Régolo
Palazzo Massaini
la Buca
Villa Borghetto
Fornacino
San Bartolomeo
Monticchiello
Biancacamícia
525
Póggio Collo Sodo
Póggio Montertine
369
Casellona
Spedaletto
Val d'Orcia
Fiume Orcia
Castellúccio
Ris. Nat. Lucciola Bella
la Foce
Chiarentana
Ris. Nat. Pietraporciana
840
Castiglioncello del Trinoro
la Vittória
Castelvécchio
Gallina
la Scala
Castiglione d'Orcia
Val d'Órcia
San Piero in Campo
Contignano
Póggio Reggiano
620
Casa Póggio Bandinelli
Torrente Formone
Campíglia d'Orcia
Vivo d'Órcia
Bagni San Filippo
le Conie
Casanova
le Chiavi
Monte Calcináio
Radicófani
la Palazzina
Póggio Leano
633
C.al. Sarti
Celle sul Rigo
Torrente Rigo
Zaccaria
Rif. Amiatino
Monte Amiata
Abbazia
Abbadia San Salvatore
Torrente Pagliola
Oasi Monte Amiata
Quaranta
Piancastagnáio
Tre Case
Fiume Páglia
la Novella
Ponte del Rigo
Casa del Corto
Torrente Senna
Monte Boceno
465
Torrente Siele
Sforzesca
Monte Cornieto
457
la Casina
San Giovanni delle Contee
Castell'Azzara
Torricella
Centeno
XXVIII
Proceno
Montevitozzo
Montório
T. Stridone
Casa Valtorn
Castell'Ottieri
Póggio Mastro d. Casa
882
Fiume Órcia
Spineta
Sansano
Fonte Vetriana
Monte Cetona
1148
Póggio Camporale
755
Grotta di Belverde
Sarteano
Malapesta
San Francesco
Cetona
S. Marie a Belvedere
Póggio alla Vécchia
la Molla
Camporsévoli
Piazze
Póggio Radice
674
Fighine
le Ripe
Palazzone
Belvedere
l'Aiale
San Casciano dei Bagni
Bagno Grande
Ospízio
Lago di San Casciano
Póggio Corno
528
Trevinano
Torrente Elvella
l'Osteriácchia
San Pietro Acquaeórtus
Riserva Naturale Monte Rufeno
Monte Rufeno
734
Monte Spano
617
Casa Nuova
Póggio la Cupa
628
Ponte Gregoriano
Ris. Nat. Monte Rufeno
R. Tirolle
Chianciano
San Polo
San Savino
la Dogana Rossa
Porto
Montallese
Lago di Chiusi
Area Lago di Chiusi
San Giuseppe
Ipogeo di Poggio Gaiella
Macciano
Dolciano
Tomba della Scimmia
Catacombe di S. Mustiola
Tomba del Granduca
Chiusi
Chiusi Scalo
Querce al Pino
T. Astrone
Tomba di Vigmagrande
Palazzo Tosoni
San Litardo
Autostrada del Sole
Póggio Valle
Laviano
Pozzuolo
Binami
Rogheta
A1
E35
S146
S326
S478
S2
S321
198
128
129
130
131
132
133
134
135
136
137
184
116
117
118
119
187
189
196
200
202
204
XIII
11
12
13
42°50
0 km
2 km
4 km
6 km
Pistóia
Borgo S. Lorenzo
Viaréggio
Lucca
PRATO
FIRENZE
PISA
S. Miniato
Caprese Michelangelo
LIVORNO
Certaldo
Greve
Arezzo
S. Gimignano
Monteriggioni
Rosignano Marittimo
Volterra
Siena
Castiglione del Lago
Bivio del Madonnino
Montalcino
Chiusi
Massa Marittima
Isola d'Elba
Grosseto
Porto Azzurro
Semproniano
Magliano in Toscana
Pitigliano

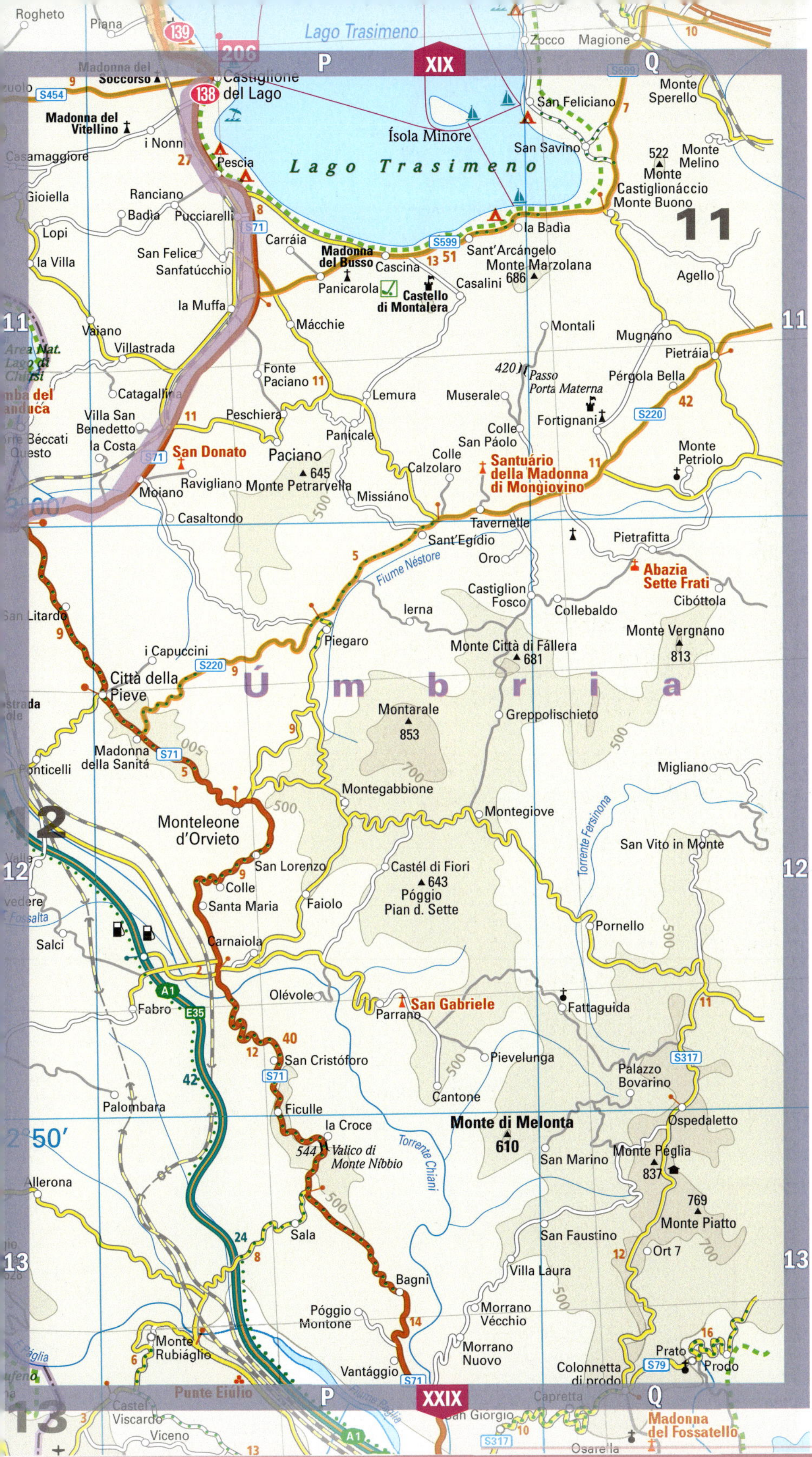

Lago Trasimeno
P
XIX
Q
Castiglione del Lago
Madonna del Soccorso
Madonna del Vitellino
Ísola Minore
Lago Trasimeno
San Feliciano
San Savino
Monte Sperello
Monte Melino
522 Monte Castiglionáccio
Monte Buono
Pescia
Casamaggiore
Gioiella
Ranciano
Badìa
Pucciarelli
Lopi
la Villa
San Felice
Sanfatúcchio
Carráia
Madonna del Busso
Cascina
Panicarola
Castello di Montalera
Sant'Arcángelo
Monte Marzolana 686
Casalini
la Badìa
11
Agello
la Muffa
Vaiano
Villastrada
Mácchie
Montali
Mugnano
Pietráia
Fonte Paciano
Catagallina
Lemura
Muserale
420 Passo Porta Materna
Pérgola Bella
Fortignani
Villa San Benedetto
la Costa
Peschiera
Panicale
Colle San Páolo
Colle Calzolaro
Monte Petriolo
San Donato
Paciano
645 Monte Petrarvella
Ravigliano
Moiano
Missiáno
Santuário della Madonna di Mongiovino
Casaltondo
Tavernelle
Sant'Egídio
Oro
Pietrafitta
Abazia Sette Frati
Fiume Néstore
Castiglion Fosco
Collebaldo
Cibóttola
Ierna
San Litardo
Piegaro
Monte Città di Fállera 681
Monte Vergnano 813
i Capuccini
Città della Pieve
Úmbria
Montarale 853
Greppolischieto
Madonna della Sanità
Ponticelli
Migliano
Montegabbione
Monteleone d'Orvieto
Montegiove
Torrente Fersinona
San Vito in Monte
San Lorenzo
Colle
Santa Maria
Castél di Fiori
643 Póggio Pian d. Sette
Faiolo
Pornello
Salci
Carnaiola
Olévole
San Gabriele
Parrano
Fattaguida
Fabro
San Cristóforo
Pievelunga
Palazzo Bovarino
Palombara
Cantone
Ficulle
Monte di Melonta 610
Ospedaletto
la Croce
544 Valico di Monte Nìbbio
Torrente Chiani
San Marino
Monte Peglia 837
Allerona
769 Monte Piatto
Sala
San Faustino
Ort 7
Villa Laura
Bagni
Póggio Montone
Morrano Vécchio
Monte Rubiáglio
Morrano Nuovo
Prato
Prodo
Vantággio
Colonnetta di prodo
Punte Eiúlio
P
XXIX
Capretta
Q
Castel Viscardo
Viceno
San Giórgio
Madonna del Fossatello
Osarella
A1
E35

XXII
J
K
154
94
Grosseto
Ponte Massa
Marrucheto
Casotto dei Pescatori
Badiola
Fattoria Sterpeto
Fornacimi
Diaccialone
Poggio Cavallo
Torrente Maiano
Preselle
Querciolo
S322
San Vincenzo d'Elba
Tenuta Pingrosso
Fosso Tanaro
91
92
93
Marina di Grosseto
Podere San Lorenzo
Podere Sant'Isodoro
Le Strillaie-S. Stefano
Grància
Póggio Cavolo
182
le Pecora
130
Bivio d. Montorgiali
la Mozza
13
Rispéscia
Tráppola
Principina a Mare
Palude della Tráppola
Torre della Tráppola
Fiume Ombrone
Spergoláia
Parco Naturale della Maremma
E80
Podere Bronzone
Monte Bottigli
319
Valle Maggiore
Cima Poggi
340
156
Alberese
96
Póggio Alto
391
Monte Querciola
257
Podere Corso
Torre di Collelungo
Marina di Alberese
Póggio Lecci
415
Torre dell'Uccellina
Abbandonato di San Rabano
Casa Vernacchi
Montiano
Bellavista
Impostino
Casa Porrona
il Bacino
Monti dell'Uccellina
Cala di Forno
Torre Cala di Forno
Torre della Bella Marsília
Colléchio
Póggio Arquilone
233
Casa Malpasso
104
Casa Valentina
Póggio Marta
128
la Marta
Tomba Etrusca
280
Póggio Raso
Torrente Osa
Fonteblanda
97
98
Terme dell'Osa
Zona Arch. Etrusca
Tre Cerri
14
Talamone
Bengodi
Golfo di Talamone
S1
San Donato
Vergheria Biozzi
le Tre Piscine
Doganella
Fosso Patrignone
Via Aurelia Etrusca
San Donato Véchio
la Barca del Grazi
S74
S323
Bocca dell'Albegna
99
Albínia
Póggio Pratino
63
Oasi di Protezione di Orbetello
la Parrina
Quattrostrade
Póggio del Léccio
353
Tómbolo della Giannella
Ris. Nat. Laguna di Orbetello di Ponente
Laguna di Orbetello
Orberello Scalo
15
Punta Lividónia
Porto Santo Stéfano
Torre di Santa Liberata
100
Santa Liberata
Cala Grande
Punta Cala Grande
255
Monte Spaccabellezze
Convento Noviziato
Orbetello
Ris. Nat. della Duna Feniglia
Terrarossa
Ísola Argentarola
Convento dei Frati Passionisti
103
101
102
Tómbolo di Feniglia
Cosa
Marina
Cala Galera
Ansedonia
Cala Píccola
Monte Argentário
Póggio Pertuso
Forte Monte Filippo
159
Torre Capo d'Uomo
Cala d'Uomo
635
Sarzana
Massa
Marradi
Viareggio
Lucca
Pistóia
Scarperia
Borgo S. Lorenzo
PRATO
FIRENZE
PISA
S. Miniato
LIVORNO
Certaldo
Greve
Caprese Michelangelo
S. Gimignano
Arezzo
Rosignano Marittimo
Volterra
Monteriggioni
Siena
Bivio del Madonnino
Castiglione del Lago
Montalcino
Massa Marittima
Chiusi
Ísola d'Elba
Grosseto
Porto Azzurro
Semproniano
Magliano in Toscana
Pitigliano

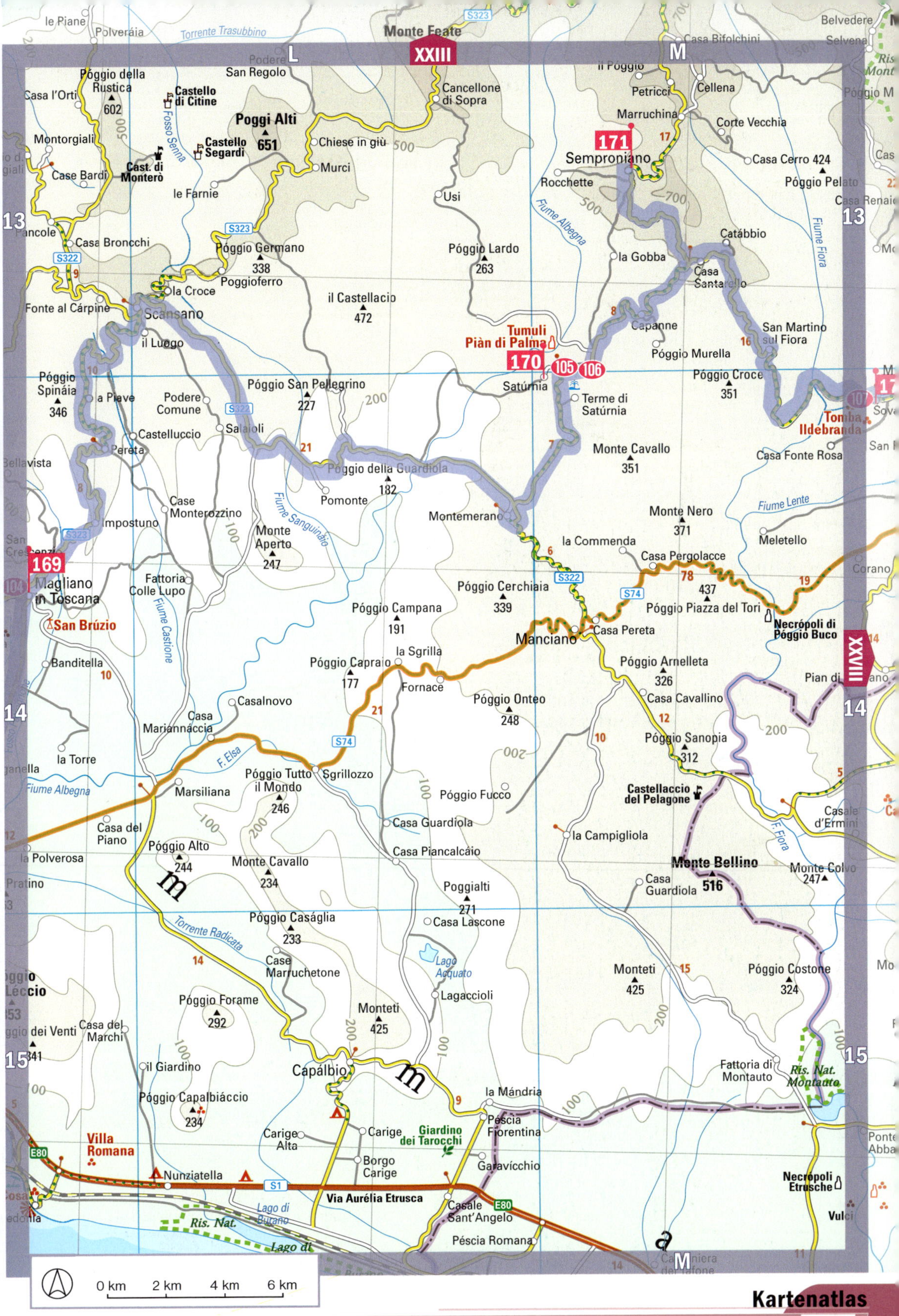

Monte Feate
XXIII
L
M
le Piane
Polveráia
Torrente Trasubbino
Casa Bifolchini
Belvedere
Selvena
Podere San Regolo
Póggio della Rustica
602
Castello di Citine
Cancellone di Sopra
il Póggio
Petricci
Cellena
Casa l'Orti
Poggi Alti
651
Castello Segardi
Fosso Senna
Marruchina
Corte Vecchia
Montorgiali
Chiese in giù
171
Semproniano
Casa Cerro 424
Póggio Pelato
Cast. di Monterò
Case Bardi
Murci
Rocchette
le Farnie
Usi
Fiume Albegna
Casa Renaio
13
Pancole
Casa Broncchi
Póggio Germano
338
Póggio Lardo
263
Catábbio
Fiume Fiora
S322
S323
Poggioferro
la Croce
la Gobba
Casa Santarello
Fonte al Cárpine
Scansano
il Castellacio
472
Capanne
San Martino sul Fiora
il Luogo
Tumuli Piàn di Palma
170
105
106
Póggio Murella
Póggio Spináia
346
a Piave
Podere Comune
Póggio San Pellegrino
227
Satúrnia
Terme di Satúrnia
Póggio Croce
351
107
Tomba Ildebranda
Castelluccio
Salaioli
Pereta
Monte Cavallo
351
Casa Fonte Rosa
Bellavista
Poggio della Guardiola
182
Pomonte
Fiume Sanguinàio
Case Monterozzino
Impostuno
Montemerano
Monte Nero
371
Fiume Lente
Meletello
Monte Aperto
247
la Commenda
Casa Pergolacce
169
Magliano in Toscana
Fattoria Colle Lupo
Póggio Cerchiaia
339
S74
437
Póggio Piazza del Tori
Necrópoli di Póggio Buco
Corano
104
Fiume Castione
Póggio Campana
191
Manciano
Casa Pereta
San Brúzio
la Sgrilla
XXVIII
Banditella
Póggio Capraio
177
Fornace
Póggio Arnelleta
326
Casa Cavallino
Pian di
Póggio Onteo
248
14
Casalnovo
Casa Mariannáccia
Póggio Sanopia
312
la Torre
F. Elsa
Póggio Tutto il Mondo
246
Sgrillozzo
Póggio Fucco
Castellaccio del Pelagone
Fiume Albegna
Marsiliana
Casa Guardiola
Casale d'Ermini
Casa del Piano
la Campigliola
F. Fiora
la Polverosa
Póggio Alto
244
Casa Piancalcáio
Monte Bellino
516
Monte Cavallo
234
Monte Colvo
247
Pratino
Poggialti
271
Casa Guardiola
Torrente Radicata
Casa Lascone
Póggio Caságlia
233
Case Marruchetone
Lago Acquato
Monteti
425
Póggio Costone
324
Póggio Leccio
Lagaccioli
Póggio Forame
292
Monteti
425
Casa del Marchi
Poggio dei Venti
341
15
il Giardino
Capálbio
Fattoria di Montauto
Ris. Nat. Montauto
la Mándria
Póggio Capalbiáccio
234
Pescia Fiorentina
Villa Romana
Carige Alta
Carige
Giardino dei Tarocchi
Ponte Abbadia
Borgo Carige
Garavícchio
Nunziatella
S1
Via Aurélia Etrusca
E80
Necrópoli Etrusche
Casale Sant'Angelo
Vulci
Ansedonia
Cosa
Ris. Nat.
Lago di Burano
Péscia Romana
Caminiera
0 km
2 km
4 km
6 km

Belvedere
Monte Civitella
1107
Castell'Azzara
Sforzesca
Monte Cornieto
457
la Casina
XXIV
N
O
Ponte Gregoriano
Selvena
Ris. Nat. Monte Penna
Póggio Mastro d. Casa
882
San Giovanni delle Contee
Proceno
Ris. Nat. Monte Rufeno
Torre Alfina
Montevitozzo
Montório
T. Stridone
Acquapendente
Casa Valtrieri
le Caselle
Casa Testi
Castell'Ottieri
Póggio Montelungo
457
Póggio Pelato
Casa Renaioli
Monte Elmo
829
Elmo
Seminario
Campo Morino
13
Montebuono
il Poderetto
San Valentino
Pratolungo
San Giusto
Pecorone
Casa Tamburo
Onano
Madonna del Carmine
il Purgatório
Grotte di Castro
San Lorenzo Nuovo
177
111
Sorano
San Leonardo
Cerreto
Sant'Angelo
Parco Orsini
Monte Selvi
510
San Quírico
Casa San Biágio
42°40
Monte Grande
420
172
107
Sovana
Tomba Ildebranda
Casa Filetta
la Rotta
il Casone
Póggio Evangelisti
650
M o n t i V o l s i n i
Borghetto
Bolsena
San Fran
108
174
Pitigliano
Póggio dell'Argentiera
481
Grándoli
Látera
Casa Prataccione
la Montagna
639
S74
109
110
Mezzano
Póggio Montione
612
Lago di Mezzano
San Martino
S312
Corano
Póggio Bottinello
303
Fiume la Nova
il Voltone
Dogana
567
Póggio Seccante
Casa le Coste
Lago di Bolsena
(Vulsino)
Ísola Bisentina
14
Ris. Nat. Selva del Lamone
S e l v a d e l L a m o n e
Santa Maria di Sala
Fosso Olpeta
Pian di Morrano
XXVII
Valentano
Villa delle Fontane
Madonna dell'Eschio
Madonna della Salute
Bisenzio
Cappuccini
Póggio San Giovanni
472
Monte Rosano
440
Casa San Lázzaro
Capodimonte
Ísola Martana
Farnese
Ischia di Castro
Monte di Cellere
565
Marta
Chiusa la Gobba
Casale d'Ermini
Castro
Madonna d. Monte
Fonte dell'Oppio
Monte Calvo
247
Casa Mariotti
Fosso Strozzavolpe
Céllere
Gabelletta
Piansano
Monte della Pieve
389
Fienile
Cartiera
Cast. Araldo
Fontana Murata
Pianiarto
Póggio Cerboni
346
Casa Magliani
Casa Fattorale
Monte Fumaiolo
227
Castellardo
Tessennano
L á z i
Riminimo
Monte Canino
434
Canino
Arlena di Castro
Piana del Diávolo
Madonna delle Mosse
Póggio della Madonna
266
Casale Pocci
Fosso la Cadutella
15
Madonna del Cerro
Tombe Etrusche
Ponte de Abbadia
Musignano
Villa Pieri
Tuscánia
Necrópoli Etrusche
Vulci
Case Monterozzi
Fosso Timone
San Giuliano
Madonna dell'Oliva
Necrópoli Tomba della Regina
la Gnigner
Póggio Campagna
142
Casale Tracchetti
Casale Moretti
0 km
2 km
4 km
6 km

XXV
P
Q
3
Punte Eiúlio
Castel Viscardo
Viceno
Benano
Citerno
Rocca Ripesena
Necrópoli Etrusca
Convento della Trínita
San Quírico
Sugano
Canónica
Orvieto
Abbazia di San Severo
Tombe Etrusche
Pratostaffa
Case Perazza
Póggio Pocatrabbio
655
Monte Panaro
631
Torre San Severo
Porano
Canale Vécchio
Canale Nuovo
Boccetta
San Giórgio
Ciconia
Orvieto Sealo
Fiume Páglia
Capretta
Osarella
Fossatello
Madonna del Fossatello
Corbara
Parco Fluviale del Tevere
Tordimonte
Botto
Castellúnchio
Baschi
Sermugnano
Castiglione in Teverina
Oasi del Lago di Alviano
40′
177
112
113
114
115
Bolsena
Capráccia
Lubriano
Civita
Bagnoregio
Monterado
625
la Casa
Rio Torbido
Sant'Antonio
Vetriolo
San Michele in Teverina
Civitella d'Agliano
Sterpeti
Trebiano
Tardane
14
546
Póggio Selva
Monte Orsone
504
Santa Caterina
Roccalvecco
Sant'Ángelo
Graffignano
Capobianco
Celleno
Montecalvello
Coste
Fastello
Sipicciano
Isola Martana
Montefascone
Vallebona
le Mosse
537
Monte d'Oro
Zepponani
Santa Maria
Magugnano
Monte Cardone
412
Fiordini
Grotte Santo Stéfano
Casa Valle Rice
Ferento
Torrente Vezza
Casa Pratalano
Commenda
Valle Castellone
Zona Archeologica di Acquarossa
Casale Mogliane
Victorchiano
il Conventino
15
Madonna della Spiga
Osteria delle Capannacce
Fosso Léia
Monte Razzano
301
Aeroporto di Vitebo
Bagno Bussete
Bagnáia
San Gaetano
Bullicame
Santa Maria
la Quérica
Villa Lante
Santa Catherina
Bagni di Viterbo
Viterbo
Sasso Menicante
Soriano nel Cimino
Macchia d. Conte
1053
Monte Cimino
Gnignera
Necrópoli d'Axia
Castèl d'Asso
le Farine
A1
E35
S71
S317
S448
S205
S2
S204
Sarzana
Massa
Marradi
Scarperia
Pistóia
Borgo S. Lorenzo
Viareggio
Lucca
PRATO
PISA
S. Miniato
FIRENZE
Caprese Michelangelo
LIVORNO
Certaldo
Greve
S. Gimignano
Monteriggioni
Arezzo
Rosignano Marittimo
Volterra
Siena
Bivio del Madonnino
Castiglione del Lago
Montalcino
Massa Marittima
Chiusi
Ísola d'Elba
Porto Azzurro
Grosseto
Sempronian
Magliano in Toscana
Pitigliano

Legende der im Kartenatlas verwendeten Symbole

A14 E15 S34 Straßennummern
Road numbers

Autobahn mit Anschlussstelle / Mautgebühr
Motorway with junction / tollroad

Autobahn im Bau / geplant / Tunnel
Motorway under construction / projected / tunnel

Schnellstraße mit Anschlussstelle / Tunnel
Expressway with junction / tunnel

Schnellstraße im Bau / geplant
Expressway under construction / projected

Fernstraße / Tunnel
Major road / tunnel

Fernstraße im Bau / geplant
Major road under construction / projected

Hauptstraße / Tunnel
Main road / tunnel

Hauptstraße im Bau / geplant
Main road under construction / projected

Nebenstraße / im Bau / geplant
Secondary road / under construction / projected

Sonstige Straße / im Bau / geplant
Other road / under construction / projected

Fahrweg / Fußweg
Track / path

40 18 Entfernung in Kilometern
Distance in kilometers

Eisenbahn / Tunnel / geplant
Railway / tunnel / projected

Seilbahn / Sessellift
Cable railway / chair-lift

Fluss / Damm / Wehr
River / dam / weir

Kanal
Canal

Binnengewässer
Inshore waters

Besiedeltes Gebiet / Gehöft
Populated area / farmstead

1738 Monte Amiata — Berg (Höhe in m)
Mountain (height in m)

• 48 — Höhenpunkt (Höhe in m)
Altitude (height in m)

235 — Pass (Höhe in m)
Pass (height in m)

Staatsgrenze mit Grenzübergang
National border with crossing

Regionengrenze
Region boundary

Landschaftlich schöne Strecke
Road with beautiful scenery

Nationalpark
National park

Internationaler Flughafen
International Airport

Flugplatz
Airfield

Tankstelle / Leuchtturm
Petrol station / lighthouse

Hafen / Ankerplatz
Harbour / anchorage

Strand / Heilbad / Yachthafen
Beach / spa / marina

Naturpark / Garten
Natural park / garden

Zoo / Golfplatz
Zoo / golf course

Aussichtspunkt
Viewpoint

Höhle / Hinkelstein
Cave / menhir

Kirche / Kapelle sehenswert
Church / chapel of interest

Kloster / Ruine sehenswert
Monastery / ruin of interest

Burg, Schloss / Ruine sehenswert
Castle, palace / ruin of interest

Archäologischer Fundort / Denkmal
Archeological site / monument

Campingplatz / Berghütte
Campground / mountain hut

Villa / Palast
Villa / palace

Bergwerk / Stadion
Mine / stadion

Turm sehenswert
Tower of interest

Sonstige Sehenswürdigkeit / landschaftlich
Other point of interest / scenic

> 2000 m
1500 - 2000 m
1000 - 1500 m
700 - 1000 m
500 - 700 m
200 - 500 m
100 - 200 m
0 - 100 m
0 - 10 m
10 - 50 m
50 - 100 m
100 - 200 m
200 - 500 m
500 - 1000 m
>1000 m

22 Stell-/Campingplatz

999 Seitenzahl der Ortsbeschreibung im Buch

500 Höhenlinie (Höhe in m)
Contour lines (height in m)

Tiefenschichtzahl (Tiefe in m)
Bathymetric tints number (depths in m) 100

Der in diesem Buch abgedruckte Kartenatlas beruht auf dem Faltplan „Toscana" im Maßstab 1:200.000 aus dem world mapping project™, herausgegeben vom Reise Know-How Verlag. Er ist auf reiß- und wetterfestem Material gedruckt, GPS-tauglich und verfügt über einen ausführlichen Ortsindex.
Erhältlich für 8,90 € in allen Buchhandlungen.